后凯恩斯经济学

新进展追踪评析

本书由大连市政府“重点学术著作资助项目”资助出版

后凯恩斯经济学新进展追踪评析

张凤林 等 著

商务印书馆
创于1897 The Commercial Press

2013年·北京

图书在版编目(CIP)数据

后凯恩斯经济学新进展追踪评析/张凤林等著. —北京：商务印书馆，2013
ISBN 978-7-100-09191-6

I. ①后… II. ①张… III. ①后凯恩斯经济学—经济思想—研究 IV. ①F091.348.1

中国版本图书馆 CIP 数据核字(2012)第 105490 号

后凯恩斯经济学新进展追踪评析
张凤林等 著

商 务 印 书 馆 出 版
(北京王府井大街36号 邮政编码100710)
商 务 印 书 馆 发 行
北京市艺辉印刷厂印刷
ISBN 978-7-100-09191-6

2013年1月第1版 开本 787×1092 1/16
2013年1月北京第1次印刷 印张 26 3/4
定价：58.00元

目　　录

前　言

深化对非主流经济学研究，促进中国经济学繁荣发展

（一）

众所周知，经济学有主流与非主流之分。在某种意义上可以说，一部经济学说史就是各个不同的思想流派为争取主流经济学的地位，相互之间不断地进行理论争锋与批判的历史。由于研究者在价值取向、研究视角与分析方法等方面的差别，在每一个历史时期中，总是存在着不同的经济思想派别或经济学流派，甚至在同一经济学派别内部不同经济学家的观点也不尽相同。由此便导致纷争不已。这种情况虽然在社会科学的其他领域中并不鲜见，但是在经济学领域中却表现得尤为突出。

不同的经济学流派相互争论的结果是，一方面形成了经济学格局的多元化，另一方面也产生了主流经济学与非主流经济学的区分。所谓主流经济学不外乎是指在当时社会中占据主导地位的经济学，其标志通常表现为受到学术界的普遍推崇，其思想被写进流行的经济学教义，并受到官方决策者的青睐。这种主导地位一旦持续十几年、几十年，被固化了，就形成了所谓“正统”，所以主流经济

学的另一个更常见的名称是“正统经济学”(the orthodox economics)。与此相对照,凡在当时社会中未能受到学术界普遍推崇的、居于次要地位的经济学思潮或流派,都属于非主流经济学,或非正统经济学派(heterodox economics),它也有异端经济学的称谓。一般来讲,无论在哪一个时期,主流经济学大都具有这样一些特点:其一是综合性,即能够对既往的经济学说加以有效整合;其二是通俗性,即其学术思想便于广泛、普及性的传播;其三是实践性,即能够反映当时社会经济运行中的一些重要、紧迫问题,成为社会经济政策制定的主要依据。而非主流学派一般都在这些方面的某一点或某几点上与主流经济学相比存在着不同程度的差距,故而未能赢得学术界以及社会各方面的普遍推崇。主流派在特定的社会条件下通常只有一个,而非主流派则可能多种多样。

在当代西方经济学界,主流经济学派一般是指将凯恩斯主义学说与新古典主义学说相综合的“新古典综合”(the neoclassical synthesis)体系,而由于在这种综合的体系里凯恩斯主义学说已经被纳入到新古典主义的一般分析框架,故就其基本的理论特征而言,当今的西方经济学主流实际上就是新古典主义传统,或所谓新古典正统。而对于各种非主流经济学派而言,诸如后凯恩斯经济学派、新凯恩斯经济学派、制度经济学派、演化经济学派以及新奥地利经济学派等,尽管它们的体系错综繁杂,但是都可以用一句话来概括其共同的特点,这就是“反对和批判新古典传统”。所以,如果从最简单的意义上来分类,那么可以说,当今西方经济学界的主流与非主流之争,实质上也就是坚持新古典主义传统或范式还是反对新古典主义传统或范式的问题。

我们在学习、研究、吸收和借鉴西方经济学时,自然应当关注主流经济学,对于这一点人们基本上是没有什么疑义的。但是,关注主流经济学绝不意味着可以忽视非主流经济学,对于此,许多人的认识就不那么清晰了。至于对于究竟应当如何以科学态度来评价主流经济学与非主流经济学的关系，在借鉴主流经济学理论的同时也要注意其局限性，并且注重非主流经济学对于这些局限性的修补及其理论意义等问题，不论是专业学术界还是一般知识群体也都不同程度地缺乏应有的科学见识。实际上，主流经济学也是有缺陷的，并且这种缺陷在某种程度上还是相当严重的；而各种非主流经济学也具有重要的学术价值，并且这种价值往往是主流经济学所替代不了的。因此，任何偏执地因为强调一种经济思想传统而简单地否定另一种或其他经济思想传统的做法，都是不可取的。正确的、科学的态度显然应当是兼容并蓄。对此，我们可以稍微展开来加以分析。

首先，从客观经济世界的复杂性必然导致经济理论的多样性来说，只有兼容并蓄才能完整地继承、科学地吸收和借鉴人类经济思想发展的全部成果。谁都承认，人类的社会经济过程是错综复杂的，以至于任何一种经济学体系都难以对于这种错综复杂过程做出一览无遗的理论概括，这样，如前所述，由于研究者分析视角、研究方法、个人偏好等的不同，便会形成关于这个错综复杂过程的各种不同的相互竞争的理论或思想流派。所以，在经济学领域出现多种学派同时并存的局面是毫不奇怪的，它本来就属于一种经济思想发展的常态。著名经济学家约翰·理查德·希克斯在评价西方资本理论论战时就曾经阐述过这样的观点：经济活动过程就像是一座房子，如果从不同的角度去观察，就会得出不同的理论结果。① 这只是一个简单的比喻，实际上，现实的社会经济过程的复杂程度岂止是一座房子的多侧面所能反映得了的！但仅此就可以说明，不仅经济理论的多样性是必然的，其复杂性也是必然的。在某种意义上可以说，每一个学派都在按照自己的方式讲述有关现实经济世界的“故事”，尽管有的故事讲得精彩一

① John Richard Hicks (1965), *Capital and Growth*, Oxford: Clarendon Press, P. v.

些,听众多一些;有的故事讲得枯燥一些,听众少一些。但是不论哪一个学派,只要它的“故事”还在讲下去,还能够讲下去,还没有退出经济学的讲坛,就表明其仍然有存在的价值。因为任何一种学说如果没有在长期的学术竞争过程中被淘汰或者被证伪,而能够长期持续地存在下来的话,那就表明它们对于人们理解经济世界是不可或缺的。这意味着,虽然各个经济学流派从创立伊始就总是不断地相互竞争,但是对于经过这种学术竞争的淘汰和筛选过程而最终能够留存下来并且同时存在于特定历史时期的各个经济学派而言,它们之间主要地将不再是一种替代关系,而是更多地体现了一种不同研究视角上的分工关系,或理论上的互补关系。主流派的故事讲得再精彩,也只是描述了经济世界在其特定假设(主要是完全性与稳定均衡等等)条件下的情况,而那些超出这些假设范围的、可能出现的更为复杂的情况(例如,关于经济运行中的不确定性及其后果,关于市场不完全性及其后果等等),往往都是非主流经济学研究的主题,是由它们来加以描述的。这些研究尽管由于问题本身所特有的复杂性而尚未形成可以超越主流派的完美理论体系,但是确实也取得了许多新成果,在一系列问题上显示了不同于流行的主流思想的深刻洞见。由此可见,学习经济学,单纯地关注主流是片面的,经济学不只是供求曲线,也没有什么“不二法门”之类的东西,社会经济运行过程的不同侧面将需要不同的理论来解释。我们只有既关注主流经济学,也关注并且高度重视非主流经济学的科学价值,才能避免陷入以偏概全的错误。

其次,从科学本身的真理性标准来说,也要求我们对于无论是主流经济学还是非主流经济学都坚持一种兼容并蓄的态度。科学的真理性表现为人类思维对于客观世界的同一性,这是科学发展的最高境界。这意味着检验科学真理性程度的标准只能是客观实践,而不是人们的主观评价。因此,简单地以是否属于流行的主流学派,或者以是否赢得了社会多数受众的普遍接受等为标准来判断一种理论的优劣，在认识论上是肤浅的，因而也是不可靠的。可遗憾的是，这恰恰又是人们容易陷入的一种认识误区。由于人的认识能力的有限性，以及客观实践对于理论的检验通常是一种长期、动态的过程，从根本上决定了没有任何一种科学理论能够达到绝对真理的标准。这种情况就导致人们在现实中往往采取简单化的方法，即以一种学说接受者的多寡来判断其真理性程度，从而便产生了普遍流行的对主流或正统理论的盲目崇拜或追捧。这种对待科学的态度显然是“不科学的”。因为科学的真理性完全取决于实践，并不依其接受者的多寡为转移。比如，当一种学说体系主要是因为其形式上的完美性以及可接受性而赢得多数人的推崇时，那么在它的实际被接受程度与其理论的现实科学性之间就不能简单地画等号。在这方面，拿琼·罗宾逊夫人主持撰写的经济学教科书《现代经济学导论》与萨缪尔森的《经济学》作比较，就是很好的例证：前者虽然在普及程度上要远逊于后者，但这绝不意味着后者比前者更“科学”。任何具有基本科学素养的人都应该明白，在科学的真理性面前，主流经济学与非主流经济学是没有任何高低和贵贱之分的。虽然在许多情况下主流的东西受到多数人的推崇，而非主流的学说并没有为多数人所接受，但是后者的学说在某些方面可能比前者更接近于客观真实。

不仅如此，从理论发展和演变的动态角度来看，所谓主流与非主流的思想传统也不是一成不变的。在不断变化着的实践面前，思维的一切成果都是相对的，今天流行的东西也许会在未来新的实践面前变得老化背时，而今天尚未赢得主流地位的东西也许会在未来大行其道。实际上，某些后来成为主流思潮的东西在先前的历史时期中往往是以非主流的形式出现的，这种例子在科学史上不胜枚举。就经济学而言，不论是古典主义相对于重商主义，新古典主义相对于古典主义等等，都是如此。谁敢说新古典主义就达到了经济学的最高境界了呢？谁又敢断言当前仍处于非主流地位的各种经济学思潮，它们当中的某一种或几种在未来不会取代新古典主义而成为新的主流呢？从这一角度来看，盲目地推崇、或僵化地固守于当今流行的主流经济思想传统，不仅反映了认识论上的肤浅性，而且也体现了分析眼界上的短视性。所以，无论是从科学的真理性还是从科学发展的动态性角度来看，我们都没有半点儿理由可以忽视非主流经济学的存在。

（二）

根据上面所述的道理，对于任何一个国家或社会，其经济学的繁荣发展都不能仅仅局限于所谓主流经济学，而需要形成“百家争鸣”的局面，这乃是学术发展的正常秩序。然而令人遗憾的是，这种正常的学术发展局面往往难以真正形成，在科学领域中的“多数人暴政”有时并不亚于社会生活的其他领域。即使是在学术自由发展的西方国家，也在一定程度上存在着非主流经济学受到轻视或忽视的情况。

中国的经济学发展也存在类似的问题。虽然我们在形式上历来倡导学术思想发展要“百家争鸣”，但是实际的学术生态状况则与此相距较远。无论是学术界还是普罗大众，盲目追捧主流的心理倾向都异常地突出。我们认为，除了一般性的认识论方面的原因以外，这可能还有我们自身政治体制方面的原因，以及社会文化传统方面的特定原因。似乎中国传统文化中潜藏着的等级尊卑的观念对此应该负主要责任。在专制社会里，等级地位决定一切，占有了支配地位就会占尽一切优势，这就会促使这里的人们在思想学术领域特别地在意主流与非主流之别。只不过，在不同的历史时期中，这种注重等级尊卑的思想倾向在学术领域中的表现形式不同而已。改革开放以前或之初，在传统体制的影响和传统观念的束缚下，马克思主义经济学当然地居于主导地位，所以大多数人是唯马克思主义经济学是尊，而基本排斥西方经济学特别是其主流经济学派，形成一种思想僵化的局面。但是，近年来随着市场化改革的加深和整个社会实际舆论导向的转变，以及西方主流经济思想的大量引进，学术界在很大程度上又出现了相反的极端化倾向，即开始盲目崇拜西方主流经济学特别是新古典主义思想，而忽视甚至贬低对马克思经济学和西方非主流经济学的研究。尽管马克思经济学仍然在“名义上”保留着所谓的指导思想地位，但是实际上，西方的主流经济学已经在相当大程度上被奉为新的正统，成为时髦。一些学者以“正规化”、“现代化”相标榜，力图使人相信中国经济学要发展就必须遵循“现代经济学”的套路，而所谓现代经济学就是新古典主义传统。这些人往往瞧不起非主流经济学家，认为他们所搞的那一套是旁门左道，充其量也只能算是“剑走偏锋”。非主流经济学的研究成果也往往被以“缺乏正规化”为名排斥在时下公认的所谓“正规化”的权威期刊之外。这很明显是一种极不正常的学术倾向。如果不予以纠正，将不利于中国经济学的健康发展。

首先，就经济学的传承而言，这种倾向肯定是犯了以偏概全的毛病。如上所述，经济世界的错综复杂性决定了经济思想的异质多样性，这一事实本身要求我们在学习、吸收和借鉴西方经济学思想时，必须坚持完整性和系统性，避免主观性和片面性。虽然任何人、任何学者都有自己的理论与方法偏好，都有选择自己所偏好的经济学说的权利，但是这绝不能也不应该成为他们漠视他们所不偏好的经济思想存在的理由。你可以以得到西方主流经济学派的“真传”相标榜，进而也可以以主流经济学家自居，但是你却没有理由以“舍我其谁”的气势否认非主流经济学家的工作，似乎只有自己才是经济学的唯一存在。打个比方，你可以尽情地欣赏流行的通俗音乐，却没有丝毫的理由可以否定古典音乐的美学价值。

真正的科学家并不是这样子的，西方真正有造诣的经济学家并不排斥与自己观点不同甚至尖锐对立的经济学同行，甚至主流经济学家们也多半是如此。历史上，李嘉图与马尔萨斯长期保持的争论中的友谊和友谊中的争论关系，保罗·萨缪尔森对于琼·罗宾逊的尊敬和对于其学术成就的承认，都是这方面很好的例子。

其次，这种倾向也不利于真正提升中国经济学的研究水平。“正规化”乃至数理化无疑是经济研究的一种方法，但它绝不是唯一的方法，不能因为它是目前西方主流经济学中流行的方法就将其吹捧为唯一科学的方法。应当看到，经济学贵在思想。就西方主流经济学而言，如果说到其科学价值，也主要是体现在其思想内涵上，而不是形式化的东西。这种思想内涵的实质就是要揭示人类经济活动的普遍性的效率法则，以及它的具体实现形式。单纯强调所谓的正规化，特别是又把这种正规化归结为数理化，而不能把握其精神实质，实际上即使是给西方主流经济学家当学生都不够格的。至于国内某些所谓“权威期刊”简单地以有没有数学公式或者计量方程来作为录用文章的标准，就更是一种甚至令西方主流学者也感到啼笑皆非的做法了。也许中国的经济学在过去太“不正规化”了，以至于使得某些人因为这种正规化的“稀缺”而走到了另一种不正常的极端状态。这种对于西方主流经济学的“邯郸学步”式的效仿，非但不能提升、相反只能降低中国经济学发展的水平，使中国经济学的现代化发展误入形式主义的歧途。

再次，从现实经济改革与经济发展的实际需要来说，单纯拘泥于主流经济学的思想框架也难以完全解释清楚现实中的各种复杂问题。如果说在西方已经发展成熟的市场经济国家尚且需要多种相互竞争的经济学思潮并存的话，那么在中国当前的体制转轨与经济转型的过程中，由于各种层次的复杂问题相互交织，就更不可能依赖一种经济学理论体系来解释所有的问题、并支撑所有的政策设计了。中国的经济学发展,需要广泛借鉴既往的经济思想成果。中国的经济发展与改革政策的设计,需要借助于多种不同的经济理论来“支招”。例如,对于近年来的大学生就业难问题,可以很容易地用新古典劳动市场理论及其新进展来解释。但是,对于企业中激烈的劳动关系冲突,像2009年发生的吉林省通钢公司因为改制引发劳动关系冲突导致工人将公司经理打死的事件,以及南方一些地方的“血汗工厂”、内地的黑砖窑和黑煤窑等案例,新古典模型能够解释得了吗?就是科斯的制度分析、博弈论、信息经济学等等新的理论进展恐怕也未必能够说得清楚。在这种集团性的、阶级性的冲突事件中,也许老的、马克思式的制度分析或者沿此思路发展起来的某些新理论可能更有效。因此,理论的多元化并不是人们主观上愿意不愿意或者喜好不喜好的问题,它绝对是源自现实的需要。笔者几年来曾经多次说过,在当前的中国既需要马歇尔,也需要马克思;既需要凯恩斯,也需要弗里德曼。一句话,既需要主流经济学,也需要非主流经济学。只有这样,才能对于我们社会经济运行的不同方面给以科学的解释,并提供具体的、有针对性的政策指导。

当然,就中国目前非主流经济学的现状而言,也是成分繁杂、良莠不齐。虽然坚持以严谨规范的方法来从事各种非主流经济思想研究并使之与主流经济思想进行相互“对话”和“沟通”的人不在少数,但是也确有若干“旁门左道”者达不到这样的层次,他们仅仅热衷于对主流经济学的空洞的批判和不着边际的攻击,甚至使用情绪化的语言把主流经济学说得一无是处。从这些人身上人们总是能够隐约地看到早先在马克思主义经济学占统治地位的时期某些所谓“马克思主义经济学家”对于西方经济思想动不动就“戴帽子”、“打棍子”的陋习。这些也确实有损于非主流经济学家的形象,甚至在中国一提到非主流经济学立刻就有人把它们与“左”的、教条主义的东西联系在一起。因此，非主流经济学家受到主流经济学家的排斥，显然也有某种自身的原因在里边。我们虽然对于当前主流经济学家唯我独尊的做法提出批评，但是同样也不赞成在非主流经济学研究中出现的各种不规范倾向。因为在这种有些类似于“争老大”、“论座次”的江湖式的游戏中，是不可能形成一种健康的学术生态的，长此以往，无论是西方主流经济学的思想，还是非主流经济学的思想，包括马克思经济学的思想，在中国都不可能得到真正的传承和发展。

因此，无论是从经济科学发展本身的客观要求来说，还是从经济社会发展的现实需要来看，我们都应当提倡全面、深入地吸收、借鉴西方经济学说，纠正盲目追捧主流经济学的不良倾向，努力提升非主流经济学研究的水平，对各种经济学思想采取兼容并蓄的科学态度。在当前，特别应该注重和深化对于西方非主流经济学思想的系统研究，提升其层次，看看长期生活在市场经济条件下的非主流经济学家为人们认识市场机制的运行提供了哪些不同于主流派的新视角、新观点，对于矫正市场自发运行条件下的弊端开出了哪些处方，这无论是对于中国经济学理论的繁荣进步，还是中国实际经济的健康发展，都将是有百利而无一害的。

（三）

后凯恩斯经济学是当代西方一个重要的非主流经济学派。这一经济学派形成于第二次世界大战后50年代，主要的思想导向是反对将凯恩斯主义学说与新古典主义学说的综合，主张摒弃新古典传统，恢复古典主义传统。虽然这一学派内部不同学者之间存在着较大差异，但是其反新古典传统、反边际主义体系的基本观点则是异常鲜明的。后凯恩斯经济学在20世纪五六十年代曾经在西方经济学界产生了重要的影响，其在分配与增长理论等方面的建构丰富和发展了古典经济学传统，推进了现代经济学的发展。如果我们在最简化的意义上将经济学基本理论仅仅限于价值、分配、生产理论的话，那么在现代经济学中真正成"气候"的理论潮流不外乎有两个：一个是新古典主义，再一个就是古典主义。虽然新古典主义自从"边际革命"以后就占据了主流地位，但是古典主义学说并没有退出历史舞台，仍然在顽强地发展着。后凯恩斯经济学本质上就是古典主义在当代的一个重要发展。所以，它对于现代经济科学的贡献是毋庸置疑的。近年来，后凯恩斯经济学又取得不少新的研究进展和理论成果，尽管他们仍然处于非主流经济学的地位，但是这些理论进展与成果是值得我们给予高度重视的。

不仅如此，后凯恩斯经济学有关经济发展与经济稳定的政策主张也具有明显的借鉴意义。与主流派减少政府干预或者只关注总量调节的政策基调不同，后凯恩斯经济学家深谙市场经济自身运行的弊端，他们一方面明确地坚持凯恩斯的国家干预主义的理念，另一方面又秉承着古典主义的调节收入分配的思想，从而其政策主张便具有较为"激进"的特点。应当说，这些政策主张对于市场机制还欠成熟，或者配套体制尚不完善的国家，是更有现实意义的。这也正是我们倡导在当前应当深化对于后凯恩斯经济学研究的重要原因之一。

深入展开对后凯恩斯经济学的研究，除了上面谈到的一般道理以外，还与我本人的学术背景与个人偏好有一定关系。在这里回顾一下个人研究经济学的心路历程也许不算多余。作为我国恢复高考后的第一届本科生，我是从学习马克思主义经济学开始进入经济学殿堂的，其间虽然也接触到萨缪尔森的经济学读本，但是在当时它之于我还没有达到能够动摇马克思主义经济学的主流地位的程度。随后，在硕士与博士研究生学习期间，师从我国著名经济学家宋则行先生，主要研究方向是后凯恩斯经济学以及两个剑桥论战，通过阅读大量文献，我对于西方的主流经济学和后凯恩斯经济学等非主流经济学思想都有了更深入的了解。应该说，这时西方经济学对我的影响迅速提升，原有的马克思主义经济学的理念逐步淡化了。至于在西方经济学说内部，主流派与非主流派对我的影响同时存在，难分伯仲。我十分欣赏主流派在特定假设条件下关于经济运行的完美分析，但是对于后凯恩斯经济学从动态、非均衡视角对主流派的挑战和批判也特别尊敬。这实际上也是受到先师学术风格的影响。宋先生早年毕业于剑桥大学，是斯拉法的学生，受到琼·罗宾逊夫人等一些当时著名的剑桥经济学家直接的教诲。他继承了斯拉法和罗宾逊的传统，强调在西方经济学与马克思经济学之间的“沟通”，当然，他不像罗宾逊后来变得那样“激进”，不仅坚持在古典经济学、马克思经济学、后凯恩斯经济学之间进行比较研究，而且也善于娴熟地运用主流经济学的理论和方法研究现实经济问题，在理论经济学研究与实际经济政策研究方面多有建树，真正做到了“兼容并蓄”，达到了经济学研究的较高境界。①②

当然，我个人的思想素养与学术修炼无论如何也无法达到宋先生的高度，距离真正的“兼容并蓄”差之千里。比如，除了一度忽视马克思经济学的价值以外，在20世纪80年代末到90年代末的十余年间我也完全沉浸于新古典传统，认为中国市场化的改革似乎就应该以新古典学说来指导，以至于也提出和赞赏过诸如“劳动就业制度完全市场化”等等类似于“极端市场化”或“市场原教旨主义”(market fundamentalism)的观点。但是最近十来年，随着对于西方各种经济思想新进展的学习和研究，特别是对于中国经济市场化进程中各种现实矛盾和

① 宋则行，《马克思经济理论再认识》，经济科学出版社，1997年。

② 宋则行，《转轨中的经济运行问题研究》，辽宁大学出版社，1997年。

问题的感悟,使我越来越深刻地感觉到新古典模式的局限性,同时也重新认识到那些对新古典传统持批评态度的非主流经济学的价值,包括后凯恩斯经济学的理论价值,以及马克思经济学的历史价值与现实意义。这样,面对国内近年来在很大程度上流行的盲目追捧主流经济学、一味追求所谓正规化的不良倾向,我深感有必要来推动非主流经济学的研究,促进中国经济学发展的多元化局面。于是便"重操旧业",展开了对于后凯恩斯经济学的追踪研究。当然,这种对于非主流经济学的重新青睐绝不意味着否定主流经济学的价值,而是想要通过这种研究来寻求对于主流经济学空白点的补充。同时,关注非主流经济学,也并不妨碍我继续运用主流经济学的方法研究它所适用的问题。所以,我个人把这种转变看成是向真正的"兼容并蓄"境界的一种迈进,是对于学术品位的一种提升。尽管如果从纯经济学意义上的"成本—收益"法则来说,在当下的中国从事非主流经济学的研究可能是一种"不经济"的人力投入,它暂时还无法赢得主流经济学家那样的"风光"。但是,这并不能成为我们放弃这种研究的理由。为了促进中国经济学的真正繁荣发展,我们需要一种健康的多元化的经济学格局。另一方面,对于具有真正科学精神和内在偏好的经济学者来说,这也不单单是一种责任,同时还是一种自我的学术追求和精神满足,因为在争取和促进这种健康良好的经济学发展状态的过程中,他们会享受到学术境界与学术品格升华的乐趣。

本书研究的是后凯恩斯经济学最近一二十年来的若干理论新进展。它实际上是我在20世纪八九十年代从事的后凯恩斯经济学研究工作的继续。本书较为详细地追踪、梳理了后凯恩斯经济学近年来的若干主要理论进展,较为深入、细致地分析了这些理论新进展与当代其他经济学思想流派发展的关系及其对于现代经济学发展的意义,并且进一步探讨了这些最新研究成果对于我们的启示意义与借鉴价值。如果本书的出版能够对于推动我国学术界深入展开后凯恩斯经济学以及其他非主流经济学的研究工作产生某种裨益，那将会使我们感到莫大的欣慰。在此也竭诚欢迎学术界同行和读者朋友展开正常的学术批评与交流。

张凤林

2012年2月于大连

第 1 章
后凯恩斯学派经济思想综述

本章准备从较为宏观的视角出发，对后凯恩斯学派做一综合评述。首先，从历史的角度考察与追踪后凯恩斯学派产生、发展与演变的基本脉络。其次，系统地分析和梳理后凯恩斯学派的思想渊源、理论基础与若干主要特征。在此基础上，进一步探讨和评析后凯恩斯学派在当代经济学发展中所处的地位及其所产生的影响。借此，为研究这一学派在近年来的经济理论新进展提供一种历史背景和思想理论基础。

1.1 后凯恩斯学派的产生与发展

后凯恩斯学派（Post Keynesian School），有时又被称为“新剑桥学派”（Cambridge School of Keynesian Economics），现在通常则称为后凯恩斯经济学（Post Keynesian Economics），是在第二次世界大战以后的 50 年代产生和发展起来的。它的产生，与现代经济学发展中的两个所谓“革命”有关：其一是凯恩斯主义革命，其二是“反边际主义”革命。

我们知道，凯恩斯在 20 世纪 30 年代对经济学进行了重大创新，通过批判萨伊定律建立起以有效需求理论为核心的现代宏观经济学体系，实现了经济学的一场革命。这场革命固然对于现代经济学的发展意义重大，但是它却含有缺陷。首先，它仅仅限于宏观经济学领域，而几乎没有触动传统经济学的微观理论体系。其次，就宏观方面而言，它的着眼点基本上限于经济活动的短期，而缺乏关于经济运行过程的长期分析。这种情况表明，凯恩斯革命是不彻底的，他的宏观经济学需要进一步发展，即确立新的微观分析基础并拓展宏观动态经济分析。M. 卡莱斯基、R. 哈罗德、E. 多马等人在 20 世纪三四十年代进行了这方面的重要理论工作。到了第二次世界大战战后，伴随着凯恩斯经济学的声誉日隆，以及西方主要市场经济国家相继出现失业减少、经济复苏和经济持续增长的景气局面，客观上便把如何使凯恩斯经济学向长期化、动态化发展的问题提到日程上来。于是，便出现了凯恩斯主义者发展凯恩斯经济思想、研究长期动态理论的热潮。

但是，凯恩斯主义者在如何发展凯恩斯经济学、使其长期化和动态化的问题上，产生了严重分歧，基本上形成了两大学术派别。以保罗·萨缪尔森、詹姆斯·托宾、罗伯特·索洛、旦·帕廷金等人为代表的凯恩斯主义者，热衷于把凯恩斯经济学与新古典经济学相结合，力图在马歇尔所完成的新古典微观分析的基础上研究资本与增长理论，建构凯恩斯主义长期动态理论体系。这即是所谓“新古典综合”的基本含义与发展思路。由于这一派学者最初大多集中于美国，故他们又被称为美国凯恩斯主义者。另一方面，以琼·罗宾逊夫人、尼古拉斯·卡尔多等人为代表的凯恩斯主义者则坚决反对重新起用新古典学说来作为凯恩斯宏观经济学的微观基础的做法，认为这是对凯恩斯革命的背离。他们主张，要使凯恩斯经济学获得进一步发展和完善，必须复兴古典经济学传统，通过将凯恩斯经济学与古典经济学派特别是李嘉图的学说相结合，才能真正实现凯恩斯经济学的宏观分析与微观分析的有机整合以及其长期动态体系的科学建构。由于这一学派的学者最初主要集中于英国，特别是剑桥大学，所以他们又被称为英国凯恩斯主义者或新剑桥学派。

严格说来，上述两大学派都属于后凯恩斯主义者，或凯恩斯学派，他们的理论观点与政策主张构成了凯恩斯主义思想体系的主要内容。不过，由于在两派争论的过程中萨缪尔森等人倡导的新古典综合的理论发展思路日益占据西方经济学界的主导地位，故而他们更乐于以凯恩斯主义主流派或正统派相称。这样，逐渐地，后凯恩斯学派或后凯恩斯经济学这个名词，便被赋予了某种特定的含义，即专指以罗宾逊夫人等等为代表的对凯恩斯主义主流派持批评态度的非主流的凯恩斯主义者。

这里顺便指出，除了这两大学派之外，还有少数独居第三方的、基本上也属于凯恩斯主义者的经济学家，他们也对主流派的凯恩斯主义学说提出质疑，但是这种质疑却与后凯恩斯学派对主流派的批判没有关系，前者的质疑只是局部性质的，后者的批判则不是限于个别的具体问题，而是具有理论决裂的革命性的特征。① 在有些西方学者看来，如果把后凯恩斯学派称作"革命派"，那么对这部分人则可以称之为"改良派"。② 这一派的代表人物主要有美国经济学家克洛沃(R. W. Clower)和他的弟子阿列克塞·莱琼霍夫德(A. Leijonhufvud)等。克洛沃着重从非均衡的视角看待凯恩斯的经济学，认为新古典综合的解释排斥了凯恩斯的主要理论创新之处，它代表了"凯恩斯主义者的反向革命"(the Keynesian

① Shapiro, N. (1977) "The Revolutionary Character of Post-Keynesian Economics", *Journal of Economic Issue*, Vol. XI, PP. 541-560.

② 丹尼尔·贝尔(Daniel Bell)与欧文·克里斯托尔(Irving Kristol)主编，《经济理论的危机》(*The Crisis in Economic Theory*)，上海译文出版社，1985年中译本，第32—33页。

Counter-revolution)。[①] 莱琼霍夫德则认为主流派将收支分析特别是 IS-LM 模型作为凯恩斯思想的核心,是对凯恩斯经济思想的误解与误读,它忽略了凯恩斯关于货币与利率重要性的分析、关于数量调整而不是价格或工资率调整的非均衡机制分析,等等。他强调应当通过将凯恩斯本人的经济学(the economics of Keynes)与凯恩斯主义者的经济学(Keynesian economics)区别开来,集中发掘凯恩斯的真正思想遗产,来纠正主流派凯恩斯主义者的这种误解和误读。[②] 不过,总体来说,这些人的工作后来并没有产生多大影响。就凯恩斯经济学发展的基本格局来看,大体上还是主流派凯恩斯主义者与反主流派的后凯恩斯学者相互成两极对立的局面。

后凯恩斯学派虽然处于非主流的地位,但是由于其对主流派所奉行的新古典经济学特别是作为其核心内容的边际主义均衡分析体系的强有力的批判,也在国际经济学界赢得了重要声誉并产生了广泛影响。这种理论批判工作号称又一场理论革命——反边际主义革命(Anti-marginalist revolution),正是在这个革命的过程中,后凯恩斯学派逐渐产生和发展起来。当然,也需要指出,在反主流、反正统、反边际主义宗旨下聚集起来的后凯恩斯学派,并不是一个内部思想观点严谨一致的经济思想体系。虽然他们在反主流这一点上达成了基本共识,但是不同的学者由于其理论背景、分析视角乃至个人学术偏好的不同,在如何具体地重建经济学以取代主流派学说的问题上,观点却不尽相同。尤其是随着时间的推移,当这一派的学者不再局限于英格兰的剑桥,而逐渐扩展到欧洲大陆、北美和澳洲等地以后,其内部的诸多分歧也日益明显地暴露出来。以至于有学者称,虽然明确断言后凯恩斯学派究竟反对什么也许并不困难,但是要真正弄清楚他

① Leijonhufvud, A. (1968), *On Keynesian Economics and the Economics of Keynes*, Oxford University Press, P. 8.

② 同上,PP. 3-48。

们到底赞成什么却绝非易事。①② 这种情况从一个侧面显示了后凯恩斯经济学的复杂多样性,也反映了非主流经济学派所常有的共性特点。

自20世纪50年代初产生以来,后凯恩斯学派的发展大致经历了三个时期或者说三代学者。第一个时期是从50年代前半期至60年代末期,这是其理论批判与学术建构异常活跃的时期。在罗宾逊夫人等第一代学者的努力下,后凯恩斯学派曾经名噪一时。1954年,卡莱斯基将其在第二次世界大战前就已提出的与凯恩斯的《通论》相似的理论系统化,发表英文版著作《经济动态学理论》,③为后凯恩斯学派奠定了重要思想基础。同年,罗宾逊发表"生产函数与资本理论"(The Production Function and the Theory of Capital)一文,率先对新古典的各种基本命题提出批评。两年后,她又出版了重要著作《资本积累论》(*The Accumulation of Capital*)(1956),卡尔多则发表"几种可供选择的分配理论"(Alternative Theories of Distribution)(1956)一文,分别从正面阐述了一种将经济增长与收入分配融为一体的新的增长理论,标志着后凯恩斯经济学基本理论框架的形成。20世纪50年代末,美国的西德尼·温特劳布对萨缪尔森的45度线模型和希克斯—汉森模型提出了批判,④⑤⑥⑦拉开了后凯恩斯经济学在美国发展

---

① J. E. King (2003) ed., *The Elgar Companion to Post Keynesian Economics*, Edward Elgar, PP. xiv-xv.

② Chick, V. (1995) "Is there a case for Post Keynesian Economics?", *Scottish Journal of Political Economy*, Vol. 42, P. 21.

③ Kalecki, M. (1954), *The Theory of Economic Dynamics, A Essay on Cyclical and Long-Run Changes in Capitalism Economy*, Chap. 3.

④ S. Weintraub (1958), *Approach to the Theory of Income Distribution*, Philadelphia: Chilton.

⑤ S. Weintraub (1959), *A General Theory of the Price Level*, Philadelphia: Chilton.

⑥ S. Weintraub (1961), "Classical 45° Keynesianism: A Plea for Its Abandonment", in *Classical Keynesianism, Monetary Theory, and the Price Level*, Philadelphia: Chilton.

⑦ S. Weintraub (1977) ed., *Modern Economic Thought*, University of Pennsylvania Press, Part II.

的帷幕,他本人也被称为“美国的后凯恩斯经济学之父”。① 到了1960年,斯拉法的名著《用商品生产商品》(*Production of Commodities by Means of Commodities*)问世,为后凯恩斯学派反边际主义的学术批判运动提供了进一步的理论基础。虽然斯拉法一般地并未介入后凯恩斯主义内部不同学派之间的争论,但是正是由于这部复兴了李嘉图古典传统的重要著作的影响,使他也常常被视为后凯恩斯学派的重要代表人物。在这一时期,后凯恩斯学派的工作是卓有成效的,不论是其正面的理论建树(例如后凯恩斯学派的增长模型),还是其学术批判活动(例如资本理论论战),都在西方经济学界产生了重要影响,甚至连作为其对立面的主流派凯恩斯主义者也不得不承认其理论批判所具有的逻辑力量。②

从20世纪70年代初开始到80年代末,大致可以说是后凯恩斯学派发展的第二个时期。这时,在老一代学者经济思想的影响下,第二代学者陆续脱颖而出。其中比较著名的有曾经在剑桥大学学习和工作过的意大利经济学家帕西内蒂(L. L. Pasinetti)和加莱格纳尼(P. Garegnani),其中帕西内蒂被认为是第二代后凯恩斯学者的领军人物。此外,像美国经济学家温特劳布的学生保罗·戴维森(P. Davidson),美国学者海曼·明斯基(H. Minsky)、艾希纳(A. Eichner)以及原籍澳洲的剑桥大学经济学家哈考特(G. C. Harcourt),加拿大学者阿西马克普罗斯(A. Asimakopulos)等人,都是这一时期重要的代表人物。这一时期后凯恩斯学者的工作主要体现在两个方面。首先是在第一代学者奠定的基础上进行理论拓展工作,力图使后凯恩斯的各种理论模型得到进一步完善和创新,这具体

---

① J. E. King (2003) ed., *The Elgar Companion to Post Keynesian Economics*, Edward Elgar, P. 215.

② P. Samuelson (1966), *The Collected Scientific Papers of Paul A. Samuelson*, Vol. III, MIT Press, 1972, P. 245.

体现在帕西内蒂对后凯恩斯分配与增长理论的推广、他的多部门增长模型的建构，戴维森与明斯基富有特色的货币理论与金融理论的提出，以及其他一些新的研究成果上面。其次，是广泛展开理论综合工作，对以往各个时期由不同学者提出的各种思想观点加以系统梳理和整合，以便使之纳入一种较为严谨和富有条理的理论体系中去。其结果，是形成了一批综合论述和介绍后凯恩斯经济学思想的著作和教科书，其中较为有代表性的是：约翰·克雷格尔（J. A. Kregel）于1973年出版的著作《政治经济学重建：后凯恩斯经济学导论》（*The Reconstruction of Political Economy*：*An Introduction to Post-Keynesian Economics*）、罗宾逊与其弟子约翰·伊特韦尔（J. Eatwell）于1974年合作完成的研究型教科书《现代经济学导论》（*An Introduction to Modern Economics*）、艾希纳于1978年出版的著作《后凯恩斯经济学指南》（*Guide to Post-Keynesian Economics*）和于1985年出版的《走向一种新经济学》（*Toward a New Economics*）、阿雷斯蒂斯（P. Arestis）与斯库拉斯（T. Skouras）1985年出版的《后凯恩斯经济理论》（*Post Keynesian Economic Theory*），以及哈考特从学术争论的视角对后凯恩斯学派的批判性论述加以系统总结的著作《两个剑桥关于资本理论的某些争论》（*Some Cambridge Controversies in Capital Theory*, 1972），等等。

这些努力显然是旨在与主流派相抗衡，表明后凯恩斯学派并非仅仅满足于一般性的学术批判，而且同时还要致力于新的理论的系统建构。应当说，这些努力确实取得了一些成功，使得后凯恩斯经济学在向理论系统化发展方面前进了一大步。不过与主流派相比，后凯恩斯学派的影响力还是相对减弱了。尽管这一时期主流派凯恩斯主义者也曾因为受到货币主义和理性预期等其他经济学派的挑战而面临过几次危机，然而它由于可以在新古典综合的框架下有选择地吸收和"综合"这些因素，从而不断地扩展其均衡分析体系，故非但没有使其主流派的地位和影响力受到削弱,反而呈现出日益强化的势头。倒是后凯恩斯经济学在一段时间里与经济学的主流渐行渐远,显示出被日益边缘化的趋势。产生这种情况的原因是错综复杂的,但是我们这里至少可以明确地指出下面三点:第一,尽管如上所述,这一时期后凯恩斯经济学者进行了一系列的理论发展与综合工作,但是总体说来实质性的重要创新较少,逊色于第一代学者。第二,随着其内部不同学者之间的思想观点差异的日益发展,难以形成严谨一致的统一经济学体系,故而其代表性的教科书或综合读物也就几乎不可能与主流派的流行读物相抗衡。第三,也是最重要的一点,即后凯恩斯经济学派所信奉的基本命题诸如不确定性、历史时间等等,均难以纳入正规化的理论模型之中,这在日益崇尚均衡分析和正规化技术的当代国际经济学界自然也显得“不入流”,从而也限制了后凯恩斯学派的理论影响力和学术地位的提升。

20 世纪 80 年代以来的最近一二十年,可以视为后凯恩斯经济学派发展的第三个时期。除了仍然活跃于学术界的第二代学者以外,又涌现出了一批富有创新活力的第三代学者,像英国学者希拉·道(S. C. Dow)、索耶(M. Sawyer),美国学者帕里(T. I. Palley)、李(F. S. Lee)、普雷斯曼(S. Pressman),澳洲的学者金(J. E. King)等等。这时的后凯恩斯经济学者通过反思以往的经验教训,更明确地认识到发展内在一致的后凯恩斯经济理论体系的重要性。为此,他们对从基本方法论到微观与宏观的各个方面重要原理都进行了重新审视与梳理,并结合经济理论各分支出现的新进展与经济实践发展的新情况(例如经济全球化的新趋势、计划经济向市场经济的转轨等等)展开新的理论探讨,取得了一系列新的研究成果。与此同时,又在较大范围内加强了对自身理论的经验验证工作。这标志着后凯恩斯经济学的发展出现了新势头。另一方面,后凯恩斯学派的学术交往也日益活跃。1988 年,英国成立了后凯恩斯经济学研究团体(Post

Keynesian Economics Study Group,PKESG),现已拥有遍布五大洲的五六百名成员,每年都定期举办三到四次研讨会。此外,由最初的讲习班发展而来的国际后凯恩斯研究会(International Post Keynesian Workshop),90年代以来也定期地举行国际性会议,成为一个规模较大的定期性学术论坛。另外,还有一些非正统、非主流的经济学团体,像英国与爱尔兰的非主流经济学协会(Association of Heterodox Economics,AHE),也为后凯恩斯学派提供了活动空间。其中,PKESG和AHE还是成立于1993年的国际多元化经济学协会联盟(International Confederation of Associations for Pluralism in Economics,ICAPE)的成员。这些都为后凯恩斯经济学的新发展提供了良好氛围。不过总体来说,后凯恩斯经济学目前仍然处于难以与主流派凯恩斯主义经济学甚至新古典宏观经济学相抗衡的地位。①作为享有盛名的资深的后凯恩斯经济学派代表人物,帕西内蒂在2005年的一篇短文中曾经坦陈这一点。他指出,我们不能不承认新古典范式所具有的外观上的正规严密性和内在一致性。而要沿着凯恩斯的路线建立起另一种具有同样严密性和一致性的新的经济学范式,则是极其艰难和最富有挑战性的任务。②

本书将主要追踪这一时期中后凯恩斯学派经济理论的新进展与新成果,并分析其新特点,评价它们对于现代经济学发展所具有的意义,进而探讨它们对于中国经济学发展以及中国经济转轨与经济发展实践所可能具有的学术参考价值与实际借鉴意义。

---

① G. Fontana and B. Gerrard (2004), "A Post Keynesian theory of decision making under uncertainty", *Journal of Economic Psychology*, Vol. 25, no. 5, PP. 619-637.

② Pasinetti, L. L. (2005), "The Cambridge School of Keynesian Economics", *Cambridge Journal of Economics*, Vol. 29, PP. 837-848.

1.2 后凯恩斯学派的思想渊源

后凯恩斯学派的思想渊源较为复杂,不同的学者往往对此有不同的概括和表述。如果从基本的理论和方法论传统来考察,我们大致可以将其归结为三个方面,这就是凯恩斯经济学、马克思经济学与古典经济学。

凯恩斯经济学当然是后凯恩斯学派的最重要与最直接的思想来源,因为后凯恩斯学派就是在凯恩斯奠定的理论基础之上开始其学术生涯的,他们坚持使凯恩斯革命发扬光大的宗旨也决定了他们必然要继承凯恩斯的经济思想。对此,至少可以从几个方面来看。首先,凯恩斯在《通论》中提出的有效需求原理成为后凯恩斯学者进行宏观经济分析的共同理论基础。不管他们在其他方面有什么差别,他们都能够坚持投资—储蓄分析,将其作为建构宏观经济模型的基本方法。他们都强调总需求特别是投资需求对于总收入和就业的决定作用,按照需求→供给、投资→储蓄的因果分析思路来考察宏观经济变量的关系。他们都把自发市场条件下的有效需求不足视为经济非均衡的根本原因,而反对主流派的投资总是自动等于储蓄的均衡分析。

其次,凯恩斯在《货币论》中提出的分配思想为卡尔多等人所继承。这一思想的实质是资本家支出的越多,他从商品销售中实现的利润也就越多。正是在此基础上,卡尔多引申出投资不仅决定收入总量而且也决定收入分配的想法,从而建立起将有效需求原理与收入分配决定融为一体的后凯恩斯学派的分配理论。

第三,凯恩斯在《通论》中提出的货币理论成为一些后凯恩斯学者的重要思想指南。凯恩斯一方面从未来的不确定性引申出人们货币需求的三种动机(后来又补充了融资动机)，从而揭示出货币作为人们应付不确定性的重要工具的职能以及人们持有货币的经济理性基础。另一方面，又通过分析货币的两个重要特征即生产弹性与替代弹性接近或等于零，阐明了货币需求增加是导致总需求不足从而失业的关键因素之一。凯恩斯的上述货币分析特别地受到以温特劳布、戴维森、明斯基等人为代表的美国后凯恩斯学者的推崇。他们强调指出，凯恩斯的货币分析乃是他的有效需求理论的核心内容，凯恩斯革命的本质就体现在其新的货币理论上。因此，要坚持和发展凯恩斯经济学就必须重读《通论》特别是它的论货币性质的第17章。沿此思路，这些被称为凯恩斯学派中的"原教旨主义者"(Fundamentalist Keynesians)的后凯恩斯经济学派成员，严格地依据《通论》中的论述发展出一套关于货币经济中的就业与国民收入决定理论。而与此同时，凯恩斯在货币分析中关于未来不确定性的思想，也对英国剑桥大学的罗宾逊等人产生了重大影响。罗宾逊等人认为，从基本的方法论角度来说，提出和强调不确定性对经济行为的影响乃是凯恩斯对经济学实现的革命性变革的真谛，它从根本上否定了传统经济学的均衡分析的基础。由于经济运行是处于一种"历史时间"当中，过去的不可逆转，未来的无法确知，故一切理性决策的前提不复存在。这种由不确定性引申出否定均衡分析和理性决策行为的思维方法，贯穿着罗宾逊等人经济研究的始终，成为后凯恩斯学派思想发展的一条重要线索。

后凯恩斯学派的第二个思想渊源可以追溯到马克思。虽然马克思经济学与凯恩斯经济学、后凯恩斯学派经济学在关于资本主义经济的基本价值判断和意识形态方面存在着根本分歧，但是这并不影响他们在关于资本主义市场经济运行的某些具体方面拥有相似的看法，因为这些关于经济运行的分析是可以超越价值准则乃至意识形态鸿沟的。实际上，凯恩斯本人就自觉或不自觉地吸收了马克思关于货币经济的一些重要观点及其据此对萨伊定律的批判,①尽管他在《通论》中提及马克思时采取了不应有的轻蔑态度。马克思经济学对后凯恩斯学派经济学的影响同样也是十分明显的,这不仅体现在他的历史的、阶级的分析方法在后凯恩斯学派那里得到一定程度的传承,而且他的以剩余价值分析为核心的分配理论和以再生产图式分析为特色的增长理论在后凯恩斯经济学发展中也都留有深刻痕迹。马克思的这种影响主要是通过卡莱斯基实现的。卡莱斯基作为一位基本上是自学成才的波兰经济学家,其对经济学的入门最初是源自对马克思再生产图式的了解和对20世纪30年代经济现实的感悟。他早在30年代初期就提出了与凯恩斯的《通论》相似的关于资本主义经济周期波动的理论,尔后,当其著述传播到英语世界时,便赢得了普遍的承认和广泛的尊敬。他尤其受到罗宾逊等人的推崇,被称为后凯恩斯学派的"最重要的守护神"。② 因为卡莱斯基借鉴马克思的再生产分析框架,把不完全竞争和垄断因素引入经济学分析,把微观部门结构分析与宏观总量分析结合起来,建立起将价值、分配、国民收入决定与经济波动等理论融为一体的新的经济理论。这一理论在微观与宏观两个方面都扫除了新古典的痕迹,发扬了古典学派的传统,可以用来填补凯恩斯经济学的微观基础,并发展其宏观动态学,故罗宾逊称其是比凯恩斯的《通论》更为真正的"通论"。③

从卡莱斯基那里,罗宾逊等人吸收了成本定价思想和剩余分配思想,以及部门结构分析、阶级分析、制度分析和动态分析等方法。因此,后凯恩斯经济学又

① J. E. King (2003) ed., *The Elgar Companion to Post Keynesian Economics*, Edward Elgar, P. 264, P. 371.

② Sawyer, M. C. (1985), *The Economics of Michal Kalecki*, London: Macmillan, P. vii.

③ Robinson, J. (1962), *Collected Economic Papers*, Vol. IV, Oxford: Basil Blackwell, P. 97.

常常被称为“卡莱斯基经济学”(Kaleckian Economics)。不仅如此,在卡莱斯基的启示下,借助于英国著名马克思主义学者莫里斯·多布(Mourice Dobb)等人的帮助,罗宾逊又直接研读了马克思的著作,从中获得了“历史方法”的教诲。①这些使得后凯恩斯学派,特别是以罗宾逊为代表的一部分英国后凯恩斯学者在其理论研究的过程中自然不能不受到马克思思想的影响,由此也决定了他们的学术风格更具有批判性和战斗性,他们的理论观点与政策主张更富有激进的色彩。自然,他们有时被称之为“凯恩斯经济学左派”或激进派,也就毫不足怪了。

最后,再来看后凯恩斯学派的古典经济学思想基础。如果说在上述两方面的思想基础上发展起来的后凯恩斯经济理论既包括了短期分析,也包括了长期分析,但是却以短期分析为主的话,那么在古典经济学思想传统的基础上所形成的后凯恩斯理论则主要是长期分析。因此,后凯恩斯学派内部不同学者之间在长期分析与短期分析方面的差别,实际上是与他们所承继的不同思想来源相关联的。这里的古典经济学传统主要是指李嘉图传统,它具体是通过斯拉法的工作而渗入到后凯恩斯经济学说中的。斯拉法作为西方著名的经济学家,一直对李嘉图的古典学说情有独钟。他从20世纪20年代就开始从事古典理论研究与文献整理工作,造诣极深。50年代完成了整理出版李嘉图著作和通信集的巨大工程,所发表的“剑桥版导言”关于李嘉图价值理论的精湛分析,对罗宾逊等人产生了很大影响。到了60年代,出版了他的《用商品生产商品》这部名著,更形成了一套系统的长期分析理论。他根据李嘉图的思想建立起一个逻辑分析体系,即他的生产方程体系,借以论证相对价格与一般正常利润率的关系。通过这一体系,古典学派关于经济学主题是收入分配的观点,关于从生产领域研究剩余

① J. E. King (2003) ed., *The Elgar Companion to Post Keynesian Economics*, Edward Elgar, P. 212.

以及根据剩余方法来考察利润的思想，关于阶级力量对比与社会制度因素制约剩余收入分配的思想，关于分配将与特定的生产技术条件一起决定相对价格的思想等，都融合了进来，并得到了新的阐述。这一研究成果引起了西方经济学界的巨大反响，被称之为“古典政治经济学的复兴”，甚至“斯拉法革命”。它对于后凯恩斯学派的巨大意义就在于，用一种也是属于均衡分析的长期分析（即关于一般正常利润率和自然价格亦即生产价格的分析，有时也叫做“引力中心”分析）的理论体系再现了古典经济学，为批判新古典经济学特别是它的供求分析框架和边际均衡分析体系提供了更为有力的逻辑前提和理论基础。正因此，这一分析体系被广泛地吸收进后凯恩斯学派的理论研究与批判工作中，成为他们构造价值、分配与资本理论的重要基础。在此基础上，帕西内蒂、加莱格纳尼等人进一步发展出内容更为丰富的、反映李嘉图思想传统的长期分析乃至动态分析体系，使之成为后凯恩斯学派经济体系中的一个重要分支。后凯恩斯学派的这一理论分支，有时又被称为“斯拉法经济学”（Sraffaians Economics），更多的时候则被称为“新李嘉图主义”（Neo-Ricardianism），或“后李嘉图主义”（Post-Ricardianism）。

综上所述，可以看出，后凯恩斯经济学乃是经济思想史上几种不同的思想潮流融会的结果。虽然许多后凯恩斯学者通过不懈的理论工作力图使这种融会避免简单的综合，而能够生成一种新的、具有严谨的内在逻辑关系的理论体系，但是总的来说，实际的进展情况却未能如愿以偿。不同的学者往往沿着不同的思想渊源来展开各自的研究工作，他们在短期分析与长期分析的不同领域也确实取得了许多重要成果，然而，如何将这些成果有机地整合起来，纳入一个严谨一致的体系，却是仍然处于探索之中而尚未解决的问题。

例如，就英、美两国的后凯恩斯学派而言，英国学者就十分重视使古典传统发扬光大的工作，而美国学者则对此往往不屑一顾，他们更强调要在"重读圣经"——即凯恩斯的《通论》中获得启迪。另一方面，在崇尚古典传统的学者中间，沿着卡莱斯基的研究路线发展的罗宾逊等人更注重短期分析，而沿着斯拉法的研究路线发展的帕西内蒂、加莱格纳尼等人则更热衷于长期分析。卡莱斯基、罗宾逊等人的分析传统将不确定性、历史时间以及货币的作用置于关键的地位，而对于长期均衡或"引力中心"的均衡分析，诸如一般利润率的决定等等问题，则不感兴趣。这又使他们与美国的后凯恩斯学者具有某种一致性。另一方面，在斯拉法等人关注长期均衡状态分析的体系中，则无法容纳预期、不确定性等等因素，他们固然从生产体系的分析中完全排除了新古典的供求均衡模式，但是同时也把马歇尔的短期分析中为凯恩斯和罗宾逊等人所认为可资借鉴的部分基本上抛弃了。因此，这两种理论思潮虽然都较好地将古典的微观分析思想纳入到凯恩斯的宏观分析框架，但是在短期分析与长期分析之间尚未能实现有机的联系。

总体来看，按照其思想渊源与主要理论特征的不同，后凯恩斯经济学内部目前大致可以划分为三大主要分支。① 这就是：以短期分析为特征、强调凯恩斯货币分析传统的凯恩斯经济学派的原教旨主义者，以短期分析为特征、强调将凯恩斯理论与古典传统相结合的卡莱斯基—罗宾逊经济学，以及以长期分析为特征的强调将凯恩斯理论与古典传统相结合，特别是始终坚持古典学派剩余分析方法的斯拉法经济学或新李嘉图主义者。他们虽然在反对新古典主流思想传统方面具有一致性，但是彼此之间在具体的分析视角、研究方法、理论重心等方面也存在着较大差异。这种情况表明，思想渊源的多样化，是导致后凯恩斯学派的理论具有复杂多样性从而缺乏内在统一性的重要原因之一。

① Kerr, P. (2005), "A History of Post-Keynesian Economics", *Cambridge Journal of Economics*, Vol. 29, PP. 475–496.

1.3 后凯恩斯学派的若干重要特征

尽管后凯恩斯学派内部存在着诸多差别，但是他们相对于主流派而言，在经济分析的基本方法论、基本理论命题与观点、基本政策主张等方面仍然显示出具有相当程度一致性的某些共同特征。①②③④

第一，强调“不确定性”和预期在经济活动中的重要性，这尤其是其短期分析理论所具有的显著特征。后凯恩斯学派认为，资本主义市场经济是处于历史时间中的经济，过去的不可逆转，未来的不能确知，处于当下的行为主体只能凭借经验或惯例行事，任何完全的理性行为都是不可能的。这种不确定性并不可能通过随机分布的数学工具来加以处理，因而人们的预期也就不可能实现充分的预见性。过去的经济活动或经验积累会对人们的预期产生重要影响，而人们的预期又会影响到目前的经济决策进而未来的经济发展。预期的恒常不变是极为偶然的，它的不断调整和反复变化才是常态。由经济发展的这种内在不确定性所引发的预期的变化又加剧了经济在短期中的波动性和长期中的动态运行的不稳定性。在这种情况下，任何静态的、均衡的观念从而数学上的边际的、优化的分析方法，都是难以准确反映和描述现实的。因此，他们主张经济学应当彻底

① Greenwald, D. (1982), *Encyclopedia of Economics*, McGraw-Hill Book Company, PP. 740-743.

② Arestis, Philip and Skouras, Thanos (1985), *Post-Keynesian Economic Theory*, M. E. Sharpe Inc., PP. 130-143.

③ Pasinetti, L. L. (2005), “The Cambridge School of Keynesian Economics”, *Cambridge Journal of Economics*, Vol. 29, PP. 837-848.

④ 约翰·伊特韦尔等主编，《新帕尔格雷夫经济学大辞典》(*The New Palgrave, A Dictionary of Economics*)，经济科学出版社，1996 年中译本，第 3 卷，第 989—992 页。

摒弃传统的均衡观念与方法，而代之以更能反映现实生活的这种特性的动态的、非均衡的方法。

第二，重视社会制度分析。后凯恩斯学派的制度分析不仅明显地区别于基本上忽视制度分析的主流派学说，也在某种程度上不同于其他非主流学派的制度分析。虽然在现代西方经济学界，各种非主流派的经济理论中或多或少也都包含有制度分析的成分，然而后凯恩斯学派的制度分析却具有自己的特点。后凯恩斯学派认为制度重要是与他们强调不确定性因素的重要性密切相关的，正如保罗·戴维森所说："经济的和政治的制度不是微不足道的……在未来是不确定的和事件的发展需要经历时间的现实世界中，经济制度和政治制度在决定经济结果方面是有影响的、重要的。"①因此，他们认为经济分析不应仅着眼于物质技术关系，而且也必须关注各种社会、经济制度对经济运行的重要影响，将制度因素纳入其中，使之成为确立某些经济行为或变量关系的重要依据和约束条件。他们一般不去探讨各种制度的起源和演变，像新、旧各种制度经济学派所做的那样，而是关注于制度因素的作用和影响。循此思路，他们深入探讨了现代大公司制度，明确指出微观市场结构的垄断或寡头特征，由此指出供求完全竞争定价理论的不现实性，并提出新的厂商管理定价或加成定价理论，取而代之。他们还分析了现代社会的产权制度，揭示了产权是决定收入分配的重要因素。例如，罗宾逊就曾指出，资本之所以获得收入利息或利润，其根源就在于资本所有权，资本积累的客观要求从产权制度上决定了占有生产资料的资本家集团要以利润等形式占有总产品的一个份额。② 这也正是资本主义不仅以消费为目的、同时

① 丹尼尔·贝尔与欧文·克里斯托尔主编，《经济理论的危机》，上海译文出版社，1985年中译本，第10章。

② 琼·罗宾逊与约翰·伊特韦尔，《现代经济学导论》，商务印书馆，1982年中译本，第2篇，第3章。

还以获取最大利润为动机的制度原因。[①] 从这一视角来看，流行的用资本生产力来解释收入分配的所谓边际生产力分配理论，便站不住脚了。此外，他们还分析了工会制度对工资谈判从而价格决定的影响，考察了现代货币金融制度对企业投资决策、居民的流动性需求进而总需求的影响等等。近年来，一些后凯恩斯学者或多或少地受到新制度经济学的影响，也开始试图探讨大公司内部或厂商内部的制度安排在弱化不确定性方面的重要功能。

第三，重视阶级关系分析。阶级分析源自古典传统，在马克思经济学那里则成为他的抽象分析方法的必然产物，他认为物与物关系的背后所隐藏着的是人与人主要是阶级与阶级（或在经济上处于不同地位的各大集团）之间的关系，因而只有进行阶级分析才能抓住现存生产方式的本质。在现代西方经济学中，除了激进的马克思主义学派以外，一般来说都普遍排斥阶级分析的方法。然而，后凯恩斯学派却明确地坚持了阶级分析方法。他们认为，阶级分析首先体现了经济学的主题要求之一。经济学的核心问题之一是收入分配，而收入分配主要表现为总产出在各大社会阶级或集团之间的分割，其中充满了矛盾与冲突，只有运用阶级分析方法才能揭示这一冲突的原因、过程、后果及其解决途径。其次，阶级分析也是准确地刻画经济运行过程的一个必要层次。不错，组成社会的基本成员是人，但处于不同经济地位中的人的行为方式是不同的，例如以财产收入为主的雇主阶层与以工薪收入为主的雇员阶层二者之间，在各自的消费与储蓄倾向、风险偏好程度等方面就明显不同。因此，按照人们特定的经济地位将其划分为不同的阶级或集团，进而考察不同阶级或集团的特定经济心理与经济行为，将比泛泛的一般理性经济人行为分析更加切合实际，更有助于把握经济复杂系统

① Robinson, J. (1956), *The Accumulation of Capital*, London: Macmillan, P. 15.

的具体结构特征。由此,在后凯恩斯学派的理论中,从基本概念的提炼到分析框架的建构,都贯穿着阶级分析的线索。例如,他们通常不去一般地谈论价格变动的需求效应,而是强调不同阶层收入对不同层次消费(必需品与奢侈品)的影响。不去建立一般性的消费函数,而是分别考察工人与资本家两大群体不同的消费与储蓄倾向。不去研究所谓统一的收入决定,而是致力于揭示工资收入和利润收入决定的不同机理。这使得他们能够在一定程度上揭示出现代资本主义市场经济条件下的阶级对立与利益冲突关系,而在主流派的理论中所到处充斥的孤立、抽象的理性经济人在这里是绝对没有立足之地的。

第四,将收入分配置于经济理论的中心地位。这既是沿袭古典学派的传统,也受到了马克思思想的影响。他们集中考察国民收入在工人与资本家之间的分配,而不是一般的个人收入分配。所采取的分析方法则在根本上与将分配问题纳入供求一般均衡的新古典边际主义体系不同,分别坚持从外生因素与内生因素两个方面来加以考察。就外生因素而言,主要是从社会经济制度诸如资产所有权以及工会制度或劳资对立关系来说明特定经济条件下的收入分配格局。从内生因素来说,主要是将凯恩斯的有效需求原理与古典学派的分配原理以及他们关于收入分配的剩余分析方法相结合,按照先利润份额、后工资份额的顺序来研究利润或利润率及工资的决定问题。其基本的思路是,在宏观经济达于正常均衡的条件下,投资与支出从而总需求既决定了国民收入水平,也决定了利润及利润率,从而同时确定了国民收入分配的基本格局。在阐明了收入分配本身的决定机制之后,他们进一步从不同侧面去探寻收入分配对经济运行的影响。例如,他们将收入分配理论与相对价格决定理论相结合,研究微观市场价格决定问题,把收入分配视为制约和影响相对价格决定的重要因素。他们又将收入分配与经济增长分析相融合,同时考察收入分配对经济稳定增长的重要影响以及在增长过程中收入分配的变动趋势。此外,他们还结合收入分配考察一般价格水平的决定与变动问题,将劳资双方关于收入份额的争斗视为引发通货膨胀的重要原因,这即是所谓的工资→物价→工资→物价……交互变动的“通货膨胀螺旋”。

第五,注重生产和供给行为分析。这是后凯恩斯学派承自古典学派和马克思经济学的另一传统。古典传统与新古典传统的根本性区别之一,就是前者理论分析的重心被放在了生产与供给活动领域,后者则集中于市场交换或需求方面。在新古典的理论体系中虽然也包含生产,也有生产的代理人——厂商,但那仅仅是辅助于其关于市场交换过程的经济分析的,其理论体系的核心是论证通过价格机制的运作可以实现一切资源的最优配置。因此,新古典体系本质上属于交换经济学。不仅如此,主流派的各种均衡分析体系也都具有这种特征。后凯恩斯学派与此不同,他们总是注重从生产和供给行为的视角去考察各种经济问题,从而使生产和供给分析实际上成为其理论体系的重心。例如,关于相对价格的决定,他们是从现代大公司的制度结构和生产成本角度去考察,提出成本加成或管理定价的理论。关于收入分配,也是着眼于投资所决定的生产结构和产品构成以及阶级关系等制度因素,完全排除了通常流行的所谓要素供求定价机制。他们指出,科学的有效需求的概念也必须建立在生产分析的基础上,因为有效需求对就业的影响就是通过生产活动水平与增长率的变动实现的。注重生产分析,也与坚持历史时间的概念相一致,因为现代资本主义市场经济不同于简单商品经济的特征正是源于它大量采取迂回、耗时的生产方式。与此相联系,强调未来的不确定性和预期对经济活动的重要影响,显然也是将分析重心置于生产活动的结果。

第六,强调货币的重要性,坚持实体经济(real economy)分析与货币经济(monetary economy)分析相结合。在新古典理论传统中,就长期、正常的均衡状态而言，货币对经济运行与就业的影响是微乎其微的，它的作用仅在于影响物价、名义利率等货币经济运行层面的东西，这即是所谓的“货币中性论”，又叫做关于货币经济与实体经济的“二分法”（dichotomy）。主流派凯恩斯主义者基本上也默认这一学说，但后凯恩斯学派坚决反对这种观点。他们从其强调未来不确定性这一基本立场出发，也十分注重货币的极端重要性。他们指出，货币是现代市场经济最重要的制度安排之一，它的存在起因于经济必然性，即在未来充满不确定性而现实生产活动又需要采取耗费时间的迂回生产方式的条件下，经济主体为了应付不确定性可能带来的风险以及事前合约所规定的各种支付行为，必须要持有货币，从而他们便从资本主义市场经济的客观特征中推引出货币存在的经济原因以及人们货币需求的经济理性基础。他们进一步将货币因素纳入宏观经济分析之中，指出货币的作用绝非中性，无论在短期还是长期中，均是如此。货币虽然是起因于人们应付未来不确定性的需要，但恰恰是人们货币需求的变化又导致了经济运行的不稳定性。例如，人们货币需求的增加，尤其是发生货币储藏，将会导致对商品和劳务需求的减少从而总需求的不足，这将导致失业增加。货币信贷制度在为企业创造便利的融资条件的同时，又潜藏了诱发投资扩张与通货膨胀的可能。此外，在普遍实行耗费时间的大规模生产的现代市场经济中，货币的存在还产生了企业的流动性问题，以及由于货币工资契约而引发的成本推进型通货膨胀。因此，经济理论绝对不应该忽视货币分析，任何忽视货币分析的理论都将因为脱离现实而变得毫无意义。例如，一般均衡理论就是这样，因为它描述的是一个无货币和时间因素因而属于空想的世界。

第七，坚持“反边际主义革命”的宗旨。后凯恩斯学派与主流派和其他非主流派相比的一个重要特点是，他们的理论观点从一开始就具有强烈的反边际主义的批判性和战斗性倾向，并且这种倾向在一定程度上甚至成为其富有代表性的学术风格。如前所述,后凯恩斯学派内部的无论哪些成员,他们都是从反正统、反主流的理论批判中聚集起来的,其中以罗宾逊、卡尔多等剑桥大学的经济学家在“资本争论”的名义下所发动的反边际主义革命的规模最大,影响最深远。尽管各个经济学家理论批判的视角与重心不完全相同,例如罗宾逊等英国后凯恩斯学者更强调收入分配与资本理论等问题,温特劳布等美国后凯恩斯主义者更注重货币经济与货币因素问题。前者的批判锋芒直指微观基础,后者则指向以均衡和稳定性预期为特征的IS-LM等宏观模型。可是就实质而言,他们的批判锋芒所向都是针对新古典学派,或是主流派理论中所体现的新古典思想传统。这些新古典思想传统主要包括理性经济人假说、各种最大化原理、利用数学等正规化技术进行的静态与均衡分析等等,它们最终统一于以边际主义一般均衡分析体系著称的思想体系中。故而,后凯恩斯学派所展开的各种理论批判活动的基本指向,都可以归结为“反边际主义革命”。这既是后凯恩斯学派诞生时的理论初衷,也是始终贯穿在后凯恩斯经济学发展过程中的一个重要特征。后凯恩斯学派这种强烈的批判性特征既在一定程度上促进了其自身正面理论的发展与建构工作,另一方面,由于某些学者采取过于极端的完全否定式的批判方式,也在一定程度上妨碍了其与主流派的更富有建设性的学术交流。这也是其长期处于非主流地位的重要原因之一。

第八,在经济政策上,提出各种富有激进色彩的政策主张。新古典经济学以及继承了新古典传统的当代各经济学流派,像货币主义或理性预期学派,基本上是倡导自由放任而弱化政府干预的政策主张的。主流派凯恩斯主义者虽然明确强调了国家干预主义的凯恩斯经济学的政策主张,但是他们更注重于单纯的总量调节。与这些相比,后凯恩斯学派的政策主张明显地具有自己的特征。他们不仅关注总量调节,即刺激总需求,而且强调结构调整,即更加强调总需求的构成、收入分配。其具体的政策主张包括:在促进总需求增长的同时优化投资结构;保持生态平衡,避免军事扩张;实行收入再分配政策,促进国民收入的分配趋向均等化;推行收入管制政策,旨在控制工资→物价……交互变动的“通货膨胀螺旋”。

1.4 后凯恩斯学派在当代经济学中的地位

经济学的发展历来都是呈现出多样化的格局,不同学说或思想流派之间长期不断地展开争论已经成为经济思想史上的常态。这种情况在当代西方经济学界并没有消失,相反在更为广泛和深入的程度上继续重复地演绎和发展着。那么,在当代西方经济学这种多样化的发展局面中,后凯恩斯学派究竟处于何种地位呢?它与其他经济学流派的关系又如何呢?这里做以简要分析。

当代西方经济学可谓流派繁多。如果择其要者,至少有九大流派值得提及,包括新古典综合(又叫做正统派或凯恩斯主义主流经济学派)、新凯恩斯主义(New Keynesian)经济学派、后凯恩斯主义经济学派、制度经济学派、货币主义学派、理性预期学派(或新古典宏观经济学)、真实经济周期学派、新奥地利经济学派,以及新马克思主义或激进政治经济学派。其中,激进经济学派对资本主义市场经济基本上持批判态度,故而它在基本价值判断方面与上述其他流派之间存在着重要原则分歧,由此便难以就经济运行方面的分析来将它与其他经济学派的观点做比较。所以,我们只考察上面的八大流派。这八大流派如果按照其关于市场机制运作的基本观点来划分,可以分为两大阵营:即基本信奉市场供求机制的作用效力的自由主义和承认市场可能失败与政府干预必要性的国家干预主义。前者主要包括凯恩斯主义正统派、新凯恩斯主义学派、后凯恩斯经济学派、制度经济学派;后者则主要包括货币主义学派、理性预期学派、真实经济周期学派和新奥地利经济学派。在每一阵营内部,不同学派所处的地位与影响也是有差别的。新古典综合和货币主义分别代表了国家干预主义学说和自由主义学说中的正统派,成为各自的主导。新凯恩斯主义经济学和新古典宏观经济学、真实经济周期学派则是分别在各自的正统派理论基础上发展起来的"新"学派,它们既属于独立的理论分支,同时又能为正统派所接纳。而后凯恩斯经济学派、制度经济学派和新奥地利经济学派则分别属于各自体系中较为激进的学派,他们不仅与对立体系中的各学派持有根本不同的观点,而且对于本体系内部的正统派也采取批判和论战的立场,所以他们实际上是属于真正的非主流或"异端的"思想流派。

正统派凯恩斯主义自战后以来基本上一直处于主流的地位。它的主要理论框架是 IS-LM 分析,以及立足于新古典微观分析之上的消费、投资、货币需求理论和经济增长理论。这一模型的基本含义是,由于庇古效应的微弱性,要实现充分就业就必须通过政府实行政策微调宏观经济,特别是在无弹性的 IS 曲线和无限弹性的 LM 曲线的情况下,财政政策更为重要。随后,菲利普斯曲线的引进又为在解决失业与通货膨胀之间的政策权衡确立了一致性的定式。这一切标志着凯恩斯革命的"高歌猛进"。但是不久以后,货币主义的"反向革命"(the monetarist counter-revolution)对正统派凯恩斯主义者提出了严重挑战。首先,弗里德曼依据其稳定的货币需求函数的假说,强调了货币政策对于稳定经济的重要性。其次,他与费尔普斯等人还通过附加预期的菲利普斯曲线以及自然失业率等概念的分析,否定了关于失业与通货膨胀相互交替的可能性,颠覆了主流派凯恩斯主义的政策思路。再次,货币主义者对政府是否愿意并有能力真正通过相机抉择的政策操作来稳定经济提出了怀疑,倡导"单一规则"式的低度干预模式。这些代表了向自由主义传统的一种复归，它们使得弗里德曼成为20世纪70年代中期前后“最有影响的宏观经济学家”。① 不过，正统派凯恩斯主义的主流地位虽然在一段时间里发生了动摇，但是却并没有失去，它通过将货币主义的若干思想加以吸收，形成了某种程度的“凯恩斯主义—货币主义综合”（Keynesian-monetarist synthesis），维持了其主导性的发言权。

如果说货币主义的“反向革命”导致的是两大正统派思想的某种综合，那么随后出现的“理性预期革命”以及新古典宏观经济学的后果，大致也是如此。卢卡斯等人基于理性预期、市场出清等基本命题指出，系统性和可置信的货币政策并不能影响产出与就业，而非系统性和不可置信的货币政策则只能导致产出与就业围绕自然水平而波动，从而在根本上否定了需求管理政策（尤其是货币政策）的长期有效性。真正能够影响产出与就业的，应当是增加微观主体激励的供给方面的政策。与此相对应，他们也完全排除了关于经济周期波动的需求解释，提出强调供给冲击和技术进步因素影响的真实经济周期学说。这种自由主义经济思潮的“新”发展确实带来了宏观经济思想的新的革命性变化，它使人们重新思考在引入行为人预期因素的条件下宏观政策的作用机理及其后果。主流派凯恩斯主义对此的反应是，一方面引进和借鉴理性预期的思想，从而承认长期中货币政策的无效性，但是同时也强调由于预期引发的调整过程的缓慢，稳定性货币政策在短期仍然有效。另一方面，在主流派凯恩斯主义思想理论基础上又涌现出一批“新”凯恩斯主义者，他们试图在更具体的理论层次上与上述自由主义的新思潮展开竞争。新凯恩斯主义学派完全接受了理性预期和自然率的假说，但否定了市场出清的新古典命题，并在理性假定的基础上进行了新的微观分

---

① Snowdon, A and Vane, H. R. (1997) ed., *A Macroeconomics Reader*, Routledge, P. 10.

析基础的建构，诸如各种名义粘性和实际刚性理论，它们揭示出处于均衡状态的失业也可能是非自愿失业。由此得出的政策含义又明确恢复了凯恩斯主义的基调：货币非中性，仍有政策效力，特别是在由于磁滞效应（hysteresis effect）而导致自然失业率可变的情况下，更是如此。这样，主张国家干预可以有效调节市场的凯恩斯主义与对此持谨慎态度的新古典主义便实现了进一步的综合，尽管双方在一些具体理论与政策问题上仍有分歧。其结果，正统派凯恩斯主义体系依然占据主流地位，而新古典的主要传统及其当代发展也被融入这一体系之中。

需要注意的是，主流派凯恩斯主义者在实行这种综合的过程中，也在一定程度上出现了淡化凯恩斯经济学原有的国家干预主义政策基调的倾向。一个突出的表现就是，近一二十年来伴随着西方主要发达国家宏观经济态势相对平稳的局面，许多主流派凯恩斯主义者在政策主张上更加倾向于诉诸货币政策（诸如利率政策）去追求低通胀或稳定通胀的目标，而忽视或降低了财政政策在实现经济稳定运行中的重要作用。这种关于宏观政策目标及其操作手段的重心转移，实际上反映了主流派凯恩斯主义者对于凯恩斯经济学本来的宏观经济政策理念的偏离，和向新古典主义传统的某种趋同。而恰恰是这种政策偏差，可能是导致最近几年美国出现严重金融与经济危机的一个重要原因。一些重要的凯恩斯主义者通过对于此次危机的反思似乎已经认识到了这一点，例如布兰查德（O. Blanchard）等人就曾指出，经济学家们从此次危机中得到的教训可能很多，其中一个重要方面就是不能单纯拘泥于货币政策以及反通胀的目标，而必须强化财政政策对于实体经济的调节。①

当然，正统派也好，主流派也好，他们并不能代表当代经济学发展的全貌。

① O. Blanchard, G. D. Ariccia, P. Mauro (2010), "Rethinking Macroeconomic Policy", *Journal of Money, Credit and Banking*, Supplement to Vol. 42, No. 6, PP. 199-215.

非主流的思想与学派的发展也构成了当代经济学的重要组成部分，他们的理论观点、思想体系、政策主张虽然极少被写进流行的经济学教科书和大众读本中，但是却在经济学专业文献与期刊中不断地繁衍和发展着，产生着不可忽视的重要的影响。拿自由主义阵营来说，新奥地利学派就是一个重要的异端或较为激进的学派。这一学派沿袭门格尔和庞巴维克的传统，特别是由米塞斯、哈耶克等所进一步阐释和发扬光大的思想，强调个人掌握的信息与个人行为对于社会经济过程的重要性，强调未来的不确定性、预期以及制度的重要性。当然，这种制度并非是指反映人类自觉意识或人为设计的理性建构，而是经济活动过程自发地演进的结果。他们不仅反对凯恩斯主义的国家干预政策（自然更要包括反对中央计划经济），而且也反对新古典主义关于市场机制均衡运行的观点。在他们看来，市场机制的运行就是人们不断地发现信息的过程，它本是一种自发的、天然的秩序。理性行为并不存在，任何试图通过理性建构来改善市场运作的想法都是"理性主义"的空想。因此，奥地利学派不仅是一般地反对国家干预，而是从否定理性主义出发主张极端自由放任的市场经济。奥地利学派基于对市场经济的这些自发性、不确定性、信息分散性等特征的认识，而对中央计划经济体制以及国家过度干预经济的政策所可能带来的消极后果的揭示，无疑具有重要的意义，并且产生了广泛的影响。但是他们由此得出的极端自由放任的主张却未免过于偏激，故难以赢得普遍的赞同。

从国家干预主义经济思想的阵营来说，制度学派与后凯恩斯学派是处于非主流地位的两个重要的经济思想流派。这里所说的制度学派不同于近年来将制度分析纳入新古典范式的所谓"新制度经济学"，而是指从美国早期制度学派学者凡勃伦的传统中沿袭下来的、主要从演进的视角来考察经济制度变迁的思想学派，其主要代表人物是C. 艾尔斯、J. K. 加尔布雷斯等人。艾尔斯更强调制度对于经济发展的约束作用，加尔布雷斯则集中考察现代大公司制度的各种经济后果。制度学派对新古典传统持激烈的批评态度，他们反对将市场价格机制作为资源配置的核心来研究，主张应该把经济体系的组织与控制问题即权力结构置于重心地位。这些组织制度与权力结构，特别是大厂商的权力，是决定现今社会生产、分配从而资源配置的真正因素。因此，他们也反对新古典经济学的均衡分析和优化分析，主张采用演进的方法研究特定的制度结构的形成。他们揭示了制度是在未来具有不确定性的环境中，依据惯例与习俗行事的人们为应对不确定性而以约定俗成的方式逐渐地形成的这样一种机制。他们自然也批判新古典的自由放任主义，认为现代大公司的组织制度及其拥有的权力固然为其自身的发展带来了好处，但是也导致了消费者利益受损、收入分配不公等问题，所以必须由国家政府或公共权力来干预。这表明，制度学派一般是属于国家干预主义者范畴的，尽管其内部成员之间的观点并不一致。当然，在国家干预主义阵营内部，制度学派也是与正统派或主流派大相径庭的，他们反对简单的投资—储蓄均衡分析，主张通过考察制度过程来使凯恩斯的宏观经济原理进一步具有普遍适用性，因为这种制度过程将会改变经济社会的性质与结构，从而使单纯的凯恩斯式的干预政策的功效发生变化。①

现在我们来看后凯恩斯学派。本章前面几节已经论述了后凯恩斯学派的产生、发展及其重要特征，这里再结合上面对当代西方经济学其他主要思想流派的发展及其相互关系的概要描述来总结一下，可以使我们更准确地把握后凯恩斯学派在当代经济学发展中所处的地位。概括地说，后凯恩斯学派是当代西方处于非主流或异端地位的凯恩斯主义思想学派。作为凯恩斯思想传统的一个分

① Dunn, S. P. & Pressman, S. (2005), "The Economic Contribution of John Kenneth Galbraith", *Review of Political Economy*, Vol. 17, No. 2, PP. 161-209.

支，后凯恩斯学派首先具有明显的反新古典主义思想传统的倾向。它不仅像一般的凯恩斯主义学者（包括正统派凯恩斯主义者）那样，反对新古典学者关于市场机制可以保证经济稳定运行、从而基本上不需要政府干预的自由放任主张，坚持凯恩斯主义关于国家干预经济的基本政策信条。而且也对新古典经济学的微观分析体系展开了全面系统的分析和批判，力图用一套新的体现古典理论传统的经济学原理来取而代之。这种情况说明，后凯恩斯主义经济学在基本理论与政策主张两个方面都与新古典思想传统划清了界限。另一方面，正是由于这种彻底的反新古典倾向，也使它与倡导新古典综合的主流派凯恩斯主义者产生了严重分歧。主流派凯恩斯主义者虽然否定了新古典的以自由放任为基调的政策主张，但是却基本吸收了它的微观原理，而这是后凯恩斯学派所坚决反对的，他们认为这一微观原理不能成为凯恩斯有效需求理论的科学的微观基础。由此，他们又进一步质疑主流派凯恩斯主义者依据这一基础所重新构造的宏观分析体系，诸如IS-LM模型等，以及新凯恩斯主义的各种微观、宏观分析模型，指出它们在某种程度上都不过是一般均衡分析体系的翻版，从而背离了凯恩斯有效需求原理的本来含义。不仅如此，他们还批评了主流派凯恩斯主义者的政策主张。虽然同是坚持国家干预主义政策，但是后凯恩斯学派反对主流派凯恩斯主义者单纯注重总量调节的需求管理政策观点，他们根据凯恩斯关于对“投资实行社会化”管制的思想以及其基于古典传统而建构的关于收入分配、收入决定与经济增长的理论原理，更加强调政府调节总需求的内容和结构的重要性，以及实施促进收入均等化的再分配政策的重要意义。后凯恩斯学者关于最近这次爆发于美国及西方其他一些国家的金融与经济危机在宏观政策层面上的原因，也有自己独特的解释。他们基本上将之归咎于流行的主流派宏观分析框架对于凯恩斯经济学精神实质的背离，诸如日益减少财政政策的作用空间，热衷于扩大货币政策的影响力，而在货币政策的目标选择上，又是片面强调所谓低通胀，而忽略了就业、增长等其他更重要的目标。他们认为，要想使经济摆脱衰退，就必须真正贯彻凯恩斯主义的宏观政策思想，彻底摒弃新古典的自由主义传统，一方面要强化财政政策的作用力度，另一方面，就货币政策而言，还需要矫正政策目标的偏颇性，不能单纯瞄准低通胀，而应该更加关注就业、实际工资与长期经济增长等目标。①② 由此可见，后凯恩斯学派不仅反对新古典主义经济学正统，而且也反对凯恩斯主义经济学正统，它同时向这两大正统思想挑战。这也正是尽管后凯恩斯学派也不乏重要理论建树，并且在当代西方经济学界曾经产生过重要的影响，但是却始终难以融入主流思想而一直处于非主流地位的重要原因之一。

然而，虽然与主流派的界限泾渭分明，后凯恩斯学派与一些非主流学派在经济理论与经济政策的某些问题上却有着相似或共同的语言。例如，就与制度学派的关系而言，制度学派强调经济制度对于人们的行为影响的重要性，强调制度应对和弱化未来不确定性的风险的职能，认为大公司组织制度所形成的权力结构及其对定价的影响根本不同于新古典的完全竞争模型，以及制度与权力关系对收入分配的影响和应当实施政策改善收入分配的主张等，都与后凯恩斯学派的立场和观点相当吻合。正因此，有些学者也主张将制度学派的某些理论与后凯恩斯学派理论加以整合，例如，以加尔布雷斯关于大公司权力结构的理论为基础，将凡勃伦、凯恩斯、卡莱斯基以及后凯恩斯主义的某些微观原理加以整合。③

再从与新奥地利学派的关系来看，后凯恩斯学派与之既有重要分歧，也存在

① T. I. Palley(2007),"Macroeconomics and monetary policy: competing theoretical frameworks",*JPKE*,Vol. 30,No. 1,PP. 61-78.

② P. Arestis and M. Sawyer(2010),"The return to fiscal policy",*JPKE*,Vol. 32,No. 3,PP. 327-346.

③ 同 P42 页注①。

某些相近之处。就分歧方面来说,二者一个是强调国家干预,另一个是极端反对国家干预,所以其政策基调的差异是相当明显的。不仅如此,二者还分别属于国家干预主义和自由放任主义两大阵营中的极端派,如果比喻着用带有政治色彩的标签来标记,那么后凯恩斯学派可以被视为极“左”,而新奥地利学派则可以被视为极“右”。但是,尽管在政策立场乃至政治倾向上呈如此极端的对立,二者在经济分析的一些具体理论观点上仍有相通之处。比如,当代奥地利学者一般都认为,社会现象只能由个人的观念与行为来解释,而人们的行为是在时间过程中和不确定的条件下发生的,故而个人拥有的不同知识与预期便具有重要的意义,而制度对于人们行为的协调也变得至关重要了。这种对于历史时间、不确定性、预期以及制度的强调,与后凯恩斯学派是十分相似的。① 此外,在反对新古典的市场静态均衡分析、反对理性主义建构等方面,两派也是基本观点一致。这种情况从一个侧面也显示了经济学研究中实证分析与规范分析之间联系的复杂性,即不同的规范分析可以与相同的实证分析方法与理论结构相融合。

总体来看,后凯恩斯学派是当代西方一个重要的非主流经济学派。它与其他非主流经济学派在理论观点与政策主张方面存在着某种程度的相互渗透,而对于主流派(无论是凯恩斯主义主流派还是新古典主义主流派)则持有基本批判的态度。后凯恩斯学派的经济理论建构尽管并未达到内部严谨一致和完美系统化的程度,却也代表了当代经济学发展中一种独立的、富有特色的学术思想运动,即凯恩斯经济学与古典经济学传统的融合。后凯恩斯学派的理论观点与政策主张对西方经济学界(包括对主流派)产生了重要影响,同时也对西方主要市场经济国家政府的市场经济管理实践产生了重要影响。

---

① J. E. King (2003) ed., *The Elgar Companion to Post Keynesian Economics*, Edward Elgar, P. 6.

第 2 章
后凯恩斯学派方法论思想及其新发展

关于经济学研究方法,可以从广义与狭义两个方面来考察:广义上的研究方法也叫方法论,它指的是经济学家关于经济世界的基本立场与观点以及从事经济研究的基本原则,包括经济理论研究的目的是什么,以及检验和评价经济理论的标准是什么,等等。狭义上,则是指经济学家从事经济问题研究时具体采取的观察视角、分析方法、理论工具选择与学术风格偏好等等。二者之间存在着紧密的联系,前者的基本导向往往决定了后者的具体内涵。经济学研究方法论是经济学思想的重要组成部分,每一个经济学流派都有自己独特的经济学研究方法。本章准备探讨后凯恩斯学派研究方法的基本特点及其在近年来关于经济学方法论研究方面的若干新思想。

2.1 以往的研究方法及其主要特点

应当说,对于后凯恩斯学派,特别是它在前二十年左右的发展,是很难用一种明确的范式来严格界定其研究方法的。由于它的不同成员的研究方法往往各不相同,所以准确地说,后凯恩斯学派的经济学研究方法总体上乃是一个缺乏内在一致性的混合体。造成这种局面的原因主要有两个方面:其一是早期的后凯恩斯主义学者,包括像琼·罗宾逊、卡尔多这样的一些老一代资深学者,尽管也有关于经济研究方法的重要论述,但是却都缺乏系统的方法论研究;其二是,如前所述,后凯恩斯学派内部不同学者的思想背景与理论渊源不尽相同,这也导致了他们的研究方法的诸多差异。对此,帕西内蒂曾不无感叹地总结道,正是由于这种研究方法和理论建构上的不统一,使得后凯恩斯学派最终未能成功地实现与主流经济学相抗衡的目标。① 不过,尽管如此,如果就基本的方面来看,我们还是可以观察到后凯恩斯学派在经济研究方法上所显示出来的若干具有(或近似地具有)共性特征的东西。下面试从其研究方法的共性特征与差异性特点两个方面来加以考察。

2.1.1 研究方法的共同特征

后凯恩斯学派的不同成员虽然所秉承的思想传统不尽相同,但是,他们有一点却是相通的,即反对新古典传统特别是它的边际主义分析方法与思想体系,正是这一基本立场和学术宗旨使得后凯恩斯学者在各自的理论工作中自觉或不自觉地采用了一些共同性的研究方法。

第一,拒绝抽象的、原子式的经济人假设,代之以组合的行为主体。谁都知道,经济学毫无疑问需要研究人,即人的经济心理与经济行为。但是如何刻画和设定"人"这一行为主体,则是经济学方法论中的一个带有先决性的重要问题。新古典经济学的做法是采用孤立的个人主义方法来考察人,将各个行为主体视为脱离外部社会、历史环境的简单、抽象、均质、一般的行为人,这就是目前的主

① Pasinetti, L. L. (2005), "The Cambridge School of Keynesian Economics", *Cambridge Journal of Economics*, Vol. 29, PP. 837-848.

流派经济学理论及其教科书中所广为流传的“经济人”(the economic man)假说。后凯恩斯学派坚决反对这种做法。他们认为,人并非是一种抽象物,现实中的人们总是处于特定的社会结构背景之下,这种社会结构包含了制度、惯例、阶级、国家等等因素,因而处于不同社会结构背景下的人们的行为方式将是不同的。① 不仅如此,甚至在同一社会结构背景下的人们,如果所依附的阶级与阶层不同,社会经济地位不同,也会导致其行为方式的极大差异。因此,如果抽象掉这些因素,将难以揭示人的行为方式的本质特征。另一方面,他们又认为,人并非是孤立的,而是一种社会动物,现实中的人们总是相互依赖、相互作用、相互影响的,社会经济活动本质上就是人们之间的一种相互关系。这表明,只有在这种人们相互关联的行为当中,在人们的群体经济活动之中,才能准确地把握个体的行为规律与特征。后凯恩斯学派指出,②这种研究方法显然是与新古典学派的方法论的个人主义截然不同的,但是它也并不就是简单的方法论的集体主义。方法论的个人主义认为可以直接从个体行为推导出整体行为,方法论的集体主义则认为可以直接从集体的行为推导出个体行为。而后凯恩斯学派则是强调,由于人们之间的相互影响以及人们与社会结构之间的相互依赖性,故不可能简单地由一方“还原为”另一方。这一点有时又被他们称之为“整体大于各个组成部分之和”。③④

基于上述思想,他们便主张应当抛弃新古典传统中流行的虚假的经济人假

① Kerr, P. (2005), “A History of Post-Keynesian Economics”, *Cambridge Journal of Economics*, Vol. 29, PP. 480–481.

② J. E. King (2003) ed., *The Elgar Companion to Post Keynesian Economics*, Edward Elgar, PP. 2–3.

③ 同上,P. 41.

④ Pasinetti, L. L. (2005), “The Cambridge School of Keynesian Economics”, *Cambridge Journal of Economics*, Vol. 29, PP. 837–848.

设，而将具有特定内涵的组合的行为主体作为经济学的研究对象。因此，在后凯恩斯学派的各种经济学著述中，分析的对象就不再是单个经济人，而往往是特定的阶级、集团，或者处于特定社会经济结构背景下的群体。各种理论概念、命题的提炼和体系的建构思路也都始终与此相呼应。他们一般不再去考察抽象的所谓经济人的行为规则，而是注重不同群体在不同社会条件下的特定行为规则。例如，他们不是泛泛地研究一般人的收入分配问题，而是注重考察不同阶级或阶层收入分配的不同决定机制；他们不屑于探讨一般个人或家庭的支出与消费决策行为，而是更关心工薪阶层与财产阶层各自不同的消费与储蓄行为；等等。

第二，摒弃理性行为假设，代之以基于“惯例”、“经验”等等的行为规则。理性行为假设是主流派经济学中与原子式的经济人假设密切相关的另一个重要假设，它也是现代主流经济学分析体系中的一个最重要、最基本的公理性假设。这一假设实际上包含了两层意思：其一是愿望，即指人们普遍具有趋利避害、追求最大利益或满足的心理；其二是能力，即指人们完全能够在约束条件下实现这种愿望。主流派的分析体系往往从理性假设出发，推导出人们在各种经济环境下的基本行为规则，诸如效用最大化、利润最大化、成本最小化与痛苦最小化等等，进而运用数学优化方法论证实现这种最大化或最小化的条件。可以说，理性假设是贯穿主流派经济思想体系中的一条“红线”。然而，后凯恩斯学派对此却持强烈的批判态度，不论是沿袭哪一种思想传统的后凯恩斯学派成员，他们都在自己的理论研究中明确地摒弃了理性行为假定。为此，他们不仅与主流派凯恩斯主义者展开论战，同理性预期的新古典宏观经济学针锋相对，而且也对后来兴起的以理性假说为基础的新凯恩斯主义学派提出了严厉批评。

后凯恩斯学者之所以反对理性假说，首先是与他们反对原子式的经济人假说一脉相承的：既然抽象、一般的经济人在现实中并不存在，那么关于经济人寻求利益最大化的行为假定自然也不过是毫无实际意义的空洞说教。其次,更重要的是,他们反对理性假说是因为这一假说高估或理想化了人的行为能力。理性假说认为人们总是能够经过谨慎的分析、明智的判断、准确的预期和精确的计算等等,做出最佳的经济决策,从而实现最大化利益。实际上,这是完全不可能的。人类完全的理性行为之所以不可能,根本原因在于社会经济是一种处于历史时间中的过程,或者说是一种非遍历的过程,其未来是不确定的,这种不确定性不可能被人们所完全认识和把握(例如通过概率分布意义上的计算)。现实中,人们的各种决策根本不是按照所谓的理性原则行事的,而是往往依据经验(rules of thumb)、惯例(convention)、常规习俗(habits or routines),甚至血气冲动(animal spirits)等等。因此,也就不存在什么最优的决策行为与决策后果,理想的状态充其量也只能是"次优"或"比较满意"的结果而已。这种情况表明,要想恢复经济学的现实性品格,就必须用一种新的行为假说来取代理性行为假说。也有后凯恩斯学者将这种新的行为假定称之为"程序理性"(procedural rationality),①其含义是人们的决策行为将遵循经验规则、惯例规则、学习规则等等程序,而不再是严格的理性预期与计算。由于摒弃了理性行为假说,就使得后凯恩斯经济学形成了与正统派或主流派完全不同的理论风貌,这里基本不再有关于各种"最优"或"均衡"状态的描述,更多的则是非均衡分析,诸如基于悲观预期的货币过度需求或窖藏、投资疲软、有效需求不足与非自愿失业,等等。这些市场机制自发运作的过程中显露出来的种种病症恰恰证明了理性决策假说的虚假性。

第三,坚持以生产、供给为重心,反对市场供求均衡分析方法。这既是后凯

① J. E. King (2003) ed., *The Elgar Companion to Post Keynesian Economics*, Edward Elgar, P. 68.

恩斯学派研究方法的一个共性特征，也是整个后凯恩斯经济学理论的一大特点。它一方面源自古典学派(包括马克思)的方法论传统，另一方面也受到凯恩斯《通论》的影响。所谓以生产和供给为重心，就是不再把经济学视为以研究市场交换和资源配置为中心的科学，不再采用供求均衡的分析方法和边际分析的优化方法来确定价格决定、收入分配等问题，不再把供求分析方法简单地推广到宏观经济方面，而是着重从生产和供给方面来研究这些问题。正是基于这种不同的分析视角，使凯恩斯经济学家对于现代资本主义经济的运行描绘出了另一番景象。例如，他们指出，资本主义的特点并不是单纯的交换经济，而是一种以货币为媒介的从事迂回、耗时的生产活动的经济，这一经济不可能有什么静态的资源最优配置，它总是动态、单向地向前发展的，并且这种特点乃是资本主义经济运行中一切不确定性和不稳定性的根源。他们对于经济主体的考察也是着眼于其当事人的特征，例如工人的身份主要是工资劳动者，其与雇主之间在生产领域的关系被视为社会中主要的阶级关系，这种关系会对收入分配、一般物价水平产生影响。他们也着重从生产与供给过程的角度来研究相对价格决定问题，通过分析现代厂商或大公司的制度结构提出制成品价格主要由“管理价格”或“控制价格”机制决定的理论，以此取代了马歇尔剪刀式的供求定价模型。此外，他们还从社会生产部门结构关系、投资需求等等方面研究真实收入分配问题，以此取代要素定价的供求模型。在此基础上，又进而探讨产品的实现问题，揭示出有效需求不足以及非自愿失业的生产领域的原因，等等。

应当承认，在后凯恩斯学派的理论中也包含了需求因素分析，例如其管理定价模式中加成的大小显然要受到市场需求状况的影响。但是需要注意的是，在这里，需求方面的因素仅仅起到一种辅助的、次要的作用，相对价格决定的主导力量还是生产成本。另一方面，在新古典传统或主流派的理论中，尽管也包含有生产函数或供给因素,但是其整个分析是被置于市场交换的场景下,生产与供给方面没有得到应有的展开,重心始终是围绕在供求交互运作的市场机制上。所以,在这里,对相对价格决定起主导作用的实际上是需求因素。由此可见,分析视角和研究重心的不同,直接导致了这两大理论体系的微观基础呈现出泾渭分明的差别。不仅如此,两大体系在宏观方面的分歧实际上也与此相关联。例如,同是衰退和失业的现象,主流派往往将其归因于市场供求机制运行受阻,诸如工资与价格刚性等等,而后凯恩斯学派则更强调从货币的生产经济(monetary production)①本身所具有的特点,诸如未来的不确定性、部门结构失衡等引发的投资不足来解释。

第四,坚持从现实出发的方法论原则。尽管没有哪一派学者曾经公开否认经济研究应该紧密联系现实这一原则,但是在实际的经济研究工作中并不是每一个经济学家都能够自觉地、始终一贯地坚持现实主义的方法论。这主要是由于经济学作为社会科学所具有的特殊性。对此,我们可以引述罗宾逊夫人与约翰·伊特韦尔在《现代经济学导论》中的一段话来说明。② 他们指出,经济学不能像自然科学那样进行有科学控制的实验,从而对于其有关推理、命题和定理的检验只能依靠带有偶然性的事件来证实。但是由于理论模型与其所要反映的现实之间的关系是错综复杂的,即使某个所预期的事件存在也未必就表明模型的推论是完全正确的,而如果所预期的事件没有出现,也很难显示出理论模型的毛病究竟出在哪里。这意味着经济学"缺少自然科学那种理性的纪律",正是由于

① Pasinetti, L. L. (2005), "The Cambridge School of Keynesian Economics", *Cambridge Journal of Economics*, Vol. 29, P. 841.

② 琼·罗宾逊与约翰·伊特韦尔,《现代经济学导论》,商务印书馆,1982 年中译本,第 69—71 页。

这种特性使得经济学传统中产生了“一些坏习惯”，其中之一就是人们往往习惯于“做出同现实没有可以想象的关系的假设，然后依据这些假设进行详细的论证，得出‘结果’并提出‘问题’，这完全是彻头彻尾的循环论法。更严重的是，人们总是习惯于建立模拟的代表现实的模型，……从它得出一些结论，用来制定政策，而不首先检查一下这些简单化的假定在多大程度上同政策要在其中实施的局势是否相符合。这方面最著名的例子，是新古典学派的完全竞争的私营企业经济模型”。

上面这一段话既指出了经济学研究中产生脱离现实倾向的某种必然性，同时也严厉批评了作为这种倾向的典型代表——新古典学派。它显然表明了后凯恩斯学派强调坚持现实导向的方法论原则的立场。帕西内蒂在近年来也指出，后凯恩斯学派八个富有建设性的研究贡献中的第一个，就是坚持“以现实（而不仅仅是抽象理性）作为任何经济理论的起点”，详言之，“任何理论从一开始就需要严格地建立在实际事件的基础之上，而不仅仅是留到最后再去进行经验验证”。① 例如，卡尔多总结的作为经济增长理论研究基础的六个“典型事实”（stylised facts），就是这方面的一个很好的范例。因此，在后凯恩斯学派看来，自己是坚持从现实出发的研究方法的，而新古典正统或主流派的研究方法则是脱离现实的。后凯恩斯学派这种现实导向的方法论，使得它的大多数成员在经济研究中都能始终关注现实，不回避现实中的矛盾和难题，不屑于为了追求理论模型的完美性、对称性而牺牲其现实性，有时甚至相反，在暂时尚未有成熟理论建构的情况下，为了完整地描述复杂现实的全貌，宁肯承受理论体系庞杂而缺乏简洁一贯性的代价。这也正是后凯恩斯学派的理论著述与教科书对于一般读者缺

① Pasinetti, L. L. (2005), “The Cambridge School of Keynesian Economics”, *Cambridge Journal of Economics*, Vol. 29, P. 841.

乏吸引力的原因之一。

当然，强调研究要从现实出发，也绝对不是不要理论抽象，而仅只简单地拷贝现实。罗宾逊等人指出，“经济研究需要抽象分析和建立模型，而建模就意味着简化”，1∶1 比例的地图对于旅客是没有用的。科学的建模方法应当是“把一切同争论点无关紧要的复杂情况统统删除，而保留可靠的推论所必需的一些特征”。① 那么，在他们眼里什么是必须保留的基本现实特征呢？就社会经济活动而言，首先是经济制度，它是最根本的要素。与之相关联的是人们之间的经济关系。经济模型只有反映了制度性质，反映了人们的社会关系以及这种社会关系与技术工艺关系的相互作用，才算是真正抓住了现实经济的本质特征。由此看来，所谓从现实出发的研究方法，严格说来也还是一个相对的概念，如果不同的人对于现实本质特征的理解不同，从而抽象得不一样，进而对于究竟何谓“现实要素”的解释不同，那么他们对于什么是现实主义的研究方法的判断也就不同。这实际上取决于本体论上的不同观点，或关于现实世界基本观点上的差异。比如，新古典学派也许会争辩说，他们的完全竞争市场模型也是一种合理抽象，在一定条件下反映了现实市场的运行过程，故而仍不失为现实研究方法的成果。不过，总体来看，如果公正地评价，那么应当说，后凯恩斯学派的研究方法与以新古典学派为代表的主流经济学相比，是具有更强烈得多的现实主义倾向的。这一点，只要拿广泛为主流派所接受的弗里德曼关于实证经济学的经验验证的观点来对比，也就足以说明问题了。按照他的观点，理论的现实性标准就在于它的预测能够成功，至于它的结构以及假设是否具有现实性，则并不重要。

第五，反对将数学式的演绎建模（mathematical-deductive modelling）方法普

① 琼·罗宾逊与约翰·伊特韦尔，《现代经济学导论》，商务印书馆，1982 年中译本，第 71 页。

遍地应用到社会生活王国的分析中。应该说,后凯恩斯学派一般地并不反对在经济研究中使用数学方法,并且他们在自己的理论建构中也常常采用他们认为是适当的数学方法,无论是早期的卡莱斯基、琼·罗宾逊、卡尔多、斯拉法,还是后来的许多学者,都是如此。他们这样运用数学方法实际上是把它作为对复杂现实进行适当抽象分析的一种工具。所以,只要肯定科学的抽象分析的必要性,理论上就不应当也不可能否认适当运用数学工具的必要性。那么,他们所反对的是什么呢?他们反对的是滥用数学,即把数学作为研究社会经济现象的普遍化的甚至是唯一的工具。他们认为,在这方面最典型的案例便是无历史、无时间、无货币的所谓一般竞争均衡模型,它实际上不过是一种数学游戏。由于把经济学变成了数学,它没有包含任何有价值的思想。按照他们的观点,社会科学中的规律不过是关于社会趋势的一种说明。解释和说明是建构知识过程的主要工作,而数学方法则不能表明理论的性质。①

2.1.2　研究方法的若干差异

上述方法论的共同特征是与主流经济学派特别是新古典主义的研究方法相比较而言的。就后凯恩斯学派内部不同成员之间的情况来看,其研究方法则存在着若干差异。这也是后凯恩斯学派的经济理论长期以来难见统一的原因之一。大致地说,这些差异主要体现在以下三个方面。

其一是短期分析与长期分析的区别。虽然后凯恩斯学派的不同的理论分析中一般都包含有短期分析与长期分析两方面的内容,但是他们在时间视角方面的着重点却是不一样的。有的人比较注重短期分析,有的人则比较注重长期分

① Kerr, P. (2005), "A History of Post-Keynesian Economics", *Cambridge Journal of Economics*, Vol. 29, PP. 480.

析,由此便形成了后凯恩斯学派内部短期分析与长期分析的区别。美国的后凯恩斯学派,即所谓凯恩斯学派中的原教旨主义者,基本上属于短期分析,而由卡莱斯基、罗宾逊等人发展起来的理论体系也是以短期分析为主,斯拉法等人为复兴古典传统所从事的理论工作则主要属于长期分析。短期分析的学者主要是受到凯恩斯《通论》中的分析方法(在某种程度上甚至可以追溯到马歇尔某些分析方法)的影响,他们更强调未来的不确定性以及预期对经济活动的影响,更注重对于经济运行的波动性、不稳定性、非均衡性等等状态的分析,同时也更关心为应对和矫正经济的不稳定性需要什么样的政策措施的问题。长期分析的学者主要是沿袭古典学派的"引力中心"(centre of gravitation)分析传统,即注重探讨经济在恒常的稳定状态下所可能具有的各种性质与特征,例如各种"自然价格"、均衡的变量关系等等,尽管这种稳定状态也许在现实中并不存在,但是仍不妨把它作为一种平均趋势来看待。这两种分析视角的差异反映在具体的经济理论内容上也是很明显的。以微观的价格与分配理论为例,短期分析主要是考察商品市场价格的决定以及现时的收入份额决定问题,长期分析则旨在揭示作为波动的平均数的自然价格的决定、一般利润率及收入份额决定以及这种分配机制对商品自然价格的影响。再拿宏观动态理论来说,短期分析学者主要关注于经济在偏离稳定状态均衡点的路径上的运动,他们把长期视为一系列短期移动的结果,从而长期具有路径依赖的性质,而长期分析的学者则不仅关注于这种运动,而且还更加注重于描述经济在稳定均衡上的特征。

其二是关于货币的经济作用评价不同。注重短期分析的学者十分强调货币的重要性,这是与他们注重经济的非遍历性从而未来不确定性这一核心特征一脉相承的。他们认为货币是现代社会为人们创造出来的一种应对不确定性的制度安排和经济工具,它在经济运行过程中扮演着重要角色。货币的存在既可以弱化不确定性带来的风险，也可能引发新的不确定性从而加剧经济的不稳定性。正是这种货币观使注重短期分析的后凯恩斯学者始终将货币置于微观与宏观理论分析中的核心地位，并且不懈地批判正统派理论体系中所到处渗透着的货币中性论以及关于货币经济与实体经济二分法的思想。然而，注重长期分析的学者的看法则与此不同。正像他们不大关注预期和不确定性对经济运行的影响一样，他们也不重视货币的作用与职能的分析。在他们看来，在引力中心的状态下，货币对于商品自然价格的决定是不起作用的，同时它也失去了应对不确定性的重要职能。因此，在注重长期分析的后凯恩斯学者的理论中，货币因素非但未被置于核心地位，而且简直就像正统派的通常做法那样将其基本忽略了。这也从一个方面显示了后凯恩斯学派内部实际理论内容的严重不统一。

其三是对于预期因素的关注程度不同。这里的差异也与短期分析与长期分析二者之间的差别相关联。注重短期分析的学者由于始终以非遍历的经济场景下的未来发展不确定性作为基本事实前提，就必然重视预期因素的作用，因为这时经济主体的决策往往需要通过预期来进行。这就需要研究预期的形成机制，经验、惯例、未来不确定性与预期的相互影响，血气冲动与创造性等等因素对预期的影响，等等。他们特别重视长期预期，认为它是影响经济体系当前和未来状态的重要力量。例如，人们对于未来经济发展究竟持有乐观还是悲观的态度，将会直接影响到其投资、生产、消费等各种决策从而影响到经济未来的走势。由此，强调短期分析的学者往往又主张政府在这方面应当有所作为，即通过适当的政策调控限制或减少悲观主义或乐观主义预期对经济的冲击和影响。上述关于预期因素的重视和系统分析在罗宾逊、卡尔多以及戴维森、克雷格尔等人的著述中几乎随处可见，成为他们经济分析的主要线索之一。然而，另一方面，在斯拉法等人的长期分析的传统中，则难以赋予预期因素以同样重要的地位。由于在这里不确定性基本被忽略掉,货币的作用也微乎其微,经济的长期“引力中心”位置具有自动趋向的特点,预期等主观决策的干扰性因素自然也就变得不那么重要了。

2.2 近年来关于方法论原则的新探讨

2.2.1 阐明统一方法论原则的必要性

近年来,一些后凯恩斯学者逐渐开始重视关于统一的方法论的探讨。他们认为,新古典主流派学者拥有统一的方法论,即实证主义研究方法,习惯于采用正规化的数学分析方法,选择那些能够提供最好预测的理论。任何处于这种分析框架之外的研究方法都难以被普遍接受,而后凯恩斯学派甚至缺乏自己的一套统一、明确的方法论原则。这种状况是不理想的。所以,后凯恩斯学派面临的重要任务就是要进一步阐明自己的统一方法论原则是什么,并且不仅限于解释自己的方法论原则,而且还必须运用自己的方法论观点去证明这种方法论将比流行的新古典主义的方法论能够提供更广泛的研究视角,并对经济世界如何运行提供更好的解释。在后凯恩斯学者看来,方法论不仅仅是如何选择模型的问题,它也包括了经验评价的含义以及如何理解真实世界的问题。此外,还应提供对主流经济学批判的坚实基础,并且能够明确界定后凯恩斯学派的理论机制。

谈到方法论原则,不能不涉及有关科学哲学思想的一些发展。早期的科学哲学关于方法论哲学基础的讨论主要集中在理论评价的问题上。20 世纪 50 年代初在这方面占支配地位的,是波普尔(Popper)关于假说检验的理论。在波普尔看来,科学理论与那些非科学的信仰体系(诸如宗教和意识形态等等)之间的根本差别就在于前者是可以证伪的(falsified)。科学是一种猜想和否定的过程,故科学理论必然要提供可以由经验事实来证伪的猜想,科学进步的过程实质上就是拒绝已经被证伪的理论、保留尚未被证伪的理论的过程。所以,经验事实是理论检验的中心标准,虽然确定的经验事例不足以证实一种理论是正确的,但是它却能够表明那些与之相违的理论是错误的。这意味着经验事实缩小了正确理论的筛选范围,因而经验检验将是评价一种理论的最好方法。但是经验检验的内容是什么?是理论的前提假设,还是它的预测结论?这一点并不十分清楚。弗里德曼在关于实证经济学方法的论述中,将理论检验问题归结为预测是否成功的问题,他认为理论的结构与其假定的现实性等都不重要,最重要的是理论的预测能力。人们应当选择预测最好的理论。这个论断实际上等于抽掉了理论检验的经验基础,如果我们把理论评价标准区分为内部标准(逻辑一致性)与外部标准(与观测的证据的一致性)两个方面的话,弗里德曼的观点显然是忽视甚至排除了外部标准,这一观点对主流经济学实证研究方法的流行产生了重要的影响。不过,它却遭到了非主流经济学派的普遍反对,他们强调理论解释比理论预测更重要,而理论解释需要与现实具有一致性,包括前提假设等等。这样,关于理论检验或理论选择的标准或最佳方法的问题,便产生了不同的观点。

另一方面,库恩(Kuhn)论科学革命的著作使得科学哲学的发展出现了重大转型,它提出了这样的重要问题:是否能够真正找到一种最佳的理论评价方法?进而,科学哲学先前旨在确认最佳科学方法或最佳理论选择方法的目标是否能够实现?按照库恩对科学史的研究结果,理论选择并不是像传统的科学哲学暗示的那样,即简单地用经验事实来检验某一理论,因为科学是一个综合的结构(conglomeration),或者说是一种范式(paradigm)。科学是在科学家共同体内发展的,而每个共同体内的科学家遵从着一个共同的范式,不同的学术共同体的研究范式则是不同的。范式是由植根于某一特定的世界观之上、并且通过范例相互沟通的学术母体(disciplinary matrix)组成的,其中世界观决定了关于研究主题的性质的核心信念,而学术母体则为回答这些问题提供理论与经验工具。每个范式都有它自己的一套理论选择标准,但是这些标准却难以适用于其他范式。所以,并不存在统一的外部标准来供人们评价究竟哪一个范式是最好的,因而,也就不存在所谓的统一的理论检验标准。这种情况表明,脱离了范式来讨论所谓的理论选择或评价标准,是没有意义的。

然而,即使承认科学结构的综合性,也并不必然否定科学理论检验的必要性,马克·布劳(Mark Blaug)等人试图运用拉卡托斯(Lakatos)的科学研究纲领(scientific research programs)的思想来实现二者的某种融合。拉卡托斯的观点属于后波普尔主义方法论思想,他认为科学是以研究纲领的形式出现的,每一个纲领都是由硬核(hard-core)、保护带(protective belt)所组成,前者包括不受经验检验的核心概念与基本假定,它是纲领的基础。后者则是指一系列辅助性的、可检验的理论假说,其功能在于保护硬核,通过不断调整来应对各种经验上的反驳,将它们与硬核隔离开来。如果通过添加辅助假设就可以消除原来的理论与经验的不一致之处,便意味着科学纲领的"进化",反之则意味着科学纲领的"退化"。科学纲领的发展总要经历进化阶段与退化阶段。各种研究纲领是相互竞争的,如果一种纲领比另一种纲领包含了更多的经验内容,得到了更多的经验支持,它就可能淘汰后者。科学发展的过程也就是处于进化阶段的纲领逐步取代处于退化阶段的纲领的过程。马克·布劳认为,拉卡托斯的这个分析框架实际上是对波普尔思想的发展,它在波普尔方法论体系中融入了科学的综合性因素。将这种经过拓展的波普尔主义方法论引入经济学,就可以解决波普尔—库恩争论问题。当然,也还有其他一些学者对于这一争论做出更为激进式的回应。

这样,关于理论检验的必要性基本上不再有什么疑问了。然而,在理论检验的标准方面仍然存在着重要歧见。如上所述,传统的主流派方法论基本上沿袭了弗里德曼的思想,认为建立理论主要是为了预测,而不是描述现实。故在这里预测最重要,而经验并不重要,理论缺乏应用性则往往被归因于干扰因素的存在。与此相反,包括后凯恩斯经济学在内的各种非主流的经济思想流派则一致强调理论的经验基础的重要性。不过,他们也受到了库恩等人及其后来思想发展的影响,认识到虽然经验检验确实是理论检验中不可逾越的必要阶段,但是由于科学理论具有的综合性质,使得它们不可能单纯由经验最终地证伪。如果说严格的证伪是对于作为结合体的整个纲领的证伪,那么非主流派强调的经验检验可以视为一种圆通的(sophisticated)证伪形式,它主要具有局部的、片断的检验的性质。对于某一目标假说的检验总是要与一套特定的辅助假说(包括变量的定义与测量等等)相结合来进行的,因此经验检验总要涉及解释。而由于现实世界的复杂多样性,可能出现各种相互竞争的解释在不同的经验面前都是有效的情况,这显示了经验检验的困难和复杂性。① 故而,即使是对于圆通形式的证伪过程,非主流学派的学者也尚未取得一致的认识。

科学哲学思想的发展及其影响促使后凯恩斯学派进一步系统地思考自己的方法论体系。某些后凯恩斯学者例如希拉·道等人指出,②最有效地识别经济思想流派的方法是在方法论层次上将其视为范式,或者研究纲领。不同思想流派之间的沟通与交流要想成功,彼此就必须理解相互之间方法论的差异。因此,后凯恩斯学派要想作为一种相对独立的研究范式或者纲领而存在,就必须改变

① Gerrard, Bill (2002), "The role of econometrics in a radical methodology", in Sheila C. Dow, ed. *Beyond Keynes*, *Vol. 1*, *Post Keynesian econometrics*, *microeconomics and the theory of the firm*, Edward Elgar, P. 118.

② Holt, R. P. F. and Pressman, S. ed. (2001), *A New Guide to Post Keynesian Economics*, Routledge, PP. 11-20.

以往缺乏明确统一的方法论思想的局面,努力去阐明其自身所拥有的首尾一贯的方法论,诸如其世界观及其学术母体究竟是什么,其关于理论选择与经验检验的具体观点究竟是什么。

2.2.2 提出非遍历的世界观

近年来后凯恩斯学派在统一方法论探讨方面取得的一个重要成果,是提出了非遍历的世界观这样一种新的方法论思想。这是由保罗·戴维森所完成的理论工作。戴维森认为,经济学方法论要求关注现实,充分考虑现实世界的特性。就经济社会的现实而言,从凯恩斯到后凯恩斯学派曾经从不同侧面指出了它的基本特性,诸如它具有不确定性,处于历史时间之中,是一个有机结构等等。如果将这些加以概括,形成一种关于社会经济现实基本特性的观点,以此作为后凯恩斯经济学方法论的基础,那么就应当引入"非遍历"(Non-ergodicity)的概念,即把现实经济世界视为一种非遍历体系。

所谓非遍历,是与遍历(ergodicity)相对而言的。遍历的概念本身源自统计力学,而遍历理论则是随着随机过程理论而发展起来的。遍历指的是这样一种性质:对于一个无限次的观测系列而言,得自任何数据收集过程的时空平均数都是同一的。这意味着,由过去的结果得出的平均数所反映出来的客观概率分布支配着当前和未来的结果。在这种条件下,过去显示了未来,时间的流动并未影响支配现实过程的联合概率法则,历史绝对是无关紧要的。换言之,在这里历史时间被等同于逻辑时间。而非遍历概念的含义正好与上相反,它指的是过去不能准确显示未来,从而过去的平均数不能准确显示未来的概率分布这样一种场景。这时,现实过程是不可逆的,历史时间也就变得至关重要了,它将导致结构的变化,因而不能再混同于逻辑时间。需要注意的是,遍历与非遍历的区分并不等同于静态与非静态的区分。如果在所观察的周期内时间平均数的估计没有变化,那么一个随机过程也可以被视为静止状态。然而,由于一些静态的随机过程也是非遍历的,所以非静态并不是非遍历过程存在的必要条件。但是由于所有的非静态过程都是非遍历的,故非静态肯定是非遍历存在的充分条件,它同时也为后凯恩斯学派关于历史与不确定性的重要性的断言提供了经验基础。

主流派的均衡分析方法及其整个理论体系,实际上隐含着遍历的世界观。保罗·萨缪尔森曾经暗示,人们关于未来的经济知识是建立在遍历公理的基础上的。而推行所谓理性预期革命的新古典宏观经济学者显然更是如此,他们假设竞争过程将促使人们利用所有可供利用的信息去形成关于未来的预期,并且这种预期至少从长期来看将是有效的、无偏的、无持久错误的,因而是理性的。另一方面,学术界对于以往后凯恩斯学派所强调的不确定性等重要概念难以做正规化处理或从经验上评估的责难,也日益明显地表现出来。鉴于此,为了找到能够与主流派相抗衡的方法论基础,戴维森便借鉴了自然科学中关于遍历过程与非遍历过程的技术区分的思想,引入了经济体系非遍历的重要思想,试图借此使凯恩斯以及后凯恩斯学派的不确定性概念具有可操作性。戴维森指出,后凯恩斯学派的“无知”(un-knowledge)概念意味着否定遍历公理的普遍性,而他们关于时间的观点和关于不确定性具有的显著重要性的讨论则表明占支配地位的遍历过程并不存在。尽管现实中的某些经济关系也许是遍历的,但是就经济社会的基本运行过程而言,则必然是非遍历的。所以,虽然在那些特定的遍历条件下新古典的方法论可能是适当的,但是这也不过是相对于普遍性的非遍历定理的一个特例。显然,在经济体系基本上呈非遍历状态的条件下,新古典的方法论特别是理性预期假说将不再成立,这时按照理性预期理论所描述的方式从过去抽样将毫无意义,因为即使行为人有能力组合与占有关于过去与先前结果的所有相关信息,未来的事件也不会自动地显示出来。没有任何起支配作用的社会与经济规律可以学习,明智的人们将会逐渐地认识到他们在当时的制度环境下创造他们自己的历史的能力。

不仅如此,在非遍历观念的基础上,新古典经济学传统中另外两个重要命题也被否定了:其一是中性货币,其二是总替代。在非遍历的经济环境下,货币成为人们应对未来不确定性的重要根据和经济社会的重要制度安排,人们对货币的需求的变化将会影响到消费需求、投资需求、信用扩张等等方面,因而货币的作用绝非是中性的。另一方面,在非遍历的经济世界中,总替代规律将失去意义,货币的生产弹性与替代弹性接近于零。这时,不仅跨时的替代或理性选择不可能,而且现时的替代也大大受限;相反,收入效应将占据主导地位。人们取而代之的行为规则将呈现出互补性。这样,在戴维森看来,后凯恩斯学派便以非遍历观为核心,用非遍历命题、货币非中性命题、总互补性命题,取代了新古典经济学中长期流行的遍历性、货币中性、普遍替代性三个命题。

那么,导致非遍历的时间系列的基本因果机制与内在结构是什么呢?戴维森对此进行了分析。① 他借用当代奥地利学派的著名学者沙克尔(G. L. S. Shackle)关于创造性的关键决策制定(creative, crucial decision making)的概念,强调关键性决策制定的存在是非遍历过程存在的一个充分条件。在纯粹根据过去事件来获得信息不能够提供有关未来事件过程的充分信息和知识的条件下,为人类行为的创造性作用开辟了空间。所谓关键性决策指的是在历史时间中发生的非常规决策,它通常包括大规模交易和沉淀成本,不能无代价地予以撤销,从而具有不可逆性。这一概念实际上为阐释凯恩斯的有效需求原理以及说明流

① Davidson, P. (1982), "Rational expectations, a fallacious foundation for studying crucial decision making processes", *JPKE*, Vol. 5, No. 2, PP. 182-197.

动性考虑的重要性及其与货币非中性的连接关系,提供了更适当的分析框架。通过将非遍历命题与这种关键性决策制定的概念联系起来,戴维森倡导一种比主流派模型所包含的思想更为广泛和富有创造性的关于人类行为的观点。他继而将这一概念扩展到非随机过程。按照通常在逻辑时间里阐述的确定性的决策模型,经济行为人能够对所有可能的结果进行具有普遍性的排序,这意味着它隐含了一个预先计划的未来和一种实在理性。然而,根据上面的分析可知,这实际上是不可能的,因为人们无法对于尚有待创造的未来形成一种具有可传递性的排序。

后来,针对非遍历概念的提出所引发的一系列含义以及围绕着有关复杂性理论和混沌理论的发展,戴维森又通过将经济过程区分为永恒不变的(immutable)过程与可以嬗变的(transmutable)过程,来重新表述了他的非遍历经济观点。永固不变包含了遍历和排序的公理,以及关于"一种计划的稳定与保守体系的假定,在这里不论是随机的还是不随机的体系,过去、现在和未来的真实存在都是被预先决定的"。因此,在永固不变的模型中,历史是前定的,选择既非真正意义上的选择,也无关宏旨。这种模型是企图建立一种普遍的事件规则,形成那种"只要有事件(类型)X,就有事件(类型)Y"的一般形式的理论结构。因此,它十分类似于劳森(Lawson)所讨论的封闭体系。与此相反,更广泛的可嬗变性概念包含的则是,在一种关于历史的创造性的和突发性的理论概括中,对非遍历性的随机性讨论,在这种历史中选择是真正意义上的选择,事关重大,能够在长期中产生影响,例如,它至少会影响到人们的流动性考虑进而一个经济在时间进程中的就业路径。根据这种关于经济过程的观点,明智的经济行为人将承认他们进行决策的环境是以不存在计划和前定的过程为特征的,这种环境将是创造性的、开放性的、突发性的以及不确定性的。这种关于经济过程可嬗变性的概念,从基本方法论的角度比较明确地勾勒出了后凯恩斯学派在有关经济过程的理论与模型建构方面与其他经济学流派之间的联系与区别。例如,按照戴维森的归纳,古典的完全确定性模型、新古典的宏观模型、某些新凯恩斯主义理论,都属于以永固不变的现实(即遍历体系)作为理论建构前提的类别,并且他们都认为在短期中未来是已知或至少是可知的。而有限理性理论、奈特(F. Knight)的不确定性理论、萨维奇(Savage)的预期效用理论、某些奥地利学派的理论、某些新凯恩斯主义的模型(例如协调失败)、混沌理论、太阳黑子以及泡沫理论等等,基本上也是属于上述同一类别,不过他们强调在短期中由于人类受信息加工与计算能力的某种限制,未来不是完全可知的。至于凯恩斯的《通论》和后凯恩斯学派的货币的生产理论,此外还有老制度主义的理论,则属于坚持以可嬗变性或创造性现实(即非遍历体系)作为理论建构前提的类别,他们的命题是:经济未来的某些方面将由人类行为在今天抑或是现在创造出来。①② 在戴维森看来,后凯恩斯学派的这种非遍历的经济观可以对理性预期假说提供强有力的批判。这种批判并非针对它是建立在关于实际决策制定的非现实的模型基础上这一点,而是提出了一种关于人类行为的与众不同的新观点,它将比有限理性或复杂性模型所包含的思想更为广泛和明确,对传统的关于市场无须政府干预就可以实现良好运行的智慧,构成了真正的挑战。③

① Davidson, P. (1996), "Reality and Economic Theory", *JPKE*, Vol. 18, No. 4, PP. 479-508.

② J. E. King (2003) ed., *The Elgar Companion to Post Keynesian Economics*, Edward Elgar, PP. 280-284.

③ Davidson, P. (1996), "Reality and Economic Theory", *JPKE*, Vol. 18, No. 4, PP. 479-508.

2.2.3　将批判实在论作为基本方法论原则

如果说非遍利概念的提出标志着后凯恩斯学派向着统一的方法论迈出了重要一步，那么明确地将批判实在论作为其方法论的基础则意味着他们关于方法论的研究进一步深入地触及了社会科学方法论的哲学基础问题，这代表了其近年来方法论思想的又一个重要进展。

所谓批判实在论(critical realism)，是指产生于20世纪70年代末而在最近一二十年发展成熟起来的一种新的社会科学哲学理论。实在论(realism)本是一种本体论哲学学说，本体论(ontology)哲学是探讨世界的本源或存在(being)的本质这样一种思想体系，它与认识论、实践论分属于哲学研究的不同层面。实在论则属于本体论学说的一个分支，它强调存在的本质乃在于其客观真实性，即世界或认识对象是独立于人类意识从而是不受人的主观意志所决定的客观实在。实在论也分为不同的理论分支，例如，传统的实在论强调经验层面的存在的意义，认为现实世界是由原子式的事件以及人们对于事件的感觉经验所组成，故而又叫做经验实在论(empirical realism)。而现代实在论则试图超越经验主义的浅层次，去探讨潜藏于事物表象之下的深层实在，这便形成了所谓"超验实在论"(transcendental realism)，而超验实在论在社会科学领域的运用又被称为"批判实在论"。

批判实在论是由英国哲学家(批判实在论研究中心和国际批判实在论协会负责人)罗伊·巴斯卡(R. Bhskar)于20世纪70年代后期提出来并系统阐发的，随后在80—90年代经由剑桥大学的高级讲师托尼·劳森(Lawson, T.)等人的著述而在经济学界产生了广泛影响。批判实在论是在巴斯卡提出的名为"超验实在论"的自然科学哲学与名为"批判自然主义"(critical naturalism)的社会科学哲学二者相结合的基础上形成的。① 超验实在论旨在探讨自然科学中科学知识的认知问题。它认为,科学的对象(诸如细胞、分子、原子等)拥有内在的结构(叫做"实在本质")和相联系的活动模式(称为"机制"),而这是传统的经验实在论所没有触及的问题。既往人们所接受的观点是,科学解释的模型包含着规律,而科学规律指的是事件的规则,巴斯卡对此提出了批评。他指出,规律实际上是指上面提到的机制,只有在控制实验的条件下机制才能产生某种事件规则。超出了实验条件,一种机制就只能产生一种持久性的趋势,并且这种机制相互作用,形成事件流。换言之,现实是一个"开放的体系",而控制的实验环境则创造了一个"封闭体系"。巴斯卡指出,实在并不像经验实在论者所认为的那样,只是由原子式的事件以及对事件的经验感觉所构成的,而是有结构、分层次(stratified)的复杂实体。从本体论的视角看,可将实在分为三个不同的层次或领域:一是经验域,包括经验与印象;二是实际域,包括经验、事件及事态;三是真实域,它除了经验、事件以外还要包括结构、机制、趋势等。经验域属于最浅层次,它是凭感官可以觉察到的,亦即通常的经验实证主义所习惯于考察的对象。实际域是较深的层次,这里的事件不一定能被感觉到。真实域则是最深层次,这里的机制是完全感觉不到的。传统的经验实在论完全以经验来界定实在,从而仅仅承认前两个层次,而忽略了最深层的真实域中的机制,这是错误的。因为认识的真正意义就在于揭示这种隐藏于深层结构之内的机制的作用,仅仅拘泥于表象或依赖经验主义的评价,将使科学丧失其存在的真正价值。

为了将上述实在论思想应用于社会科学领域,巴斯卡又提出了一种"批判自然主义"的社会科学哲学观点。所谓自然主义是指按照自然科学的模式来研

① J. E. King (2003) ed., *The Elgar Companion to Post Keynesian Economics*, Edward Elgar, PP. 82–83.

究社会这样一种传统的实证主义观念。批判自然主义虽然不否认自然主义的基本观点,但是强调由于社会对象与自然对象的不同,必须采取不同于传统自然主义的形式与方法。巴斯卡指出,每种社会结构与当事者都是突现的分层(emergent strata),它们相互之间是不能归约的(irreducible)。这里的突现指的是单向突生的意思,即每一特定层面上的实体的特性都是来自于较深层面的特性,不过这种特性的产生却不能事先从较深层面的特性来预测,并且它也不能在起因意义上被归约为较深层面的特性。社会结构的这种突现特性使它有别于自然世界与自然结构。按照巴斯卡的观点,社会结构作为社会关系的总和,是由当事人常常是无目的地再生产或交换出来的。例如,通过结婚,一对配偶无目的地帮助再生产了婚姻制度,而工人去工作则无意识地帮助再造了工资劳动与资本的社会关系。这样,社会结构既约束了这些活动实践,也使它们成为可能。这种情况表明,社会结构与人类的活动实践是相互影响、互为依赖的。它也反映了社会过程不同于自然过程的特点,实际上显示出社会生活的世界是一个开放的系统。批判自然主义的这种观点实际上强调个体与整体在本体论上是相互依赖和相互构成的,因此它反对传统认识论中或者个体论、或者整体论的单一视角,主张将个体与整体相融合的方法论。由于社会生活是一个开放系统,众多生成机制相互作用,就使得社会科学面临一个问题,那就是它在很大程度上难以进行像自然科学意义上的人为控制实验。在巴斯卡看来,由于在社会科学中基本上不可能进行实验,所以社会科学家就只好通过他们正在从事的社会活动而从社会结构中获取先入之见(preconception),来作为替补。例如,一个当事人要想参与经济活动就必须拥有关于“货币”和“资本”的概念。社会科学家(他们本身也是社会中的当事人)使用这些先入之见作为前提,来对那些产生或促使产生当事人的这些先入之见的“深层”社会结构进行理论假说的建构。这种从先入之见到深层社会结构的解释性移动,被称为“溯因推理”(retroduction)。溯因推理不同于实证主义的演绎方法和归纳方法,它借助于类比和隐喻,从表象回溯到深层结构,揭示其作用机制,这是科学创造的基本方法。

上述两方面的论述结合起来,便构成了批判实在论的主要内容。它成为20世纪80年代以后产生广泛影响的一种新的重要的社会科学哲学思潮。在80年代末期,以托尼·劳森为首的一批剑桥大学经济学家,开始阐述批判实在论对于经济学的意义。劳森以批判传统的经验实在论作为对照,进一步系统阐述了批判实在论的基本思想与观点。① 他指出,过去50多年来由主流派经济学所支配着的当代经济学的失败,根本原因就在于这种经济学的方法论奉行着一种演绎主义的“大棒”。这种演绎主义的方法论原则源于休谟的因果关系分析原理,其基本思路是,在某些初始限定的条件下,按照“只要X(类型)事件发生,就会有Y(类型)事件发生”的方式推导出规律,或恒常的事件联系。这种推理方法虽然也许已经被证明在自然科学领域(特别是在有控制的实验的封闭体系中)是有效的(但也并非是普遍有效的),但是它却并不适合于包括经济学在内的社会科学领域,因为社会经济现实的性质与自然领域是不同的。如果不顾这种分析对象条件的差别,而简单地将演绎主义原则推广到经济学领域,必然会产生谬误。这就如同虽然用一根大棒拍打地毯可以很好地清理灰尘,但是若用同一根大棒拍打玻璃则只能带来破坏性后果一样。主流经济学家愚蠢之处就在于,他们不考虑环境、对象的特点而盲目地挥舞演绎主义这个方法论的大棒。

那么,社会经济现实究竟具有什么样的本质特性呢?对此,需要从本体论上

① 托尼·劳森,“一个经济学的实在主义者理论”,载于马克·布劳格等编,《经济学方法论的新趋势》(*New direction in economic methodology*),经济科学出版社,2000年中译本,第338—375页。

来思考。以往的经验实在论假定现实是能够作为经验感知或说明的对象的,它包含着原子式的事件,又受到经验的影响。但是这种实在论是肤浅的。根据巴斯卡提出的新的超验实在论,世界不仅由事件和我们对于它们的经验或印象所组成,而且也由结构和机制、力量和趋势等等所组成,后者虽然也许无法观察到,但是却构成了人们所经验的实在事件的基础。这就如同巴斯卡所说,现实是分层的。劳森指出,这些层或不同领域在本体论上是不同的,特别是它们在时间上还是不同步的(synchronized)。例如,秋天的落叶与重力的作用并不总是一致,它通常还要受到空气动力、热力以及机械力等等因素的影响。所以,落叶这个事件也许受到多重(甚至是相反)因素的影响。这表明,重力作为支配落叶的内在机制是难以直接观察到的。超验实在论这种深层的实在观,与浅层的经验实在论相比,具有两个明显的特点:其一是,它认为世界是由有结构的对象构成的,这意味着对象不能简单地归结为经验事件;其二是,它认为组成世界的对象又是不及物的(intransitive),这意味着对象的存在和行为是独立于关于它们的认识的,或者说,主体不可能直接观察或触及到它们。而经验实在论则明显地在这两个问题上犯有错误。一方面,它不承认客观实在的结构性与纵深性,将认识拘泥于感性经验层面,或者说用经验范畴来界定整个世界,企图用一个认识论的范畴去完成本体论的任务,这是一种认识论的谬误(epistemic fallacy)。另一方面,经验实在论由于强调经验是现实的最核心的特征,只承认经历了的东西才是真实的,它就忽视了将某物归于实在的因果标准。这些错误使它看不到或者不理解只有在特定条件下的经验对科学才有意义。而传统的实证主义方法论特别是它的演绎推理,正是以这种经验实在论为基础的。

劳森接着探讨了这种超验实在论的认识论意义。与基于经验实在论的演绎主义不同,超验实在论提出了另一种科学概念与解释方式。在这里,科学不再是局限于找出事件的恒常联系，而是去关注如何分辨与解析那些左右或促发经验事件的深层结构、机制、力量和趋势。与这种新的关于科学与认识的使命相联系，又产生了一种与实证主义方法明显不同的推理方式。在超验实在论看来，无论是归纳的、演绎的，还是其他的方法，都与科学认识的功能不相关。真正有意义的就是上面提到的溯因推理方法，或者说"外展推理"（abduction）一类的"仿佛是"推理的方法。劳森举例说，以乌鸦的颜色为例，演绎是从"所有的乌鸦都是黑色的"这个一般判断出发，走向下一只出现的乌鸦将是黑色的这个特殊结论。归纳则相反，从诸多的乌鸦是黑色的这种具体观察，达到所有的乌鸦都是黑色的这个一般结论。溯因推理与上述两者均不相同，它是从诸多的乌鸦是黑色的这种观察出发，去发现内在于乌鸦并使之成为黑色的机制，形成一种机制理论。所以，它反映的是从表面现象到事物深层的因果联系的认识运动。这样，科学的解释就不是揭示事件的规律性，而是对深层结构及其相互作用方式进行准确的描述。由于科学所解释的对象不限于或者说超出了感觉经验，人们关于结构和机制的知识就只能通过前述所谓"先入之见"的知识来获得。知识对象具有及物或可触及的特性，这些对象包括事实、观察、理论、假设、猜想、预感、直觉、沉思等等，它们促进了社会科学实践，同时通过社会科学实践也在不断地被改变。已有的知识是产生更深一层知识的手段，而科学则是一种持续的、具有改造作用的社会活动。劳森（当然也包括巴斯卡等人）在这里论述的溯因推理的方法，实际上有些类似于马克思主义哲学的辩证思维和推理方法，即所谓"去粗取精、去伪存真、由此及彼、由表及里"的知识加工与制作工夫。所以，也有人认为，马克思是现代批判实在论的先驱。① 巴斯卡本人就认为马克思是伟大的批

① Kanth, R. K. (1997), *Against Economics: Rethinking Political Economy*, Avebury Publishers, P.41.

判实在论者，他在《资本论》及其他著作中采用的方法就是“超验的”由现象到本质的抽象推理方法。① 也有人指出，马克思是第一个将事物的表象与其内在本质区别开来的人。②

将上述超验实在论运用于社会本体上，便可以得出批判实在论的社会科学哲学理论。它表明，社会经济世界是一个由社会结构和当事人组成的开放系统，而不是封闭的系统，它不同于自然科学的研究对象，更不同于在人为控制条件下的封闭的实验体系。社会经济系统开放性的一个重要体现，是社会经济过程依赖于人类对于经济现实的认识，即社会现实是认识依赖的（concept-dependent），同时它还依赖于人类个体行为与实际活动。这意味着，在社会结构与人类思想及其社会活动之间存在着互动，正是通过人类的活动，社会结构才得以形成并存续。而由于社会结构依赖于人类主体，它就不能是固定不变的，相反将呈现出动态、开放的特征。当然，主体意识与活动对社会结构的这种影响，不能被认为是“创造”，因为个体有意识的行为是以其先前的知识存在和社会结构为前提的，所以这里的恰当说法应当是前面提到的巴斯卡的用语，即个体对于社会结构的“再生产”或“变换”。换言之，社会结构既非独立于人类主体，也非人类主体所创造，但它却是与人类主体互为依赖的。社会经济系统开放性的另一个重要体现是它的有机性。社会系统中既包含外在的关系，也包含内在的关系，后者指的是关系双方相互依赖而存在的关系，例如地主与佃农、雇主与雇员等等。社会系统中具有重要意义的是体现不同社会地位之间的内在关系，这些关系决定了不

① Bhaskar, R. and Callinicos, A. (2003), “Marxism and Critical Realism: A Debate”, *Journal of Critical Realism*, PP. 89–114.

② Ehrbar, H. G. (1998), “Marxism and Critical Realism”, *Presentation for the Heterodox Economics Students Association*, Friday, September.

同主体的权利、义务、经济行为等等，它们使社会经济过程呈现出有机体似的内在复杂联系。因此，用原子式的外在事件联系来刻画社会经济过程将是没有意义的，重要的是揭示其深层的有机结构。

劳森进一步探讨了上述批判实在论思想对于经济学研究究竟具有何种意义。他指出，批判实在论的哲学思想和方法论原则给予我们的首要一点启示是，包括经济学在内的科学首先应当关注对于隐藏在现象背后的起支配作用的结构与机制的揭示与解释，而不是简单地记录现象事件的恒常联系。进一步地说，经济学的科学研究的首要任务绝不是预测事件，而是认识和理解支配并控制事件的力量和趋势。如果说承认预测存在的必要性，那也只是预测事件的趋势，而绝不是事件的恒常联系。这就意味着必须放弃传统的实证主义研究方法。

其次，为了认识这种隐藏在背后的结构与机制，需要发现某些粗略的或不完全的经验规律。广泛的事件恒常联系尽管在社会领域中极少，但是这并不妨碍在某些有限的时空区域存在着局部或“半规则”(demi-regs)式的事件联系，它们可以帮助社会科学家将注意力指向基本的社会结构和机制的所在。经济学的目标无疑是要接受起作用的结构以及那些限定和促发某些有意义的人类活动的条件(这些活动往往又会产生变换社会结构的作用)，使人们认识并理解某些有意义的实践活动，以及这些实践的条件、动机等等。虽然社会经济过程是积极的主体实践活动的结果，但是行为个体却不能完全认识到这一过程，所以经济学的任务就在于说明这一过程。经济学在承担这一任务的过程中，可以借助于那些粗略的经验事实，诸如妇女主要集中于第二产业的劳动市场上，英国 20 世纪的生产率增长常常落后于那些类似的工业国家，等等。以后者为例，按照劳森的分析，英国 20 世纪生产率的增长相对缓慢应该而且完全可以用它自己的社会经济结构特点来解释，局部性的集体谈判制度，相对严格的分工界限，以及其他类似的阻碍技术灵活调整的结构，降低了改革的压力，减缓了生产力的增长。

第三，批判实在论昭示了我们，社会结构绝不能被视为给定或固定不变的。经济市场与政治体系这样的社会存在必须被视为发展过程，作为伴随着变化的、相互作用的、被再生产出来的结构来理解，并且这种变化不应当被视为外在的事件，而应该作为社会体系或者过程对象的一个有机组成部分。这样，科学既需要解释相对的连续性，也需要解释相对的变化。考虑到经济系统的变化特性，相对稳定的社会结构就必定是受到时空条件限制或具有时空依赖性的，这意味着经济学不可避免地具有历史的、地理的特征。所谓经济结构与机制，或者用通常的说法，所谓经济抽象的结论，都是相对于特定的时间、空间条件而言的。这又意味着经济学也好，其他社会科学也好，所有的分析都是不完整的或未完成的，需要根据新出现的问题、研究兴趣以及其他因素不断地加以深究。这种观点显然破坏了主流派经济学的根基，但是它对于使经济学成为真正的科学却意义重大。

第四，批判实在论的方法论也产生了不同的政策含义，它涉及经济学的社会使命问题。如果说传统的实证主义经济分析将控制以及改善事件及事件状态作为重要目标的话，那么批判实在论的方法论则强调经济学研究的最终目标在于人类解放。这具体是指，改变社会结构以拓宽人类潜力得以实现的范围和机会，即用那些人类想要的、需要的和可能的结构去替代不想要的、不需要的和限制性的结构，以此促进一个广泛、更可取或公平分配的人类机遇的范围的实现。换言之，理性的、意愿的、旨在解放的、真实的变化，与经济学的科学解释并不矛盾。

总体来看，批判实在论实现了20世纪末期社会科学哲学的重要变革。它通过“分层”、“不及物”、“结构”、“机制”等概念对实在特别是社会实在进行了重新解读，提出了新的实在观，开创了一种既不同于经验实在论也不同于超验观念论的新的本体论研究道路。与此相适应，它又从认识论的角度探讨了社会科学的研究方法以及社会现象解释等问题。批判实在论坚持认为，应当把规律理解为深层实在的因果作用力产生的一种趋势，科学的目的就是要揭示表象内部的因果结构，而我们所观察到的经验事件只是我们所不能直接观察到的真实地起基本原因作用的力量的表象。因此，对社会现实的认识与解释是一种复杂过程，需要分解复杂事件、根据不同机制运作的理论背景重述这些机制的因果构成要素、进行溯因推理等等。根据批判实在论，正统派的方法论将要被颠覆，它的一切正规化分析技术、数理分析以及经济计量模型检验都是有局限性的，因为它仅仅停留于经济现实的表象特征。例如，关于通货膨胀的解释，一个批判实在论者将努力去识别在货币条件变化和一般价格水平变化背后起支配作用的力量，而不是去具体地预测货币变化究竟会如何影响一般物价水平。

劳森还特别阐述了批判实在论对于实现后凯恩斯经济学的内在统一性所具有的意义。①②③ 他指出，后凯恩斯学派的大多数乃至全部的“公开声称”，诸如反对主流派、强调明晰方法论、集中关注不确定性和历史时间、坚持真正的人类选择行为、容纳各种相互竞争的实质性论点，以及与某些古典经济学家结盟等等，都是可以被纳入批判实在论的范畴的。因此，如果后凯恩斯学派在实质上被作为一个批判实在论的研究计划，那么它将能够实现内部的统一连贯性。不过，这样一来，一方面后凯恩斯经济学与老制度经济学、奥地利经济学以及马克思主

① Lawson, T. (1994), “The nature of post Keynesianism and its links to other traditions: a realist perspective”, *JPKE*, Vol. 16, No. 4, PP. 503–538.

② Lawson, T. (1997), *Economics and Reality*, Routledge.

③ Lawson, T. (1999), “connections and distinctions: post Keynesianism and critical realism”, *JPKE*, Vol. 22, No. 1, PP. 3–14.

义经济学等等非主流学派的界限就变得模糊了，另一方面后凯恩斯经济学中坚持演绎主义方法的新李嘉图主义传统恐怕也要被排除出去了。故而此一断言仍然是值得商榷的。尽管如此，仍有不少后凯恩斯学者赞同劳森的观点，认为批判实在论可以成为后凯恩斯经济学的基本的方法论原则。

例如，阿雷斯蒂斯就明确地将后凯恩斯经济学者称为批判实在论者。希拉·道也认为，批判实在论将社会体系视为复杂的、结构性的、可转变的存在，这与凯恩斯将社会体系理解为一种有机体系，以及戴维森将社会体系视为一种非遍历的体系的观点，都是一致的。而理解社会结构是转变它的第一步，所以这又支撑了后凯恩斯经济学的改革主义的立场。希拉·道特别指出，后凯恩斯经济学应当形成自己的统一特征，然而它的不同成员使用的方法又是多元化的，这就需要从基础的层面来寻求共同点。而批判实在论显然可以在世界观和方法论两个基本方面成为凯恩斯经济学派的共同基础。虽然希拉·道本人曾指出一种叫做"巴比伦模式"的方法论可以作为后凯恩斯经济学的基本方法论框架(见2.2.4节)，但是她认为这种方法论思想与批判实在论在很大程度上是可以结合的。希拉·道进一步指出，将批判实在论视为后凯恩斯经济学的方法论基础，并不否认它作为一个拥有实质理论的经济学派的独立操作价值。虽然像奥地利学派、制度经济学派等也都与后凯恩斯经济学派一样，共享批判实在论这一方法论基础，但是这只是在本体论上的一致，即他们都采用一种复杂、分层、开放的体系这样的方法论。在这个大框架下，由于不同学派基于经验、信仰等因素而导致所关注的具体现实关系或因果过程不同，其所采取的具体方法以及获取的对实在的具体理解也就不同。例如，后凯恩斯学派集中关注分配与失业问题，采用阶级的、总量的分析方法，而奥地利学派等等就与此不同。这样，在同一基本方法论之上可以滋生出不同的独立的经济理论体系。而包括后凯恩斯学派在内的整个非主流经济学与主流派的分歧,就不仅在于具体的理论与方法的不同了,更主要的则是本体论或方法论上的不同:即社会经济究竟是由原子式的事件组成的封闭体系,还是复杂、分层的开放体系?究竟应该坚持还是放弃经验实证主义的方法论?①② F. 李也指出,过去15年间,关于后凯恩斯经济学的哲学基础的讨论表明,后凯恩斯学派的成员之间已经基本上达成了共识,即认为他们与支撑新古典经济学的实证主义、经验主义以及演绎主义基础所不同的哲学基础,就是批判实在论以及认识论的相对主义。③

当然,也有一些后凯恩斯学者对批判实在论是否真正构成后凯恩斯经济学的方法论基础持保留的态度。例如,戴维森就指出,批判实在论无疑包含了某些令人难以理解的新造词汇,这对于后凯恩斯经济学的发展从战略和风格上来讲是不利的。④ 沃尔特(B. Walter)与扬(D. Young)则认为,将批判实在论作为后凯恩斯经济学方法论的基础非但不具有建设性意义,反而可能导致破坏性后果,因为它与后凯恩斯学派内部的某些传统例如斯拉法的理论并非一致,甚至凯恩斯的分析方法也难以完全纳入批判实在论的名下。⑤⑥ 而大多数的争论则集中在批判实在论是否能够容纳计量经济学与数学方法的问题。在剑桥的学术圈

① Dow, S. C. (1999), "Post Keynesianism and Critical realism: what is the connection?", *JPKE*, Vol. 22, No. 1, PP. 15-33.

② Samuels, W. J., Biddle, J. E. and Davis, J. B. A. (2003) ed., *Companion to the History of Economic Thought*, Oxford: Blackwell, P. 475.

③ Lee, F. S. (2002), "theory creation and the methodological foundation of post Keynesian economics", *Cambridge Journal of Economics*, Vo. l. 26, PP. 789-804.

④ J. E. King (2003) ed., *The Elgar Companion to Post Keynesian Economics*, Edward Elgar, P. 85.

⑤ Walter, A and Young, D. (1997), "On the Coherence of Post-Keynesian Economics", *Scottish Journal of Political Economy*, Vol. 44, PP. 329-349.

⑥ Walter, A and Young, D. (1999), "Is Critical Realism the Appropriate Basis for Post Keynesian?", *JPKE*, Vol. 22, No. 1, PP. 105-123.

内,人们大致对此是持否定态度的,而剑桥大学以外的批判实在论者中则有相当一部分认为批判实在论可以与计量经济学以及数学模型在某种程度上相融合。[1][2] 持否定态度的人的基本观点是,经济计量模型与数学分析都是以假定现实是封闭的、具有规则性的实体为前提,而这与批判实在论关于实在的根本观点是明显相背离的。而持有肯定态度的学者则认为,严格说来,所有的经验分析,只要涉及数量概括,就都实际上隐含了某种关于现实的封闭性假设。所以,如果说计量经济分析不能与批判实在论相融,那么也就意味着经验分析不能与批判实在论相融了,而经验分析显然是批判实在论分析方法的一个不可缺少的层次,故这种观点是难以成立的。另一方面,为了避免明显的逻辑矛盾,他们又试图放松批判实在论关于实在的开放性假定对于分析方法的限制。例如唐沃德与默尔曼(Downward, P. and Mearman)就提出一种新的经验观点:[3]三角剖分(triangulation)的方法论策略,其基本含义是,虽然客观实在就其本质而言是一种开放的体系,但是对于组成这一体系的各个具体的经验事实则可以视为"准封闭的"(quasi-closed),对于这种准封闭的体系可以运用包括计量经济模型在内的数量方法来进行经验分析,这种分析会形成关于同一经验事实的许多不同的粗略的因果联系结论,它们类似于前面所说的"半规则"。在此基础上再对各种结果进行筛选比较,亦即所谓的"溯因推理"过程,便可以找到实在的真正内

① Finch, J. H. and McMaster, R. (2002), "On categorical variables and non-parametric statistical inference in the pursuit of causal explanations", *Cambridge Journal of Economics*, Vol. 26, PP. 753-772.

② Wray, L. R. and Forstater, M. ed. (2004), *Contemporary Post Keynesian Analysis*, Edward Elgar, PP. 285-298.

③ Downward, P. and Mearman(2002), "Critical realism and econometrics: a constructive dialogue with post Keynesian economics", *Metroeconomica*, 53,(4), PP. 391-415.

在联系。他们还以关于英国的产品定价同一事实的各种不同的计量分析结果的筛选与比较为例,说明尽管存在着不一致的结果,但是多数结果倾向于加成定价是较普遍采用的方法,这显然支持了后凯恩斯学派的价格理论。

除了与后凯恩斯经济学的关系以外,作为一种新起的社会科学哲学或方法论,批判实在论近年来在引起广泛重视的同时,也招来不少批评和争议。概括起来,主要的批评和质疑有:第一,批判实在论并未对经济学方法论增添多少新东西,因为经济学并没有对未被观察到的实体做出假定(除了那些微不足道的事情以外)。第二,批判实在论对主流派的批评是无的放矢,因为主流派的建模方法并没有处理"事件",从而也不能被归结为演绎主义。第三,批判实在论将属于各种不同层次的分析都置于单一的"溯因推理"的名头之下,容易产生误导的后果。第四,批判实在论使用哲学中的"超验演绎"(transcendental deduction)是一个无意义的概念。第五,批判实在论关于社会结构以及当事人的概念是令人费解的,甚至是同义反复,因而并未对社会科学家提供任何方法论的帮助。[①] 对此,主张批判实在论的学者是不以为然的,他们认为这些批评都忽略了批判实在论的主要之点,即社会科学应当关注社会关系的总和以及由社会当事人对社会关系的再造和转换。很多批评并没有提供像批判实在论这样的关于经济现实的有说服力的解释,他们仍然持有批判实在论所揭露的反本体论的偏见。在这两种极端对立的观点之外,还有不少学者针对批判实在论的具体内容进行了更为细致的研讨工作,诸如如何正确对待休谟的思想,如何借鉴康德的先验论,如何看待批判实在论的抽象方法的局限性,并通过对其进行改进而使之更加具有直

① J. E. King (2003) ed., *The Elgar Companion to Post Keynesian Economics*, Edward Elgar, P. 85.

觉上的吸引力,等等。①②③

尽管存在着这些争论,我们仍然可以说,批判实在论已经在当代经济学中建立了较广泛的基础,产生了较重要的影响,尽管它自身仍包含着许多有待于深入细化的问题。批判实在论的方法论对于修补后凯恩斯学派在方法论研究上的空缺与不统一性,对于促进后凯恩斯经济学严谨一致的理论体系的形成,从总体上看是具有积极意义的。

2.2.4 关于巴比伦思想模式的探讨

所谓巴比伦思想模式(babylonian mode of thought),指的是这样一种知识建构原则:将复杂的现实整体分解为各个片断来分别加以研究,以便完成对于复杂现实给予完整解释的理论建构。后凯恩斯学者希拉·道等人于20世纪80年代后期系统阐述了这种思想方法,他们试图借此来表示,在后凯恩斯经济学的研究中存在着一种明显地不同于主流派的经济学方法。按照他们的观点,巴比伦思想模式既与凯恩斯关于我们应该为自己对于不确定性的信念建立一种合理的基础,即运用惯例与直觉以及应用于所有可利用的证据上的普通逻辑来建构知识的论述,是相一致的。同时,它也为那种允许若干个方法并且拥有多个出发点的方法论,提供了一种内在一贯的理性基础。

---

① Dow, S. C. (2002), "Historical reference: Hume and Critical realism", *Cambridge Journal of Economics*, 26(6), PP. 683-695.

② Viskovatoff, A. (2002), "Critical realism and Kantian transcendental arguments", *Cambridge Journal of Economics*, 26(6), PP. 697-708.

③ Brown, A., Salter, G., Spencer, D. A. (2002), "Driven to bstraction? Critical realism and the search for the inner connection of social phenomena", *Cambridge Journal of Economics*, 26(6), PP. 773-788.

“巴比伦式的”这个术语曾经为凯恩斯所使用。凯恩斯在他关于牛顿的传记中对于传统上将牛顿理解为一个理性主义者这种做法提出了质疑，他指出牛顿并非是理性时代的第一人，相反倒是最后的一位术士，最后一位巴比伦式的人物。他将牛顿为了获得对自然现象的解释而运用内省的方式去思考关于科学思想史的知识以及实验，与他在事后所进行的理性证明加以对比，借以表明牛顿并非是传统的理性主义者。物理学家费曼（Feynman）在20世纪60年代中期提出了他所称的数学中的巴比伦思想传统，这包括对于论证有多个出发点，从而存在着对于物理规律的多重推导。他将这种方法与那种将所有论证都维系于一套公理的欧几里得式的方法加以比较，指出巴比伦式的方法对于物理学更合适，因为“总是从公理出发的方法在获取定理方面并非是十分有效的”。① 费曼将巴比伦式的数学方法描述为，它由一系列推理的链条所组成，并不维系于任何一套公理之上，相反是由解决身边的实际问题的实践所支配。这显然是一种现实主义的求知方法。经济学家斯托斯（M. Stohs）在20世纪80年代初期将巴比伦思想方式作为一种可行哲学的研究方法引入经济学当中。② 他指出，凯恩斯的不确定性概念可以依照巴比伦思想路线获得进一步发展。根据巴比伦的研究方法，不存在单一的从公理到定理的逻辑链条，所有的只是若干个相互平行、相互纠缠又相互加强的逻辑链条的集合，从而没有哪一个具体的公理能够作为逻辑上的基本公理。在斯托斯以后，后凯恩斯学者希拉·道等人进一步明确阐释了巴比伦思想方法的性质与含义，以便使人们加深理解主流派与非主流派之间在方法论

---

① J. E. King (2003) ed., *The Elgar Companion to Post Keynesian Economics*, Edward Elgar, P. 12.

② Stohs, M. (1983), “Uncertainty in Keynes’ General Theory: A Rejoinder”, *History of Political Economy*, 15(1), PP. 87-91.

方面的差异。① 希拉·道等人认为，巴比伦思想方法可以作为概括和识别后凯恩斯经济学作为非主流派的特征的一种手段。进而，将巴比伦方法与笛卡尔—欧几里得思想（Cartesian/Euclidean）相比照来加以研究（笛卡尔哲学的推理方式被认为与欧几里得是一致的），也被引入关于经济学方法论的讨论之中，从而使之成为过去十几年中关于后凯恩斯经济学的方法论基础问题研究的主要内容之一。

希拉·道等人在与笛卡尔—欧几里得思想的对比中进一步论述了巴比伦思想方法的特点及其经济学意义。她指出，巴比伦方法的根本特点是面对复杂的实体，拒绝任何简单的公理化推理，而倡导具体的、现实的分析方法。由于没有任何一套公理可以被视为正确的而加以依赖，单一冗长的推理链就只能加剧公理中的含混性。因此，与建立单一、普遍的正规化体系相比，更优越的做法将是分解现实，以便进行局部范围的分析。一个推理链条可以集中于一个现实片断，从而某一特定变量是外生的，而它对于另一个推理链条来说却又是内生的。一个推理链条可以依赖于统计分析，而另一个推理链条则依靠历史分析。相反，欧几里得数学则不然，它是使用一种数学方法建立在单一一套公理之上的封闭的逻辑体系，它为了获得在一个抽象域中的一般普遍解而抽象掉了实际问题。其逻辑体系因而是由内部规则而不是现实所支配。

巴比伦式的思想体系与笛卡尔—欧几里得式的封闭思想体系不同，它是一种开放的思想体系。在一个开放的思想体系中，所有相关变量与它们之间的关系的同一性是未知的，并且这些变量的含义以及它们的关系在所有情况下又是

① Dow, S. C. (1999), "Post Keynesianism and Critical realism: what is the connection?", *JPKE*, Vol. 22, No. 1, PP. 15-33.

易于变化的。这里既有稳定性,也存在着发生创造性和离散地移动的空间。而在封闭体系中则不然,所有的交易都是预先规定好的,并被划分为内生或外生变量的范畴。未知的东西则被假定为随机变量。外在的封闭性排除了除来自外部的随机扰动以外的一切东西,而内在的封闭性则排除了体系内变量以及它们之间相互关系的任何变化。为了满足这种封闭化的条件要求,笛卡尔—欧几里得思想具有二元论和原子论的两个重要特征。二元论体现在,所有要素都被分解为具有封闭体系固定的典型特征的相互排斥的两大范畴:变量分为内生的与外生的,价值有完全确知的和完全未知的,关系也分为因果性的与随机性的,经济当事人被分为理性的和非理性的,等等。原子论则是指,在最小的单位基础上建立起理论体系,这些单位既相互独立,同时也与它们成为其中一部分的整个体系相独立,它在经济学中便是所谓理性经济人。

希拉·道指出,巴比伦思想方法既不是二元论的,也不是原子论的。在这里,用于说明处在一种演进过程中的社会生活的各种范畴事先被分为二类,这种范畴划分的含混在考察一种在其中制度、人们的认识与行为等等都在不断变化的环境时,恰恰具有可调整的好处。在一个拥有多种多样相互无法通约的论证线索的思想体系中,在一种线索上是内生变量的东西到了另一种线索上却会成为外生变量。知识一般来说总是由经济人(以及经济学家)以某种不确定的程度持有的,因而分析必须指向不确定的程度。此外,某些论证线索是与个人相关,而另一些线索则涉及团体层面,因为因果关系的作用力可以沿着不同的方向起作用。这意味着,个人不被视为独立的,他们的行为也将随着环境的变化而变化。制度与惯例的功能则在于,为处于不确定环境中的人们的决策提供一种稳定性条件。这些描述如果用一句话来概括,那就是社会结构被理解为一种有机的体系。

希拉·道认为,上面所描述的巴比伦思想方法的概念原则和基本点,显然是与后凯恩斯经济学的基本观点、基本研究方法以及理论风格相通的,因而也可以用这一方法论原则来概括后凯恩斯经济学派的经济学方法论,而所谓笛卡尔—欧几里得主义则可以用来概括作为后凯恩斯经济学派批判对象的主流经济学的基本方法论。这样,后凯恩斯经济学便可以在基本方法论上获得一种与主流派相抗衡的新的理论支撑。因而,引入巴比伦的方法论思想模式补充并丰富了后凯恩斯经济学的体系。不仅如此,这种思想方法与近年来新涌现的那些和后凯恩斯经济学密切相关的新思想,也具有相当高程度的一致性。比如批判实在论,它的基本理念与巴比伦思想原则是完全相通的。从前面所述可知,巴比伦思想方法的基本特征就在于将现实世界的性质理解为有机状态,即把它视为一种开放的体系。从这一点来说,巴比伦思想属于实在论,并且实际上与经济学中的批判实在论方法具有诸多的相同之处。可以说,巴比伦方法为判别经济学家在所采取的实在的本体形式方面的差别,提供了一种基础,而不论他们究竟是从市场还是交换的角度、阶级集团还是理性个人的角度去理解经济过程。不仅如此,巴比伦思想模式也为后凯恩斯经济学内部方法论的多元化提供了合理的解释。无论是方法论的多元化,还是具体研究方法的多元化,都有其合理性。因为,如果现实世界被理解为有机结构,不受统一规律的支配,那么就必然会存在着一个方法论的集合。巴比伦思想模式特别强调,应该针对不同的推理链条采用不同的研究方法或方法组合。当然,为了保持可操作意义,这种方法论的多元化必然是适度的,它将与特定的开放思想体系相呼应。也就是说,对现实世界的理解方式决定了特定的方法论选择,进而决定了具体采用的研究方法的范围。

希拉·道进一步澄清了关于巴比伦思想模式的误解性看法。最初有人曾将巴比伦模式看做与笛卡尔—欧几里得思想模式呈二元对立的关系,而不是把它视为一种统一的方法论思想。例如,讲到笛卡尔或欧几里得思想模式,指的就是封闭的公理化体系,它将产生确定性的结论,从而得出公理。而说到巴比伦模式,似乎就是在一种极端折中主义的意义上的方法论多样性。由于巴比伦模式被理解为一种无公理的、不可通约的方法以及无确定性结论的开放性思想体系,它自然也就被人们视为缺乏基本方法论原则,或者说它是奉行一种"任何方法都可以"(anything goings)的原则,这就走到了纯粹多元化从而无适当的方法论评价标准的轨道上去了。它有些类似于后现代主义(postmodernist)的思想,以及修辞学的方法(rhetoric approach)。①然而在道看来,对巴比伦模式的这种二元化解释是不对的。巴比伦模式绝不是"任何方法都可以",对于所要分析的主体对象究竟选择哪一片断,遵循何种推理链条?具体采用什么方法来操作?这些都需要有某种标准。所以,虽然由于研究对象被视为过于复杂以至于任何单一的分析体系都难以胜任,从而在巴比伦的思想框架内允许存在一个方法论的选择范围,但是这种选择绝不是任意的。例如,同样是坚持社会经济世界是开放的体系这样一种世界观,后凯恩斯经济学派与奥地利学派以及其他非主流经济学派就不尽相同,他们拥有自己独特的本体,并且坚持自己独特的方法论。这意味着,虽然后凯恩斯经济学派坚持认为他们自己的方法论和理论有道理,但是他们也承认拥有不同本体的其他学派的理论与方法的合理性。因此,后凯恩斯经济学派与其他经济思想流派是存在着交叉重叠部分的,这种证据表明开放的思想体系孕育了经济理论创造性的综合发展。因而,在巴比伦思想模式中,既不是完全没有规则,即所谓"任何方法都可以",也不是仅仅有一套规则,如同笛卡尔或欧几里得那样,而是处于中间地带。它不是后现代主义的纯粹多元论,而是一

① Holt, R. P. F. and Pressman, S. (2001) ed., *A New Guide to Post Keynesian Economics*, Routledge, P. 16.

种根据后凯恩斯经济学派的特定原理加以修正和重构的多元论。

2.2.5 关于方法论的其他研究和探讨

上面所述的几个方面，基本上属于关于方法论的哲学基础或基础层面，诸如本体论、认识论等问题的讨论。这代表了后凯恩斯经济学派近年来关于经济学方法论研究的主要工作。除此以外，也还有一些学者在较为具体的层面上从不同视角对后凯恩斯学派的研究方法进行了反思和梳理，探讨了后凯恩斯经济学今后要想真正完成一种强而有力、严谨一致的理论建构，所应当采取的一些具体的方法论原则、研究策略与实际步骤等问题，包括对于计量经济学的科学运用问题。

(1)奇克论后凯恩斯经济学派的方法论原则

在20世纪90年代中期，伦敦大学的荣誉教授奇克(V. Chick)针对索洛声称后凯恩斯经济学难以被定义为一个思想学派，而更类似于“一种思想状态”的说法，做出了重要回应，并由此阐述了后凯恩斯经济学的主要方法论原则。① 奇克指出，流行的对后凯恩斯经济学的责难，诸如说它缺少内在一贯性、缺少正规化理论、不科学等等，只不过表明后凯恩斯经济学派所做的工作与这些批评家们的不同，所采用的方法论原则也与其他人不同。只要将后凯恩斯经济学派的方法论原则以及他们据此得出的理论研究结果梳理和阐释清楚，那么后凯恩斯经济学就有理由作为一个独立的思想流派而受到明智的学术界的尊敬。就方法论原则来说，尽管后凯恩斯经济学派内部并不统一，但是许多后凯恩斯学者已经逐渐意识到，在他们工作的背后实际上存在着某些足以使后凯恩斯经济学派明确

① Chick, V. (1995), “Is there a case for Post Keynesian Economics?”, *Scottish Journal of Political Economy*, Vol. 42, PP. 20-36.

地与其他经济学流派区别开来的重要方法论原则。奇克对此进行了概括分析，她指出，后凯恩斯经济学的方法论原则主要有下述三个方面：其一是坚持现实的抽象，而不是构建一种想象的经济学模型；其二是将经济体系视为一种处于实际历史时间中的过程；其三是认为宏观分析不能简单地从微观分析基础之上移植过来。

关于第一方面，正如本章2.1节所谈到的那样，后凯恩斯经济学派并不反对抽象，但是他们都反对原子式的、公理化的抽象，因为这种抽象的范围施加了过多的限制（诸如将个人的想象、乐观与悲观情绪等等都排除在外）。与此不同，所谓现实的抽象则是紧紧抓住经济的显著特征，即它的典型的事实、制度与惯例，来加以概念化和理论化。这是真正有生命力的理论所必须坚持的基本原则。正是基于这一原则，后凯恩斯经济理论体系才关注失业问题，视失业的长期持续存在为现实经济的一个典型事实。也正是基于这一原则，他们才关注厂商这种现代市场经济下的重要制度安排以及厂商的雇佣与投资决策等等。第二个方面实际上是从早期第一代后凯恩斯经济学派例如罗宾逊夫人那里，就已经被反复强调并深深扎根于其思想土壤之中，尤其是在注重短期分析的后凯恩斯经济学者中间更为明显，它在上面提到的戴维森的非遍历经济观中得到了更为明确的理论概括。正是基于这一原则，后凯恩斯经济学派才注重预期的重要性，并且强调人们的决策特别是投资决策能够改变经济过程，从而又自然地把经济过程视为一种开放的体系。也正是基于这一原则，后凯恩斯经济学派认为经济理论应该研究制度与惯例的演变，因而任何经济理论都是有前提条件的，或者说是状态依赖的。由此他们便始终坚持这样一种学术理念：解释比预测更重要。这意味着，理论检验的标准就不再仅仅是严格的逻辑一致性，而需要综合某些现实的因素。第三个方面体现了微观分析与宏观分析相互衔接的方法论原则，其核心思想是避免"合成谬误"，简单地把个人主义方法（诸如理性、最优化等等命题）移植到宏观分析中来，这不仅是因为这些假定本身不可靠，而且也因为各单个行为主体并不相同从而不能简单加总，还因为包含复杂的相互关系的整体远远大于个体的简单之和。因此，后凯恩斯经济学派的宏观分析便抛弃了新古典经济学的微观分析要素，不再以各种原子式的个体为微观基础，而是代之以具有不同特征的群体、阶级、制度与惯例等。

奇克指出，运用上述主要方法论原则，后凯恩斯经济学派进行了卓有成效的理论工作，他们一方面将凯恩斯经济学摆脱开新古典综合的解释，力图正本清源，恢复凯恩斯《通论》的精神实质，诸如有效需求原理、投资支配储蓄原理，等等。另一方面，又对凯恩斯经济学进行了扩展，在关于融资动机、内生货币、通货膨胀、收入分配与经济增长等方面进行了新的理论建构。这些结果表明，后凯恩斯经济学派作为一个独立的思想学派是不容置疑的。

（2）阿雷斯蒂斯等人论后凯恩斯学派的方法论要点

与奇克相似，阿雷斯蒂斯、邓恩（S. P. Dunn）以及索耶（M. Sawyer）等英国后凯恩斯经济学者也在为后凯恩斯经济学派的独立存在价值做辩护的过程中，分析提炼了后凯恩斯经济学派的方法论要点。① 他们指出，确实，后凯恩斯经济学并不是一个内部完全统一的思想学派，而且它也有欠系统综合性。但是，也必须承认它内部不同的思想线索确实存在着走向一致的趋势。例如，所有的后凯恩斯经济学者，不论其背景如何，恐怕都会坚持这样的基本命题：经济活动的实际水平取决于有效需求水平，并且同时受到政治经济制度等因素的影响。这种

① Arestis, P., Dunn, S. P., Sawyer, M. (1999), "On the coherence of Post Keynesian Economics: A Comment on Walters and Young", *Scottish Journal of Political Economy*, Vol. 46, No. 3, PP. 339-346.

一致性显然是与作为其理论支撑的方法论方面的基本一致相联系的。针对沃尔特与扬等人所说的后凯恩斯经济学派“拥有严重不同且互不相容的方法论战略”,比如批判实在论、巴比伦方法等等,阿雷斯蒂斯等人进行了反驳。他们指出,无论是批判实在论还是巴比伦思想模式,都将社会经济现实视为复杂、分层、处于变动过程之中因而属于开放的有机体,并且主张对这个开放体系进行理论建构,这是具有一致性的。以这一点为基础,可以将后凯恩斯经济学者的四个方法论要点结合起来:其一是用具有转变社会经济现实职能的(它是在行为主体与社会相互作用的过程中实现的)行为人概念,取代简单的、孤立的、均质的经济人概念;其二是关于社会现实体的有机性概念;其三是排除经济体系的封闭性从而关于经济现象的完全确定性说明;其四是坚持经济学的目的在于解释,而不是预测。显然,阿雷斯蒂斯等人在这里关于后凯恩斯经济学方法论原则的概括,与上面奇克的论述是基本一致的。

(3)关于所谓“有根基理论”的阐述

除了论辩后凯恩斯经济学派作为一个独立的思想体系,其方法论原则具有基本一致性以外,还有学者探讨了为促使后凯恩斯经济学派更加有效的理论建构,应当采取的具体的研究方法与步骤等问题。例如,美国的后凯恩斯经济学者F. S. 李提出,应当吸收和借鉴“有根基理论”(the grounded theory)的方法来指导后凯恩斯经济学派的理论创新。① 他指出,无论是批判实在论还是巴比伦模式,都还缺乏可操作性。例如,巴比伦模式虽然提倡利用各种研究策略来从不同来源汇集资料,但是却没有说明如何将资料转化为理论。批判实在论的溯因推理方法指的是先基于现实材料进行事件的抽象和重新描述,然后再通过确认事件

① Lee, F. S. (2002), “theory creation and the methodological foundation of post Keynesian economics”, *Cambridge Journal of Economics*, 26(6), PP. 789-804.

的结构与因果机制来完成解释。但是它对于如何确认因果机制从而建构理论或完成解释,并没有给予充分说明。以至于在实际研究当中,某些结果就像是一种案例研究。鉴于这种情况,就需要探讨更为明确具体的、适合于后凯恩斯经济学派并且与批判实在论以及巴比伦思想模式等相协调的方法论指导原则,在李看来,这就是所谓“有根基理论”的方法。

有根基理论是与所谓“整体主义”(holism)、“典范模型”(pattern model)、“结构—焦点比较法”(method of structured-focused comparison)以及“参与—观察方法”(participation-observer approach)等相似的方法论原则。它具体指的是,经济学家创造他们直接从资料中发展出来的理论这样一种过程,在这里,资料收集、理论分析与理论建构同时进行。其操作的流程是:首先,拥有前定的观点与概念等思想背景的经济学研究者不断地收集、理解、评估与比较其感兴趣的资料。然后,汇集可比的经济事件资料,并从中提炼出特定的范畴、概念、相关特性,进而识别其相互关系。接着,从这些范畴、概念中识别出核心的东西来,并以核心的概念为基础发展出一种具有复杂的分析性解释的理论,这一理论应该能够解释资料中所代表的各种经济事件的序列为什么以及是怎样发生的。所以,不能为了使理论简化而拒绝特定的资料,研究者必须抓住资料的复杂性,根据经验建立起许多不同的次级概念与关系,将它们与核心概念环绕在一起,纳入结构与因果机制当中。这将保证所建构的理论在概念上的严密性,并且具有因果的解释力。筛选中心概念和发展理论的过程会使人们发现次级概念与关系,而它们也需要进一步的经验支撑,此外,纯粹分析性的概念与关系若要纳入理论之中,也需要经验支撑。这样,便完成了有关社会经济过程的一种独立性或者实质性的(substantive)理论建构,这样的理论并不是对于资料的一般化推广,而仅仅是来源于资料,换言之,一种有根基理论并不是超越其所依据的资料,它不妄称所谓的普遍性。李进一步指出,一种独立性的实质理论解释了一种中心因果机制,各个实质理论的组合所形成的正规的(formal)理论则可以解释经济过程的多个方面、多种因果机制。正像独立的实质性理论必须植根于经验资料一样,正规化的理论也是如此,它们也是历史性地状态依赖型的,其分析性解释绝不是经验外推。由于经济世界是非静态的,一种正规的理论永远也达不到完成状态,总要经历不断的修正。不仅如此,这种研究方法还具有两个特点:其一是研究者事前的知识背景会对其资料收集、选择与识别等过程产生影响,其二是所形成的有根基理论虽然可以依据其对于资料解释的效果来加以评估,但是其本身却不能被证伪。这种情况表明,即使是对于同一事件,根据此种理论方法,也可能会产生不同的理论结果。不过,通过不断地发现新资料,总会在各种相竞争的理论中区别出优劣来的。按照李的观点,运用这种有根基理论的方法,可以使后凯恩斯经济学派历史地植根于经济结构,植根于突现的因果机制,由此所形成的经济理论也就植根于并且联结到了批判实在论的基础上。

(4)帕西内蒂提出更为具体的研究方法策略与行动路线

如果说李描绘的方法论策略还是多少有些"思辨"味道的话,那么帕西内蒂的论述则更为"务实"得多。① 作为第二代后凯恩斯经济学者的最重要代表人物,帕西内蒂对后凯恩斯经济学未能取得预期的成功颇感遗憾,他认为其原因既可以部分地归结为后凯恩斯经济学家的个人气质与学术风格,另一方面则主要是由于它未能建立起另一个被广泛接受的与主流派经济学不同的范式。应当承认,新古典的范式具有明显的形式上的牢固性和一致性,但是,这绝不意味着没有可能去沿着后凯恩斯经济学的思想线索来建立另一种具有同样的形式上的牢

① Pasinetti, L. L. (2005), "The Cambridge School of Keynesian Economics", *Cambridge Journal of Economics*, Vol. 29, PP. 837-848.

固性和一致性的范式。建立这种新范式所面临的任务肯定要比阿罗、德布鲁、萨缪尔森等人的工作更为复杂得多,因为它不能仰赖封闭的经济模型,同时还必须考虑货币的生产经济的特性。在帕西内蒂看来,以往的、并且当前仍在流行的主流派经济学体系基本上是属于交换范式(exchange paradigm),它充其量也只是对前资本主义和现代市场经济运行中的流通过程给与了理论说明,至于对现代市场经济运行中更为复杂的生产过程则没有什么真正的理论贡献。这个更艰巨的理论任务只能由另一种不同于交换范式的生产范式(production paradigm)的经济学体系来完成。后凯恩斯经济学的学术使命就是要完成这样一种新的理论体系的建构。① 帕西内蒂指出,以往的几十年中,后凯恩斯经济学者已经形成了较为厚实的研究积累,从而具备了建构新的理论范式的某些构件(building blocks)。今后的具体研究方法与策略,应当是系统地整合,即把后凯恩斯经济学以往的各种理论成果纳入一个首尾一贯的理论框架之中。具体来说,应当采取一种两阶段或者两步骤的理论建构方法,这又被称之为所谓"分离定理"(separation theorem)②,其含义是:第一阶段是"纯理论"建构,即抽象层面的分析,主要是以斯拉法而不是凯恩斯的理论为基础,提供一种基本的、一般性的经济理论。当然,它不同于阿罗—德布鲁体系,而是开放的理论体系,它可以阐明基本的客观联系,同时又保留许多自由度。所以,它并不提供唯一解,可能会包含多种结果,这会依外部条件为转移。第二阶段是具体层面的分析,引入各种现实的社会因素对经济运行的影响,最主要的是"制度分析"。这里主要考虑个人或社会行为,组成社会的制度将被纳入分析,不过,与占支配地位的主流派范式不同,

① Pasinetti, L. L. (2007), *Keynes and the Cambridge Keynesians: A Revolution in Economics to be Accomplished*, Cambridge University Press, PP. 16–24.

② 同上,PP. 274–275。

这里不仅限于“市场经济体制”这样一种制度，也不拘泥于“个人理性”这一种行为，而是涉及诸如货币、厂商、工会、工资安排等等许多的制度安排。在帕西内蒂看来，运用这种两阶段的研究方法来建构一种逻辑一致的、非演绎主义的体现凯恩斯与斯拉法的理论传统的新范式，具有不少优点。首先，在第一阶段，它可以避免关于人的行为的任何主观假说。其次，由于第一阶段的“前制度分析”是开放的，随后可以容纳各种类型的个人与社会行为。第三，展开第二阶段的研究工作，还可以对其他社会科学做出贡献。

显然，帕西内蒂给出的方法论策略更加具体，更接近于操作层面，它实际上涉及理论范式的具体建构问题。我们可以明显地看出，他的这种研究方法论与马克思当年所倡导并且在其《资本论》的创作中所典型地使用的从抽象到具体的方法，实质上是一致的。不过，与上述其他的后凯恩斯学者的论述相比而言，帕西内蒂的方法论讨论仍然更多地保有实证分析的色彩，这显然也是受到斯拉法分析传统影响的一个结果。

(5) 对于计量经济学作用的再认识

在上面论述批判实在论的小节中，曾经涉及一些后凯恩斯学者关于计量经济学的若干不同观点，这里再稍微展开追踪分析一下后凯恩斯学派近年来关于计量经济学的主要思想发展。应当说，计量经济学自从它诞生以来，就一直为主流的经济学家所青睐，成为主流经济学验证理论假说的主要的甚至是得心应手的工具。与此相反，后凯恩斯学派以往是基本上完全否定计量经济学的任何积极意义的。这首先是由于他们受到凯恩斯本人的影响的缘故。凯恩斯当年曾经对丁伯根在宏观经济问题分析中使用统计计量分析技术提出怀疑，他指出计量经济学只能对已知的、已经定性的经济关系给出定量的描述，由于人类行为的变动无常性，它不可能对经济的未来走势提供精确的预测。凯恩斯的基本思想是反对把经过良好定义的概率分布概念普遍地应用于社会科学领域。①② 其次，这当然也与后凯恩斯学者普遍强调非遍历的社会经济观等等有关系，因为既然经济是非遍历的（也就是动态非均衡的），那么就不能假设过去存在的关系在未来也会存在，从而依据过去参数进行的未来预测就必然虚假。近年来许多后凯恩斯学者仍然坚持这种立场，除了上述原因以外，还由于他们对于批判实在论的崇尚而强化了对于计量经济学的排斥。我们知道，理性预期学派也曾经质疑主流派凯恩斯主义者的计量经济学分析，这就是所谓的“卢卡斯批判”（Lucas Critique）。应该说，就实质而言，“卢卡斯批判”与后凯恩斯学者对计量经济学的否定是一致的，然而这两个学派之间却存在着根本性的理论与方法论分歧，这个现象是颇为有趣的，它表明具有根本立场观点分歧的不同学派可以在某些具体问题上具有一致性，这也从一个侧面显示了各经济学理论流派之间关系的错综复杂性。当然，如果细致地想来，这两种批判还是具有不同的思想基础的：“卢卡斯批判”反对凯恩斯主义的计量分析主要是基于这种分析忽略了具有理性预期的经济人相对于政策及环境变化的行为调整，而后凯恩斯学派原来之所以否定计量经济学的价值则主要是因为这个分析方法是假定经济世界具有完全的确定性，其中就包括经济人的完全理性。换言之，“卢卡斯批判”不是一般地反对计量经济学，而只是反对它的政策运用，而后凯恩斯学派则试图对计量经济学的一般基础提出质疑。

然而近年来，一些后凯恩斯经济学家对计量经济学的作用的认识也出现了

① Gerrard, Bill (2002), “The role of econometrics in a radical methodology”, in Sheila C. Dow, ed. *Beyond Keynes*, Vol. *1*, *Post Keynesian econometrics*, *microeconomics and the theory of the firm*, Edward Elgar, P. 113.

② Holt, R. P. F. and Pressman, S. (2007), ed. *Empirical Post Keynesian Economics: Looking at the Real World*, Edward Elgar, P. 22.

新变化，他们由原来的完全否定开始转变为有限度地承认计量经济学的积极意义，特别是在经济理论检验中的重要作用。这一方面是因为20世纪80年代以后，著名的美国后凯恩斯经济学家艾希纳明确提出，今后后凯恩斯经济学发展的重要工作应该是对其理论进行经验验证，以经验研究的有力成果来与主流派相抗衡。这一动议赢得了许多后凯恩斯学者的赞赏，从而推动了后凯恩斯学派经验研究工作的展开。而经验研究工作到一定程度总是离不开利用统计技术以及计量分析方法的，这就促使一些后凯恩斯学者重新认识计量经济学的各种不同技术与方法的作用，并根据研究的不同问题有选择地加以取舍。另外，计量经济学本身也由于以往若干模型预测失败的刺激而出现了一些新的发展，这也部分地得到了一些后凯恩斯学者的接受，试图将其作为自己可以利用的经验分析工具的一部分。

例如，普雷斯曼对统计分析以及计量经济学方法进行了重新区分与界定。他指出，统计分析实际上是分为两大类的，即推理性的统计学（inferential statistics）与描述性的统计学（descriptive statistics）。前者是主流派所惯常采用的那种，它与其理论一脉相承，也是以各种完全性假定以及完全预期等等为特征。后者则不然，它不使用那些完全性的假定，也不以揭示所谓经济内在机制或规律为目的。它的功能只是描述，力图准确地提供世界在某一时点或某几个时点的图景。采用描述性的统计学，首先要实际地收集数据，其次是需要描述数据的性质，诸如数据的均值与分布，在不同时间与地点这种均值与分布的差别，等等。进而，就可以分析导致这些差别的可能原因。例如，在控制其他影响因素的条件下，两国失业率的差别的原因就可以尝试从某一方面（比如说妇女劳动力参与率的差别）去寻找。普雷斯曼认为，这种描述性的统计学是不在后凯恩斯经济学家对计量经济学的通常批判之列的，因为它并没有妄称要揭示基本的因果机制(像主流派那样),也不武断地声称对于两国失业差别给予了完全说明,而只是描述了一个可能的影响因素。普雷斯曼进而指出,像相关分析与简单的回归分析技术,都可以被用来描述数据中的各种变量之间的关系,回归分析只是表明两个变量的相关关系以及这种关系受随机因素影响的程度,这里并不必然涉及从一个变量到另一个变量的因果关系推理。① 因此,普雷斯曼实际上强调了某些计量分析技术的经验数据描述与处理功能,认为这些分析技术与方法可以被应用于经济学的经验研究工作中。

保罗·唐沃德(Paul Downward)和比尔·杰拉德(Bill Gerrard)等人则从计量经济学方法论的角度进一步探讨了应该如何建设性地利用计量经济分析工具的问题。唐沃德指出,②主流派(主要是新古典经济学)运用计量经济学的根本目的是要提供对于阐释所谓事件规则(即规律性)的理论模型的证明。因此,计量经济学在那里成为一种推理工具,相应地,模型所具有的预测价值也就最被看重。但实际上,计量经济分析提供的证据往往并不能起到这种作用。以关于定价的经验分析为例,即使利用同样的数据,不同学者得出的有关价格决定影响因素的结论也不一致,既有显示与成本相关的,也有显示与需求相关的。这表明完全根据计量经济学结果来筛选和识别理论是行不通的,而个中原因就在于,计量经济学对于数据的描述只能抓住散在的表象。但是,这并不意味着计量经济学对于经济学理论就全无用处,后凯恩斯经济学家应当理性地对待计量经济学。固然,探讨开放体系中位于经济现象背后的深层、内在的因果机制,不能依靠计

① Holt, R. P. F. and Pressman, S. (2007) ed., *Empirical Post Keynesian Economics: Looking at the Real World*, Edward Elgar, PP. 23-24.

② Downward, Paul (2002), "Realism, econometrics and Post Keynesian economics", in Sheila C. Dow, ed. *Beyond Keynes, Vol. 1, Post Keynesian econometrics, microeconomics and the theory of the firm*, Edward Elgar, PP. 145-161.

量经济学的方法。但是在对经济运行的各个具体方面或过程进行分析时,则离不开统计分析和计量方法。他强调,应该借鉴凯恩斯关于定性分析需要先于形式化分析(即定量分析)的思想,在进行计量分析时应当将作为主观“先入之见”的理论与作为“客观因素”的事实证据结合起来,实现理论与证据的互动(interaction),通过对于计量经济学的结果不断地予以修正和精炼,达到对于深层机制的揭示。保罗·唐沃德的这个见解显然不同于上面普雷斯曼关于推理的统计学与描述的统计学的划分,他强调了计量分析技术在揭示深层经济机制方面的有限性,主张避免单纯地根据计量经济学来验证理论乃至推导理论的简单化倾向,而要将理论分析与计量分析以互动方式相互促进。这实际上反映了他既要坚持批判实在论又要有效地利用计量经济学的立场。

比尔·杰拉德的观点与保罗·唐沃德相似,他结合近年来计量经济学的若干新进展,论述了某些计量经济学工具可以成为包括后凯恩斯经济学在内的激进经济学派研究方法的一部分。① 比尔·杰拉德指出,以往人们对于计量经济学的看法是一种保守的二分法,或者把计量经济学建模视为理论驱动型的,或者把它视为数据驱动型的,前者的功能在于估计理论模型,后者则主要是描述观测的现象。具体来说,AER(即平均经济回归)和一般的教科书方法便属于理论驱动型,其操作程序通常是先预设理论,然后估计模型系数,若结果不理想,则是或者调整估计方法以适应理论,或者将其归因于干扰因素。这实际上是主流派通常采用的方法。而数据驱动型的计量分析实践则可以无理论的时间序列分析(atheoretical time-series analysis)为代表,特别是其中的向量自回归分析(VAR)。

① Gerrard, Bill (2002), “The role of econometrics in a radical methodology”, in Sheila C. Dow, ed. *Beyond Keynes*, *Vol. 1*, *Post Keynesian econometrics*, *microeconomics and the theory of the firm*, Edward Elgar, PP. 113-132.

所谓向量自回归就是把同一样本期内的 n 个变量主要表示成为它们自己的过去值的线性函数，它纯粹是一种描述的方法，旨在对观测数据给出适当的统计概括，而与理论检验无关。比尔・杰拉德认为，这种关于计量经济学的保守看法是偏颇的，它使得计量分析技术不能够发挥应有的作用，而近年来出现的 LSE 方法（主要在伦敦经济学院发展起来的方法）则代表了一种新计量分析理念。

概括地说，所谓 LSE 方法就是一种从一般到特殊的计量建模方法，它从形成一个极为一般的模型形式开始，然后通过同时施加理论方面与数据方面的限制条件，使一般模型逐步简化。其中包含两个不可分开的基本概念，一个是数据产生过程（DGP，即 data generating process），另一个是统计产生机制（SGM，即 statistical generating mechanism）。DGP 由经济机制（主体的决策与行为）与对过程的测量（将现实的决策与行为结果转换成可观测与测量的值）构成，因而它代表了产生将要被纳入模型的数据的现实结构。SGM 作为对于随机过程的联合概率分布的猜想，提供统计估计与推理的基础。对于最初形成的待估计的经验模型是否真正代表了 DGP，要进行详细的诊断检验，如果它具有统计的适当性则表明与 DGP 相合（congruence），但相合只是被估计模型"真正"代表现实的必要条件，而不是充分条件。相反，所要不断努力寻求的是最适当的反映现实的经验模型。估计了一种相合的模型，就使建模的目标变得简化一些，而通过引入理论上有意义的再参变量化和线性限制，又会产生更简化的模型。与此同时也施加数据限制，使统计上不显著的、无关宏旨的变量边缘化。如果这些限制具有统计有效性，那么简化的模型就仍然保持相合状态，最终便会产生具有理论意义的经验模型，它们可以被用来对经济理论进行经验检验。如果对于所估计模型的诊断性质较差，则模型就需要重新定义和重新估计。因此，LSE 方法与传统的 AER 方法具有很大差别：前者将建模过程视为设定问题的过程，后者则给定将要估计的问题使之保持不变;前者将诊断性质较差归结为模型的规定可能有问题,后者则往往归之于不适当的估计程序。这个差别实际上从深层次上反映了演绎主义与经验主义的世界观之间的差别。可以用杜宾—沃森检验(Durbin-Watson test)的例子来说明这种差别(杜宾—沃森检验是一种统计检验,旨在探测在一种回归分析的剩余项中是否存在自相关。其指标 d 的数值范围在 0—4 之间,如果 d 明显地小,就表明有正的系列相关性,说明误差较大)。LSE 方法对于出现较低值的杜宾—沃森检验的解释是,问题的设定有毛病,而 AER 方法的解释则是,这时可能不适合采用普通最小二乘法,而需代之以自回归的最小二乘法。二者的差别明显反映出对于所出现的误差,解决的思路不同,前者强调修正理论或模型的设定,后者则尽量维持给定的理论预设不变。比尔·杰拉德认为,LSE 方法的这种理念与保守的关于计量经济学的两种思想观点均不同,它允许理论与经验之间的互动,属于后实证主义和后现代主义的哲学观范畴。这种关于计量经济学的新理念与新方法,是与后凯恩斯经济学的方法论原则特别是其批判实在论的思想相一致的,故可以成为后凯恩斯经济学家在理论和经验研究中有效地利用计量经济学工具的重要指导。当然,也有学者指出,虽然 LSE 方法与批判实在论具有这种一致性,但是它们的基本哲学取向还是有所区别的,前者更偏重于休谟的经验传统,后者则不然。①

上面所述代表了一些后凯恩斯经济学家近年来对于计量经济学工具的重新认识与思想发展,这些发展反映了后凯恩斯经济学的一种更加开放的特征。当然,另一些后凯恩斯经济学家仍然对此持有不同的意见,也是一个不争的事实。

---

① Pratten, Stephen (2005), "Economics as progress: the LSE approach to econometric modeling and critical realism as programmes for research", *Cambridge journal of Economics*, 29 (2), PP. 179-205.

不过,除了方法论层面的争论以外,许多后凯恩斯学者采取更加务实的态度去着力从事经验研究,在价格理论、分配理论等方面进行了许多卓有成效的工作,在这个过程中经济计量方法实际上得到了不同程度的运用。

2.3　对后凯恩斯学派方法论的分析与评价

方法论研究既是经济学的基础性问题,也是常常令人产生困惑或者感到头痛的难点问题。一个独立的思想学派必然有其特定的方法论原则,这对于处于非主流地位的后凯恩斯经济学也不例外。当然,由于后凯恩斯经济学派内部存在着不同的理论传统与学术风格,故其在研究方法上也存在着某种程度的不统一或多样化局面,这也是后凯恩斯经济学至今尚未能够形成一套真正可以和主流派范式相抗衡的理论体系的重要原因之一。

近年来,后凯恩斯经济学的方法论研究取得了若干新进展。综合本章前面所述,可以看出这些新进展具有这样几个特点:第一,后凯恩斯经济学者已经开始普遍重视了方法论研究问题,将方法论建构视为自己独立的经济理论体系建构的不可或缺的一部分。他们不再像以往那样,仅仅满足于对主流派经济理论体系及其方法论的批判与抨击,而是开始系统地思考可以替代主流派方法论体系的东西是什么,以及如何将它们系统地阐述出来的问题。这种转变既是后凯恩斯经济学者对自身理论发展状况深入反思的结果,也标志着后凯恩斯经济学发展过程中的一个重大进步。

第二,后凯恩斯学者在方法论研究中,更加注重统一基础与方法论原则的建构,包括方法论哲学与认识论基础的探讨。后凯恩斯经济学家逐渐认识到,要想与几近完美形式化和逻辑上严谨一致的主流派思想体系相抗衡,必须从方法论的哲学基础或基本层面入手，形成一种新的系统一致的方法论基础，以之替代主流派的方法论基础，进而取代整个主流派的经济学体系。局部的、具体的、浅层次的方法论研究既缺乏震撼力，也无关宏旨。因此，不少第二代、第三代的后凯恩斯学者便潜心于这种深层次的方法论探讨。不论是非遍历的基本经济观，还是批判实在论以及巴比伦思想模式，都体现了这种方法论研究的主导思路。这些新的方法论原理，有的是后凯恩斯经济学的独创性研究成果，有的则是他们从其他学科领域的研究成果中借鉴过来，然后再加以系统阐述而形成的新的理论再造。它们虽然在提法上以及论证细节上不尽相同，但是都试图从最基本的层面为后凯恩斯经济学提供一种根本不同于主流派的统一的方法论原则。应当说，这种努力是有成效的，尽管目前在后凯恩斯经济学内部关于究竟何谓自己学派的统一的方法论基础仍然存有争议，但是就实质而言，非遍历观、批判实在论以及巴比伦思想模式三者所包含的世界观与认识论及方法论原则，乃是普遍相通的。所以，它们实际上代表了近年来后凯恩斯经济学方法论研究的最重要成果。

第三，后凯恩斯经济学近年来的方法论思想明显地具有反实证主义的倾向。主流派经济学的方法论原则基本上是实证主义，在这里价值判断因素被视为科学研究的障碍物。在相当长的历史时期中，实证主义也往往被看做是客观主义的同义语。所以，尽管老一代的后凯恩斯经济学者，像罗宾逊、卡尔多等人，也反对主流派的静态均衡等等分析方法，认为其脱离了经济现实基础，同时主张采取动态非均衡等等更加具有现实性的方法，但是他们一般却坚持实证主义。罗宾逊等人也注重经济研究应当尽可能地消除意识形态等价值判断因素，以便获得对于客观世界的真实理解。这表明，在早期后凯恩斯经济学者那里，现实主义与实证主义是不矛盾的。但是，近年来后凯恩斯经济学者关于方法论思想特别是其哲学基础的研究,却显示出反实证主义的倾向,这最明显地体现在批判实在论的理论之中,当然也反映在其他的方法论原则之中。这种对实证主义的讨伐的根本原因,就在于对客观实在的看法发生了根本性转变。实在不再被视为简单的经验感知的封闭体,而是具有不可感知的深层复杂结构和内在机制的开放系统。于是,实证主义,不论是逻辑实证主义还是经验实证主义,在这里都变得不可靠了。科学认识可能更多地仰赖于溯因推理一类的抽象、类比等等方法。这样,新一代的后凯恩斯经济学家就与老一代不同,他们从坚持现实主义出发,最后达到了基本否定实证主义研究方法的地步。这是他们对方法论的哲学基础进行深入探讨而得出来的一个必然结果。当然,这种反实证主义主要是体现在基本的方法论层面上。就具体的研究方法而言,他们似乎也不反对采取实证主义的方法,比如经验实证研究,比如对于计量经济学方法的某种运用,乃至于对于数学模型的运用等等。这种情况并不意味着有什么矛盾,因为第一,具体的研究方法与基本方法论不属于一个层次,担负着不同的职能,纵然是以溯因推理为主线,也需要以某些具体的实证方法相辅助。第二,就其倡导的巴比伦思想模式而言,也为具体的实证研究方法提供了作用空间。

总体来看,后凯恩斯经济学的方法论思想及其新进展具有重要的意义。后凯恩斯经济学派的方法论是始终坚持以现实为导向的,他们不仅强调理论的检验需要以现实为标准,而且认为理论研究的起点也应当从现实出发。因此,他们更注重理论解释,而不是理论预测,这是他们与主流派方法论的分歧之一。因为主流派在现实与理论二者面前往往更为注重理论的逻辑一致性和完美性,而忽略现实的复杂多样性。不仅如此,他们的现实观并不是简单的经验主义的现实观,而是超越浅层经验的、批判的现实观,所以,即使承认主流派体系中也包含着某种现实基础,那么这种现实观与后凯恩斯经济学的现实观也是截然不同的。

后凯恩斯经济学家分析现实的着眼点，是集中在现实经济的不确定性、历史时间特性以及非均衡特性等等上面，他们集中关注位于经济现象背后的起支配作用的深层结构与机制，强调经济理论需要解释这些特性，解析这些机制。而主流派所奉行的充其量也只是适用于经验主义意义上的现实的纯粹实证主义研究方法，它们是难以完成此种理论任务的，因而需要进行方法论的变革。这是他们与主流派方法论的更为严重的分歧。如果说前面的分歧涉及的是理论要不要反映现实的问题，那么这里的分歧实际上涉及的是理论应该如何反映现实的问题，或者说如何具体地定义和看待现实从而理论的现实性问题。这显然是一个更为复杂的问题。后凯恩斯经济学派不仅强调理论需要反映现实，而且进一步强调这种反映不应该是停留于经验层面的、简单实证主义的推理分析，而应当是超越经验层面、由表及里的深入的溯因推理，实际上也就是辩证的探求事物内在联系的抽象分析过程。这种方法论主张显然是对当今广泛流行的实证主义方法论的重大挑战，也是对于大多数经济学家长期以来形成的关于实证经济学与规范经济学的传统思维定式的一种严重冲击。不论这种挑战或者冲击最终能否成功，它至少让人们认识到了实证主义方法论的局限性，从而开辟了方法论变革的新起点。

后凯恩斯经济学派的上述方法论思想，对于我国国内的经济理论研究与实际工作显然具有重要的启示与借鉴价值。近年来，随着经济体制改革的深化，我国理论界与国际经济学界的联系与接轨也日益密切，西方主流派的主流经济思想与研究方法也日益成为我国经济学界的主流，从而主流派的理论与方法论的弊端在我国经济理论研究中也以各种形式表现出来，诸如普遍将实证主义方法奉为经济研究者的最高境界，而丝毫看不到它的严重缺陷；注重理论的正规化，片面强调分析技术、数学方法的作用，甚至沦落到严重形式主义的地步而仍然视而不见。更有甚者，不少人以为了解了新古典经济学，知道了供求曲线，就等于掌握了全部经济学，懂得了供求分析或供求规律似乎就掌握了经济学的真谛，真可谓是“一叶障目，不见泰山”，全然无知现代西方非主流经济学的丰富多彩的学说，更不懂得他们的方法论思想。因此，在这种情况下，认真地学习、研究后凯恩斯经济学的方法论思想，特别是他们的最新理论成果，并吸收和借鉴到中国经济学的研究中来，对于促进中国经济学研究的健康发展，避免在经济学国际化的过程中出现“形式主义”的倾向，显然具有重要的意义。

当然，后凯恩斯经济学的方法论思想仍然处于发展过程之中，其内部不同学者在从有关方法论的哲学基础到经济研究的具体问题等许多方面，观点并不相同，甚至还有较严重的分歧。比如前文中曾经提到的如何看待批判实在论的方法论基础，如何看待巴比伦思想模式，以及如何看待预期和不确定性因素，如何评价计量经济分析的作用等等，仍然是众说纷纭。这表明，后凯恩斯经济学派为了使其方法论原则与基础获得进一步的明确统一，仍然需要进行大量艰巨细致的理论工作。不仅如此，如何将其新的方法论思想具体化，转化为具有可操作性的理论建构方法，进而，如何形成一个真正可以和正统派的主流经济理论体系相抗衡的新的独立的经济理论体系，恐怕仍然需要经历一个长期、艰巨的理论探索过程。

第3章
后凯恩斯学派的消费理论研究新发展

消费理论,或消费者选择理论,是经济学中的重要组成部分。在现代主流经济学主要是新古典的微观经济学中,消费理论表现为一套以边际效用分析为基础、以数学优化分析为主要方法的公理化的理论体系,成为其一般均衡分析思想体系的重要支柱之一。对于新古典的消费理论,长期以来就存在着各种质疑的声音,包括从基本理论假定到分析技术等不同层面的批评持续不断。但是,它们都没有能够动摇这一消费理论的支配地位。后凯恩斯经济学家基于其反边际主义、反均衡分析的学术立场,当然也不能接受这种以强调最大效用满足为中心的消费理论。不过在以往,后凯恩斯学者由于特别强调总需求尤其是投资需求的分析,对于消费者行为以及消费理论没有给予足够的关注,从而不论是在对新古典消费理论的批判方面还是在自己的新消费理论建构方面都缺乏系统的论述,虽然也有一些散见的观点,但是总体来看却基本上在这一领域留下了一个空白。

近年来,新一代后凯恩斯经济学家在拓展后凯恩斯经济理论的过程中,也开始注重新的体现自身特色的消费理论的建构。他们认为完整的后凯恩斯经济学体系不能没有消费理论,而这种理论必须是与新古典主流派的消费理论不同的另一种新理论。为此,他们从后凯恩斯经济学的基本理念与方法论思想出发,在对以往各种对边际效用理论的质疑与思想批判进行系统分析、梳理和吸收、借鉴的基础上,紧密结合当代经济学以及其他社会科学分支中涌现的一些新思想,提出了若干体现后凯恩斯经济学基本特色的新的消费理论原理,并初步形成了后凯恩斯经济学的消费理论框架。这些理论工作代表了后凯恩斯经济学近年来在微观经济分析方面的重要进展之一。

3.1　对新古典消费理论的进一步系统批判

3.1.1　关于研究方法的系统清理

众所周知,新古典经济学一向以个人主义的、均衡行为分析作为其基本的方法论思想传统。这种方法论传统在其消费者选择理论中得到了最突出的表现。因为在新古典学者看来,如果说生产还不能不考虑到人们的某种社会联系的话,那么消费则完全可以视为单个人的行为,从而消费理论便成为贯彻传统的关于个体最优行为选择和资源最优配置分析的微观经济思想的最理想场所。也正是因为如此,其整个微观经济理论体系通常总是以消费者选择理论作为起点。

新古典的消费理论具有这样几个显著的研究方法特征:第一,坚持个人主义研究方法,始终以单个、均质、抽象的经济人(homo economicus)作为理论研究的起点和中心。这种经济人是早期的边际主义革命倡导者,例如门格尔、杰文斯那里,就是孤立的自然人。而到了晚近的时期,例如在萨缪尔森的新古典综合体系以及贝克尔的新家庭经济学中,则变成了居民户。尽管居民户可能包含复数的成员,但是它由于被视为均质的消费主体而与早期的经济人别无二致。第二,坚持完全理性(Global rationality)的行为假定,始终认为经济人的基本经济心理和所有的行为规则都是在面临各种资源约束的条件下,努力实现自我满足、福利最大化,或者说效用最大化。这一假定不仅是其消费理论的重要方法论前提,而且也是贯穿其整个经济理论体系的思想基石。第三,坚持均衡分析,运用各种优化分析方法特别是数学方法来论证单个经济主体实现效用最大化的条件。这在早期特别是边际主义革命盛行的时期主要表现为微积分亦即边际分析技术的运用,从而使得消费理论在实际上变成为“研究快乐与痛苦的微积分”(杰文斯在其《政治经济学理论》中的用语)。到了晚近时期,这种优化分析技术在阿罗、德布鲁等人那里获得了更进一步的发展。

对于上述研究方法,经济学界长期以来一直存在着争议。例如,凡勃伦早在19世纪末就指出人们的消费不是孤立的个人行为,而是要受到社会关系的影响。① 更晚近一点儿,20世纪四五十年代一些著名的消费经济学家像法国的罗伊(René Roy)、美籍捷克经济学家乔治斯库-罗根(N. Georgescu-Roegen)、美国经济学家杜生贝(Duesenberry)等人,以及莱本斯坦(Leibenstein)和加尔布雷斯(J. K. Galbraith)等人,也都论述过消费行为的社会性。②③④ 西蒙则用有限理性假说以及程序理性概念来取代完全理性假定。⑤⑥ 老一代后凯恩斯学者诸如罗

① 小罗伯特·埃克伦德(Robert. B. Ekelund, Jr.)与罗伯特·赫伯特(Robert F. Hébert),《经济理论和方法史》(*A History of Economic Theory and Method*),中国人民大学出版社,2001年中译本,第20章。

② Lavoie, M. (2005), “Rene Roy, the separability and subordination of needs, and Post Keynesian consumer theory”, in *History of Economics Review*, June, PP. 45-49.

③ Georgescu-Roegen, N. (1954), “Choice, Expectations and Measurability”, *Quarterly Journal of Economics*, Vol. 64, PP. 503-532.

④ Akerman, Frank (1997), “Consumed in Theory: Alternative Perspective on the Economics of Consumption”, *Journal of Economic Issues*, Vol. 31, No. 3, PP. 651-664.

⑤ Fuller, C. G. (1996), “Elements of a Post Keynesian alternative to ‘household production’”, *Journal of Post Keynesian Economics*, Vol. 18, No. 4, PP. 595-606.

⑥ Lavoie, M. (2005), “Post-Keynesian consumer choice theory and ecological economics”, in Ric Holt, ed. *PK economics and environment*, PP. 2-15.

宾逊等人,也在不同场合多次对上述消费理论研究方法提出质疑。例如罗宾逊曾经指出:"集中注意孤独的个人趣味的所谓需求理论使得人们忽略了社会对消费的影响。显然,个人有其独特的癖性,但习惯多半要受一个家庭生活在其中的团体以及它所受到的宣传的影响。"①正是基于这一思想,罗宾逊等后凯恩斯学者在构建其理论体系中的消费函数时,总是把人们的消费与储蓄行为同人们的社会经济地位联系起来,提出不同收入范畴具有不同消费倾向的学说,尽管他们并没有系统地建立消费者选择理论。

近年来,拉沃(Lavoie)、普雷斯曼、兹拉科普洛斯(Drakopoulos)、富勒(C. G. Fuller)、汉默(L. C. Hanmer)、阿克拉姆-洛德希(H. Akeram-Lodhi)等后凯恩斯主义者进一步系统地批判、清理了上述新古典主义的消费理论研究方法。首先来看关于个人主义方法论原则的讨论。富勒等人指出,新古典消费理论所贯穿着的非社会的(asocial)个人主义研究方法,是一个严重的方法论错误,它误导了消费理论的发展。尽管在现实中消费往往是与具体的个体联系在一起的,但是人们的消费行为并不单是一种个体的独立行为,它更经常地体现为一种社会行为,换言之,一个个消费者不是单个的孤岛,他们是处于社会关系的汪洋之中。对此可以具体从几个方面来看:第一,人们在社会金字塔中所处的特定地位和关系决定了其具体的消费偏好和消费支出模式。收入水平与经济地位不同的人们,显然具有不同的消费模式。文化背景与社会习俗不同的人群,也将具有不同的消费偏好。换言之,偏好是内生的、环境依赖的(endogenous and context specific)。②

---

① 琼·罗宾逊与约翰·伊特韦尔,《现代经济学导论》,商务印书馆,1982年中译本,第259—260页。

② Hanmer, Lucia C. and Akram-Lodhi, A. Haroon (1998), "In 'the house of the spirits': toward to a Post Keynesian theory of the household?", *Journal of Post Keynesian Economics*, Vol. 20, No. 3, PP. 421-422.

例如，中产阶级与下层群众的消费模式肯定就不相同，发达国家人们的消费与发展中国家的人们也不相同，前者可能侧重于满足持续发展型需要，后者可能更侧重于满足基本生物学方面的需要。①因此，如果把所有的消费者都假定为单一均质的经济人，就必然会抹杀由人们的不同社会地位和关系所决定的消费行为差别，从而也就不能真正把握现实中发生的各种消费行为的本质特征。

第二，人们的偏好与消费模式还会在社会关系中相互影响。严格说来，人们消费物品和服务并不是需求它们本身，而是需求这些物品或服务带给消费者的“独特特征”(distinction)。因此，才产生了人们在消费中的攀比心理和“向别人看齐”(conformist)的行为。这一现象也显示了社会关系对消费的影响。实际上，从凡勃伦的炫耀性(conspicuous)消费到杜生贝的相对收入消费假说，以及弗雷德·赫希(Fred. Hirsch)于1976年提出的身份性消费(positional consumption)的概念，反映的都是这种关系。后凯恩斯学者认为，这种社会化过程对消费模式的影响实际上也从一个方面解释了为什么处于同一地位或阶级的人群大致具有相同或相似的生活方式，而简单的经济人假设则完全抹杀了这种社会化过程或相互关联性对消费模式的影响。他们指出，贝克尔等新古典学者虽然也看到了这种社会化过程对消费的影响，但是他们仅仅拘泥于表象，而没有认识到其背后所隐含着的消费习惯与行为的社会化特征。而按照普雷斯曼等人的观点，这种社会化特征恰恰也反映了制度对于人们消费行为的重要影响。它表明，人们的偏好与消费模式不是取决于本能的效用函数，而是来自于对社会惯例等等制度的认知与学习过程。

① Gowdy, J. M. and Mayumi, K. (2001), “Reformulating the foundations of consumer choice theory and environmental valuation”, *Ecological Economics*, Vol. 39, PP. 230-231.

第三,处于个人或家庭之外的“社会消费基础设施”也对消费产生重要的影响。新古典理论虽然承认社会基础设施在生产活动中的重要性,但是却忽略了消费基础设施的重要性。实际上,在现代社会中,家庭不再是唯一的消费场所,客栈、餐馆、戏院、酒吧、教堂、图书馆、博物馆以及公园等都为社会成员提供了广泛的消费设施环境。特别是,社会的商业服务网络、交易制度安排、公共设施、交通与通讯设施等等,作为消费的基础设施,对于便利人们的消费活动,引导、转变、创新人们的消费观念与消费模式产生了越来越重要的影响。因此,消费研究绝不能再拘泥于单个人甚至单个家庭的视角了,因为那样将无法解释随着社会经济发展人们消费偏好演变的内在机理。

与对消费理论研究中的个人主义分析方法的批判相联系,富勒等人还集中批驳了贝克尔关于居民户分析的若干命题。以居民户为核心乃是现代主流派消费理论的通例,它与厂商被并列地视为微观经济中标准的二元主体。然而上述分析表明,消费绝不是单纯由家庭来独立对物品或服务进行加工以获得效用的一维的活动过程,而是各个人或家庭在包括所有家庭在内的社会关系以及消费基础设施中进行的多维活动过程。因此,如果强调消费的社会性将意味着对于个人主义研究方法的否定,那么它自然也就同时意味着对于以居民户为核心的研究范式的否定。在此基础上,他们又进一步对新古典消费理论中有关居民户分析的一些具体概念和命题提出了批评。首先,他们指出,将居民户视为一个主要由具有利他主义倾向的家庭成员组成的旨在实现效用最大化的实体,是并不完全符合经验现实的。实际上,家庭也并非是利益共同体,而是一种如阿马蒂亚·森所说的“合作的冲突”(cooperative conflict)的场所。这种合作与冲突的具体情形将依赖于居民户内部各方的社会权力的运用。一方面,为了尽可能增加家庭成员可获得的商品与服务总量,合作将会发生;另一方面,由于可能存在着多种合作结果和不同的利益格局,各成员之间也难免存在严重的冲突。而冲突的解决最终是通过拥有不同社会的、文化的、经济的资源的各方进行或明或暗的谈判来实现的。这表明,在居民户内部,家庭成员的分工以及资源的配置绝不是像新古典家庭经济学所说的那样是依据所谓的比较优势原理来展开的。相应地,所谓的家庭内部的生产函数也就失去了存在的根基。

其次,新古典的居民户分析也没有说明家庭消费偏好的生成机制。实际上,居民家庭的偏好不是外生的,家庭所处的社会环境背景诸如社会惯例等,其成员的信息获得能力、外部不确定状况等等,都会对家庭贫寒与消费模式产生影响。除了这些外部因素以外,家庭内部的结构因素也要对其消费模式产生重要影响。现实中的具体结构的多样性决定了其消费模式的多样性,而这些都是源于消费偏好的内生性质。

再次,新古典的居民户分析基本上属于静态范畴,它既难以解释家庭内部结构演变的动态,更没有阐述家庭与外部社会诸如家庭与家庭、家庭与企业、家庭与国家以及宏观经济等等的关系。例如,以劳动供给来说,事情绝不像新古典理论所描绘的那样,即居民户通过对收入与闲暇的权衡独立做出劳动供给决策,进而这种决策形成社会的总劳动供给从而决定经济的总供求格局。真实的情况是,家庭总是在社会关系当中进行决策,宏观经济状况、有效需求、收入分配、经济关系冲突等等因素都会影响家庭成员的决策,而家庭的决策行为反过来又会产生宏观经济效应。换言之,居民户的决策行为(无论消费决策还是劳动供给决策)都是在与外部环境的互动中实现的。

现在再来看对于完全理性和均衡分析方法的批判。完全理性既是新古典消费理论的重要方法论思想,也是它的一个基本命题。正是这一方法论,把消费者由活生生的现实的人变成一架精于计算的效用最大化的机器,或者说将现实的人变成了"决策的机器人"(robot-decision-maker)。[1]对此,早期后凯恩斯学者曾经进行过无数次的批判。新一代后凯恩斯学者进一步坚持了这种批判态度,他们指出,人不可能是完全理性的,这一方面是由于人自身的认知能力的有限性和时间的有限性,另一方面也是由于外部世界的不确定性。当然,后凯恩斯主义并不排除理性,他们也认为人是一个理性决策者,这在新一代后凯恩斯学者当中得到了更为明确的认同。不过,这里的理性决策的规则绝不是来源于所谓的最优化原则,或者说来源于任何精确的计算,而是主要来源于主观猜想,来源于人们对于社会地遵从的规范与惯例的认识与领悟,来源于务实的程序。因为在人们缺乏对于大量复杂信息的完备知识和驾驭能力的情况下,明智而理性的做法显然应当是避开复杂的计算,而寻求更为实际可行的现实措施和方法。新一代后凯恩斯学者特别强调这种新的理性概念,他们认为这实际上也就是赫伯特·西蒙早期所提出的有限理性和程序理性(procedural rationality)的思想,以这种方法论思想去取代完全理性的假定,将能够为人们的实际选择与消费行为建构真正科学的理论模型。

既然完全理性的研究方法遭到否定,传统的均衡分析方法也就失去了作用空间。在后凯恩斯学派看来,各种数学优化技术与分析方法虽然可以得出在特定假设条件下的最优结果,但是这却不属于像消费者选择这样的社会生活领域。在这里,由于社会、心理、生物等复杂因素的作用和不确定性,是无法运用各种优化技术与方法来求解所谓最优状态的。即使存在着相对于特定条件的某种理想状态,那也不过是一种相对令人满意的状态而已,并且它还不是静态的、稳定的,更难以满足各种完美的数学优化条件。因此,如果套用在自然科学和其他学科

① Lah, M. and Sušjan, A. (1999), "Rationality of transitional consumers: a Post Keynesian view", *JPKE*, Vol. 21, No. 4, P. 590.

中适用的优化、均衡分析方法来考察消费者选择行为,必然会抹杀由于社会的、心理的、生物与环境的等等因素所派生的人类消费行为的特点,即使得出某种均衡结果也将与人们的消费经济现实毫不相干。因此,总体来说,像整个主流经济学的均衡分析体系不过是一种智力游戏一样,以优化分析为特色的新古典的消费者最大效用均衡体系严格说来也是不切实际的。

3.1.2　对于若干基本定理的质疑与否定

新古典的消费者选择理论包含有一系列定理或公理性命题,这些定理或命题作为其理论分析依以展开的基础,在标准的中级或高级微观经济学教程中总是开宗明义地给出。例如,关于偏好的可通约性(commensurability, reducibility),关于偏好的无差异性与完备性,关于偏好的连续性,关于偏好的一致性或不变性,关于偏好的非饱和性,以及关于偏好的替代性或补偿性等等,都属此列。有了这些定理或命题,他们就能够方便地把人们的偏好转化为一组商品或服务,转化为一组可以计量或排序的效用,进而可以建立起反映人们主观偏好关系的性状良好(诸如连续可微)的效用函数。在新古典学者看来,这些公理虽然对于现实的消费决策过程做了简化的处理,但是却仍然抓住了现实的本质特征。然而,在许多后凯恩斯学者看来,这些所谓的公理是严格受限的,并且其中相当一部分是不能成立的。他们根据以往的学者在这方面积累的批判性论述以及近年来在人类学、心理学、博弈论、生态经济学以及环境经济学等学科发展中的新成果,对于其中的一些所谓"公理"提出了质疑和挑战。

第一,明确指出了关于偏好可通约性公理的严重局限性,这是对新古典消费定理的最重要的责难。所谓偏好可通约,通俗地说,就是假设各种偏好在质上没有差别,因而在量上可以相互折算。这实际上也是新古典消费理论关于对效用进而偏好可以进行量化、比较的最基础性的假定。然而兹拉科普洛斯、拉沃等人指出，人的欲望与偏好并非是均质的，而是分等级和分层次的（hierarchical），尽管在每个等级与层次之内的欲望与偏好也许存在着某种有限的通约关系，但是在各个等级与层次的欲望和偏好之间则是不能相互通约的（Irreducibility of Wants）。例如，对于基本食品的需要与对于高档别墅的需要，二者之间就显然是不能相互通约的，因此，它们也就不能够采用统一化的、共同的效用单位或货币单位来加以折算。这一简单的事实甚至在古希腊时期就已经为柏拉图所揭示，以后在经济学发展的古典与新古典时期又为众多的学者所论述。到了20世纪前半期，法国学者罗伊（1943年）和美国籍捷克学者乔治斯库-罗根（1954年）等人更为系统地阐述了人类偏好的这种等级性，而心理学以及其他相关学科的研究成果又对此提供了进一步的理论与经验支撑。① 后凯恩斯经济学家认为，欲望与偏好的等级性是人们消费心理与消费行为的最重要属性和特征，但是它却被新古典的消费理论所忽视了。强调这一特征对于认识传统的主流消费理论的虚假性，至少是它的严重局限性，进而对其进行限制和矫正，将具有至关重要的意义。因为一旦承认了这种偏好特征的客观真实性，立刻就会使得新古典的偏好可通约性命题的适用性面临着极大的限制，从而使其关于偏好与效用可以精确计量与比较的假设大打折扣。而这种命题和假设恰恰是新古典消费理论框架体系的基础之基础。这样，也就从最基本的层面上削弱了传统的新古典消费理论的现实基础。

第二，与上相联系，他们进一步否定了关于偏好的替代性或补偿性定理。偏

① Drakopoulos, S. A. and Karayiannis, A. D. (2004), "The History of Development of Hierarchical Behavior in Economic Thought", *Journal of the History of Economic Thought*, Vol. 26, No. 3, PP. 363-378.

好的替代性与补偿性在新古典消费理论中是以凸定理的形式体现出来的,它表明实行某种程度的消费替代或补偿可以改善消费者的福利水平,至少不会使其恶化。这是新古典消费理论体系的另一个重要支柱。然而,我们由偏好的等级性特征可以推知,既然不同层次与等级之间的偏好是不能相互归约的,那么它们之间当然也就不具有相互替代性或补偿性。进一步地说,根据现代心理学、消费行为学以及生态经济学等等关于人们偏好的等级性与层次性特征的研究,人们对欲望与偏好的满足从而其消费行为,是严格地按照各个等级由低到高依次有序进行的,例如,人们总是首先满足基本的生存需要,其次满足改善型的生活需要,再次满足发展型的需要等等。这种严格的循序而进的消费模式通常又叫做"字典型偏好"(lexicographical preference),或需要的隶属性(subordination of needs)。每一种等级的需要都有一个必须满足的最低标准,它被称为该等级消费的"心理门槛"(psychological threshold)。只有当达到了这个标准或门槛之后,才可能进入更高等级的消费。而在达到此一标准之前,人们对于该等级内的需要和偏好是刚性的,也就是说,无论增加多少较高等级的需要都将难以补偿和替代较低等级的需要。例如,对于一个食不果腹的贫困者来说,即使允许他以极低的价格欣赏音乐会,或者入住豪华别墅,也丝毫引起不了他的任何兴趣,因为这并不能为他增加半点儿效用。这种情况表明,替代性定理是不能成立的,至少其适用性相当有限。相应地,以此定理为立论基础的新古典需求分析中普遍盛行的替代效应假说,也就变得不那么可靠了。而与此成鲜明对照的是,同一场景却为后凯恩斯经济学长期以来所坚持的需求分析的收入效应假说,提供了坚实的基础。因为在后凯恩斯经济学者看来,处于不同收入水平的群体,必然也处于不同的偏好或消费等级,随着人们收入水平的变化,比方说提高,其欲望与偏好从而消费模式相应地也要逐渐向较高的等级转变,这一方面会表现为尽快地满足原有等级的需要使其达到门槛标准,另一方面则表现为产生对于较高等级欲望的新偏好。无论哪一个方面都意味着需求的收入效应在起作用。

第三,关于非饱和定理的质疑和否定。非饱和定理实际上隐含着偏好的单调性,它也是与主流经济学关于可利用资源有限与人类欲望无限的基本立论思想相一致的。但是后凯恩斯经济学家指出,如果不了解人们的欲望与偏好的等级差别,而泛泛地谈论人类欲望的无限性从而偏好的非饱和性,是没有任何意义的。首先,就某一具体等级上的偏好与消费而言,肯定是具有饱和性的。满足了就不再需要了(Enough is enough)。宣称人类对于基本食品甚或其他物质产品的需求具有无限的渴望,是不符合实际情况的。在现实社会中,除了某些病态的现象以外,人们对于某一种类需要的满足都是有饱和点的。例如,水、食品、大气与氧等等,都具有某种饱和点,它们是不应当也不可能被超出的。其次,从人类欲望与偏好的动态发展来看,这确实是一个无尽无休的过程:旧的欲望满足了,又会产生新的欲望;较低层次的欲望满足了,又会产生较高层次的欲望。但是,这里反映的是属于欲望等级随着社会发展与收入水平提高而逐渐提升的问题,它与不加区分地根据所谓人类一般欲望的无限性推导出的偏好非饱和性,是完全不同的两回事。如果冠以不同的名称,前者可以叫做“偏好增长”问题,它所体现的是“欲望增长原理”(principle of the growth of wants),而不是欲望或偏好的非饱和定理。

第四,对于偏好连续性命题的质疑和挑战。偏好连续性指的是,消费者的偏好可以用一种连续闭合的实空间或者连续的效用函数来表示。对于相等的效用水平,它就表现为一条圆滑的无差异曲线。谁都知道,这是新古典消费者选择理论中一刻也离不开的分析工具。但是后凯恩斯经济学家认为,这一分析工具并不可靠,他们具体从两个方面对此提出了质疑。首先,既然人们的偏好是分等级的，而各个等级上的需要在完全满足之前又具有刚性，从而人们对于偏好的满足将总是严格地按照由低到高的阶梯形式来展开，那么在不同等级的消费之间就没有任何的连续性可言，只有间断和跳跃。这时若出现消费选择的变化，所发生的将是大额的成块支出（lumpy expenditures），而不是边际的调整。这意味着在隶属于不同等级的消费束之间，或者缺乏可比性，或者即使可比也难以严格排序，从而严格意义上的无差异曲线是画不出来的。换言之，对于偏好连续性命题的否定同时也就意味着对于无差异命题的否定。对此，可以借助于乔治斯库—罗根举的一个例子来说明。① 设一个人有三类欲望：填饱肚子、改善口味、招待朋友。他面临两种物品：人造黄油（X_1）与奶油（X_2）。满足第 1 种欲望需要热量即大卡，以 k 表示，X_1 和 X_2 都可以满足此种欲望，即 $k = X_1 + X_2$。在 k 达到门槛值 K 之前，第 1 种欲望始终是最紧迫的需要。之后才能过渡到第 2 种欲望，而满足此种欲望只能靠 X_2，即 $t = X_2$，它也有门槛值 T。再往后是招待朋友，它则同时需要这两种物品，其满意程度用 $e = \alpha X_1 + \beta X_2$ 来表示。现在建立包含 X_1 和 X_2 的平面坐标（见图 3-1），以曲线 a、a' 表示反映不同 k 值的组合（在 a' 有 $k = K$），b、b'、b'' 表示反映不同 t 值的组合（在 b'' 有 $t = T$），c、c' 表示反映不同 e 值的组合。这三组曲线类似于、但是却不同于常规的无差异曲线，它们被叫做"行为曲线"（behavior curve）。在每条曲线上各点的效用水平并不相同，例如 B 优于 A，C 优于 B，D 优于 C，E 优于 D，F 优于 E，等等。如果设 A 为初始点，人们消费选择的基本方向将是 $A \to C \to E \to F$，实际的路径则有多种，例如 $A \to B \to C \to D \to E \to F$ 就可能是其中之一；再比如，还可能有 $A \to B' \to C \to D \to E \to F$，或者 $A \to C \to D \to E \to F$，等等。无论具体采取哪种路线，都明确

① Georgescu-Roegen, N.（1954），"Choice, Expectations and Measurability", *Quarterly Journal of Economics*, Vol. 64, PP. 503-532.

显示了偏好和选择的非连续性与跳跃性。

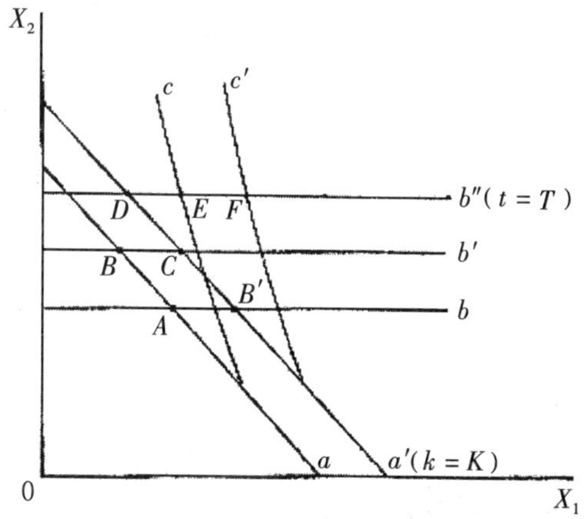

图 3-1　偏好的非连续性

其次，通过引入有关未来的信息缺乏或不确定性因素，也可以推翻偏好连续性以及无差异命题。按照新古典消费理论的常规推断，对于某一初始消费束 A，如果有另外更好的消费束 B、B' 和更差的消费束 C、C'，那么在 B 与 C 和 B' 与 C' 的各种线性组合中，一定存在着与 A 等价的消费束。将它们与 A 连接起来便是一条无差异曲线。但是，在信息不完全的条件下，人们是无法对于 B 与 C 和 B' 与 C' 的各种组合的后果进行精确评估的。特别是在涉及环境物品消费的时候，其后果具有弱可比性的(weakly comparable)典型特征。这时，并不是任何一种情况都能够被估价的，人们在其选择的坐标平面上将会出现“踌躇区间”(areas of hesitation)，从而关于偏好的连续性假说以及位于其背后的“阿基米德公理”(Archimedes axiom)在消费者选择理论中也就不再成立了。在图3-2中，在 A 点左下方和右上方两个阴影面积分别代表了劣区间和优区间，而第二象限和第四象限则与新古典的标准分析完全不同，它们便属于人们的消费选择既难以确定、更无法保持其连续性的“踌躇区间”。在该区间，消费者对于各种组合选取的概率可能处于0—1之间的任何值,自然也就无明确的选择可言,就像布里丹的驴子一样(中世纪时期法国哲学家布里丹给出的一个寓言:一头精于算计的驴子,面对两堆在左右两个方向上距离相同且近乎一样的饲料,由于无法做出明确的选择,最终竟在犹豫徘徊中饥饿而死)。显然,在这里不存在所谓偏好的连续性。

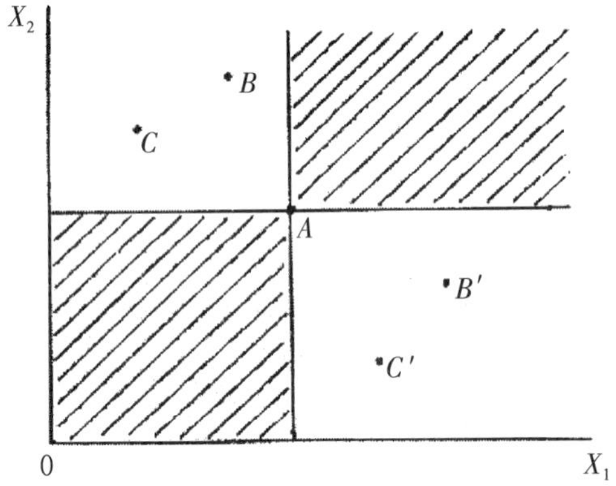

图 3-2　踌躇区间与偏好的非连续性

不仅如此,这时偏好的传递性也遭到了破坏。因为既然各种组合可能被赋予0—1之间的任何概率值,那么就不排除可能出现从 A 点组合到 J 点组合再到 L 点组合的情况,这时有 A 与 J 等价, J 与 L 等价,但是 L 却偏好于 A 。具体可见图3-3。

第五,对于偏好不变性和一致性假定提出质疑。假定消费者偏好至少在理论分析所考察的期间内不变或保持一致,是新古典消费理论惯常采取的做法。这种看似有道理的做法实际上也是经不起严格推敲的。后凯恩斯经济学家结合心理学特别是环境经济学研究的新成果,对此提出了质疑和否定。环境经济学家常常采用“或有估价方法”或“状态依存估价方法”(contingent valuation of method, CVM)来调查人们对于环境等公共物品的偏好和真实支付意愿,旨在避

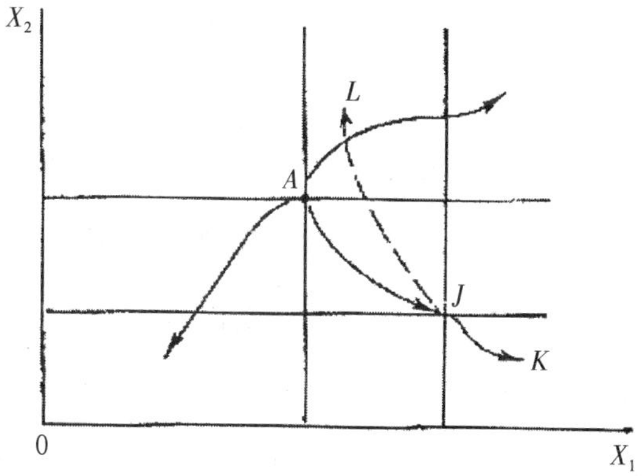

图3-3　信息缺乏与不确定性导致偏好的传递性失效

开免费搭乘者。而从此类调查中得出的大量结果显示了较大的不确定性,并没有证实新古典消费理论关于人们偏好一致不变性的假设,反而在很大程度上证明了相反的结论。① 例如,CVM 调查中通常有两项内容:一,为了保持良好的生态环境你最高愿意支付多少,即 WTP(willingness to pay)。二,如果生态环境受到损害,你最低必须接受多少补偿,即 WTA(willingness to accept)。如果撇开小的收入效应不说(用新古典的术语来说就是假设偏好为拟线性),用希克斯的消费者剩余来表示这种支付额和补偿额,那么这两者按照新古典理论的逻辑应该是相等的。但是,实际调查中的反馈结果却往往是二者不相等,多数的情况是 WTA 大于 WTP。这就表明在涉及环境一类物品的消费上,人们在“买”与“卖”、获得与让渡两个方向上,偏好强度是不一样的。不仅如此,关于 WTA 也有给出不同出价要求甚至是极端的出价要求的,例如出价为零,或者开出天价,这些实际上显示了人们拒绝将有关环境一类资源的交换视为合法、或者主张不惜一切

① Knetsch, J. L. (1990), “Environment Policy Implications of Disparities between Willing to Pay and Compensation Demanded Measure of Values”, *Journal of Environment Economics and Management*, Vol. 18, PP. 227-237.

代价保护环境的一种心态。新古典学者把 CVM 研究中呈现出来的这些结果看做"异常",并对此颇有微词,但是在后凯恩斯经济学家看来,这恰恰说明了新古典理论关于偏好不变性和一致性的假设不真实。因为心理学研究已经揭示,人们的偏好具有严格的条件或状态依赖性,因而他们对于某一具体物品的偏好将是完全可能随环境条件和周围状态的变化而变化的,由此导致了消费嗜好与偏好的易变性(ephemeral nature)。当人们感到生态环境的恶化会带来严重的社会后果时,他们将百倍地珍惜这种资源,由此增加的对于环境物品的偏好强度绝不是一般的货币额所能补偿得了的。

偏好的环境条件或者社会状态依赖性,又是与决策的环境条件和社会状态依赖性紧密相连的。与传统新古典分析假定人们总是按照严格组织的程序进行决策[即所谓"公文柜"(filing cabinet)式的头脑概念]不同,现代心理学研究表明人们的认知是一个依赖历史环境与社会经济条件的建构过程。人们究竟做出何种决策,将依时间、地点以及最近的经验为转移。就消费选择而言,不论是明显地具有非市场性的物品还是真正的市场物品,消费者的选择都不是基于某个理性的、保存着一致行为记忆的公文柜,而是遵循一种完全相反的(bottom-up)程序,即立足于由每一种情况的现实场景所产生的实际规则。这种情形恰恰反映了后凯恩斯经济学所一直强调的程序理性思想,它从有关偏好的基本定理方面进一步否定了新古典经济学的完全理性的方法论思想。

3.2 后凯恩斯学派消费理论的基本特征与主要原理

3.2.1 后凯恩斯学派消费理论的基本特征

后凯恩斯学派在对新古典的消费理论传统进行系统分析、清理的过程中,基本否定了目前流行的微观经济学教科书中关于消费者选择理论的主要命题和原理。与此同时，他们在近年来也试图提出一种与这种主流派的消费理论不同的新的消费理论，以取而代之。不少后凯恩斯经济学家认识到，虽然以往的后凯恩斯经济学著述涉及消费分析的内容不多且较为零散，但是就已经积累起来的后凯恩斯经济学的基本思想体系来看，是可以支撑其建构一种具有独立特色的消费者选择理论的任务的。一般来说，一个独立的经济学流派只要形成了稳固的核心思想、基本概念体系以及系统的研究方法，就可以在经济学的各个领域逐一进行具体的理论建构的。不仅如此，后凯恩斯经济学的开放性又允许它可以广泛吸收和借鉴心理学、社会学、环境与生态经济学等等其他学科以及其他非主流学派的新思想和新成果，这也为其创建新的消费理论框架提供了有利条件。

从近年来涌现的后凯恩斯经济学家论述消费理论的若干文献来看，处在形成和发展中的后凯恩斯经济学的消费理论明显地具有不同于新古典消费理论的重要特征。这里，我们仅指出其中两个最为基本的方面。其一是，消费理论研究的方法论不同。其二是，消费理论在整个经济学体系中的地位不同。关于消费理论研究方法论的特征，在3.1.1节关于后凯恩斯学者对新古典消费理论研究方法的批判的论述中已经给出了一些概括。这里想要进一步强调的是，后凯恩斯消费理论的研究方法是与其整个经济理论体系的基本方法论原则相一致的，这就是对于任何经济现象与范畴都注重它们的社会性、历史性、动态性等等。而他们所批判和质疑的新古典的消费理论的研究方法，实际上也是与新古典思想传统所长期崇尚的关于经济现象与范畴的孤立的、抽象的、超历史的、静态的均衡方法论思想一脉相承的。因此，消费理论研究方法的差异，本质上乃是反映了两大思想流派在经济学基本研究方法上的根本分歧。正是由于注重社会性、历史性、动态性，使得后凯恩斯经济学家在消费理论研究的具体视角与分析方法等方面明显地不同于新古典经济学家。例如，他们从不拘泥于孤立的个人消费行为，而总是关注特定社会阶层或群体的消费行为。他们对于那些抽象一般的所谓人类心理偏好与消费倾向究竟是否存在的问题并不感兴趣，即使承认其存在也断言它们对于经济分析并没有任何实际意义；相反，他们倒认为，科学的消费理论最需要揭示的恰恰是人们的消费偏好与消费模式形成的社会历史原因，即为什么具有不同社会经济地位、处于不同社会关系之中、处在不同社会历史条件下的人们，通常会具有不同的消费心理与消费行为。这样一来，就使得他们在消费理论的研究中具有比新古典经济学家更为复杂的眼光和更为宽广的视角，他们更注重人们消费心理与消费行为的差异性和多样性，更注重人们消费行为的社会关联性，更关注人们消费活动的历史演进与动态性，更关注人们消费心理与偏好的环境倚赖性、多变性与不确定性，等等。正是这种研究方法的显著特征，使得后凯恩斯学派所要建立的消费理论将完全不同于传统新古典的消费理论，它较少地具有公理化的色彩，更多地具有社会历史感和人文精神的色彩。他们虽然也利用效用理论的一些分析工具和方法，诸如商品空间与效用函数等，但是由于研究视角与前提假定的不同却得出了不同的结论。

与上述方法论特征紧密相连，后凯恩斯经济学的消费理论在其整个经济理论体系中所处的地位，也与新古典消费理论在其自身理论体系中所处的地位根本不同。新古典的消费理论是其整个资源优化配置理论体系的一个组成部分，它属于典型的微观分析，这种微观分析理论与关于经济总体运行的宏观分析理论的联系是不紧密的。虽然由于当代主流经济学家的努力，使得现代宏观经济分析理论尽可能地被置于包括生产者理论与消费者理论在内的新古典微观分析理论基础之上，但是这种微观分析与宏观分析之间的结合仍缺乏有机的联系，未能实现真正的统一，从而造成主流派理论体系内部某些方面的不一致，例如，微观分析中的市场均衡与出清的结论与宏观分析中经常面临的经济不稳定与非均衡的矛盾，就是明显的一个问题。实际上，新古典的消费理论是很难为宏观经济分析提供微观理论基础的，因为这一理论从其建立开初就只是就消费而论消费，就个人而谈个人，其理论的唯一使命就在于为单个消费者或居民户论证效用最大化的条件，而丝毫没有涉及个人消费活动与宏观整体经济运行的相互关系。后凯恩斯学派的消费理论则不然，它在其整个经济学体系中的地位不是单摆浮搁的，而是从一开始就试图与其他理论分支特别是宏观经济分析紧密结合起来。在这里，作为经济学的一个分支，消费理论已经远远超出了传统的居民户或家庭经济学范畴，其使命不再限于仅仅描述和论证经济个体的消费行为及其决策问题，而是在于探讨和揭示个体的消费活动与总体经济的运行之间的关系机理与互动机制，即宏观经济的大环境（诸如总体收入水平、收入分配格局、社会经济结构与制度安排等等）如何影响人们的偏好与消费行为，而人们的消费偏好与消费选择行为又如何影响到宏观经济的总体运行和结构变化（诸如通过总需求与需求结构等等变化而产生的后果）。这样，就像在分配理论中的情况一样，在这里，主流经济学中流行的微观分析与宏观分析的简单分野即传统的二分法基本不复存在了，微观分析不仅仅是宏观分析的基础，而且宏观分析也成为了微观分析的基础，即后者同时也需要以宏观经济分析为前提。因此，消费理论分析在整个经济学中的地位就变得更加重要了，它现在成为将微观分析与宏观分析有机地整合起来的枢纽之一，承担着解释宏观经济运行的总量波动与结构变迁的经济原因的重要职能。

如果大致地加以概括，那么后凯恩斯学派的消费理论的基本框架可以简要描述如下：从经济学、社会学、心理学等多学科相互交叉与相互融合的视角出发，以偏好或消费心理形成与变化对于社会、经济等等环境条件所具有的状态依存性为基本思想线索，建立起关于人们消费需要的等级性与层次性的核心原理。进而，以这一核心原理为基础，提出一系列与传统的新古典消费理论的主要命题不相同的关于消费者选择行为的新原理，并且阐述这些新的消费者选择原理对于宏观经济分析，以及经济学其他领域分析所具有的含义，主要有：收入水平是决定消费需求的主要因素，价格效应以及交叉价格弹性不重要，基本消费的门槛需求具有价格刚性后果，宏观分析需要放弃单一消费与替代效应的微观基础，而以消费结构分析、收入阶级划分与收入效应为微观基础，等等。

3.2.2 后凯恩斯学派消费理论的若干主要原理

比较著名的后凯恩斯主义消费经济学家拉沃在论述后凯恩斯学派的消费理论时，曾经将这一消费理论的内容概括为七个主要原理。①② 这些原理最初大都是在经济学、管理学、心理学、社会学等不同学科的发展中由不同学术背景的学者提出来的。不过，后凯恩斯经济学家对它们进行了系统化的归纳、整理与重新阐释工作，并试图据此建构起一套新的消费理论体系。下面，我们主要根据拉沃的论述来较为展开地分析梳理和考察一下这些主要原理。

(1) 程序理性原理

后凯恩斯经济学家借鉴了赫伯特·西蒙等人提出的有限理性和程序理性的思想，并且明确地把它作为自己新的消费理论的重要原理之一。实际上，这既是

① Lavoie, M. (2005), "Post-Keynesian consumer choice theory and ecological economics", in Ric Holt, ed. *PK economics and environment*, PP. 2–15.

② J. E. King (2003) ed., *The Elgar Companion to Post Keynesian Economics*, Edward Elgar, PP. 68–72.

一个理论原理,也是其依据的基本方法论原则,他们就是以这一基本原理或方法论原则来否定新古典消费理论的理论基础,并进而阐释一种完全不同的新的消费理论体系的。

程序理性原理是与作为新古典经济学的立论基础、并且现今仍为主流经济学所奉行的完全理性原理相对立的。程序理性原理强调,现实世界特别是社会经济过程是一种复杂系统,其明显特征是具有不确定性。而经济行为主体不仅缺乏对于现实过程的完备知识,而且也缺乏有效地利用和处理大量信息的能力。这样,假设经济主体通过深思熟虑与精确计算来实现效益和福利最大化的理性经济人假说,简直就无异于一种童话故事,它与任何严肃的经济分析都将是格格不入的。那么,在现实中人们究竟是怎样明智地或者说“理性”地行事的呢?按照程序理性的原理,人们总是想办法来避免陷入劳而无功的复杂计算与烦琐思考过程,而设计或摸索出一些可以利用不完全的信息进行有效决策和选择的程序,按照这些程序去争取实现在现实条件下可能实现的最好结果。这些程序主要有:接受经验规则,遵从社会的惯例,借鉴和参考消息灵通人士或同伴的判断,等等。这便是所谓程序理性的含义。由此可见,程序理性原理并不是根本地排斥理性概念,它所反对的只是空洞无味的所谓完全理性假说。不仅如此,从目的论的角度而言,所有这些程序实际上乃是拥有有限知识、有限计算能力的行为主体在面临时间约束和基本不确定环境条件下的唯一有效的反应方式,故而它又应当被视为真正合理的理性原则(principle of reasonable rationality)。

用程序理性原则来取代完全理性原则,可以更好地解释人们实际的消费行为,从而把消费者选择理论建立在更为现实的基础上。营销学者们早就揭示出,消费者在实际选择时通常都采取比较简单的程序,而并不经历多么复杂的过程。就其根据推荐而购买,根据社会规范而购买,而仅仅基于少数标准来考虑几种有限的方案而言,严格说来也谈不上包含任何真正意义上的决策过程。有些程序人们是自觉地遵循的,对它们可以称之为规则或者惯例(convention)。而有些程序人们则是不自觉或下意识地遵循的,它们则被叫做习惯(habit or routine),现实中人们大量重复进行的在非耐久消费品上面的支出便属于此列。此外,运用程序理性原则,也可以说明为什么甚至对于同一类人群,其在不同的场合和条件下的消费选择往往是不一样的,因为这恰恰反映了程序理性原理所揭示的人们选择行为的环境依赖性。

也有后凯恩斯学者结合对转轨国家消费者行为的研究,进一步论证了程序理性假说的现实性。同一般成熟的市场经济相比,处于体制转轨与社会政治、经济体制改革中的经济体在其运行中将面临着更大的复杂性和不确定性。这时,人们的决策,不论是消费决策还是投资决策等等,都具有显著的观望、试探(wait-and-see strategies)的特点,从而具有更明显的环境依赖性。以消费者对物品的选择偏好来说,就至少经历了这样几个主要阶段的变化:其一是,在原来旧体制和低收入水平下,人们保持较稳定、单一的消费模式;其二是,在改革初期面临外国商品与时尚的引入,而国内收入虽有提高但仍然有极大局限的条件下,人们的消费模式出现多样化有时甚至似乎显得混沌的状态;其三是,随着收入水平较大幅度提高和国内生产水平的提升,人们对内外商品的选择更趋理性,从而消费模式又转而趋于成熟和稳定。因此,如果仔细地观察转轨国家的消费者行为,将能够更清楚地感受到程序理性原则的现实生命力。①

显然,坚持程序理性原则,将会根本改变消费者理论的面貌。这时,消费理论的重点将不再是刻意追求消费者选择的完美性,描述和论证其实现最优或最

① Lah, M. and Sušjan, A. (1999), "Rationality of transitional consumers: a Post Keynesian view", *JPKE*, Vol. 21, No.4, PP.589-601.

大效用所必须满足的各种条件。相反,说明现实中人们的消费选择为什么可能是一种理性选择(尽管有时它们看起来并不是那么最优),以及影响和制约这些选择的现实环境和条件是什么,从而在特定条件下人们实际遵循的选择程序是什么,将成为理论关注的重点所在。

(2)需要分层原理(the principle of subordination of needs)

这是后凯恩斯消费理论中的最重要原理,或者说是其核心命题,它成为其他相关理论原理推导的基础。分层次也叫做分等级(hierarchy, 或 subordination, pyramid, lexicography),或者分先后次序(lexicography),它强调了人们的消费需要或者偏好、欲望存在着不同层次与程度差别这样一个基本事实。作为体现生物特性与社会属性双重意义的行为主体,人的需要从而偏好是多维度的,例如,从大的类别来说,就有满足个体基本生存的需要,有满足个体精神发展的需要,有促进个体社会活动的需要,等等。而在每一类别当中,又会分为不同种类,拿基本生存需要来说,又分为吃的需要、穿的需要、住的需要等等。根据后凯恩斯经济学家对思想史的考证,①人们很早就已经认识到了需要的这种层次性与等级性。从古希腊的伟大思想家柏拉图,到重商主义时期的巴本、休谟与坎蒂隆,再到古典经济学时期的斯密、萨伊、马尔萨斯、劳德代尔、朗菲尔德等人,都曾谈到过人的需要的层次性,他们都看到了不同类物品具有满足不同层次需要的属性,并在一定程度上认识到不同层次需要被满足的先后顺序特征等等。而在系统地创立现代效用理论的边际主义理论大师那里,例如在杰文斯、门格尔与维塞尔、马歇尔等人的著述中,则更有关于需要、欲望的不同重要程度与等级分类的

① Drakopoulos, S. A. and Karayiannis, A. D. (2004), "The History of Development of Hierarchical Behavior in Economic Thought", *Journal of the History of Economic Thought*, Vol. 26, No. 3, PP. 363-378.

详细论述。至于最近几十年来管理学、心理学、社会学等等学科的研究新成果，则更明确和更全面地向人们展现了这一事实，在这方面比较有代表性的就是大家都很熟悉的马斯洛的需要层次理论。

尽管人们早已认识到了需要和欲望客观上存在着层次性与等级性，但是这一点却并没有在现代主流经济学的消费理论中反映出来。究其原因，主要是由于它难以用正规化的数学方法来加以完美的处理。换言之，引入这一事实，将会导致原先建立在统一、无差别的欲望与需要基础之上的效用分析范式乃至其整个理论体系都遭到破坏。例如德布鲁就承认，引入需要的等级性与层次性，将会产生非凸性以及非连续性，从而一般均衡的存在也就成问题了。

然而，后凯恩斯经济学家则认为，承认并强调需要和欲望的层次性与等级性，恰恰是摆脱目前流行的到处充斥着所谓普遍消费公理、抽象消费模式以及最大效用条件的新古典的空洞理论教条的重要突破口。要想科学地揭示人们的消费心理与消费行为的真实特征，及其所具有的宏观经济后果，就必须紧紧抓住需要和欲望的层次性与等级性，并以此为核心原理来进行全新的消费理论的建构。这是因为：需要与欲望的层次性与等级性从主体与客体两个方面打破了传统消费理论的均质性假定，彰显了人们消费行为的结构性、社会性、历史性与动态性等等特征，表明了统一的效用与福利的比较与测量的不可能性，这就从根本上动摇了原来所流行的许多看似严格而又完美的消费公理的基础。由此将意味着，科学的消费理论研究重心必须实行根本的转变，即从所谓普遍、抽象、一般的消费公理转向特定行为主体在不同社会经济条件下、在不同消费层次上的特定消费模式与需求特征。

因此，后凯恩斯经济学家便特别重视并系统阐述了需要和欲望分层原理。根据他们的解释，这一原理包含了以下几个方面的要点：第一，人的需要在客观上普遍分为不同层次或等级，各个层次或等级上的需要的性质从而其重要程度各不相同。因此，各个层次或等级的需要之间不具有相互的归约性，从而满足不同等级需要的各种物品或消费手段相互之间也就不具有替换与补偿性。例如，吃饱肚子的渴望与成名成家的需要二者在性质上根本不可同日而语，它们也无法相互替换和补偿。如果要用通常的偏好曲线图形来表示这两类物品或消费手段之间的关系，那么它们将总是呈零替代弹性的垂直线形状（例如，在图 3-4 中，F 代表食品，S 代表做客电视台节目的机会，F_0 代表必需的食品需求。这时，如果说对于消费者存在着偏好曲线的话，那么它们也不是通常意义上的无差异曲线，而是过 F_0 点的一条垂直线）。

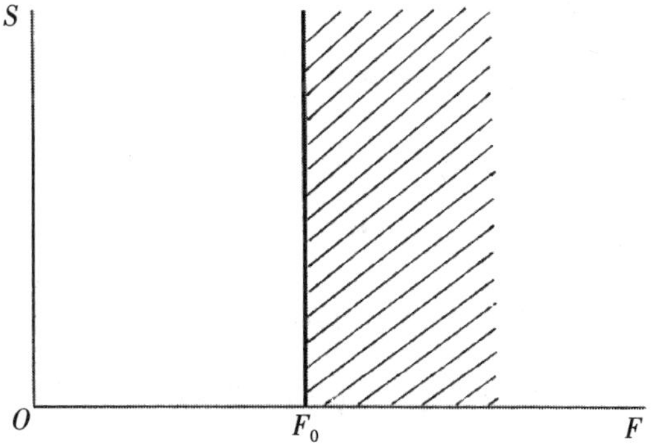

图 3-4　需要分层原理导致无替代

第二，这些不同的需要层次总是按照从低到高的顺序来排列，形成一个类似于金字塔形的欲望或需要的阶梯。越是处于阶梯的底层的需要，越具有反映人的生物学本能的属性和特点，即更明显地具有基本生理和生存需要的特征。而越是处于阶梯的上层的需要，越具有反映人的社会学要求的属性和特点，即更明显地具有非基本生存需要的特征。

第三，人们对欲望或需要的满足亦即其消费行为，总是严格地沿着从低到高的顺序依次展开，在较低层次的需要得到适当满足之前，不会进入较高层次的消费需要阶段。每个等级上的需要都有一个适当满足点，它叫做该等级的“心理门槛”，在达到此门槛之前人们对于该等级的消费需要是刚性的。而在达到这个门槛之后，人们对该等级的消费需要迅速下降至零，从而产生向更高等级的消费移动的要求。

第四，人们的消费行为具有环境与条件依赖性。虽然历史地看，人们对需要的满足总是沿着从低级到高级的路径发展，但是在特定的社会经济条件下并不存在所谓统一的消费模式。收入水平、社会地位、文化背景等不同的人群，其消费心理与行为模式将各不相同。因此，在考察不同人群的消费行为差异方面，收入因素比价格因素更重要，阶级分析比个人分析更有效。

很明显，这种欲望或需要分层原理对于流行的新古典消费理论的震撼是带有颠覆性的。正如3.1节所论述的那样，在承认人们的欲望或需要具有层次性与等级性这个重要事实面前，新古典消费理论中的大多数公理、定理及其前提假定都变得不可靠了。其中的一些完全失去了有效性，诸如关于偏好的连续性与非饱和定理。另一些虽然保存了某种程度的有效性，但是作用条件却受到了极大的限制，诸如替代性定理以及替代效应命题等等。这里，我们试借用兹拉科普洛斯等人使用的方法，在相互的对比中再来说明一下需要分层原理所体现的不同于替代定理的含义。

根据新古典的替代定理，假设有两个消费束 $X=(X_1,X_2)$ 和 $X'=(X'_1,X'_2)$，并且有 $X=(X_1,X_2)>X'=(X'_1,X'_2)$。现在如果 X'_1 增加足够大，变成 X_1^*，就可能改变前面的偏好顺序，即有 $X'=(X_1^*,X'_2)>X=(X_1,X_2)$，这表明在两种物品之间存在着替代关系。而根据需要分层原理，这种替代不可能发生。假定对于两个消费束，$X=(X_1,X_2,\cdots,X_n)$，$X'=(X'_1,X'_2,\cdots,X'_n)$，需要分层原理则认为,在下面各种可能的条件下,都将始终存在着 $X=(X_1,X_2,\cdots,X_n)>X'=(X'_1,X'_2,\cdots,X'_n)$：

i, $X_1>X'_1$;

ii, $X_1=X'_1$; $X_2>X'_2$;

iii, $X_1=X'_1$; $X_2=X'_2$; $X_3>X'_3$;

⋮　⋮　⋮　⋮

…　…　…　$X_{n-1}=X'_{n-1}$; $X_n>X'_n$。

这里体现出来的基本思想含义是, X_1 商品在满足人们的需要方面具有绝对的优先重要性,因此它具有完全的不可替代性。在此种需要得到完全满足之前,它将总是排在偏好的首位。只有在它的满足达到饱和之后,其他因素才决定新的偏好顺序。所以,消费的变化将严格地按照层级依次展开,各个层级之间的消费不能够相互归约或替代。当然,关于需要分层原理也有另外的不太严格的解释,这种解释将允许一定程度的替代性的存在。

不过总体来看,我们似乎可以这样说,新古典的消费理论命题的有效性大多是与某一等级内的消费行为相关联的。一旦我们将视角扩展到各个需要等级之间,它们中的大多数都将部分或者完全地失效,取而代之的,将是非替代定理、收入效应等等一系列为后凯恩斯学派所长期倡导的另一类理论命题。

(3)需要饱和原理(the principle of satiable needs)

由需要的分层性和等级性直接导出的另一个与传统新古典命题相对立的原理,就是需要饱和原理。客观经验与主观内省都告诉我们,单就每一层次和等级上的需要来说,它们肯定不是无限扩张的,而是都有特定的饱和点,这也即是所谓消费的门槛水平。所以,在这里,后凯恩斯学者实际是假定不存在任何相对于需要满足的中间地带,即对每一层次和等级的需要的满足水平完全是刚性的,达到了门槛水平也就意味着达到了饱和状态。这时，即使满足此种需要的物品价格降得再低，人们也不会增加对于它的需求了，换句话说，它们给消费者带来的边际效用近乎等于零了。显然，后凯恩斯经济学家提出的这个消费原理，实际上恰恰是从新古典思想体系中的重要理论支柱之一——边际效用递减定律推引出来的，然而令人感到奇怪的是，新古典消费理论本身却常常以非饱和或局部非饱和作为其立论的前提。产生这种看似矛盾现象的根本原因，就在于新古典消费理论没有考察需要的分层性和等级性，从而不了解某一具体层次需要的有限性和饱和性，进而把人类总体欲望的无限性与具体需要的有限性混同起来。按照拉沃的观点，在这里必须把具体需要与一般欲望区别开来，前者是相对于消费需要的不同层次与等级而言的，后者则是从前者即不同层次的需要中演变出来的。例如，从旧的需要转到新的需要，实际上也就是新的欲望产生的过程。

需要饱和原理直接否定了偏好的单调性，由此便会使得有关人们的消费选择行为的推理发生改变。根据需要饱和原理，人们对某一等级需要的满足从而对某一范畴物品的需求具有刚性，在达到饱和点时，不仅价格效应不起作用，收入效应也将不再起作用了。虽然新古典消费理论有时也在一定程度上承认需要的饱和性，但是它主要集中在关于生活必需品的消费分析方面。而按照后凯恩斯学派强调的需要饱和原理，不单是生活必需品，每个需要层次与等级上的消费都存在着饱和性。认识这一原理，科学地界定与把握在特定社会经济条件下不同人们的需要的层次、等级结构及其饱和点，对于考察消费需求对总需求进而宏观经济的影响，显然是十分有意义的。

(4)需要可分离原理(the principle of separability of needs)

需要可分离原理是从需要分层原理引申出的另一个消费原理，也可以说是这一核心定理的进一步推广，它最初是由兰凯斯特(K. Lancaster)加以阐述的。

我们知道,需要分层原理已经从基本类别方面表明了需要是相互分离的这样一种思想。而需要分离原理则进一步表明,各种需要和支出所包含的具体范畴也是可分离的。例如,同样是满足基本的生理与生存需要,但是食品与饮料便属于更为细分的不同范畴,食品中的谷类与鱼肉类也是相互分离的不同细类。根据这一原理,可以把满足人们需要的各种物品看成一个矩阵,一种单独的需要是与由若干物品构成的子矩阵以及从一种可分解矩阵中产生的特征相联系的。由此可见,可分离原理的实质,还是在于强调消费者需要的差别性进而满足各种具体需要的物品的差别性和可分离性。在有关现代消费需求的计量分析中,这种需要分离原理也得到广泛的采用,根据这种思想,众多的支出种类以相互独立的方式被纳入到总体效用函数当中。不仅如此,每一种支出的种类还可以进一步细分,从而形成了所谓“效用树研究方法”(utility-tree approach)。

运用需要可分离原理,将有助于我们更细致地把握消费主体的实际决策过程。由于需要是逐级分离的,人们的消费决策制定过程也将是逐级分离的,即一个消费者的总体决策在现实中总要分解为一系列更为细小的多阶段决策。通常,人们首先是在各种主要类别的需要之间配置其预算或资源,然后再在每一种需要内部各个具体的需求或者次级物品组合之间进行支出分配。即使是这些次级的具体组合,它们相互之间也被认为是独立的。相互独立或者分离,也就意味着彼此需求不受相对价格变动的影响。即在每一具体组合里物品价格的变动,一般将不会对其他组合的需求进而对一种需要内部的预算资源的安排产生影响。但是,当一个主要类别的需要内各种物品组合中的物品价格都下降时(这亦即意味着实际收入的增加),或者各种物品组合中的物品价格都上升时(这亦即意味着实际收入的下降),将可能对消费者对该主要类别的需要产生影响,从而导致其预算资源在各个主要类别的需要之间的分配发生调整和变动。因此,需要的可分离原理,实际上在更为具体的层次上进一步限制了替代效应的作用空间,即不仅在各个主要类别或层次的需要之间不存在替代效应,而且在各个具体的物品组合之间替代效应的作用也严格受限。这时,不论是价格变动的自身需求弹性还是交叉需求弹性,都将是微乎其微的。剩下来唯一能够起作用的因素就是收入效应。

(5)需要增长原理(the principle of the growth of needs)

如果从动态角度来看,人们的欲望和需要将是不断发展的。根据需要分层原理,既然人们的需要是分层次的,人们对需要的满足就不会停止在某一层次或等级上,而是要沿着需要的等级阶梯或者金字塔逐级上移。需要的这种变化是与前面的需要饱和原理不矛盾的,它反映的是另一个原理,即需要增长原理。根据需要增长原理,当一个等级的需要达到饱和点之后,就产生了需要升级的要求。这时,如果不存在新的需要种类,人们将会通过发明与创新创造出新的需要,尽管这可能需要时间。实际上,人们需要发展变化的过程也就是不断地从一个需要饱和点向另一个需要饱和点前进的过程。

当然,从一个饱和点向另一个饱和点的提升,除了主观欲望的推动以外,还需要具备客观的条件,这就是收入水平。原有的需要达到饱和点是与一定的收入水平为前提的,达不到既定的收入水平,就达不到该种需要的饱和点,从而就只能停留于该需要等级。而达到了某一饱和点之后,能否跃上新的消费等级,也要取决于收入水平是否整体提升到了可以支付新的需要等级的程度。总体来看,这里实际上体现了需要变化与收入变化二者之间的一种互动关系:需要的发展会推动生产发展与收入水平提高,而收入水平提高又会引致新的需要并且为满足新的需要创造条件。因此,从动态角度看,需要或消费行为是与整个宏观经济的运行相互促进的。而就对消费需要的影响和决定因素而言,则主要取决于收入水平,故所谓需要增长原理是直接依赖于需求或消费的收入效应的。这里再一次地显示了收入效应在消费理论乃至整个宏观经济分析中的重要地位。按照后凯恩斯经济学家的看法,即使承认替代效应可能具有某种微小的作用,那么它也仅仅是限于有关消费行为的静态分析的范围内,而到了动态分析的领地,特别是宏观经济的动态分析领域,收入效应将占有压倒性的地位,替代效应基本不复存在了。

(6)需要非独立性原理(the principle of non-independence)

上面的需要增长原理主要从动态角度阐明了需要与收入水平之间的互动关系,特别是收入水平对于需要的形成与发展的制约作用。然而,在人类需要发展演变的过程中,除了收入水平等经济方面的影响因素之外,还有若干非经济的、社会环境与社会关系方面的因素在起作用。其中的一个重要方面便是人们在消费活动中的学习过程。需要非独立原理主要就是揭示这种学习过程对于人们的消费需要的形成与发展的影响机制。例如,在现实中,消费者是怎样安排他们面临的新的支出机会的?他们是如何学会利用他们新增的购买能力的?根据需要的非独立性原理,这主要是通过他们的学习过程实现的。人们总是观察与模仿其他人的消费模式,这即是前面谈到的消费偏好与心理的社会形成机制。人们的偏好不是天生的,而是后天社会实践的产物,主要是从自身的消费活动经验以及对其他人的消费行为的观察、学习和模仿中形成的。尤其是需要等级的提升,往往是对于处于较高等级的群体的消费方式与行为直接进行学习与模仿的结果。现实中,导致对某种特定商品的需求出现扎堆的赶时髦现象,就是这种社会成员之间特别是朋友和熟人之间迅速传递消费信息从而相互模仿的结果。这种情况表明,人们的消费需要乃至偏好的形成具有非独立性,它将依赖于人们的社会关系与消费的社会过程。进一步地说,人们的需求与消费行为将依赖于具有特定社会、经济地位的阶级关系。不同阶级群体的决策会产生一定程度的相互影响。而在同一阶级内部不同成员的决策之间,更不是相互独立的,而是彼此以某种方式影响着。我们从一个家庭的生活模式中,总能够看到与其处于类似社会经济地位的其他家庭的生活方式的影子。

(7)需要遗传原理(the principle of heredity)

这是对上面的需要非独立原理的一种引申,或者可以说是它的一个变种。需要遗传原理进一步强调了人们的偏好与需要形成的内生性和环境依赖性。不过,与需要独立性原理的视角稍有不同的是,这里强调的重点不是现时的社会关系与经验对一个人的消费行为的影响,而是过去的经历或历史的经验对一个人的消费行为的影响。所以,它实际上强调的是,人们的消费习惯的形成具有某种路径依赖性。据说,这是因为人们从消费中得到的效用或满足程度将依赖于过去的经验,依赖于过去经验的强度与持久性的结果。由此推知,人们的消费选择本质上乃是决定于人性本身的复杂性,而不是便于操作的数学计算。按照某些后凯恩斯学者的观点,需要遗传原理还为经济学中广为流传的所谓"磁滞效应"(hysteresis)提供了一个重要例证。消费者曾经采取的行为模式或消费路线,将对他们的未来选择产生持久性的影响。由于人们消费行为与模式的这种惯性影响,使得其在现实中的实际选择行为有时表现出任意性的特征,不一定满足偏好的传递性,而可能出现多重均衡的局面。3.1 节提到的环境经济学中的 CVM 调查中,WTP 与 WTA 二者的常常不相等,实际上也是需要遗传原理起作用的一种结果和表现,因为人们对于已经适应了的、并且长期和谐相处的生态环境是绝不会轻言放弃的。

上述各主要理论原理之间存在着一定的逻辑联系。对此,可以用简单的图 3-5 大致勾勒如下:

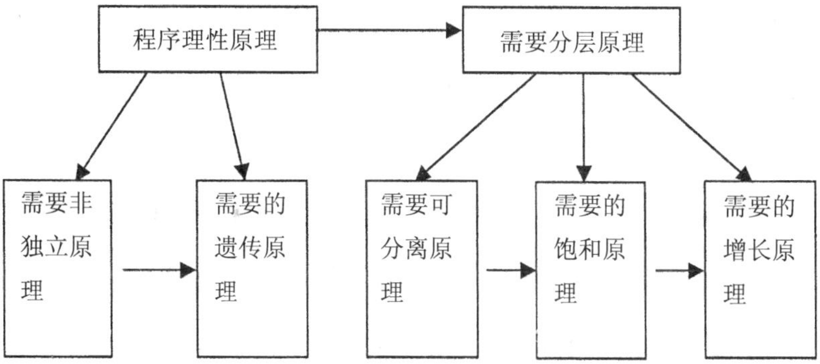

图3-5　后凯恩斯学派消费理论的基本框架

3.2.3　心理门槛与价格刚性：后凯恩斯学派消费理论的一个应用

后凯恩斯学派的消费理论与传统新古典消费理论的不同，不仅直接导致了对于人们消费活动的不同解释，而且对于经济分析的其他领域包括宏观经济分析也产生了一系列新的含义。例如，前面曾经反复提到的收入效应重要地位的提升与替代效应作用力度的下降，就是最明显的一个方面。这里再集中考察一下它在经济分析中的另一个重要应用，即对于价格刚性的消费视角新解读。

众所周知，价格刚性是一种常态的经济现象，即使是崇尚市场机制完美作用的老的和现代的新古典学者，也难以否认价格刚性的存在，只不过他们并不认为它有多么重要罢了。凯恩斯主义一贯强调价格刚性的重要性，然而其内部不同流派之间在具体的理论解释上却差异甚大。主流派有与新古典思想相调和或者相互综合的倾向，后凯恩斯学派以往则从垄断厂商管理定价或加成定价的视角来论证，至于20世纪80年代以后出现的新凯恩斯学派，更侧重于从劳动市场非均衡的视角来解释。近年来，后凯恩斯学派关于加成定价理论的微观分析基本立场没有改变，不仅如此，他们通过大量的经验研究还进一步丰富和拓展了这种理论体系。但是，随着其新的消费理论的日渐成形，也有一些后凯恩斯经济学家力图从消费理论的新视角为价格刚性提供新的解释，使其进一步建立在微观消费行为的基础之上。其基本的思路，就是从需要的等级性以及消费的心理门槛引出价格刚性的形成机制。①

具体来说，假定消费者面临着满足生存需要的食品（X）和满足消遣需要的音乐会（Y）两种选择，他对它们的偏好等级从而选择标准不同：食品优先于音乐会。设食品需要的门槛水平为 X^*，只有达到这一点之后，温饱问题解决了，才会产生对更高等级的消费例如音乐会的需要。这意味着在下述条件下将始终有 $(X_1, Y_1) > (X_2, Y_2)$：

i，　$X_2 < X_1 < X^*$；

ii，　$X_2 = X_1 < X^*$；$Y_2 < Y_1$；

iii，　$X_2 < X^* < X_1$；

iv，　$X^* < X_1, X_2$；$Y_2 < Y_1$。

根据上述条件，如果以这两种商品标识两轴，仿照序数效用的分析方法，可以画出图 3-6。其中，过 X^* 点的水平直线表示对食品需要的门槛水平，在达到此点之前，其他商品例如 Y 对它完全不能替代，故在其下的"无差异线"为虚线。一旦达到或超过这一水平之后，Y 等其他商品才可能与 X 发生某种替代，此时才有原来意义的无差异曲线。至于该直线本身，则与原来意义的无差异线不同，其上各点的偏好水平不同，$c > b > a$，所以它被称为"准无差异曲线"或"行为曲线"（behavior curve）。

门槛需要的这种刚性，使得人们对于 X 商品的需求价格弹性在 X^* 点两侧

① Drakopoulos, S. A. (1992), "Psychological Threshold, Demand and Price Rigidity", *The Manchester School*, Vol. LX, No. 2, PP. 152–168.

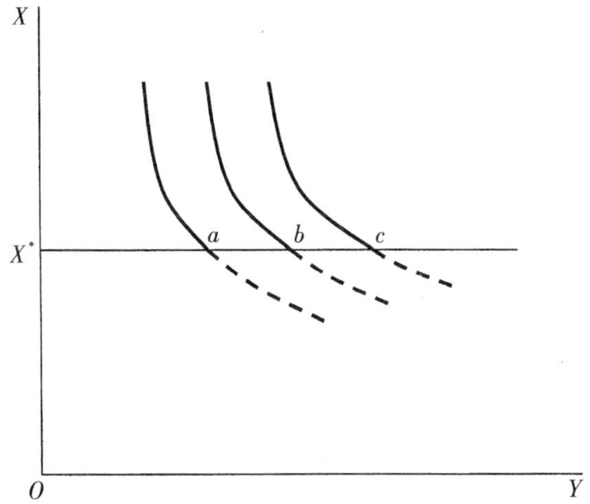

图3-6　门槛需要与“准无差异曲线”

表现出明显差别:在左侧的弹性相对较大,尽管这时价格变化无替代效应,只有收入效应,但是收入效应特别大。而在右侧弹性则会变小,因为这时尽管出现了替代效应,但是收入效应急剧减小了,所以总的效应将降低。如果令 P_x 代表 X 的价格,M 代表消费者面临的货币收入约束,其对 X 的一般需求函数为 $X = a - bP_x$,那么将有他(或她)对 X 商品的分段需求:

i,　$X = M/P_x$(对于 $X \leqslant X^*$ 区间);

ii,　$X = a - bP_x$(对于 $X > X^*$ 区间)。

这样,消费者对 X 商品的需求曲线便成为一种有折点的非连续曲线,该折点正好对应门槛需要的水平,具体如图3-7所示。

在后凯恩斯经济学家看来,个人偏好和需要的等级性以及由此而引发的对于特定种类商品需求的刚性特征,不会在宏观经济的总体运行中相互抵消掉;相反,它们还会得到加强。这样,就可以由这种个人的有折点的需求曲线通过加总而推导出社会对某类消费品的总需求曲线,它必然也是折弯的。而根据传统微

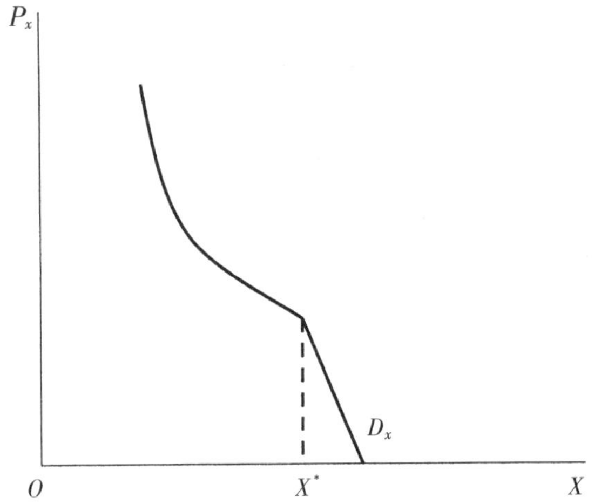

图 3-7　门槛需要与有折点的需求曲线

观经济学的基本知识，由折弯的需求曲线可以很容易地推出价格刚性的结论。

3.3　后凯恩斯学派消费理论的学术价值与创新意义

作为经济学的重要组成部分和理论分支，消费理论一直是新古典思想传统占据最牢固地位的领域，因而它也成为整个新古典经济学体系以及主流的宏观经济分析的重要微观基础之一。现在不仅是专业的经济学研究者，就是普通的经济学本科学生甚至是业余的经济学理论爱好者，对于新古典消费理论中的那些所谓“公理”，诸如偏好的连续性、替代性、非饱和性，边际效用递减规律与等边际的最大效用条件等等，也基本都耳熟能详。因为只要一打开经济学的教科书，特别是那些普及性的版本，首先映入人们眼帘的就是这些东西，它们不仅由于与人们日常生活的关系最为密切而特别引人注目，更由于其借助于数学方法而对理论内容进行的正规化建构和完美化形式表达而特别易于为人们接受。所以,尽管也有许多人意识到这一理论所依据的一些前提和假设过于理想化,缺乏现实性,但仍然认为它“说得在理”。记得在20世纪80年代中期笔者开始在大学里给本科生和高校助教进修班教师讲授经济学基本原理课程时,大家对于以边际效用递减规律为基础的新古典消费者选择理论感到特别亲切、特别认同,觉得它比起以往在我国流行的强调社会阶级与历史分析的马克思主义经济学说来,更为实用和富有实际指导意义。笔者当时也是持有类似的心态。这种情况从一个方面说明了新古典消费理论所具有的强大影响力。另一方面,从现代西方学术界内部的思想发展来看,新古典消费理论所具有的支配地位也始终没有动摇过。尽管不同学科的不同学者曾经以这种或那种方式对新古典的消费者选择理论提出质疑、修正与补充,甚至各种非主流经济学派的学者对于新古典经济学展开了长期的理论批判与挑战,但是无论是简单的质疑与修正,还是系统的批判与否定,都没有能够改变新古典消费理论在经济学中的主流地位。与此同时,在非主流派方面,却鲜有在消费理论上形成较为系统的理论建构的努力或尝试。

在这种背景下,近年来后凯恩斯经济学家在消费理论方面所进行的拓展性工作就显得难能可贵了,因为科学的发展贵在创新,科学发展本身也就是一种推陈出新的过程。任何科学理论的真理性都是相对的,社会科学尤其如此。新古典消费理论的完美性自然也不能掩盖其内在固有的缺陷,通过对其加以系统修正和更新必然会促进消费理论研究的深化和发展。新一代后凯恩斯经济学家致力于这项工作,他们在综合吸收和借鉴不同学科的诸多研究成果的基础上,初步建构起一种体现后凯恩斯学派经济思想理念的新的消费理论。这既填补了该学派以及其他非主流经济学派以往的学术理论研究中的一个空白,增加了他们同主流派经济思想相抗衡的力量,同时也有益于促进现代经济学发展多元化局面的进一步形成。因此,我们应当承认,后凯恩斯学派消费理论的产生与发展是富有重要的理论意义和学术价值的。

对于已经习惯于流行的新古典消费理论信条的人们来说，后凯恩斯学派的消费理论确实开辟了观察人们的消费心理与消费行为的新视角。这种新的消费理论更加强调了人们的选择行为所依据的有限理性和程序理性基础，抛弃了完全理性假说，强调了人们的消费活动的社会性，人们的消费过程的动态性与非均衡性，人们的需要与消费行为的结构性特征等。这就使得关于消费经济的分析更加深入细化了。同样是考察人们日常生活中的消费行为，但是与新古典经济学家相比，他们的观察视角更贴近具体的现实。比如，人们的需要在现实中确实是分为不同等级与层次的，而人们的消费选择也是严格地按照由低到高、由先到后的等级、层次次序展开的。这种重要的消费现象在新古典消费理论中没有得到重视，但是后凯恩斯经济学家却抓住了它，并以此为基础提出了若干不同于新古典的消费原理与行为规则。再比如，人们的消费选择在现实中具有明显的环境依赖性，由于信息缺乏与未来不确定性等因素，有时这种选择是犹豫不决从而不定的，从而根本无最优可言，现实中更常态的情况可能是从众心理与模仿行为。这也是新古典消费理论所不予考虑的，而后凯恩斯经济学家却认为研究人们的偏好与行为不能忽略这种情况。这样，后凯恩斯经济学的消费理论，就把新古典的消费理论所忽略或舍弃的一些现实细节重新找回来了。他们这样做的结果是，增加了消费行为分析的现实性因素、结构性因素、社会和历史性因素，但是却为若干统一性、抽象性的公理或命题的推导设置了更多的障碍和限制条件，从而就使得原先流行的一些传统的消费理论命题和公理性假说在这种新的消费理论中不见了，而代之以一些不那么完美甚至不具有公理性的消费原理和假说。毫无疑问，这些原理对于消费者行为的描述要比新古典的完美模型更真实。但是，同样明显的是，它不如新古典的理论模型更为完美和正规化。实际上，不独消费理论,在经济学理论的其他分支方面,后凯恩斯经济学派与新古典主流经济学派相互之间大都具有这种反差性特征。

由此,也就涉及如何看待和评价这两种不同的消费理论及其相互关系的问题。我们认为,后凯恩斯经济学的消费理论与新古典经济学消费理论两者之间的区别,从根本上看还是由于两大思想体系基本理念、方法论的不同以及由此而导致的消费理论的具体研究视角与分析侧重点的不同所致。如前所述,新古典理论的宗旨是要揭示资源配置的最优状态,因此其消费理论自然更关注于对理想的均衡状态即最大效用水平的刻画。尽管新古典经济学家也承认理想不等于现实,由于人的理性的有限性以及不确定性等因素的存在,现实中大多数人们的具体选择行为与结果显然或多或少都会偏离最优状态。但是他们认为这并不重要,这个事实并不能成为把消费理论的重心从资源配置的最大化效用状态转移开来的理由,因为理论需要抽象。故此,为了满足这种公理化体系的论证需要,他们便忽略或干脆舍弃这些现实因素,这就难免使得他们的理论缺少某种现实性。而后凯恩斯经济学的宗旨则不同于此,他们不注重最优的均衡结果,更看重现实经历的过程,反对过度的抽象。由此,便形成了不同的理论风格。这样看来,对于后凯恩斯经济学消费理论的建构,我们不应当也不能简单地理解为是对于传统的主流派消费理论的替代,尽管一些后凯恩斯经济学家持有这种立场,他们试图用这种新的理论去否定传统的新古典消费理论。我们认为,正确的态度应当是,将这两种消费理论视为相互补充的理论,即后凯恩斯学派的消费理论矫正了原有消费理论中的一些缺陷,包括若干重要缺陷,并填补了它的一些漏洞和空缺,开辟了消费理论发展的新思路。而这就意味着对于消费理论的新的丰富和重要推进。在承认这些理论意义的条件下,也不能否定原有新古典消费理论在其特定假设和限制条件下的科学价值。因为作为几百年来研究人类消费心理与消费行为的智力活动的结晶，新古典消费理论确实揭示了人类消费活动的一般性特征，描述了在理想的条件下人类的消费活动可能达到的最优状态。

不过，我们还是要特别强调后凯恩斯学派的消费理论所具有的重要理论和实际借鉴意义。由于主流的新古典消费理论的广泛流行和影响，其所包含的各种“公理”或命题几乎已经成为人们的思维定式，因此无论在经济理论研究还是实际政策设计中，人们往往先入为主地把最大效用、最优选择、替代效应等命题不假思索地拿来作为前提假设，从而容易发生简单化和脱离现实的毛病。比如，拿刺激需求的政策来说，为什么有时候我们按照新古典教科书的标准政策指南来操作，却达不到实际效果？其中的一个重要原因就是没有考虑到需要的等级性，没有考虑到我国处于不同收入水平阶段的不同人群的特定偏好与消费模式。这种单纯拘泥于总量而忽视结构特征的思维毛病，恰恰是新古典理论模型带来的后遗症。再比如，许多人都热衷于价格杠杆的调节作用，似乎发展市场经济就要完全依靠价格杠杆的调节作用，这实际上是近年来在我国最时髦然而却经不起严格推敲的论点。发展市场经济当然要依靠价格机制的调节，但是不能完全依靠价格机制，因为在有些场合下价格调节机制是受限甚至失灵的。对于普遍处于低收入水平与贫乏文化知识状态下的农民，即使大幅度降低电脑的价格也不会增加多少他们的需求。另一方面，对于衣、食、住等基本生活必需品，即使大幅度提高价格也不会抑制其必需的需求量。在这两种场合，价格调整的结果根本不可能导致所谓市场出清，只能是非均衡，前者是商品过剩，后者是消费者福利下降。近年来，许多人把我国铁路在“春运”期间出现的“一票难求”现象归因于票价不上浮，并幻想通过票价上浮根本解决这个问题，就是这种传统新古典思维定式的典型反映。他们没有看到，面临刚性的需求，票价上调的结果只能是加剧普通客运消费者福利的下降，而根本无助于实现供求均衡。从这些例子可以看出,无论是对于深化消费理论的研究,还是完善现实的政策措施,后凯恩斯学派的消费理论对于我们都具有重要的启发和借鉴意义。

第4章
后凯恩斯学派的分配理论及其新进展

分配理论在后凯恩斯经济学中占有核心的地位。后凯恩斯学派的最初兴起就是从对流行的新古典分配理论表示不满、进而发起挑战开始的。随后,这一学派的一系列独具特色的研究工作也紧紧围绕分配理论这个中心环节来展开,使分配理论成为联结微观价格理论与宏观有效需求、就业、增长等理论的重要基础。本章将在概要提炼和综述后凯恩斯学派分配理论基本内容的基础上,着重分析和探讨他们近年来的分配理论研究的新进展。

4.1 以往分配理论的基本内容与主要特征

4.1.1 对新古典分配理论的批判

收入分配理论研究的是国民收入在社会成员之间的分配过程,它基本包括两方面的内容:其一是收入分配主要受到经济中哪些因素的影响,其二是收入分配本身又对经济运行产生哪些影响。借用通俗的说法:前者主要是关于如何“分蛋糕”的问题,后者则涉及“分蛋糕”对于“造蛋糕”的影响。经济学自产生以来关于收入分配问题曾进行了无数的探讨,提出了视角不同、方法各异的众多的理论和学说。就分析视角的不同来看,大致有关于职能收入分配的理论、关于个人收入分配的理论、基于激励视角的分配理论等等类别。而如果从基本的思想理论基础来看,现代经济学中主要的分配理论潮流不外乎两大类,这就是古典的分配理论传统与新古典的分配理论传统。古典的分配传统主要是在职能收入分配领域展开其理论体系的,而新古典的分配传统早先主要拘泥于职能收入分配,后来又拓展到个人收入分配和激励的分配理论领域。

古典的分配理论主要源于英国古典经济学家特别是大卫·李嘉图的著作,它着重考察国民收入在三大主要的社会阶级——工资劳动者、资本所有者、土地所有者之间的分配,探讨社会制度因素与技术关系共同对于分配的影响以及分配本身包含的冲突关系及其对经济运行的影响。这一分配理论在马克思那里得到独特发展,形成了一种由分配过程中的对立关系推引出生产过程中的对立关系、进而否定私有产权制度存在的可持续性的极端激进的经济理论。不过,这一分配理论在其他的后继者那里,更多地则是导致倾向于通过社会改良政策以消除或减少分配冲突、增进收入分配均等化的多少带有某种程度的激进色彩的经济学理论。新古典的分配理论主要形成于19世纪70年代兴起的边际主义革命的过程中,尽管其思想渊源可以追溯至19世纪初的英法经济学家,甚至更早时期的效用分析传统。这一分配理论与古典的分配理论不同,它着重考察国民收入在特定经济行为人之间的分配,或者在工资、利润、地租等主要职能收入范畴之间的划分,并单纯从社会经济中的物质技术关系角度(主要是要素的生产力,特别是其边际生产力)来探讨这种职能收入分配的决定机制,把收入分配过程最终归结为社会经济资源总体配置过程的一部分,进而描述了关于社会收入分配的另一幅图景:在这里古典理论所关注的矛盾与冲突关系基本不见了,取而代之的是,在统一的边际原则支配下和竞争的市场机制作用下,社会收入分配的均衡决定将与社会经济资源的总体最优配置同时实现。

新古典的分配理论由于其所具有的内容上的和谐性与形式上的完美性而广泛流行,即使是在凯恩斯革命之后,它仍然成为主流的经济理论传统的一部分。然而,这一分配理论却遭到了凯恩斯主义阵营中信奉古典分配理论传统、因而比较激进的学者们的反对。这些人试图通过复兴古典的分配理论传统来发展凯恩斯主义,他们以分配问题为核心于20世纪50年代初开始了系统的理论工作,从而导致后凯恩斯学派的分配理论及其相关的理论与政策分析体系逐步发展起来。

后凯恩斯学派的分配理论建构,是从对新古典分配理论、主要是边际生产力理论展开批判亦即发动所谓“反边际主义革命”开始的。这种批判肇始于20世纪50年代初,在60年代达到了高潮,以后逐渐消沉下来,许多知名经济学家像罗宾逊夫人、斯拉法等都参与其中。后凯恩斯学派的批判大致可以分为两个方面。其一是,他们认为,以边际生产力论为核心的新古典分配理论虽然形式上看似完美,但是它却缺乏现实性,不能真实地反映现实中的分配关系与分配过程。首先,现实中的收入分配显然并不仅仅取决于物质技术关系,或者生产函数,它还要“受到财产与权力分配”的影响。① 进一步地说,利润与所谓资本边际生产力之间的关系也远不如利润与资本的所有权之间的关系更为明确具体。② 其次,在现实中边际生产力也是难以计算的,尤其是对资本来说多半是不可能的。因为实际的工艺技术关系不可能允许资本设备连续细分,多数生产要素在相对长的时间内往往是互补的,而不存在所谓连续替代。这表明了边际生产力这一

① 琼·罗宾逊与约翰·伊特韦尔,《现代经济学导论》,商务印书馆,1982年中译本,第2篇,第1章,第6节。

② 同上,第1篇,第2章,第3节。

新古典分配理论的核心概念的主观臆造性。最后，从经济运行的大环境来看，现实经济过程绝非是完全竞争、完全信息、完全预期以及均衡和谐的，而是充满了垄断因素、不确定性以及动态非均衡特征等等。在这种现实环境下，即使承认边际生产力的存在以及物质技术关系对分配的影响，这种影响也不会像新古典分配理论所描绘的那样完美和谐，它肯定要极大地偏离那种所谓的均衡状态。

其二是，他们认为新古典分配理论不仅缺乏现实性，而且其理论本身的逻辑推理也存在问题。新古典分配理论像其他的新古典微观原理一样，由于大多采用正规化的数理论证方法，往往给人以逻辑上严谨和形式上完美的印象，似乎即使这一理论有问题，也只能是体现在其对于现实的抽象程度过大上面，至于理论本身的逻辑性将无懈可击。然而，罗宾逊夫人等后凯恩斯学者则指出了这一理论所内在潜藏着的逻辑矛盾，并给予了深入的剖析。这种批判主要集中于两个问题。第一个问题是由资本计量所导致的循环推理。根据新古典分配理论，可以通过对总量生产函数对要素求偏导数来确定要素边际生产力及其收入。但是，对于资本这一要素来说，这一推理会陷入逻辑上的循环论证，因为资本也是一种产出品，其价值部分地由利息（或利润）构成，故要计量其价值首先需要知道利息率（或均衡利润率），可是在这里为了用资本的边际生产力来论证利息或利润的产生却又需要先计算出资本量，从而便出现了利息（利润）率→资本量→利息（利润）率的因果循环论证的毛病。罗宾逊等人指出，虽然在新古典的一般均衡体系中，这前后两个环节上的利息（利润）率在量上可能是相等的，但是这并不能掩盖它们与资本在因果关系方面的混乱。所以，这显然是一个严重的逻辑错误。实际上，这个问题早在古典经济学家那里就已经意识到了，它也叫做"李嘉图难题"，或者"价格威克塞尔效应"（price Wicksell effect），本质上反映的是分配对定价的影响这个价值与分配领域中的老大难问题。

第二个问题是“资本倒转”(the capital reversal),它与上一个问题是相联系的。按照新古典的边际分配理论,要素投入量与其边际生产力从而报酬率总是呈减函数关系,例如,随着资本量增加利息(利润)率将下降。但是,当资本价值计量的大小也要受到利息(利润)率影响的情况下,资本量与其边际生产力从而报酬率之间的这种减函数关系就不再是唯一的了。这时,理论上既可能出现被新古典派视为常规的减函数关系,也可能出现资本量与其报酬率正相关的关系,即所谓资本倒转。这种现象也叫做“负的实际威克塞尔效应”(negative real Wicksell effect)。许多后凯恩斯学者运用不同方法论证了这种关系的存在及其形成机理,并指出它在逻辑基础上是对于新古典边际分配论的又一个重要颠覆。由于后凯恩斯学派对新古典分配理论的批判、特别是他们在逻辑层次上的质疑主要是集中于资本及其报酬率的决定这一方面,故他们的这种工作也被称之为资本理论批判,而他们围绕此而与主流派展开的关于分配理论的争论通常又被称为“资本理论论战”。

4.1.2 后凯恩斯学派分配理论的基本内容

在对新古典分配理论进行系统性批判的过程中,后凯恩斯经济学家也致力于新的分配理论的建构。既然声明国民收入的分配不是取决于边际生产力的机制,那么就理所当然地需要进一步回答它究竟取决于什么样的机制的问题。应该说,这也是老一代后凯恩斯学者在20世纪70年代以前最重要的理论建树。后凯恩斯分配理论的建构有几条主要理论发展线索。其一是罗宾逊沿着古典学派—马克思—卡莱斯基—凯恩斯的思想线索,提出了新的利润决定理论。罗宾逊认为,根据古典思想,国民收入在工人的收入——工资与资本的收入——利息(或利润)之间的分配取决于经济结构与财产关系。而根据凯恩斯学说,宏观经济均衡状况又取决于总需求。利用经由卡莱斯基发展的马克思（也属于古典的）再生产分析结构，可以将这两种思想结合起来考察分配，形成一种新的完全不同于边际主义的分配理论。这一理论将投资视为决定利润及利润率的主要因素，因为在给定社会生产的部门结构（不论是假定资本品与消费品两个部门，还是资本品、资本家消费品与工人消费品三个部门）并维持其均衡的条件下，总支出决定了总收入水平，而资本家支出主要是投资支出则决定了利润在总收入中的份额。所以，这种理论综合便体现了古典的利润分析或分配理论传统与凯恩斯的有效需求理论传统。

其二是卡尔多通过将凯恩斯《货币论》中的分配思想、《通论》中的投资乘数和有效需求思想以及古典的分配传统加以整合，提出一种他称之为“凯恩斯主义的分配理论”，它本质上与罗宾逊的理论是一致的。卡尔多承袭了古典学派运用不同机制来解释工资与利润两大收入范畴决定的传统，但赋予了新的含义。他指出，工人的收入——工资与资本家的收入——利润历来是受不同机制决定的，不过它们在不同的历史阶段有着不同的情形。在资本主义早期，生产力水平低，产品剩余不足以满足积累需要，经济主要面临资金约束，故那时决定分配的机制是首先由最低生活费用确定工资水平，然后，总收入减工资后的剩余作为利润归于资本所有者。到了现代资本主义阶段，情况变化了，生产力大幅提高导致剩余大量增加，经济主要面临需求约束，这时投资通过总需求对总收入进而其中的利润份额的决定开始起支配作用，故决定分配的机制相应地转变，先是由投资决定了利润水平，而工资则变成总收入减去利润之后的剩余收入范畴。

卡尔多的分配理论随后又得到进一步扩展。第二代重要的后凯恩斯经济学家帕西内蒂，通过引入工资储蓄的因素（即帕西内蒂不等式）将卡尔多的分配模型做了一般化的推广，形成代表性的模型公式，即剑桥分配公式，又称“帕西内蒂定理"(Pasinetti´s Theorem)。卡尔多本人通过金融市场供求均衡关系的分析，也得出了与帕西内蒂相似的结果，即所谓"新帕西内蒂定理"(New-Pasinetti´s Theorem)。[①] 克雷格尔、艾希纳以及巴兰志尼(Barazini)等人，也都围绕引入工资储蓄因素是否会导致剑桥分配理论面临困难的问题展开了深入研究，最终都证明剑桥分配理论将不受工资储蓄因素的影响而具有普遍适用性。[②③④] 帕西内蒂后来又在其多部门增长模型中进一步证明了剑桥分配理论的有效性。

后凯恩斯分配理论的最初形成还有第三个线索，这就是弗兰克·哈恩(Frank Hahn)阐述的凯恩斯主义的宏观分配理论。我国学者以往对于后凯恩斯经济学的研究大多忽略了哈恩的工作。哈恩于20世纪50年代在伦敦经济学院撰写博士论文时曾短期地接受过卡尔多的指导。他不同意卡莱斯基的部门结构分析方法，在其完成的博士论文中试图运用短期总供求的分析框架来说明宏观收入分配的决定问题。[⑤] 从总供给方面说，那些在短期的不确定环境下对产出、就业和积累率进行决策的行为主体即企业家，随着经济产出、就业与积累规模的增大为了补偿其日益增加的负效用，将要求更高的利润份额。所以，在保证经济供给能力的条件下工资在总收入中的份额将要随着总收入增加而逐渐降低，于是形成一条负斜率的工资份额曲线。从总需求方面看，假定工资与利润收入的

---

① Harcourt, G. C. and Laing, N. F. (1971) ed., *Capital and Growth: Selected Readings*, Penguin Books, PP. 307–311.

② Kregel, J. A. (1971), *Rates of Profit, Distribution and Growth: Two Views*, London: Macmillan, PP. 179–191.

③ Eichner, A. S. (1985), *Toward a New Economics*, M. E. Sharpe, Inc. PP. 127–140.

④ Ahamd, S. (1986), "A Pasinetti Theory of Relative Profit Share for the Anti-Pasinetti Case", *JPKE*, Vol. 9, No. 1, PP. 149–158.

⑤ Harcourt, G. C. (2006), *The Structure of Post-Keynesian Economics*, Cambridge University Press, PP. 29–31.

边际储蓄倾向不同,前者低于后者,这样,如果产出和就业扩张引致积累从而投资扩张时,在维持商品市场与货币市场平衡的条件下必然要求积累的主要来源——利润份额的增加,从而使工资份额降低,反之则相反。所以,从总需求方面也形成一条工资份额随总收入增加而下降的曲线,不过它将比上面从供给方面推导的负斜率线更陡峭。两条曲线的交点决定了短期中国民收入在工资与利润之间分配的格局。应当说,哈恩的论述方法与其他主要后凯恩斯学者还是有着很大差别的,然而就其把收入分配与总供求均衡联系起来而言,也在一定程度上体现了后凯恩斯学派的分配思想。

下面,我们依据帕西内蒂的表述来综合概括一下后凯恩斯学派分配模型的基本内容。令 Y、W、P、I、S 分别代表总收入、总工资、总利润、投资、储蓄;P_c 和 P_w 分别代表归资本家的利润和被工人分享的利润;s_c 和 s_w 分别代表资本家与工人的储蓄倾向,它们满足帕西内蒂不等式:$s_w < I/Y < s_c$;S_c、S_w 分别代表资本家与工人各自的储蓄额。则有宏观经济均衡等式:

$$I = s_w(W + P_w) + s_c P_c = s_w Y + (s_c - s_w) P_c, \tag{4.1}$$

资本家拥有的利润占总收入中份额为:

$$\frac{P_c}{Y} = \frac{1}{s_c - s_w} \cdot \frac{I}{Y} - \frac{s_w}{s_c - s_w}, \tag{4.2}$$

资本家拥有的利润与总资本比率为:

$$\frac{P_c}{K} = \frac{1}{s_c - s_w} \cdot \frac{I}{K} - \frac{s_w}{s_c - s_w} \cdot \frac{Y}{K}, \tag{4.3}$$

再令 K_w 代表工人通过储蓄积累的资本,i 为一般利率(即均衡利润率),则工人分享的利润占总收入中的份额和与总资本的比率可以分别表示为:

$$\frac{P_w}{Y} = \frac{iK_w}{Y}, \tag{4.4}$$

$$\frac{P_w}{K}=\frac{iK_w}{K}, \tag{4.5}$$

由于在均衡条件下工人拥有的资本在总资本中的份额将保持不变,因此有:

$$\frac{K_w}{K}=\frac{S_w}{S}=\frac{s_w(Y-P_c)}{I}=\frac{s_wY}{I}-\frac{s_w}{I}\cdot(\frac{I}{s_c-s_w}-\frac{s_wY}{s_c-s_w})=\frac{s_ws_c}{s_c-s_w}\cdot\frac{Y}{I}-\frac{s_w}{s_c-s_w}, \tag{4.6}$$

又因为

$$\frac{P}{Y}=\frac{P_c}{Y}+\frac{P_w}{Y}\text{和}\quad\frac{P}{K}=\frac{P_c}{K}+\frac{P_w}{K},$$

所以有总利润占总收入份额表达式:

$$\frac{P}{Y}=\frac{1}{s_c-s_w}\cdot\frac{I}{Y}-\frac{s_w}{s_c-s_w}+\frac{P}{Y}\cdot(\frac{s_ws_c}{s_c-s_w}\cdot\frac{Y}{I}-\frac{s_w}{s_c-s_w}), \tag{4.7}$$

和总利润与总资本的比率即利润率表达式:

$$\frac{P}{K}=\frac{1}{s_c-s_w}\cdot\frac{I}{K}-\frac{s_w}{s_c-s_w}\cdot\frac{Y}{K}+\frac{P}{K}\cdot(\frac{s_ws_c}{s_c-s_w}\cdot\frac{Y}{I}-\frac{s_w}{s_c-s_w}), \tag{4.8}$$

将(4.8)式化简,有

$$\frac{P}{K}\cdot\frac{s_c(I-s_wY)}{I}=\frac{I-s_wY}{K},$$

而根据帕西内蒂不等式,有 $I-s_wY\neq 0$,所以有

$$\frac{P}{K}=\frac{1}{s_c}\cdot\frac{I}{K}=\frac{G_n}{s_c}①, \tag{4.9}$$

和

$$\frac{P}{Y}=\frac{1}{s_c}\cdot\frac{I}{Y}, \tag{4.10}$$

① 在宏观经济稳定增长状态,将有资本增长率亦即积累率等于自然增长率: $I/K=\Delta Y_f/Y_f=G_n$。

上面(4.9)式和(4.10)式便是后凯恩斯分配理论的基本结论。其含义是:国民收入在工资与利润之间的分配格局,主要取决于投资量及其增长率。在给定资本家储蓄倾向的条件下,利润在国民收入中的份额正比例于投资在国民收入中的份额即投资率,利润率则正比例于资本积累率或经济增长率。这两式,特别是第(4.9)式,通常也被称为"帕西内蒂定理"、"卡尔多—帕西内蒂定理",以及"剑桥分配定理"或"剑桥方程"等等。

4.1.3　后凯恩斯学派分配理论的主要特征

后凯恩斯学派分配理论是作为新古典边际主义分配理论的对立物而出现的,因而它具有一系列不同于后者的重要特征。首先,从研究对象上看,后凯恩斯分配理论主要是研究经济社会中大的社会阶级和集团之间的收入分配,特别是工人与资本家(包括企业家)两大阶级之间的分配,这与流行的新古典分配理论是完全不同的。新古典分配理论虽然也关注工资与利息(或利润)的决定,但它是把这作为统一的边际分配论中的一部分来对待的,所以,在它的理论中各种范畴的职能收入分配是没有什么差别的。而没有差别也就失去了特定的分配理论存在的价值,在这个意义上甚至也可以说新古典经济学并没有真正的分配理论。实际上也是如此,因为所谓新古典的分配理论不过就是作为其一般价格决定理论体系一部分的要素定价理论而已。后凯恩斯学派的分配理论则不然,它要揭示两大阶级的收入在分配机制上有什么不同,特别是着重分析了利息(利润)的决定机制,指出是资本家(企业家)的投资决策决定了利息(利润)在国民收入中的份额,而工资份额则是被动地作为剩余来确定的。

其次,从研究方法上看,后凯恩斯学派分配理论采用了社会历史以及制度因素分析方法,考虑到利息或利润等非劳动收入范畴与资本所有权的联系。这样他们虽然也承认利息或利润范畴的历史合理性，但并不是直接从资本的生产力来引申出它们。而新古典分配理论则单纯采用物质技术关系的分析方法，直接从资本的边际生产力引出利息与利润范畴的合理性。相应地，后凯恩斯学派意识到资本的收入范畴与劳动的收入范畴之间存在着对立，并且关注这种对立或不和谐，而新古典分配理论则完全拘泥于描述各种收入范畴之间的完美和谐。后凯恩斯学派着重从总量角度考察国民收入分配的决定，始终是在宏观经济总量维持平衡（无论是短期静态平衡还是长期动态平衡）的条件下以投资或资本积累决策来说明分配格局的形成，这也正是他们往往强调这一理论既为宏观分析奠定了微观基础，同时也为微观分析奠定宏观基础的原因所在。而在他们看来，新古典分配论则纯粹属于微观视角的分析，它的所谓总量生产函数不过是个量的简单加总，没有结构上的特征，故其宏观分析与微观分析没有有机整合，只是板块式联系。最后，后凯恩斯学派还把分配理论牢固地置于社会再生产分析的框架之下。无论是后凯恩斯学派分配理论还是新古典的分配理论，乍一看来它们都同时考虑到了生产与流通两个社会经济运动的基本环节，然而两者的侧重点却完全不同。后凯恩斯学派分配理论侧重于生产的实际部门结构，投资与总需求的结构，他们考虑流通只是源于实现问题，只要是实现问题保证了，亦即宏观经济达于平衡，那么分配格局将主要由生产的部门结构以及投资需求所决定。因此这一分配理论也可以说是基于生产分析的分配理论。而新古典的分配理论则侧重于流通领域，特别是它的传统模型一般都不涉及生产的部门结构乃至厂商的内部结构，原子式的分析方法使得厂商变成一种简单的生产函数，其整个理论分析基本围绕市场供求均衡或等边际法则而展开。所以，这种分配理论基本上是一种交换的分配理论，正如前面所说，它只是一种交换一般均衡分析的特例。

最后，从具体理论内容上看，后凯恩斯学派的基本分配模型，即剑桥分配定理[上面的公式(4.9)与(4.10)]表明，在维持宏观经济平衡条件下，投资量及其增长率决定了短期与长期中的资本收入即利润，从而决定了国民收入的分配格局。随着投资与经济增长率的提高，国民收入分配格局将愈益有利于资本收入，而不利于工资收入。这意味着，至少在单纯考虑物质资本与一般劳动力作为增长因素（而不涉及人力资本）的场合，经济增长并不能自动地增进收入分配的均等化，从而为政府实施均等化的收入再分配政策提供了依据。按照后凯恩斯学派的基本分配理论，政府干预经济的任务不仅仅在于调节总需求，还要包括结构调整与收入再分配。与此相对照，新古典分配模型基本结论是，资本收入从而国民收入分配格局取决于要素比例从而边际生产力，随着资本增加及其边际生产力递减，资本收益率将要降低，因而在其他条件不变时国民收入分配格局将逐渐有利于工资收入，似乎经济增长过程能够在一定程度上自动地调节收入分配的均等化。故而，这一理论基本不具有收入再分配的政策含义。

总体来看，后凯恩斯学派的以往分配理论具有明显的古典理论传统与凯恩斯宏观分析理论传统的特征，它是古典的生产理论、分配理论、再生产理论与凯恩斯有效需求理论相融合的一种产物。它代表了20世纪五六十年代古典理论传统的一种复兴，以及凯恩斯短期宏观分析向长期动态化发展的一种重要尝试。

4.2　近年来分配理论的若干新进展

4.2.1　提出新的个人收入分配理论

近些年来，后凯恩斯学派的分配理论又有了一些新进展。虽然这些发展就其理论变革与创新的重大程度而言似乎还难以与早期的理论建构相比拟，并且思想演进的线索也不一致,但是却也包含了若干丰富的理论成果。大致地说,这些分配理论的新发展主要体现在五个方面。其一是,提出新的个人收入分配理论。其二是,通过更明确地引入阶级冲突因素而提出既属于后凯恩斯思想范畴又具有新马克思主义色彩的收入分配理论。其三是,在早期卡莱斯基市场垄断分析模型基础上提出所谓新卡莱斯基分配模型。其四是,继续围绕储蓄假定问题进一步扩展早期的后凯恩斯分配模型,即主要探讨帕西内蒂定理的一般适用性问题。其五是,在一定程度上展开了关于后凯恩斯分配理论的经验验证包括计量分析工作。现在我们先来看第一个方面,即个人收入分配问题研究,这主要是由美国经济学家詹姆斯·加尔布雷斯(James K. Galbraith)所完成的理论工作。①

20世纪七八十年代以后,美国等发达国家收入不均等问题重又凸显出来,这又引起经济学家对分配理论的兴趣。但是,大多数人都是从纯粹微观经济的视角来考察问题,即完全根据市场供求关系和边际生产力的要素定价机制来说明新的收入不均等现象,尽管他们在具体的论证上面存在这样或那样的不同(例如,有的强调收入差别扩大是由于不同群体教育程度差别的扩大;有的强调移民因素对低技能群体收入的影响;有的强调技术进步的技能偏态的影响作用;等等)。面对这种情况,一些后凯恩斯经济学家也积极展开了自己的理论工作。他们认为,尽管五六十年代的反边际主义革命并没有真正动摇主流派的统治地位,但是这并不意味着这种革命就此失败了;相反,后凯恩斯学派应该进行新的理论建构来推进这种革命。这种新的理论建构必须能够对当前个人收入不均等的热点问题给予有力的解释,能够比主流派的各种假说更好地解释有关个人收

① Holt, R. P. F. and Pressman, S. (2001) ed., *A New Guide to Post Keynesian Economics*, Routledge, PP. 33–41.

入分配的现实数据及其动态变化。因此，它需要超越原来单纯诉诸制度、政治、历史等等因素来研究阶级间收入分配的思路。但是，另一方面，它又必须体现后凯恩斯学派将古典传统与凯恩斯传统相整合从而将收入分配问题与总需求问题结合起来考虑的一贯思想。由此，詹姆斯·加尔布雷斯等人便提出了一种新的个人收入分配理论。

该理论首先从一个简单的两厂商模型开始。假设经济只由两个厂商组成，它们只使用一种生产要素——劳动，且具有同样的递增边际成本。但是，两厂商面临的市场环境不同，一个是完全竞争型，另一个是垄断型。前者的价格等于边际成本，后者的价格确定在边际收益等于边际成本一点，故高于边际成本。由于这里没考虑资本，所以考察的完全是个人劳动收入分配问题。垄断厂商的超额收益，将归入其劳动者所有，这可以被视为“厂商专有的劳动租”(firm-special labor rent)，它使得垄断厂商中的劳动者收入高于竞争厂商中的劳动者收入，且市场的垄断性越强，垄断厂商的垄断权力越大，其劳动者收入与竞争厂商劳动者的收入差别就越大。这样，个人收入分配的差别就完全取决于两个厂商的相对垄断权力的大小了。詹姆斯·加尔布雷斯指出，这种用厂商的市场权力来解释个人收入差别的思路是符合后凯恩斯学派的微观分析传统的。至于令劳动者获得租金收入，这个假说也是合理的，垄断厂商中的劳动者由于其厂商的市场权力而获得的超过竞争厂商中劳动者的收入与优等土地获得的级差地租，具有相同的经济道理。

现在再从比较静态角度来考察一下。假设两个厂商面临的市场需求同等程度地上移，虽然它们的价格都提高从而劳动者收入也相应增加，但是由于两者的定价机制不同以及需求曲线形状不同（竞争厂商的为弹性无限大的水平线，垄断厂商的为弹性较小的负斜率线），各自价格从而收入提高的幅度却不同，竞争厂商的将高于垄断厂商的,这意味着,需求增加将有助于缩小不同厂商中的个人收入之间的差别,进而弱化整个经济的不均等程度;反之,则相反。这个预期结果显然不同于新古典的结论,因为在那里个人收入分配态势似乎与经济周期之间没有必然联系。不过,这一结果却比较好地与已经在大多数国家得到经验证实的库兹涅茨的倒 U 型曲线的下斜部分相吻合。

在上述基础上,詹姆斯·加尔布雷斯又加以扩展,考虑三部门经济。因为垄断部门之所以享有垄断权力,一个重要原因是拥有技术优势,这可以归结为先进机器的使用。于是需要考虑机器的生产与使用问题。假设经济有三个部门:其一是 S 部门,这里的厂商只使用劳动者,按照竞争方式供给产出,价格按照在社会地决定的最低工资之上加上一种通行的少量加成的方式来制定。它与现实中的大多数服务业比较近似。其二是 C 部门,它使用劳动者与机器(亦即过去的劳动)生产普通机器与消费品。这里厂商拥有垄断权力。其三是 K 部门,它是发明与创造新产品、新机器以及新生产手段的部门,换言之,亦即知识开发或知识产品生产者。

从部门结构关系来说,K 部门的发展从而其利润收入,从需求方面说,将要取决于 C 部门的规模即投资水平,这从利润收入角度沿袭了早期后凯恩斯学派分配论的传统。另一方面,从供给方面看,K 部门的发展还主要取决于研发人才以及其技能的积累。从行业类型来看,K 部门也属于垄断型,不过较不稳定,其垄断权力容易随产品陈旧过时而消失,故它是一个具有“创造性毁灭”性质的熊彼特类型的部门,奉行“赢者通吃”(winner-take-all)的游戏规则。因此,该部门的工资必然是三个部门中最高的。所以,K 部门的规模和就业取决于两个方面因素:其一是社会的投资需求,其二是以往资本设备的陈旧程度。由此,K 部门不像 C 部门,它无论是在经济高涨时期还是在经济衰退时期,都会由于投资支出(前一种场合直接表现为高投资需求,后一种场合则体现在将引致大批旧设备更新)而受益。

现在来看这种三部门模型蕴涵的个人收入分配关系。一般地,在发达工业国家,经济扩张开始时的投资增加总是先导致K部门就业的增加,特别是他们当中的非生产性员工,诸如设计、营销、管理人员等。因为他们是高工资群体,所以这时便会出现伴随着经济增长率的提高平均实际工资也提高、并且收入不均等程度也提高的情况。随着扩张的继续,更高的收入开始支付给生产性工人,需求逐渐转向消费品和服务,C部门与S部门的工资水平逐渐提升,从而收入分配的差距又开始缩小,出现所谓"繁荣的收入挤压效应"(income-compressing effects of prosperity)。简言之,投资需求是引致非均等化的因素,而消费需求是引致均等化的因素。在詹姆斯·加尔布雷斯等人看来,这种理论说明似乎印证了库兹涅茨的倒U型曲线的整个变化过程。

对于上述模型还可以再扩展,引入进出口因素。就发达国家而言,K部门产品一般属于出口类,而C部门产品大多属于进口竞争型。K部门很少能有来自国外特别是发展中国家的竞争,故享有超垄断地位。在这种情况下,发达国家与发展中国家之间汇率的变动将会对发达国家内部两个部门有不同的影响。例如,如果发达国家货币升值,其K部门不会受什么不利影响,但是C部门可能就要相对地削减工资以应对国外相对低价产品的竞争。这就会导致个人收入差距扩大,而货币贬值的结果则相反。由此也可推知,发达国家的出口扩张倾向于扩大工资结构的不均等。在缺乏K部门的国家,投资需求会漏向进口,这时的经济增长有助于收入的均等化。

这样,就给出了一个有关个人收入分配变化的宏观分析理论。根据这一理论,收入不均等程度是随着各部门不同的总需求的运动而变化的。简言之,发达国家的投资繁荣会加剧不均等程度，而消费繁荣则会缩减不均等程度。至于汇率与贸易的变化则通过对外部门产生影响。可以看出，这里虽然研究的是个人收入分配，但是却没有一点供求关系或边际生产力的影子，它明显地体现了后凯恩斯学派反边际主义的特点。

4.2.2 明确地将阶级冲突因素纳入收入分配理论

应该说，早期的后凯恩斯学派分配理论并没有忽略阶级冲突因素，从他们继承古典理论传统并致力于探讨国民收入在社会各阶级之间分配的经济机理的学术宗旨来看，他们也不可能忽略阶级对立或冲突的问题，实际上这也正是他们区别于主流派的一个重要分水岭。不过，后凯恩斯学派的早期分配理论重点要阐明的是，在给定宏观经济总量平衡的条件下，由资本家投资决策所框定的社会生产结构从而收入分配格局将体现某种阶级利益的冲突，例如投资越多，利润份额就越高，工资份额则越低。换言之，分配中的阶级利益对立在这里主要是作为一种结果出现的，至于阶级对立或者冲突本身如何影响收入分配，则没有明确地在早期模型中反映出来，尽管如果深究一下影响资本家投资决策的各种因素，将肯定会触及这个问题。

汤姆·帕里(Tom Palley)等学者认为，如果从收入分配的决定因素方面来看，那么早期后凯恩斯分配理论并没有包含阶级冲突因素，这是令人感到有些奇怪的，因为这似乎与罗宾逊夫人等一贯强调阶级关系问题的重要性的立场不尽一致。而如果不在原因方面引入阶级冲突因素，就不能算是真正的关于社会阶级的收入分配理论。所以，帕里指出，发展和完善后凯恩斯分配理论的一项重要任务，就是要明确地将阶级冲突因素纳入收入分配的决定之中。具体来说，需要像马克思主义者的做法那样，引入劳动市场上劳资双方谈判或力量对比关系，将其作为影响工资与利润决定的一个重要因素,因此这一理论有时又被称为“新马克思主义的方法”,或一种新马克思主义方法与凯恩斯主义的综合。在引入劳动市场阶级对立关系的基础上,再结合产品市场的竞争关系以及宏观经济的均衡关系,就可以同时把国民收入分配与总需求或国民收入决定问题整合起来,考察阶级冲突对于收入分配以及宏观经济运行的影响。只有这样,才能在更明确的阶级分析的基础上使后凯恩斯分配理论发扬光大。帕里等人自20世纪90年代以来致力于这方面的理论探讨,取得了一系列的成果。这里我们着重论述一下帕里本人提出的明确包含阶级冲突的收入分配理论。

帕里将阶级冲突因素纳入收入分配理论是从两个层次逐步展开的。首先,他直接在早期后凯恩斯学者的收入分配框架下引入劳动市场上一般性的劳资力量对比关系与冲突因素,考察这种冲突因素对国民收入在工资与利润之间分配的影响进而对宏观经济总体运行的影响,形成一个具有后凯恩斯经济学特色的一般均衡分析模型。其次,他又使分析进一步细化,明确界定出资本家、管理者(或雇主)与劳动者三类主体,具体考察劳动者与管理者亦即雇员与雇主之间的关系,以及劳动者与资本家之间的关系,分析这种复杂关系对国民收入在工资与利润之间的分配以及在工资与管理者收入之间分配的影响。

我们首先来看第一个方面。帕里指出,①宏观经济的微观基础主要包括两个市场,一个是劳动市场,一个是产品市场,两个市场相互作用与影响。劳动市场上的劳资力量对比与冲突决定了收入分配格局进而总需求水平,从而决定了产品市场的均衡状况。另一方面,产品市场的均衡状况也会通过影响到就业水平,来影响劳动市场上工人的谈判能力进而劳资双方的力量对比关系。所以,与

① Palley, T. (1998), “Macroeconomics with conflict and income distribution”, *Review of Political Economy*, Vol. 10, Number 3, PP. 329-342.

主流派所一贯信奉的理论教条不同，工资与劳动市场的出清没有必然联系，它主要是取决于阶级力量对比关系。至于工人的谈判能力受到就业水平的影响，主要的推理依据是所谓“内部人—外部人”模型，即失业率越高，雇主用外部寻职者替换内部在职者的成本越小，故内部人与雇主谈判的力量就越弱，反之则相反。

在上述框架下，可以建立若干等式。先看利润份额公式：

$$z_p = f(R(i), T)\ , f_R < 0, f_T < 0, R_i > 0 \tag{4.11}$$

其中 z_p 代表利润在总收入中份额，R 代表时间贴现因素，i 是利息率，T 表示雇主用外部人替代内部人可能需要的平均时间，它越长，则表明外部人对内部人的谈判力量产生威胁的程度越小，从而已经就业的内部人与雇主的谈判力量就越强。进一步地，如果令 O 表示岗位空缺数，U 表示失业人数，X 表示技术转移因素，那么 T 又可以表示成下列形式：

$$T = g\left(\frac{O}{U}, X\right)\ , g_{o/u} > 0\ , g_x < 0 \tag{4.12}$$

即，它是岗位空缺数与失业人数比率的增函数，技术转移因素的减函数。再假设（为简单见）岗位空缺数是就业人数 N 的一个固定比例，等于退休率 q，劳动供给固定为 N^s，则有：

$$T = g(q \cdot N/(N^s - N)\ , X)\ , \tag{4.13}$$

该式明确地显示：T，从而内部人的谈判力量，是就业水平的增函数。如果再令 a 表示劳动生产率或平均劳动产品，P 表示利润量，w 表示实际工资率，z_w 表示工资占国民收入的份额，则可以补充下列等式：

$$Y = a \cdot N\ , \tag{4.14}$$

$$z_p = \frac{P}{Y}\ , \tag{4.15}$$

$$z_w = \frac{w \cdot N}{Y}, \tag{4.16}$$

$$z_p + z_w = 1, \tag{4.17}$$

$$N \leqslant N^s, \tag{4.18}$$

利用上面各等式的关系，可以从(4.16)式中导出实际工资率的表达式：

$$w = \frac{z_w \cdot Y}{N} = (1 - z_p)\, a = [1 - f(R, g(q \cdot N/(N^s - N)), X)]\, a$$

$$= w(R, q, N, N^s, X, a), \tag{4.19}$$

上式叫做“工资曲线”，它的斜率与具体位置反映着劳动市场上的劳资力量对比关系，均衡的工资一定位于该曲线上。如果给定 R、q、N^s、X、a 等参数，实际工资主要取决于总就业水平 N 从而劳动者在劳动市场谈判力量的大小，而与所谓边际生产力机制或劳动市场出清没有关系。就其动态来看，实际工资将具有“亲周期”的特征，即随着经济形势的繁荣而增加，随着经济形势的萧条而减低。

上面考察的是劳动市场在引入阶级对立关系之后的分配机制。要把这种分配机制纳入宏观经济体系，还需要考察产品市场，具体办法是按照卡莱斯基的方式(即国民收入在工资与利润之间的分配由于工资与利润各自的储蓄倾向不同，而对总需求产生着影响)建立供求平衡关系。令 m 为已经实现的加成，则利润总额为：

$$P = m \cdot w \cdot N, \tag{4.20}$$

再令 s_w 和 s_k 分别代表工资储蓄倾向和利润及利息收入的储蓄倾向，t_w 和 t_k 分别代表工资所得税率和利润及利息所得税率，B 代表债券存量，I 代表投资，D 代表政府赤字，G 代表政府支出，则有产品市场的平衡关系式：

$$s_w[1-t_w]wN+s_k[1-t_k]\cdot[P+iB]=I+G+iB-t_wwN-t_k[P+iB]\ ,$$

$$1>s_k>s_w>0,1>t_k>t_w>0, \tag{4.21}$$

上述方程构成一个完整体系，可以决定 z_p、z_w、T、P、D、N、Y、w、m 等变量。为了综合考察收入分配与总收入决定的相互关系，可以将上述方程体系归并成两大方程：

$$P=z_p\cdot Y=z(Y/a,R,q,N^s,X)\cdot Y, \tag{4.22}$$

$$\{s_w-t_w[s_w-1]\}\{Y-P\}+\{s_k-t_k[s_k-1]\}\cdot P$$

$$=I+G+iB\{[1-t_k][1-s_k]\}\ , \tag{4.23}$$

(4.22)式表示在劳动市场达到双方谈判均衡的条件下，利润水平或利润份额与总收入水平之间的关系，它被称为“利润曲线”。(4.23)式表示在产品市场供求平衡条件下的利润水平与总收入水平之间的关系，如果借用主流派的术语，可以将它叫做“*IS* 曲线”。对于利润曲线，由于随着就业和总产出水平的提高，工人的谈判力量会逐渐增强，故利润占总收入的比例将逐渐降低，换言之，利润水平虽然也在增加，但它是以逐渐递减的比率增加，这使它基本上成正斜率的上凸形状，当产出高到一定程度时它甚至可能转向负斜率。对于 *IS* 曲线，在维持产品市场平衡的条件下，利润与总收入水平将成负相关关系，这从卡莱斯基关于利润收入储蓄倾向相对较高从而当利润收入越高时就越不利于总需求增加的推理思路中，可以容易地得到理解。

将劳动市场均衡关系与产品市场均衡关系综合起来，可以建立图 4-1，在图中，第一象限反映的是(4.22)和(4.23)式，即在劳动市场维持力量平衡关系以及产品市场保持供求平衡关系下，利润与总收入的变动轨迹。第四象限反映的是公式(4.14)，即就业与产出的关系。第三象限反映劳动市场工资与就业的关

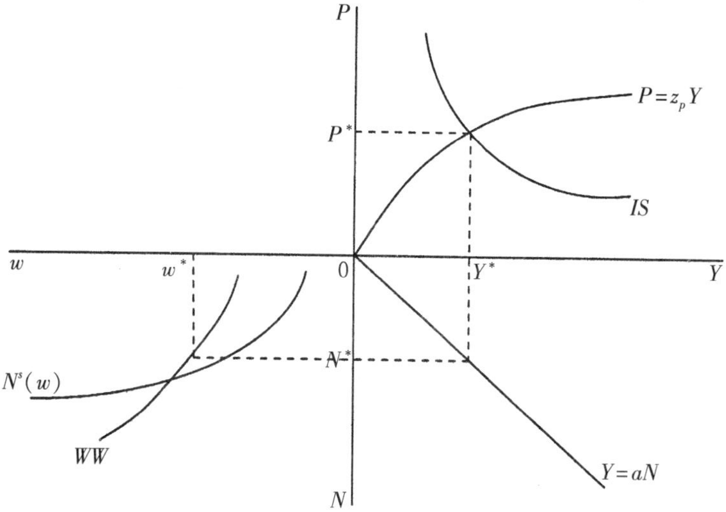

图 4-1　利润、总收入、就业、工资率的同时均衡决定

系，其中 $N^s(w)$ 线反映劳动供给函数，*WW* 线即是工资曲线，或工资谈判曲线，它反映劳动市场的劳资力量对比关系，给定常规的生产函数形式以及不变的劳动投入系数，工人的谈判力量从而工资率将是就业的增函数。给定一个就业水平，就会有一个现实的均衡工资率。由于 *WW* 线是体现内部人工资与就业的关系，而 $N^s(w)$ 线反映的是总劳动供给与工资的可能关系，所以前者显然要比后者更陡峭。在均衡时，给定就业 N^* 下的劳动市场力量对比所决定的实际工资水平 w^*，一定要与和 N^* 对应的收入水平 Y^* 所能维持的均衡利润水平 P^* 相匹配。如若不然，将会发生调整，直到各变量匹配时为止。例如，如果实际利润（不论是利润水平，还是利润占总收入份额）高于均衡值，则从产品市场看将表现为总储蓄大于总投资，从而实际总产出低于均衡总产出。从劳动市场看则表现为实际工资低于工人愿意接受的工资。这便在客观上要求调整，劳动市场上工人要求降低利润、提高工资的再谈判，会使分配格局再向工资方面转化。而这

又会使产品市场总储蓄大于总投资的局面发生改变，直至利润收缩到均衡水平，产出恢复到原有均衡水平为止。当然，这时的均衡不一定是充分就业的均衡，只有当 WW 线与 $N^s(w)$ 线的交点刚好与 N^* 相一致时，才能实现充分就业的均衡。

再从比较静态角度来分析一下。如果假设其他条件不变而劳动市场上的力量对比关系发生了变化，比如厂商谈判能力增强，而工人谈判能力减弱，会发生什么情况呢？这一方面将导致 WW 线向右侧移动，使得对应既定就业水平的工资水平降低；另一方面，又会导致第一象限的利润线向左侧移动，使得对应既定产出的利润水平提高。与此同时，伴随着较低的产出与就业水平。如果假设其他条件不变而产品市场上的总支出增加，这将导致 IS 曲线右移，从而同时提高总产出与利润水平，这种变化对不同收入份额的影响将依利润曲线的斜率为转移，利润线越平坦，利润份额便越低；反之，则相反。而利润线的斜率又被认为受到劳动市场力量对比关系的影响。这样，产品市场上的总需求变动及其影响就通过收入分配与劳动市场上的微观结构即阶级力量冲突关系联系起来了。

上面是帕里将阶级力量冲突因素纳入分配理论而形成的最初成果。最近几年来，他又使这种理论分析进一步细化，以便更贴近现今的资本主义国家社会现实。① 具体来说，他明确界定出资本家、管理者（或雇主）与劳动者三类主体，区分开不同主体的收入范畴及其消费与储蓄倾向。按照他的归类，整个国民收入的分配结构如图 4-2 所示。

这样，国民收入在工资与利润之间的初次分配以及总工资与总利润的各自再分配便交织在一起了。早先的后凯恩斯分配理论主要是关注前一个层次，并且主要根据产品市场的竞争程度即产品加成（通过部门结构关系）来说明利润

① Palley, T. (2005), "A Class Conflict and the Cambridge Theory of Distribution", In Bill Gibson, ed., *Joan Robinson's Economics: A centennial celebration*, Edward Elgar, PP. 203–224.

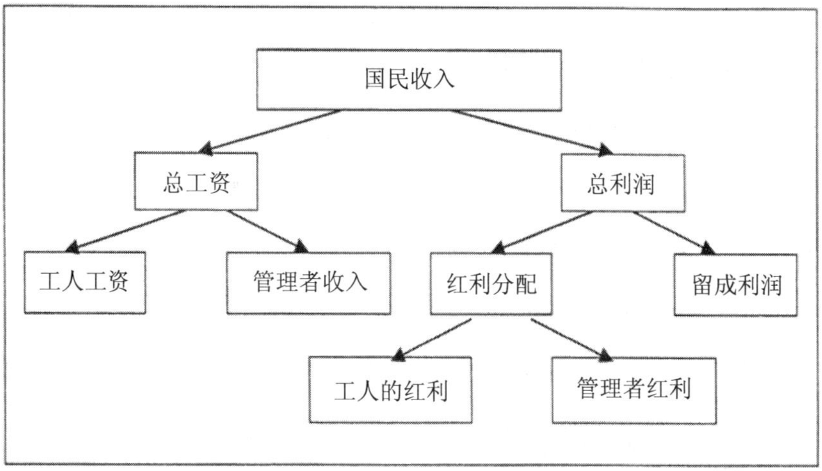

图 4-2　国民收入分配结构

份额与工资份额的决定。帕里则更加关注后一个层次,它包含两个方面:一是总工薪在普通工人与管理者之间的分配,二是红利在工人与管理者之间的分配。前者主要取决于劳动市场的阶级力量对比关系,后者则取决于工人与管理者的所有权份额。这后一个层次的分配关系对于经济运行将产生重要影响。帕里具体是从一个扩展的卡莱斯基模型来论证这一新理论的。

令 p 、m 、w 、a 分别代表产品价格、加成、名义工资、不变的劳动平均产品,则有:

$$p=\frac{(1+m)w}{a},\qquad (4.24)$$

利润在总收入中的份额为:

$$\sigma=\frac{m}{1+m},\qquad (4.25)$$

将上式乘以产出—资本比率 k ,有下面的利润率表达式:

$$r=\frac{mk}{1+m}。\qquad (4.26)$$

若令 u 代表资本设备利用率,产出—资本比率 k 可以表示成 u 的增函数,即 $k = f(u)$,$f_u > 0$。此外,加成也可以被表示为 u 的增函数,如果令参数 c 表示外生地给定的产品市场竞争程度,则有 $m = f(u,c)$,$m_u > 0$,$m_c < 0$。在此基础上,再补充一个投资方程(以投资增长率形式表示),可以将它分别表示为资本设备利用程度、利润率与利润份额的增函数:

$$g = \alpha_0 + \alpha_1 u + \alpha_2 r + \alpha_3 \sigma \text{ ,} \tag{4.27}$$

其中 g 代表投资增长率,各系数满足 $\alpha_i > 0$。将(4.25)式代入(4.27)式,得:

$$g = \alpha_0 + \alpha_1 u + \alpha_2 r + \alpha_3 \frac{m}{1+m} \text{ ,} \tag{4.28}$$

再把本章4.1 节论述过的关于利润率决定的剑桥方程式 $r = g/s_k$ (s_k 表示利润收入的储蓄倾向)代入(4.28)式,得:

$$r = \frac{\alpha_0 + \alpha_1 u + \alpha_3 m/(1+m)}{s_k - \alpha_2} \text{。} \tag{4.29}$$

公式(4.26)和(4.29)便是所谓的"后凯恩斯—卡莱斯基"的分配模型。如果借用流行的均衡分析术语,(4.29)式可以视为一种重构的 *IS* 曲线,它反映了在维持产品市场总投资与总储蓄平衡的条件下利润率与资本设备利用程度之间的关系。(4.26)式相应地可以叫做 *MM* 曲线,它反映了在厂商加成定价的微观机制基础上所形成的利润率与资本设备利用程度(通过 $k = f(u)$ 函数)之间的关系。两个关系由于形成的视角不同,函数图像也将不尽相同:从(4.29)式看,只要 $(s_k - \alpha_2) > 0$,*IS* 线就是正斜率的,而从(4.28)式有 $\alpha_2 = dg/dr$,将它与 $s_k = g/r$ 比较可知,如果投资增长率是利润率增长率的单调递增凹函数,则后者总是大于前者,此时 *IS* 线将呈正斜率;反之,*IS* 线将呈负斜率。帕里认为前一种情况可能性更大,故以此为分析基础。*MM* 线显然也呈正斜率,但是从加成在经济周期中相当稳定的经验事实可以推知,其曲线可能相对更加平坦。具体情形可见

图 4-3：

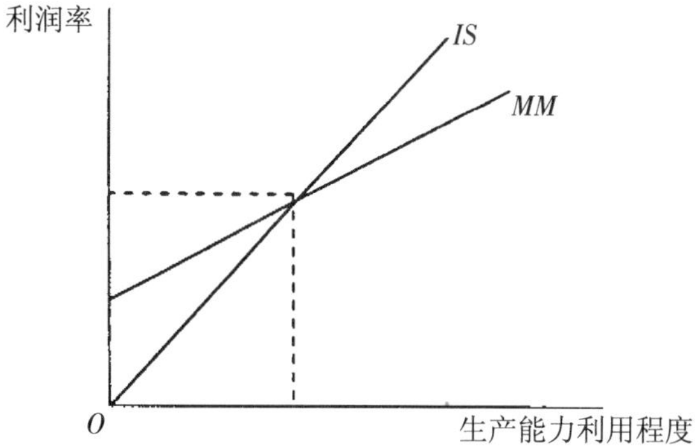

图 4-3　“后凯恩斯—卡莱斯基”的分配模型

运用图 4-3 可以直观地说明“后凯恩斯—卡莱斯基”的分配模型的比较静态学。如果 s_k 提高，即利润的储蓄倾向提高，将导致 *IS* 线左移，从而均衡利润率与能力利用程度都降低。如果市场竞争程度降低、加成提高，将会导致 *MM* 线向上方移动，从而均衡利润率与能力利用程度将提高。①

在上述后凯恩斯—卡莱斯基分配模型的基础上，帕里将阶级冲突因素引进来，特别是将劳动市场上的对立冲突因素引进来。具体来说，如果令 Y、W、Π 分别代表总收入、总工薪、总利润，则有：

① 在此提示：这个结论似乎难以成立，因为当市场竞争程度降低、垄断程度提高时，利润率固然会提高，但是生产能力利用程度一般将会降低。产生这种似是而非的结论的原因似乎在于对 *IS* 曲线正斜率的假定不够严谨。从 $s_k = g/r$ 与 $\alpha_2 = dg/dr$ 两式比较来看，考虑到资本积累收益递减的规律，从长期来看似乎应有 α_2 大于 s_k，即 *IS* 曲线呈负斜率，这样就可以得出随着市场垄断程度增加即 *MM* 曲线上移，生产能力利用程度下降的通常结论了。而且，关于负斜率的 *IS* 曲线的假定，也是与前面第一个层次的分析中的(4.23)式和图 4-1 相一致的。实际上，帕里已经明确承认 *IS* 曲线可能出现负斜率的情况，只不过他仍然坚持正斜率的假定，似有疏漏，故在此特作提示。我们的这个提示，对于这里的分析中的(4.37)式以及图 4-4 也是同样适用的。不过，*IS* 曲线斜率的正与负对分析的结果产生的不同影响，主要是表现在当 *MM* 曲线发生移动时，至于对 *IS* 曲线本身发生移动时的各种情况则没有实质性的影响。

$$Y - W = \Pi , \tag{4.30}$$

再令 W_w 与 W_k 分别代表归于工人的工资和归于管理者的薪金，Π_w 、Π_k 分别代表归于工人的利润分红与归于管理者的利润分红，R 代表利润留成,则有：

$$W_w + W_k = W , \tag{4.31}$$

和

$$\Pi_w + \Pi_k + R = \Pi , \tag{4.32}$$

再令 z_w 、z_k 分别代表工人与管理者各自拥有的企业所有权份额,且 $z_w + z_k = 1$,则有：

$$\Pi_w = z_w(\Pi - R) , \tag{4.33}$$

和

$$\Pi_k = z_k(\Pi - R) 。 \tag{4.34}$$

令工人工资与管理者薪金的比率为 γ ,即：$W_w/W_k = \gamma$ 。γ 既取决于由技术状态决定的一般员工与管理者的比例,更主要地受到劳动市场的双方谈判力量、工会组织程度、工人的斗争性以及有关最低工资和失业保险等等劳动市场政策的影响。再令 β 为利润留成比率,规定它是红利收入所得税率 t 的减函数,同时又受到某个外生移动因子的影响,即：$R = \beta(t,a)\Pi$,其中，$1 > \beta_t > 0$，a 为移动因子。这样,前面(4.29)式的 IS 曲线现在就可以扩展为：

$$s_w(W_w + \Pi_w) + s_k(W_k + \Pi_k) + R = I 。 \tag{4.35}$$

再利用上面给出的各种关系式,可以把这个 IS 曲线重新表示成：

$$g = \bar{s}_0 k + \bar{s}_1 r 。 \tag{4.36}$$

其中，$\bar{s}_0 = (s_w\gamma + s_k)/(\gamma + 1)$ ，$\bar{s}_1 = [(1 - \eta) + \eta\beta - (s_w\gamma + s_k)/(\gamma + 1)]$ ，η 作为 β 的系数,其值为 $\eta = [1 - s_w(1 - z_k) - s_k z_k] > 0$。将前面的(4.28)式代入(4.36)式,便得到在 (u,r) 平面上的 IS 曲线：

$$r=\frac{\alpha_0+\alpha_1 u+\alpha_3 m/(m+1)+k\bar{s}_0}{\bar{s}_1-\alpha_2}。\tag{4.37}$$

这个等式与前面的(4.29)相比,一个显著特点是包含了劳动市场的冲突因素,它体现在 $\bar{s}_0$ 与 $\bar{s}_1$ 两个参数中所包含的 γ 变量上。该式明白地显示出,阶级冲突因素将明显地影响总需求,尽管产品市场的竞争程度也要影响到总需求(通过 $\alpha_3 m/(m+1)$ 项)。再与前面的(4.26)式相整合,便构成了完整的 *IS-MM* 分析框架:

$r=M(u;c^{+})$ 和 $r=I(u;\alpha_0^{+},\alpha_1^{+},\alpha_2^{+},\alpha_3^{+},c^{+},\gamma^{+},s_w^{-},s_k^{-},z_k^{-},t^{-},a^{-})$ 。式中正负号表示随着参数变化每个曲线移动的方向。在与前面假设相同的条件下,两条曲线的基本形状也是呈正斜率,且 *IS* 线、*MM* 线更陡峭。但是,这时却可以分析阶级冲突对分配进而宏观经济运行的影响了。具体可见图 4-4。

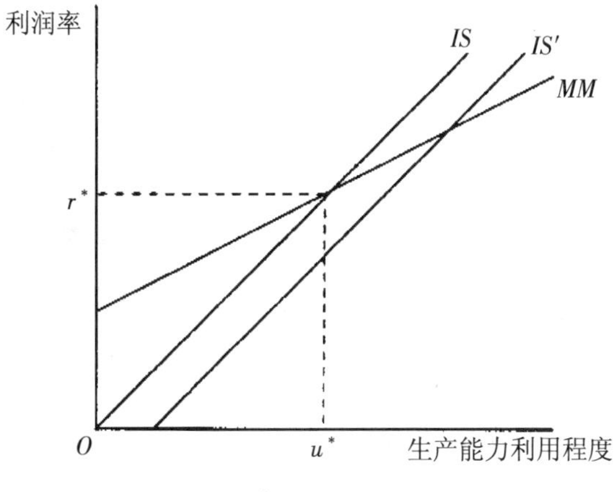

图 4-4　工资收入份额向工人倾斜的后果

例如,如果工人谈判力量增强,从而提高了 γ 值,将会使 *IS* 线右移至 *IS′* ,这将导致利润率和能力利用程度都有所提高。这是因为工人的储蓄倾向小于资本家的储蓄倾向,从而工人的工资收入增加有利于扩张总需求。需要注意的是,要把总工资薪金在普通工人与管理者之间的分配与总工资和总利润份额的划分区别开来。总工资薪金分配向工人的倾斜，一般总是具有扩张性后果，因为它既会刺激消费，又没有减低总利润份额，从而不会减低投资激励；反之，如果总工资薪金的分配向管理者倾斜，则会带来紧缩性后果。这就为收入再分配政策与管理总需求政策之间的协调提出了新视角：不能无选择地盲目实施收入再分配的政策，当经济处于过热的时期，旨在促进均等化的收入政策应当以增加总工资薪金份额、减低总利润份额为手段，这样既可以增加工人的收入，又可能起到抑制经济过热（通过利润份额减低）的作用；反之，当经济处于紧缩的时期，如果需要实行促进均等化的收入政策，则应当尽量保持总工薪与总利润份额的划分不变，而以使总工资薪金的分配向工人倾斜为主要手段，这样既可以刺激消费，又不至于减少利润从而抑制投资，容易同时收到促进均等化与刺激总需求的效果。

帕里指出，由于区分开这两个层次的收入分配，还可以更好地解释经济运行的不同特征。以往在没有对收入分配做这种两个层次区分的时候，关于收入分配均等化对总需求的影响，经济学者往往持有两个极端的观点：或者认为它将刺激总需求（因为工人的消费倾向更高），这时的经济一般被认为具有"停滞的"（stagnationist）特征；或者认为它将抑制总需求（因为均等化降低了利润，抑制了投资需求），这时的经济一般又被认为具有"活跃的"（exhilarationist）特征。然而，如果一个经济同时呈现出"停滞"与"活跃"两种特征，该做何解释呢？例如，美国近25年来的情况就是这样：工人相对收入的减低（CEO的年薪暴涨）并没有对总需求产生明显的减弱的影响。原因就在于，虽然工资的这种相对降低可能降低总需求，但是与此同时发生的总利润份额的相对增加又刺激了投资需求，故而便出现了两种特征并存的局面。

最后，帕里在上述框架下还考察了所有权对红利分配从而整个收入分配的影响。前面为了分析的简化曾假定 z_k 与 z_w 不变，实际上，它们是受到经济运行过程的影响的。帕里在这里着重强调，储蓄模式将会影响到所有权份额。考虑一下稳定状态，资本家的储蓄必然要恰好满足他们的投资份额，进而维持他们的所有权份额。于是，可以增加一个稳定状态下的所有权条件：

$$s_k[W/(1+\gamma)+z_k(\Pi-R)]=z_k(I-R)\ , \tag{4.38}$$

如果为简化见，假定资本家完全没有工薪收入，则上式变成：

$$s_k[z_k(\Pi-R)]=z_k(I-R)\ ,$$

将该式除以收入 Y，解出利润份额表达式：

$$\sigma=\frac{I}{s_kY}+\frac{R(1-1/s_k)}{Y}\ , \tag{4.39}$$

再乘以 $\frac{Y}{K}$，解得利润率表达式：

$$r=\frac{I}{s_kK}+\frac{R(1-1/s_k)}{K}\ 。 \tag{4.40}$$

上两式表明，在考虑到公司的利润留成因素时，稳定均衡状态的利润份额和利润率都将比以前降低（注意：$1-1/s_k$ 为负数），原因在于公司利润留成本身就代表了资本家阶级的储蓄，故而由投资融资所产生的对利润收入的需要也就相应地降低了。

对上面（4.38）式进行简单代数运算，可得资本家所有权份额：

$$z_k=\frac{s_kk/(1+\gamma)}{(\alpha_0+\alpha_1u+\alpha_2r+\alpha_3m)/(1+m)-(1+s_k)(1-\beta)r}\ 。 \tag{4.41}$$

其中，根据前述有，$k=f(u)$，$m=f(u,c)$，故其一般表达式可以写成：

$$z_k=z(u;s_k^+,\beta^-,\gamma^-,c)\ 。 \tag{4.42}$$

简单地说，资本家储蓄倾向 s_k 增加，将导致 z_k 增加。工人的工资份额 γ 增加,将导致 z_k 减少。利润留成比例 β 增加,也将减少 z_k 。然而,如果从普遍相互联系的一般均衡角度来说,情况也许更为复杂,因为所有权份额变化会影响到总需求、生产能力利用程度、利润率等,而它们反过来又会影响到所有权的模式。例如,如果 s_k 的增加向下压低了利润率和能力利用率,那么这也许会超过 s_k 增加对 z_k 的提升作用,从而总体上可能导致 z_k 的降低。这反映的正是卡莱斯基的名言"资本家将赚得他们所支出的"。

现在,我们可以对帕里的分配理论做一简要总结。这一理论明确地将劳动市场上阶级力量对比关系或冲突因素纳入收入分配问题,先是从国民收入在总工资与总利润之间分配这一个层次来考察阶级冲突对分配的影响,然后再进一步,区分出国民收入分配的两个层次,并着重考察阶级冲突对总工薪在工人与管理者之间分配的影响。帕里认为,将收入分配区分为总工薪与总利润之间的分配和总工薪在工人工资与管理者收入之间的分配这样两个层次,具有重要的理论与政策含义。从理论上说,它可以解释为什么一国经济可能同时显示"停滞的"与"活跃的"两种特征。从政策上看,它暗示我们:一种进步性的改善收入分配的政策,应当集中于调整总工薪在工人与管理者之间的分配,而不是像传统的再分配政策那样集中调整总工薪与总利润的划分格局。因为使工薪收入的分配格局向普通工人倾斜总是具有扩张性宏观效应的,而使总工薪与总利润的划分格局向工薪方面倾斜则具有不确定的政策后果。此外,由于将收入范畴考察得更细致,对于不同收入的储蓄行为也给出了更为具体的说明,例如,帕里给出了一个将帕西内蒂关于储蓄行为的不等式加以推广的新的储蓄行为假定:$0 \leqslant s_{ww} \leqslant s_{kw} \leqslant s_{wk} \leqslant s_{kk} \leqslant 1$,其中,$s_{ww}$ 、s_{kw} 、s_{wk} 、s_{kk} 分别代表工人工资收入的储蓄倾向,管理资本家工薪收入的储蓄倾向,工人红利收入的储蓄倾向,资本家利润收入的储蓄倾向。

4.2.3　关于新卡莱斯基分配模型的探讨

与上面帕里的模型分析在形式上有些相似的，是近年来后凯恩斯分配模型的另一个新发展，即新卡莱斯基分配模型。前面曾经提到，卡莱斯基的思想构成了后凯恩斯经济学的重要思想来源之一。卡莱斯基本人的著述体现了李嘉图以及马克思的古典主义的生产分析传统，并把这种传统与现代的有效需求理论结合了起来，这自然为后凯恩斯经济学的发展奠定了重要基础。但是，卡莱斯基的分析更侧重于短期，特别是强调市场的不完全性或寡头垄断特征，这与斯拉法等人的理论所体现的古典主义长期分析传统是有差别的。由此，后来的后凯恩斯学者在理论模型的构建中也就日益出现了明显差异。帕西内蒂等人的理论发展基本上属于沿着长期分析（或所谓引力中心）的传统来展开，像剑桥分配定理与增长模型等就是这方面的重要成果。但是，也有一些学者试图沿着卡莱斯基的思路来进一步拓展分配与增长模型的研究。这种研究在20世纪80年代就陆续出现，90年代又进一步发展，主要代表人物有罗汤姆（Rowthorn，B.）、拉沃等人。①②③④ 这种分配模型通常又被其提倡者称为“新卡莱斯基”（the newer Kaleckian）增长与分配模型，以与那种先前在后凯恩斯分配理论中占主导地位的“新李嘉图主义”（neo-Ricardian）传统相区别。这里，我们主要根据拉沃的论述，

① Rowthorn，B.（1981），“Demand，Real Wages and Economic Growth.” *Thames Papers in Political Economy*，Autumn，PP. 1-39.

② Dutt，A. K.（1984），“Stagnation，income distribution and monopoly power”，*Cambridge Journal of Economics*，Vol. 8，PP. 25-40.

③ Lavoie，Mark（1995），“The Kaleckian model of growth and distribution and its neo-Ricardian and neo-Marxian critiques”，*Cambridge Journal of Economics*，Vol. 19，PP. 789-818.

④ Commendatore，Pasquale（2006）ed.，“Are Kaleckian model relevant for the long run?”，in Neri Salvadori and Carlo Panico，ed. *Classical，Neoclassical and Keynesian Views on Growth and Distribution*，Edward Elgar，Chap. 13.

简要分析一下这种新卡莱斯基的分配理论以及它与新李嘉图主义分配理论的异同点。

拉沃指出，基于卡莱斯基思想的新分配理论与早先占主导地位的后凯恩斯分配理论亦即剑桥分配定理或帕西内蒂定理相比，具有两个明显不同的特征：其一是，前者坚持以寡头垄断作为分析的前提条件，而后者则往往隐含着竞争或完全竞争的市场环境。其二是，前者认为经济的生产能力利用水平是内生地决定的，故而甚至在长期也不一定达到正常水平，而后者则隐含假定生产能力的利用率在长期将总能达于所给定的正常水平，或达到充分利用的程度。由于存在着这两个前提假定上的差别，就使得这两种理论虽然在精神实质方面具有基本的一致性，比如都强调生产分析、部门结构分析、阶级分析以及都反对边际分析方法等，但是在一些具体结论方面却也存在着分歧。其中最关键的一个分歧是，与流行的后凯恩斯分配理论不同，在新卡莱斯基的分配模型中，实际工资率与利润率和积累率之间的关系在长期中将不再具有此消彼长的负相关性，而是可能具有正相关性。

具体来说，这种新卡莱斯基的分配模型主要包含有三个方面的内容：即关于价格决定的分析、关于生产能力利用率内生决定的分析、关于投资决策或资本积累的分析，通过这几个方面的分析找出经济在稳态条件下所体现的工资与利润的收入分配关系以及工资率与积累率的关系。

关于价格决定的分析主要是通过建立利润函数或利润成本方程来进行的。设 p 为价格水平，q 为实际产出水平，w 为名义工资率，L 为劳动就业水平，r 为利润率，K 为实际资本存量，则有下列国民核算等式：

$$pq = wL + rpK , \tag{4.43}$$

或者

$$p = w\left(\frac{L}{q}\right) + rp\left(\frac{K}{q}\right) 。 \tag{4.44}$$

再用 L_v 表示直接投入于生产的可变劳动力(其工资为变动成本),L_f 表示间接参与经济过程的固定劳动力(其工资体现为均摊成本),则有:

$$L = L_v + L_f , \tag{4.45}$$

若以 q_{fc} 表示生产能力充分利用时的产量(即经济的潜在总产出),u 表示生产能力利用率,v 表示资本与生产能力比率,y_v 表示可变劳动的平均生产力,y_f 表示固定劳动的平均生产力(以潜在产出来衡量),则有:

$$u = \frac{q}{q_{fc}} , \tag{4.46}$$

$$v = \frac{K}{q_{fc}} , \tag{4.47}$$

$$y_v = \frac{q}{L_v} , \tag{4.48}$$

$$y_f = \frac{q_{fc}}{L_f} , \tag{4.49}$$

如果用 f 来表示生产能力充分利用时固定劳动力与可变劳动力的比例,则有:

$$f = \frac{y_v}{y_f} , \tag{4.50}$$

根据上面这些规定,价格水平等式(4.44)可以重新写成:

$$p = w\left(\frac{1 + \frac{f}{u}}{y_v}\right) + \frac{rpv}{u} , \tag{4.51}$$

该式表明,单位产品的价格等于单位产品中包含的劳动成本与利润。由此,又可以得到以实际工资率来表示的利润成本等式:

$$r=\left(\frac{u}{v}\right)\cdot\left[1-\left(\frac{w}{p}\right)\left(\frac{1+\frac{f}{u}}{y_v}\right)\right]。\tag{4.52}$$

上面的等式实际上已经把价格决定、分配因素与生产能力利用率联系起来了。考虑到市场的垄断性,还可以引入卡莱斯基的“垄断程度”概念。若用 m 表示垄断程度,或毛利润额,θ 表示利润加成系数,则根据简单的加成定价原理将有:

$$p=\frac{(1+\theta)\,w}{y_v},\tag{4.53}$$

其中,

$$m=\frac{\theta}{1+\theta},\tag{4.54}$$

于是(4.52)式的利润率表达式又可以写成:

$$r=u\left(\frac{m}{v}\right)-(1-m)\frac{f}{v}。\tag{4.55}$$

这样,通过价格决定分析,就得出了利润在给定若干参数的条件下,将主要取决于生产能力利用率以及市场垄断程度的结论。

接下来再来看生产能力利用率的内生决定问题。上面考虑的加成定价程序仅仅涉及直接成本,如果从更现实的角度来看,它应该包括全部成本,而这种正常的完全单位成本定价的一种最现实形式,又与所谓目标收益定价(target rate of return pricing)极其相似,即企业的价格应该等于在正常运营条件下能够带来预期收益的水平。基于这种思路,若令 u_s 表示标准的能力利用率,即 $u_s=q_s/q_{fc}$(q_s 代表标准的产量规模),θ' 表示实行目标收益率定价下的加成系数,则此时的价格等式将有:

$$p = (1 + \theta') \frac{w\left(1 + \frac{f}{u_s}\right)}{y_v}。 \tag{4.56}$$

其中，$w(1 + f/u_s)/y_v$ 代表在生产能力达到正常（或标准地）运用时的完全单位成本。而在此标准生产规模上实现的利润率即是目标收益率定价下的利润率，若用 r_s 来表示这一利润率，则此时的利润为 $r_s pK$ 或 $r_s vpq_s/u_s$，它显然应该等于在标准生产规模条件下按照目标收益率定价（ θ' 为加成系数）确定的价格中所包含的利润额，即：$r_s vpq_s/u_s = q_s \theta' w(1 + f/u_s)/y_v$。经过整理，得：

$$p = \left(\frac{u_s + f}{u_s - r_s v}\right) \frac{w}{y_v}, \tag{4.57}$$

将该式与(4.52)式相结合，利润成本函数就成为：

$$r = \frac{[(f + r_s v) u - (u_s - r_s v) f]}{v(u_s + f)}, \tag{4.58}$$

再整理，可以写成：

$$r = r_s \left(\frac{u + f}{u_s + f}\right) + \frac{(u - u_s) f}{v(u_s + f)}。 \tag{4.59}$$

从该式可以看出，如果实际的能力利用率 u 等于标准的能力利用率 u_s，实际的利润率 r 就等于加成定价程序所要求的目标收益率 r_s。因此，只要实际的利润率与目标收益率有偏离，实际的能力利用率就必然要偏离标准的能力利用率。这样，又把利润率的均衡问题纳入生产能力利用率的决定之中了。

最后，再来看有效需求或投资函数。前面关于利润率的计量与推导主要是从成本的视角来进行的，而没有考虑到需求因素。故而需要在利润率等式中引入需求因素。拉沃认为，以往后凯恩斯分配模型在处理这一问题时总是把有效需求作为一个外生因素来引入，而新卡莱斯基分配模型的特点是建立了一个投

资函数,并把原来的剑桥方程作为储蓄函数来对待,在此基础上形成一种有效需求方程。具体来说,将剑桥方程重新写成:

$$g^s = rs_p \ , \tag{4.60}$$

其中 g^s 代表从供给方面看的资本增长率,或以增长率形式表示的储蓄, s_p 含义同前,仍为利润的储蓄倾向。投资函数也可以表示成增长率的形式,即:

$$g^i = \gamma + g_u u + g_r r \ , \tag{4.61}$$

其中, γ 为参数,在没有固定劳动力的情况下它一定为正,而在有固定劳动力从而均摊成本的情况下它则可能成为负数。g_u 、g_r 分别代表投资对于能力利用率和对于利润率的反应弹性。将(4.60)与(4.61)式联立,可以得到投资与储蓄动态均衡条件下的利润率决定关系:

$$r = \frac{(g_u u + \gamma)}{(s_p - g_r)} \ , \tag{4.62}$$

它被有的学者称为"实现曲线"(realization curve),但人们更一般地把它叫做有效需求方程或函数。将(4.62)式的有效需求函数与前面(4.55)式的利润成本函数结合,就可以确定这种新卡莱斯基分配模型在稳定均衡增长状态下的均衡解。其中,利润成本函数的斜率为 m/v ,有效需求函数的斜率为 $g_u/(s_p - g_r)$,稳定的均衡解要求前者的斜率大于后者的,即:

$$s_p > g_r + g_u \frac{v}{m} \ 。 \tag{4.63}$$

对于上述稳定均衡的决定机制可以结合图形来说明,请看图 4-5。图 4-5 中,横轴表示生产能力利用程度,直轴表示利润率。*ED* 线反映的是(4.62)式中的有效需求函数,它又叫做有效需求曲线。*PC* 线反映的是(4.55)式中的利润成本函数关系,它又叫做利润成本曲线。*PC* 线要比 *ED* 线更陡峭,故它从下面交叉

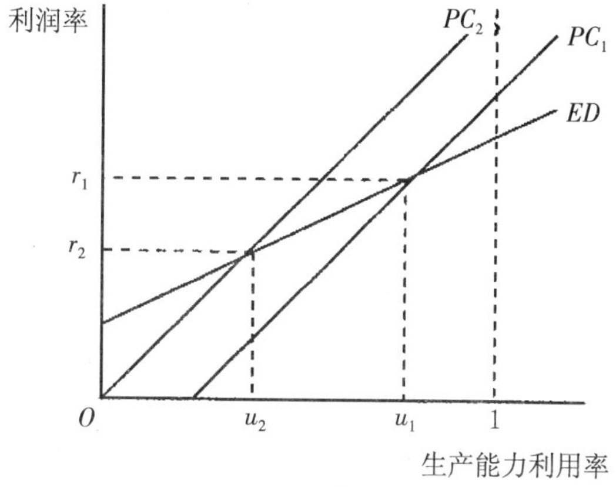

图 4-5　新卡莱斯基的分配模型

于 *ED* 线。如果生产能力达到百分之百的利用率,经济将处于横轴 1 处的虚线上。然而,通常的情况往往是小于这一能力利用程度。经济的实际均衡位置将处于 *ED* 线与 *PC* 线的交点。例如,当经济的有效需求曲线给定为 *ED*,利润成本曲线给定为 PC_1 时,生产能力利用率为 u_1,此时的利润率为 r_1。对于经济的均衡还可以进行比较静态分析。例如,如果令储蓄倾向降低,根据(4.62)式,将会导致有效需求曲线 *ED* 向上移动,这在其他条件不变的情况下将会导致利润率的提高,以及生产能力利用率的提高。这种情况证明了凯恩斯的"节俭悖论"思想。另一方面,如果令加成系数增大,将会导致利润成本曲线 *PC* 向上移动,比如从 PC_1 上移到 PC_2,这在其他条件不变时将会形成与有效需求曲线 *ED* 更低的相交点。其结果,一方面是生产能力利用率降低了,从 u_1 降至 u_2;另一方面,利润率非但没有增加,反而也下降了。与此同时,实际工资率由于能力利用率的降低也将下降。这就出现了一种与古典分配理论关于利润率与工资率总是呈此消彼长关系的传统论断相反的现象:即利润率与工资率可以同时降低。这种因利润加成增加而导致的利润率与工资率都降低的情况,被称之为"成本悖论"(paradox of cost)。当然,沿着相反方向来分析,如果出现工资率与利润率都增加,也属于这种成本悖论的情况。其背后包含的经济逻辑是:资本家本来想通过降低实际工资来提高利润加成,可是加成亦即垄断程度的提高必然会降低工厂的设备利用率以及增长率,从而最终必然将导致利润率的下降而不是提高。正是由于这种成本悖论,新卡莱斯基的分配模型便受到了其他后凯恩斯学者、特别是坚持工资与利润对立关系这一主导思想的学者们的质疑,并由此展开了一些有关新卡莱斯基分配模型的讨论。

对新卡莱斯基分配模型的质疑主要集中在能力利用率问题上。坚持主导的后凯恩斯分配理论的学者认为,这种新卡莱斯基分配模型强调实际能力利用率与标准能力利用率之间的差异对投资需求的影响,在理论上是难以成立的,因为经济在长期中的能力利用率与其正常的能力利用率之间是不会有什么差别的,这时经济将处于技术条件所能决定的最大能力水平上。即使承认经济的实际能力利用率与其标准能力利用率之间存在着差别,当前的实际能力利用率对于投资需求也没有什么影响,这意味着投资需求主要受预期的正常利润率的影响,而不受当前的实际利润率的影响。按照这种逻辑,上面新卡莱斯基分配模型的投资需求函数即(4.61)式就要改变,它将去掉 $g_u u$ 项,变成 $g^i = \gamma + g_r r_n$,其中 r_n 为正常利润率。相应地,图 4–5 中的有效需求曲线 ED 就不再是正斜率的了,而变成了水平直线。具体将如图 4–6 所示。

在这个组合图形中,右侧像前面的图形一样,描绘的是需求与成本函数,左侧则给出了储蓄增长率与利润率的函数关系。按照新卡莱斯基模型批评者的解释,假设经济在初始时的利润成本曲线与有效需求曲线分别为 PC_1 和 ED_1,积累率与储蓄增长率分别为 $g^i(r_{n_1})$ 与 g^s ,它们的均衡刚好处于使经济的实际能力利用率等于正常的能力利用率(即 u_n)、实际利润率等于正常利润率(即 $r_1 =$

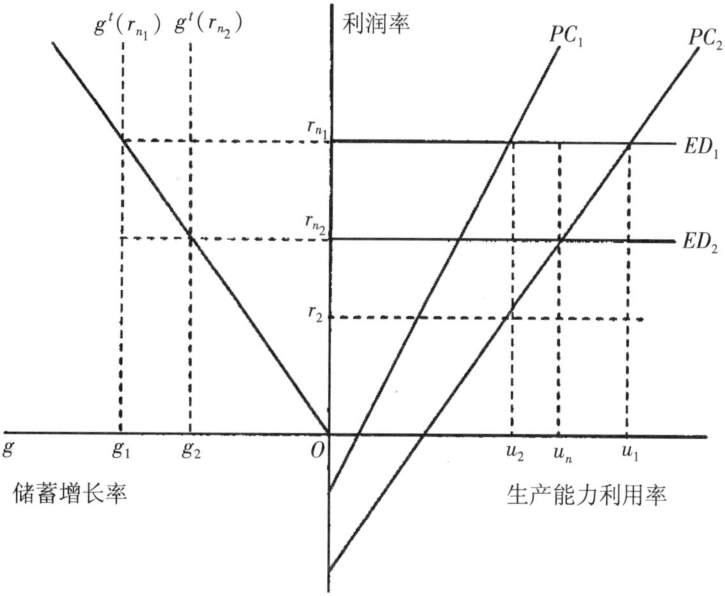

图 4-6 对新卡莱斯基分配模型的质疑

r_{n_1})的位置。现在如果令实际工资率提高,这必然意味着 PC 线要从 PC_1 向下移动,假设移动到 PC_2。在短期中,这不会影响到积累率,从而实际利润率不会发生变化,这样,实际的能力利用率就会提高到 u_1。不过,这种情况不会持续多久,企业在考虑到实际工资变化以后将会修正其关于(预期的)正常利润率的观点,这将使正常利润率下降,降到 PC_2 线与正常的能力利用率即 u_n 相对应的水平,即 r_{n_2} 。与此同时,理想的积累率也将降至 $g^i(r_{n_2})$,这导致有效需求曲线从 ED_1 下移至 ED_2。尽管在这一过程中通常可能也会导致正常的能力利用率与实际的能力利用率发生偏差,以及正常利润率与实际的利润率发生偏离,比如,经济有可能在某个时点上处于 r_2 与 u_2 的对应位置,但是如果有效需求曲线不断地移动,最终将会保证 r 与 r_n 、u 与 u_n 的相等,即经济最终将收敛于正常的能力利用率水平。而不论是否调整到这一点,都显示了后凯恩斯分配理论所长期坚持的工资率与利润率之间的减函数关系:工资提高将导致利润率从 $r_1 = r_{n_1}$ 或者降至 r_2(未达到均衡),或者降至 r_{n_2}(在均衡时)。

新卡莱斯基分配模型的拥护者对上述质疑做出了回应。拉沃指出,在后凯恩斯主义学者内部对新卡莱斯基模型的质疑主要是针对其所包含的投资函数的。然而,这种投资函数在逻辑上是具有坚实基础的。其基本的经济逻辑在于,将由于有效需求变化而引致的利润的变化与单纯因价格成本关系变化而导致的利润变化,区别开来。前者是通过能力利用率的因素体现出来的,后者则是通过利润率的因素体现出来的。与此相对比,批评者所坚持使用的投资函数主要把投资视为正常利润率的函数则不够严谨。因为第一,他们的正常利润率实际上也受到能力利用率的影响,故并没有真正排除能力利用率的因素。第二,他们的正常利润率有时又被等同于加成系数,而加成系数由于多种原因实际上不一定能成为正常盈利率的准确指标。第三,就企业投资需求的自身融资来说,实际的利润率可能比所谓正常的利润率对于投资更有意义,甚至就外部融资而言,企业的实际利润率通常也比正常利润率更容易吸引贷款者。第四,许多经验研究也证明了能力利用率对于投资需求所具有的举足轻重的影响。从上面图 4-6 来说,不承认能力利用率对于投资的影响,也就意味着经济的正常能力利用率在长期中始终固定在 u_n 上,这样 *PC* 线下移(即工资率提高)就必然导致利润率的下降;相反,如果承认能力利用率的影响,从而承认正常的能力利用率随着 *PC* 线下移也将调整(即提高),那么利润率就可能不降低(当 *ED* 线呈水平状时)甚至提高(当 *ED* 线呈正斜率状时)。所以,双方关键的分歧就在于如何看待所谓的经济资源的正常能力利用率问题。

拉沃还针对有些学者运用近年来经济合作与发展组织(OECD)国家的经济增长率伴随着国民收入中工资份额提高、利润份额下降而减低的经验事实否定新卡莱斯基模型的有效性的论点,提出了进一步的论证。他指出,在考虑到均摊成本或固定劳动力的情况下,(4.61)式中的参数 γ 可以取负值(这意味着为了补偿固定成本,刺激投资所需要的能力利用率以及利润率将要比没有固定成本的情况下更高),而包含负的参数 γ 的新卡莱斯基模型完全可以说明这种经验现象。具体来说,若用 π 表示利润占总收入的份额,则有 $\pi = rv/u$,再根据(4.62)式和(4.55)式分别从有效需求与价格成本两个方面建立的利润率表达式,可以分别从需求与供给两个方面建立起利润份额的表达式:

$$\pi^d = \frac{vg_u + v\gamma/u}{s_p - g_r}, \tag{4.64}$$

和

$$\pi^s = m - \frac{(1 - m)f}{u}。 \tag{4.65}$$

经济的均衡利润份额,显然将确定在这两个函数的相交点。其中, π^s 显然是 u 的增函数, π^d 相对于 u 则不确定:当 $\gamma > 0$ 时,为减函数;当 $\gamma < 0$ 时,为增函数。当考虑到固定劳动力的情况下,完全可能出现后一种情况,这时的利润份额决定可以用图 4-7 说明。

图中,横轴表示能力利用率,直轴表示利润份额,实线 π^d 表示的是(4.64)式,虚线 π^s 表示的是(4.65)式。两线原来的交点决定了经济原来均衡的能力利用率 u_1 和均衡的利润份额 π_1^* 。现在如果假定 m 增加(即实际工资率下降),将导致 π^s 向上移动,结果,均衡的利润份额下降至 π_2^* ,并同时伴随着能力利用率的下降(u_2)。这表明,高的利润加成不一定能实现高的利润份额,情况甚至可能正好相反。另一方面也就表明,低的实际工资率不一定意味着工资份额也低。这又进一步隐含着工资率与利润率呈同方向变动的可能性。新卡莱斯基理论的

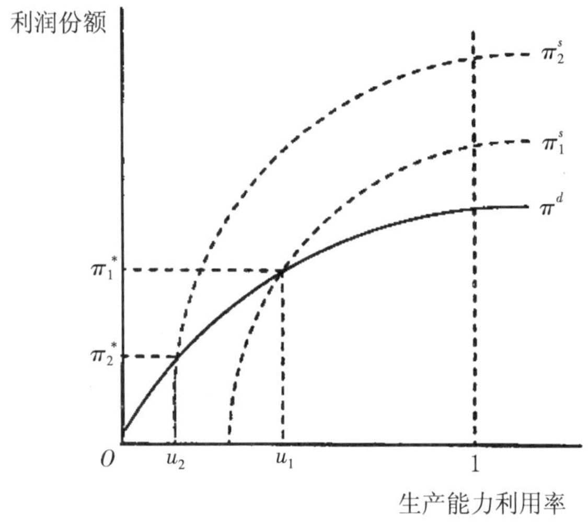

图 4-7　新卡莱斯基的分配模型：

实际工资降低与利润份额的顺周期运动

这种解释通常又被称为"停滞主义的模型"(stagnationist model),按照拉沃的看法,它与近年来西方经济的现实情况是吻合的,并没有什么矛盾。

在上述论证的基础上,针对批评者否认长期中实际的能力利用率可能与正常能力利用率发生偏离的论点,拉沃又接着探讨了根据不同定义规定的正常能力利用率对于卡莱斯基模型特别是它的投资函数与利润成本函数所可能具有的不同含义。卡莱斯基模型的显著特点是强调经济的能力利用率是内生地决定的,只有当实际利润率等于与预期收益率相一致的标准利润率时,实际的能力利用率才等于正常或标准能力利用率。那么,究竟什么是正常或标准的利用率呢?拉沃指出,在新卡莱斯基的模型中,成本最小化的定义并不合适,因为成本最小化的生产规模是可以和过剩能力并存的。成本最小化仅仅考虑了一个厂商正常运营时所具有的节奏,而没有涉及需求因素以及那些会影响正常能力利用率的战略的、惯例的因素。另一方面,把正常的能力利用率定义为厂商所期望达到的理想利用率,也不适宜,因为这并不能保证模型的稳定增长均衡状态一定是稳定的。按照拉沃的观点,似乎这种正常或标准的能力利用率应该是一种在各个长期位置之间发生的调整过程的结果,它又可以被称为“充分调整了的状态”(fully adjusted position)。但是,这样定义的正常能力利用率概念究竟与其他的观点有多少实质性的差别,作者并没有给出清晰明了的说明。

帕斯奎尔·科芒达托尔(Pasquale Commendatore)在总结不同学者关于这个问题的讨论观点中,则给出了进一步的说明。① 他指出,新卡莱斯基模型的倡导者与批评者之间的分歧,反映了他们关于经济长期增长的机制的看法不同。从批评者一方来看,他们基本上坚持李嘉图古典主义的引力中心的增长理论,即经济在长期中必然达到其由特定的资源技术条件决定的稳定均衡状态,这也就是他们所说的正常能力利用率状态。这种正常能力利用率水平是外生地给定的,而经济的增长过程实际上也就是企业家通过利用储蓄进行资本积累不断提升这一正常生产能力的过程。故经济增长的过程是由供给推动的,在这里储蓄成为内生变量,它受金融机构的制约。再从倡导者一方来看,他们基本上是坚持卡莱斯基以及凯恩斯的需求决定机制,认为不仅在短期,甚至在长期的动态增长过程中,需求都具有重要作用。在他们看来,企业关于需求增长率的长期预期决定了资本积累或增长率,而这种预期被认为是源于“血气冲动”之类的外生的因素。而所谓经济的正常能力利用水平则是一种受企业惯例的、战略的等等因素决定的能力利用率,故它将随着现实中的实际能力利用率状态而不断地进行调整,以逐渐向现实的利用率状态逼近。所以,这种正常的能力利用率乃是一种内生的

① Commendatore, Pasquale(2006),“Are Kaleckian model relevant for the long run?”, in Neri Salvadori and Carlo Panico, ed., *Classical, Neoclassical and Keynesian Views on Growth and Distribution*, Edward Elgar, PP. 288-307.

变量,即使是在外生条件给定时,由于需求方面的不同,也可能出现多个不同的正常能力利用率。换句话说,给定外部约束条件,在卡莱斯基模型中可以有"多个"引力中心,而在批评者那里只有一个引力中心。由此,才导致了他们在分配关系方面得出完全不同的结论。

总体来说,新卡莱斯基的分配理论模型在基本的理论格调方面与传统的后凯恩斯分配理论,或者说与李嘉图主义的分配思想传统,没有实质上的差别。只是由于具体假定方面的一些不同,特别是关于增长机制方面的认识不同,导致它们在一些具体结论上产生分歧。比如,关于加成提高、工资率降低究竟是导致利润率提高还是降低的问题,将完全依这时经济的能力利用率到底变化还是不变化为转移。实际上,如果就经济动态过程的某一阶段而言,是有可能出现工资率与利润率同方面关系的。但是,就常规情况来看,两者的此消彼长关系应该是基本的。如果没有了这一点,那么古典分配理论的精髓也就没有了。近年来,许多后凯恩斯主义的学者大都倾向于这样的观点:即新卡莱斯基的分配与增长模型所强调的需求决定增长机制特别适合于短期分析,而传统的后凯恩斯主义或李嘉图主义的分配理论所强调的储蓄或供给推动增长的机制更适合于长期分析。这样,就把新卡莱斯基的分配理论与传统的后凯恩斯主义或李嘉图主义的分配理论协调起来了。①②③

① Duménil and Lévy (1999), "Being Keynesian in the short term and classical in the long term: the traverse to classical long-term equilibrium", *The Manchester School*, 67(6), PP. 684–716.

② Dutt, A. K. (1997), "Equilibrium, path dependence and hysteresis in post Keynesian models", in Arestis, P., Palma, G. and Sawyer, M. (1997), ed. *Markets, Unemployment and Economic Policy: Essays in honour of Geoff Harcourt, Vol. Two*, Routledge.

③ Chick and Caserta(1997), "Provisional equilibrium and macroeconomic theory", 同上.

4.2.4　关于帕西内蒂定理一般适用性的进一步探讨

前面提到,后凯恩斯分配理论的核心模型,就是剑桥利润决定公式,这一公式经过帕西内蒂的严格论证表明,只要满足“帕西内蒂不等式” $s_w < I/Y < s_c$,引入工人储蓄因素并不影响该模型的普遍适用性。这亦即所谓帕西内蒂定理。20 世纪六七十年代,英美等国的不同学者围绕着这一定理曾经展开过热烈争论。萨缪尔森、莫迪格利亚尼、詹姆斯·米德等知名的主流派经济学家试图证明帕西内蒂定理不具有普遍适用性,原因在于帕西内蒂不等式在现实中难以始终满足,例如,当 $s_w \geqslant I/Y$ 时,稳定均衡状态下的收入决定关系将变成:

$$\frac{Y}{K} = \frac{g_n}{s_w}, \tag{4.66}$$

其含义是利润率以及资本的平均产品将依工人储蓄倾向为转移,而与资本家储蓄倾向无关。这个推论又被称为“反帕西内蒂定理”(anti-Pasinetti theorem),[①] 或帕西内蒂定理的“偶定理”(dual theorem)。[②] 詹姆斯·米德还根据几种不同的生产函数类型对帕西内蒂定理与反帕西内蒂定理的适用性进行了综合分析比较。[③] 他指出,对于固定配合比例的生产函数,唯有帕西内蒂定理有效;对于替代弹性无限大的生产函数,唯有反帕西内蒂定理有效;而对于替代弹性处于 0—∞ 之间的生产函数,例如科布—道格拉斯生产函数,两个定理都可能有效。米德的分析匠心独具,不过他在维护主流经济学命题的同时也明确承认了它的限制

---

① Samuelson, P. (1972), *The Collected Scientific Papers of Paul A Samuelson*, Vol. 3, MIT Press, PP. 187-220.

② Harcourt, G. C. and Laing, N. F. (1971), *Capital and Growth: Selected Readings*, Penguin Books, P. 287.

③ Harcourt, G. C. and Laing, N. F. (1971), *Capital and Growth: Selected Readings*, Penguin Books, PP. 289-294.

条件，因为米德的分析至少表明了这样一点：要素之间的替代性越差，新古典命题的有效性就越差。

后凯恩斯学派的第一代、第二代学者曾经对于所谓反帕西内蒂定理进行了有力回应，并从不同角度进一步扩展帕西内蒂定理。罗宾逊夫人从反对均衡假定的立场出发，批驳了萨缪尔森和莫迪格利亚尼的观点。① 卡尔多通过明确界定利润储蓄倾向的含义，指出了反帕西内蒂定理缺乏现实基础。不仅如此，卡尔多还引入了金融市场的债券供求因素，来进一步证明帕西内蒂定理的有效性，指出利润决定问题与工人储蓄不相干，这通常又被认为是卡尔多提出的“新帕西内蒂定理”。② 沿着卡尔多的思路，克雷格尔、艾希纳等人也推导出类似的结果。③④ 巴兰志尼（Baranzini, M.）则进一步系统论证了在完全考虑资本家与工人两类储蓄倾向的情况下，帕西内蒂定理具有普遍适用性，而所谓反帕西内蒂定理至多也只能是作为帕西内蒂定理的一个特例。⑤⑥

近年来，一些后凯恩斯经济学家围绕着帕西内蒂定理的适用性问题展开了进一步的讨论，主要是在引入各种具体的现实因素的条件下来考察这一定理的适用性问题。巴兰志尼又有了新的理论成果，他证明在引入生命周期储蓄的情

---

① Robinson, J. (1966), “Comment on Samuelson and Modigliani”, *Review of Economic Studies*, Vol. 33, PP. 307-308.

② Harcourt, G. C. and Laing, N. F. (1971), *Capital and Growth: Selected Readings*, Penguin Books, PP. 307-311.

③ Eichner, A. S. (1985), *Toward a New Economics*, M. E. Sharpe Inc., PP. 127-140.

④ Wood, John Cunningham (1983), *J. M. Keynes*, Smith Peter Inc., PP. 127-151.

⑤ Ahamd, S. (1986), “A Pasinetti Theory of Relative Profit Share for the Anti-Pasinetti Case”, *JPKE*, Vol. 9, No. 1, PP. 149-158.

⑥ O′connell, J. (1985), “Undistributed Profits and the Pasinetti and Dual theorem”, *Journal of Macroeconomics*, Vol. 7, PP. 115-119.

况下，帕西内蒂定理仍然具有普遍适用性。① 帕西内蒂本人以及达尔齐尔(Dalziel)、达特(Dutt)等人在引入政府税收与支出活动的条件下，来扩展帕西内蒂定理的适用范围。②③④帕里等人则围绕引入金融市场债务因素能否影响帕西内蒂定理的普遍适用性问题展开了较深入的探讨。⑤⑥

我们先来看巴兰志尼的论述。巴兰志尼指出，哈罗德—多马增长模型作为第一个宏观经济增长模型，曾经给出了稳定均衡增长状态下的利润决定或收入分配理论，但它的刚性特征却令人感到困惑。随后的理论改进努力主要沿着两个方向展开：一是令资本系数 K/Y（从而要素比例）具有可调性，二是令储蓄率 s 可以调整。前一种努力导致了新古典分配理论的动态化，后一种努力则形成了后凯恩斯的分配理论，即帕西内蒂定理。这一定理是通过假定工人与资本家两大阶级具有不同的储蓄倾向而引入储蓄率 s 的调整机制的，并且最终得出稳定状态下的收入分配主要取决于资本家的储蓄倾向、而与工人储蓄倾向无关的结

① Baranzini, M. (1982), "Can the Life-Cycle Help in Explaining Income Distribution and Capital Accumulation?", in M. Baranzini, ed. *Advances in Economic Theory*, Oxford: Blackwell, PP. 243-261.

② Pasinetti, L. L. (1989a), "Ricardian debt/taxation equivalence in the Kaldor theory of profits and income distribution", *Cambridge Journal of Economics*, Vol. 13, PP. 25-36.

③ Pasinetti, L. L. (1989b), "Government deficit expending is not incompatible with the Cambridge Theorem of the rate of profit: reply to Fleck and Domenghion", *JPKE*, Vol. 11, No. 4, PP. 641-647.

④ Paul Dalziel (1991), "A generalisation and simplification of the Cambridge Theorem with budget deficits", *Cambridge Journal of Economics*, Vol. 13, PP. 287-300.

⑤ Palley, T. (1996), "Inside debt, Aggregate Demand, and the Cambridge Theory of Distribution", *Cambridge Journal of Economics*, Vol. 20, PP. 465-474; Palley, T. (2002), "Financial Institution and the Cambridge Theory of Distribution", *Cambridge Journal of Economics*, Vol. 26, PP. 275-277.

⑥ Commendatore, Pasquale (2002), "Inside debt, aggregate demand, and the Cambridge theory of distribution: a note", *Cambridge Journal of Economics*, Vol. 26, PP. 269-274.

论。对于后凯恩斯的这种分配理论特别是它的储蓄假定，许多人提出质疑，除了萨缪尔森、莫迪格利亚尼、米德等人提出所谓反帕西内蒂定理以外，还有人（例如伯里斯和阿特金森）①②怀疑假定工人与资本家两大阶级的储蓄倾向在长期中始终恒定不变是否具有合理性，因为随着增长率与利率的变化理性的行为主体不可能不调整消费与储蓄决策。由于对于这后一种质疑目前尚缺少充分讨论，故要捍卫后凯恩斯分配理论的有效性就必须论证它在更为复杂的储蓄假定条件下的适用性问题。于是巴兰志尼便引入了生命周期储蓄的行为因素。

他假设了一个简单的二时期模型，该模型包含两个主体：一个资本家和一个工人。人口增长率外生给定为 g 。工人在 t 时期的工资为 W_t ，资本家在 t 时期的收入为 rB_{t-1} ，其中 B_{t-1} 为他在前期得到的遗产，r 为资产收益率，亦即均衡时的利息率。不论工人还是资本家，都寻求终生效用最大化。可以令 C_t^w 和 C_t^c 分别表示工人与资本家在 t 时期的消费，他们拥有相同的效用函数 $U(C_t) = (1/a)(C_t)^a$ ，其中 a 为效用函数的弹性，一般小于 1，这里为分析简便暂且假设它等于零。如果再令 φ 表示时间偏好率，或对于未来时期的消费的折现率，b 表示资本家所接受的遗产的折现率，则在上述假定下，有工人的效用最大化表达式：

$$\max \frac{1}{a}\left\{(C_t^w)^a + \frac{(C_{t+1}^w)^a}{1+\varphi}\right\}, \qquad (4.67)$$

$$\text{s.t. } W_t = C_t^w + \frac{C_{t+1}^w}{1+r},$$

和资本家的效用最大化表达式：

---

① Bliss, G. C. (1975), *Capital Theory and the Distribution of Income*, North-Holland, P. 138.

② Atkinson (1975), *The Economics of Inequality*, Oxford University Press, P. 179.

$$\max \frac{1}{a}\left\{(C_t^c)^a + \frac{(C_{t+1}^c)^a}{1+\varphi} + B_t^a \frac{1+g}{1+b}\right\}, \tag{4.68}$$

$$\text{s.t. } (1+r)\,B_{t-1} = C_t^c + \frac{C_{t+1}^c}{1+r} + (1+g)\,B_t,$$

运用拉格朗日极值方法求解 $C_{t+1}^{c,w}$、B_t 各自的最优值，得到：

$$C_{t+1}^{c,w} = C_t^{c,w}(1+r)^{1/(1-a)}(1+\varphi)^{1/(a-1)}, \tag{4.69}$$

$$B_t = C_t^c(1+b)^{1/(a-1)}, \tag{4.70}$$

$$C_{t+1}^c = B_t(1+b)^{1/(1-a)}(1+r)^{1/(1-a)}(1+\varphi)^{1/(a-1)}。 \tag{4.71}$$

将这些最优值代入资本家与工人的预算约束，分别有：

$$(1+r)\,B_t = C_t^c\{1+(1+r)^{1/(1-a)}(1+\varphi)^{1/(a-1)}+(1+g)(1+b)^{1/(a-1)}\}, \tag{4.72}$$

$$W_t = C_t^w\{1+(1+r)^{1/(1-a)}(1+\varphi)^{1/(a-1)}\}。 \tag{4.73}$$

从上述两式是不难得出两类主体的消费与储蓄路径的。例如，假设存在着平衡增长路线，如果工人没有跨代的资产，且不存在技术进步，则有：

$$\dot{k}_c = \dot{k}_w = \dot{k} = 0, \tag{4.74}$$

和

$$B_{t-1} = B_t = B^*。 \tag{4.75}$$

由于假设 $a=0$，则根据前面的(4.70)、(4.72)、(4.74)、(4.75)各式，便可以得到下面的均衡利息率或利润率公式：

$$r^* = g + (1+b)\frac{2+\varphi}{1+\varphi}。 \tag{4.76}$$

该式有这样几点主要含义：第一，均衡的利息或利润率 r^* 不依赖于生产函数的形式以及资本—劳动比率的值，它仅仅依赖于增长率和模型的参数值。这更倾向于证明帕西内蒂定理的有效性。第二，均衡利润率大于增长率，这个有趣的现象是本模型假定的一个必然结果，因为资本家一方面获得收入 rB_t，另一方面又留给后代遗产 gB_t，故他要维持正常生存就必须要求 r 大于 g。第三，根据所谓积累的黄金规则，当 $r^* = g$ 时有人均消费最大化。这个条件在这里将意味着 $b=-1$，或者 $\varphi=-2$，后者在理论上说不通，故只有前者成立，其含义是每一代人都有强烈地向后代赠与遗产的意愿。第四，模型假设的是工人与资本家具有同样的行为参数，如果假设他们的行为参数不同，则均衡利润率将完全不依赖工人的行为参数。这些含义表明，在考虑终生储蓄与消费优化的条件下，帕西内蒂定理所揭示的分配机制并没有失效。

上面省却了工人的跨代资产转移问题。如果考虑到工人也有不同代之间的金融资产转移问题，上述结论会有哪些变化呢？巴兰志尼进一步探讨了这个问题。假设用 B^w 表示工人遗留给下一代的遗产，则上面的(4.67)式可以重新写成：

$$\max \frac{1}{a}\left\{(C_t^w)^a + \frac{(C_{t+1}^w)^a}{1+\varphi} + \frac{1+g}{1+b_w}(B_t^w)^a\right\}, \tag{4.77}$$

$$\text{s.t. } W_t + (1+r)B_{t-1}^w = C_t^w + \frac{C_{t+1}^w}{1+r} + B_t^w(1+g)\text{。}$$

其中 b_w 表示工人遗赠财产的折现率。按照上面的推导程序，这时可以得到两个均衡的利润率数值，一个是对于工人而言的(r_w^*)，另一个是对于资本家而言的(r_c^*)：

$$r_w^* = \left\{g(1+b_w)\frac{2+\varphi}{1+\varphi}\right\}\frac{B^w}{B^w + ((1-X_p)/X_pK)}, \tag{4.78}$$

$$r^* = g + (1+b_c)\frac{2+\varphi}{1+\varphi}\text{。} \tag{4.79}$$

其中 B^w 表示工人的跨代资本存量，X_p 表示利润占总收入的份额，b_w、b_c 分别表示工人与资本家遗产馈赠的折现率。很明显，这时两个均衡利润率是不一样的。因此，要同时将两个阶级纳入均衡增长路线的分析框架，显然需要满足下列条件中的某一个：第一，或者令 B^w 等于零，而这在技术进步率较快或者工人预期工资率不断提高的情况下，并不是不可能的。第二，或者令两个阶级对于遗产的主观折现率不一样，即令 $b_w \gg b_c$，表明资本家馈赠遗产的意愿远比工人强烈得多。这似乎也是有道理的。第三，还可以假设均衡利润率对于两个阶级不同：资本家的均衡利润率将要比工人的均衡利润率高，即 $r_w^* < r_c^*$，这时均衡的利润率将是这两个利润率的加权平均值，即 $r_w^* < r^* < r_c^*$。第二种情况似乎最值得重视。不过，不论哪一种情况，都表明即使是在考虑到生命周期储蓄行为或者效用最大化的条件下，均衡利润率的决定也与生产函数的形式以及工人的储蓄行为毫无关系。这既否定了新古典的边际主义分配论，又证实了后凯恩斯分配理论即帕西内蒂定理的有效性。

下面我们再来看在引入政府税收与支出活动的条件下，关于帕西内蒂定理或剑桥分配定理有效性问题的讨论。原始的剑桥分配理论基本上限于两部门分析，没有涉及政府部门的活动，而在现代市场经济条件下显然是不能忽略政府活动的经济影响的。因此，人们自然关心，如果考虑到政府的税收与支出因素，帕西内蒂定理所揭示的关系是否仍然有效。斯蒂德曼（Steedman）在20世纪70年代最先考虑到这一问题，他曾经论证了在政府维持预算平衡的条件下，帕西内蒂定理仍然有效。① 之后，人们又进一步探讨如果政府的预算收支不平衡，会出现什么结果。弗莱克（Fleck）和多梅吉诺（Domengihno）等人的研究表明，这时帕西内蒂定理将失效。② 而帕西内蒂、达尔齐尔等人则分别以不同方式证明了，在

① I. Steedman(1972), "The state and the outcome of the Pasinetti process", *Economic Journal*, Vol. 82, No. 328, PP. 1387-1395.

② Fleck and Domengihno (1990), "Government activity does invalidate the 'Cambridge Theorem of the rate of profit'", *JPKE*, Vol. 12, PP. 487-497.

政府预算不平衡的条件下帕西内蒂定理的普遍有效性本质上并没有改变。

帕西内蒂指出,将剑桥分配定理扩展到包括政府税收与支出活动的情况下是完全可能的。先从下面的宏观经济等式开始:

$$Y = C + I + G = W + P_w + P_c \,, \tag{4.80}$$

其中各变量依次代表总收入、消费、投资、政府支出、总工资、归工人的利润、归资本家的利润。若令 s_w 、s_c 、s_t 分别代表工人、资本家、政府各自的储蓄倾向,T 为总税收收入,则对于政府有:$G = (1 - s_t) T$ 。再令 t_w 、t_p 分别代表工资与利润收入的所得税(直接税)税率,t_i 代表对所有主体的消费支出课征的间接税税率,则政府税收收入可以写成:

$$\begin{aligned} T = {} & t_w W + t_p P_w + t_p P_c \\ & + t_i[(1 - s_w)(1 - t_w) W + (1 - s_w)(1 - t_p) P_w + (1 - s_c)(1 - t_p) P_c + G] \,, \end{aligned} \tag{4.81}$$

将 $G = (1 - s_t) T$ 代入上式,经过整理得:

$$\begin{aligned} T = {} & a\{t_w W + t_p P_w + t_p P_c \\ & + t_i[(1 - s_w)(1 - t_w) W + (1 - s_w)(1 - t_p) P_w + (1 - s_c)(1 - t_p) P_c]\} \,, \\ & (a = [1 - t_i(1 - s_t)]^{-1}) \end{aligned} \tag{4.82}$$

现在考虑储蓄因素。由于工人、资本家、政府三类主体的储蓄 S_w 、S_c 、S_g 分别为:$S_w = s_w(W + P_w - t_w W - t_p P_w)$,$S_c = s_c(P_c - t_p P_c)$,$S_g = s_t T$,所以社会总储蓄可以写成:

$$\begin{aligned} S = {} & \{s_w(1 - t_w) + s_t a[t_w + t_i(1 - s_w)(1 - t_w)]\} W \\ & + \{s_w(1 - t_p) + s_t a[t_p + t_i(1 - s_w)(1 - t_p)]\} P_w \\ & + \{s_c(1 - t_p) + s_t a[t_p + t_i(1 - s_c)(1 - t_p)]\} P_c 。\end{aligned} \tag{4.83}$$

如果政府维持平衡预算,即 $s_t = 0$,则上式中三个大括号内的第二项都等于零,总储蓄完全取决于私人储蓄行为。这时,$s_w(1 - t_w)$ 、$s_w(1 - t_p)$ 、$s_c(1 - t_p)$ 可以分别被视为在扣除所得税以后的工资收入、工人所得利润收入、资本家所得利润收入的储蓄倾向,由于通常来说有 $t_p > t_w$,所以有 $s_w(1 - t_w) > s_w(1 - t_p)$,即工人的税后工资收入储蓄倾向大于其税后利润收入储蓄倾向。根据上面的关系式,再加上稳定均衡状态时各阶级储蓄与其资本保持固定比例的关系:$S_w/K_w = S_c/K_c = S/K$(其中 K_w 、K_c 分别表示工人与资本家所有的资本量),就可以导出稳定增长状态下的利润率决定公式:

$$r = \frac{1}{s_c(1 - t_p)}g \text{。} \tag{4.84}$$

上式的含义是,利润率等于增长率与税后净利润储蓄倾向的比值,或者说,税后净利润率等于增长率与利润储蓄倾向的比值。显然,它就是在考虑到税收条件下的剑桥分配定理或帕西内蒂定理的具体表现形式。而这时除非做出 $t_w = t_p$ 的特殊假定(这个假定显然是不现实的),否则萨缪尔森、莫迪格利亚尼、米德等提出的所谓反帕西内蒂定理将不再有任何存在的空间了。这进一步显示了前者所具有的科学生命力,反证了后者的理论脆弱性。帕西内蒂指出,利润与利润率的决定之所以独立于税收,原因就在于在均衡增长路线上,在扣除资本家消费需要以及政府税收以后的利润必须足以产生能够为维持充分就业的投资所需要的储蓄量。这实际上也是剑桥分配理论的基本思想,它表明利润及利润率的决定与工人的储蓄行为无关。

上面考察的是政府维持预算平衡时的情况。如果政府的预算不平衡,会发生什么情况呢?预算不平衡既可能表现为预算盈余,即 $s_t > 0$,也可能表现为预算赤字,即$s_t < 0$。帕西内蒂集中考察预算赤字的情况。此时将有$G > T$和$s_t < 0$,

故前面(4.83)式中各个大括号中的第二项不再等于零,而是变成负数。这意味着政府的负储蓄将会挤掉私人方面的一部分储蓄。具体来说,如果令 s'_{ww}、s'_{wc}、s'_{c} 分别表示在政府出现预算赤字以后工人工资收入的储蓄倾向、工人利润收入的储蓄倾向、资本家利润收入的储蓄倾向,则有下列三个表达式:

$$\left.\begin{aligned} s'_{ww} &= s_w(1-t_w) + s_t a[t_w + t_i(1-s_w)(1-t_w)], \\ s'_{wc} &= s_w(1-t_p) + s_t a[t_p + t_i(1-s_w)(1-t_p)], \\ s'_{c} &= s_c(1-t_p) + s_t a[t_p + t_i(1-s_c)(1-t_p)]。 \end{aligned}\right\} \quad (4.85)$$

它们被称为“矫正的储蓄倾向”。根据前面关于 $t_p > t_w$ 的假定,将有 $s'_{ww} > s'_{wc}$。现在需要分析,它们在上面条件下能否合理地替代各个原始的储蓄倾向。为此,要引入李嘉图等价定理。政府预算赤字无外乎通过两种途径来弥补:增发货币和发行公债。增发货币无疑是等于在原有税收基础上再对国民施加一种通货膨胀税,它只是使私人方面的储蓄进一步等比例地减少,就像前面(4.83)式中最初政府增加税收对私人储蓄所产生的影响一样,而丝毫不影响模型中的实际变量。故这时用 s'_{ww}、s'_{wc}、s'_{c} 这三个矫正的储蓄倾向来代替原来的三个私人收入储蓄倾向,将丝毫也不会影响模型包含的实际变量关系。再来看发行公债(主要考虑内债亦即封闭经济)的情况。发行公债产生了公债利息问题。这时社会成员充当了双重角色:一方面,他们作为纳税人按其税赋比例而相应地成为政府的债务人;另一方面,他们由于让渡其部分储蓄来购买公债又成为政府的债权人。而从社会总体平衡的角度来看,每个储蓄者所积累的储蓄额度必须要达到足以能够履行他或她对于公债所承担的额度的水平。换言之,每个储蓄者因为发行公债而让渡出去的储蓄一定要等于上面公式(4.85)中各个等式中的第二项数值。这里边体现了李嘉图的一个重要思想:发行公债与征税最终对于纳税人来说具有同样的后果,这个思想在晚近又被称之为“李嘉图等价定理”(Ricardian Equivalence Theorem)。帕西内蒂指出,虽然新古典主义的某些学者力图运用李嘉图等价定理来为其跨时效用最大化等新古典命题提供论证,但是后凯恩斯分配理论却绝不是在这种意义上使用这一假定的,在这里储蓄率一旦给定就保持不变,而没有新古典理论那种完全理性的调整机制。而根据李嘉图本来的思想,在发行公债的情况下,用 s'_{ww} 、s'_{wc} 、s'_c 这三个矫正的储蓄倾向来代替原来的三个私人收入储蓄倾向显然也不影响剑桥分配模型所揭示的实际变量关系。

这样,就可以把前面(4.83)式的总储蓄写成:

$$S = s'_{ww}W + s'_{wc}P_w + s'_cP_c \ , \tag{4.86}$$

根据稳定均衡状态时各阶级储蓄与其资本保持固定比例的关系,自然就可以导出稳定增长状态下的利润率决定公式:

$$r = \frac{1}{s'_c}g \ 。 \tag{4.87}$$

(4.87)式中的 s'_c 是同时相对于利润税与政府赤字支出进行了矫正以后的资本家储蓄倾向。该式表明,在给定税率与政府赤字支出的条件下,均衡的利润率必须达到能够使其储蓄量刚好等于均衡增长的投资所要求的水平。因此,剑桥分配定理并没有因为引入政府的预算因素(不论是平衡预算,还是不平衡预算)而发生任何实质性变化。

达尔齐尔力图从几个方面进一步扩展帕西内蒂的上述分析。最主要的是,他考虑了在政府与公债持有人之间的利息流量。此外,他还考察了李嘉图等价定理不成立时的情况,并且引入了包含资本品交易税在内的更普遍意义上的间接税因素。具体来说,如果令 D 表示公债总量, A_w 、A_c 分别表示由工人和资本家持有的公债量，r 表示公债收益率（且令它等于利润率），P_j 表示归 j 类主体的利润收入，R_j 表示归 j 类主体的公债利息收入（$j = w, c, g$ 分别表示工人、资本家、政府三类主体，且有：$R_w = rA_w$，$R_c = rA_c$，$R_g = -rD$），T_i 表示政府的间接税收入，则宏观经济等式可以写成：

$$Y = W + P_w + P_c + P_g + (R_w + R_c + R_g) + T_i \text{，} \tag{4.88}$$

将利润与利息合并起来用 Π 表示，则有：

$$Y = W + \Pi_w + \Pi_c + \Pi_g + T_i \text{。} \tag{4.89}$$

若令 t_w 表示工资所得税率，t_p 表示利润及利息所得税率，T_d 表示直接税收入，T 表示税收总收入，即 $T = T_d + T_i$，则在假设政府利润收入 P_g 为零（为分析简便）的条件下，(4.89)式又可写成：

$$Y = [(1 - t_w)W + (1 - t_p)\Pi_w] + [(1 - t_p)\Pi_c] + [T - rD] \text{。} \tag{4.90}$$

现在引入储蓄行为，令 s_w、s_c、s_g 分别表示工人的工资和利润收入、资本家的利润收入、政府税收收入的储蓄倾向，$\sigma_j(j = w, c, g)$ 分别表示工人、资本家、政府三类不同主体在利息收入方面的储蓄倾向，S_w、S_c、S_g 表示相应的储蓄额，则工人、资本家与政府三类主体各自的总储蓄分别为：

$$\left.\begin{aligned} S_w &= s_w[(1 - t_w)W + (1 - t_p)P_w] + \sigma_w(1 - t_p)R_w \text{，} \\ S_c &= s_c(1 - t_p)P_c + \sigma_c(1 - t_p)R_c \text{，} \\ S_g &= s_g T' - \sigma_g(1 - t_p)rD \text{，}^{①} \end{aligned}\right\} \tag{4.91}$$

① T' 是税收总额剔除公债利息收入所得税（$t_p \cdot r \cdot D$）以后的部分，即 $T' = T - t_p rD$。故而有：$T - rD = T' - (1 - t_p)rD$。这样，政府的收入实际上就分成一般的直接、间接税收入和在公债利息上的收入（支付公债利息对政府是负收入，而对该利息征税又使政府获得正收入）这样两部分收入，它们的储蓄倾向分别是 s_g 和 σ_g，于是可得上面(4.91)式中的第三个表达式。

为了将上面三式加总以求得总储蓄表达式，达尔齐尔又给出一些具体规定：令 t_c 代表与消费支出相联系的间接税率，t_k 代表与资本品或投资支出相联系的间接税率，于是可以来展开表达 T'：

$$
\begin{aligned}
T' &= t_w W + t_p P_w + t_p P_c \\
&+ t_c\{(1-s_w)(1-t_w)W+(1-s_w)(1-t_p)P_w+(1-\sigma_w)(1-t_p)R_w+(1-s_c)(1-t_p)P_c \\
&+ (1-\sigma_c)(1-t_p)R_c + (1-s_g)T' - (1-\sigma_g)(1-t_p)rD\} \\
&+ t_k\{s_w(1-t_w)W + s_w(1-t_p)P_w + \sigma_w(1-t_p)R_w + s_c(1-t_p)P_c + \sigma_c(1-t_p)R_c \\
&+ s_g T' - \sigma_g(1-t_p)rD\},
\end{aligned}
\tag{4.92}
$$

将该式再按照职能收入范畴而不是税收类别整理一下，其中的公债利息一项 rD，可以用工人与资本家得到的公债利息收入总和 $(R_w + R_c)$ 来替换，这样便可以得出下式：

$$
\begin{aligned}
T' = \alpha\{&[t_w + (1-t_w)(s_w t_k + (1-s_w)t_c)]W \\
&+ [t_p + (1-t_p)(s_w t_k + (1-s_w)t_c)]P_w \\
&+ [t_p + (1-t_p)(s_c t_k + (1-s_c)t_c)]P_c \\
&+ [(\sigma_w - \sigma_g)(t_k - t_c)](1-t_p)R_w \\
&+ [(\sigma_c - \sigma_g)(t_k - t_c)](1-t_p)R_c\},
\end{aligned}
\tag{4.93}
$$

其中，$\alpha = [1 - t_c + s_g(t_c - t_k)]^{-1}$，代表由于政府也要对自己的日常支出课征间接税而产生的税收乘数，它与上面帕西内蒂论证中的 a 含义基本相同。将(4.93)式代入(4.91)式中的第三个表达式，并把(4.91)式中的各个等式相加，可以得到总储蓄表达式：

$$
\begin{aligned}
S = & \{s_w(1-t_w) + s_g\alpha[t_w + (1-t_w)(s_w t_k + (1-s_w)t_c)]\}W \\
& + \{s_w(1-t_p) + s_g\alpha[t_p + (1-t_p)(s_w t_k + (1-s_w)t_c)]\}P_w \\
& + \{s_c(1-t_p) + s_g\alpha[t_p + (1-t_p)(s_c t_k + (1-s_c)t_c)]\}P_c \qquad (4.94) \\
& + \{(\sigma_w - \sigma_g) + s_g\alpha[(\sigma_w - \sigma_g)(t_k - t_c)]\}(1-t_p)R_w \\
& + \{(\sigma_c - \sigma_g) + s_g\alpha[(\sigma_c - \sigma_g)(t_k - t_c)]\}(1-t_p)R_c\text{。}
\end{aligned}
$$

这里的总储蓄(4.94)式是对前面帕西内蒂的总储蓄(4.91)式的更普遍的推广。一方面,它引入了资本品交易的间接税,从而包含了两个间接税率;另一方面,更重要的是,它还考虑到了利息支付对于储蓄的影响问题。如果令 $t_k = 0$,即舍掉了资本品的间接税率,同时令 $R_w = R_c = 0$,或者 $\sigma_w = \sigma_c = \sigma_g$,即假设不存在公债利息因素,那么(4.94)式就与前面帕西内蒂的(4.91)式完全相同。

达尔齐尔进而分析了在政府赤字预算条件下,剑桥分配定理仍然有效的道理。他指出,如果政府是通过发行货币来为赤字融资,那么将有 $s_g < 0$,这意味着对于任何一类收入范畴来说,从整个社会来看的储蓄倾向都要低于该类收入主体的自我储蓄倾向,例如,对于资本家的利润,资本家个人原来的储蓄倾向为 $s_c(1-t_p)$,而在赤字条件下社会得自资本家利润的实际储蓄部分,将由帕西内蒂在前面(4.93)式中提出的经过矫正的资本家利润储蓄倾向 s'_c 给出。这主要是政府赤字吞噬了部分社会储蓄的结果。帕西内蒂认为增发货币所产生的通货膨胀税将与公开的税收成比例,故而可以用矫正后的储蓄倾向直接代替原来的储蓄倾向,由此就可以保证剑桥分配定理的有效性。然而达尔齐尔认为,可以用更简便的方法来证明帕西内蒂所期望的结论。设 ρ 表示通货膨胀率,则通胀后私人储蓄与社会总储蓄的关系可以用下式来表示:

$$(1+\rho)=\frac{S_w+S_c}{S}=\frac{S_w+S_c}{S_w+S_c+S_g}。\quad(4.95)$$

假设这一通胀率使工人与资本家的实际收入进而使他们各自的实际储蓄等比例减少,则在稳定均衡状态资本家持有的资本占总资本的份额为:

$$\frac{K_c}{K}=\frac{S_c/(1+\rho)}{S}=\frac{s_c(1-t_p)P_c/(1+\rho)}{I},\quad(4.96)$$

整理该式,记住其中 $I/K=g$ 和 $P_c/K_c=r$ 的关系,则有:

$$\frac{r(1-t_p)}{(1+\rho)}=\frac{g}{s_c},\quad(4.97)$$

(4.97)式左边显然是扣除所得税以及剔除通货膨胀因素以后的实际利润率。因此,从实际利润率和实际收入分配的角度来说,这时起作用的正是剑桥分配定理。

如果政府是通过发行公债融资,情况稍微复杂一点。从前面(4.91)式中的第三个等式可知,政府赤字意味着 $s_g<0$。这时,如果 $\sigma_g=0$,意味着政府将通过减少消费支出来偿还公债利息,从而政府的总赤字规模将保持不变。如果 $\sigma_g=1$,意味着政府将用发新债来还旧债,从而总赤字按照公债规模而增加。如果 $0<\sigma_g<1$,则处于上述两种情况中间。根据李嘉图等价原理,如果政府债务增加,将预示其未来税收要增加,所以国民方面将要储蓄等量的额度以应付这种纳税负担。这意味着有 $\sigma_w=\sigma_g$ 和 $\sigma_c=\sigma_g$,从而前面(4.94)式中的后两项便消掉了。另外,这时由于政府负储蓄[即(4.94)式中各个大括号里的第二项]的影响,工人与资本家的工资与利润收入的储蓄倾向也要受到“矫正”,他们也要增加储蓄额以应付这部分政府负储蓄可能在未来导致的税收负担。就资本家来说,他们这时实际的储蓄倾向如果按照帕西内蒂的表述将有:$s'_c=s_c(1-t_p)+s_ta[t_p+t_i(1-s_c)(1-t_p)]$;如果按照达尔齐尔的表述将有:$s'_c=s_c(1-t_p)+$

$s_g\alpha[t_p+(1-t_p)(s_ct_k+(1-s_c)t_c)]$ 。这样,在达尔齐尔分析的具体条件下就会得到与前面帕西内蒂的(4.87)式完全相同的结果。

在此基础上,达尔齐尔又试图释放假定,考察在李嘉图定理不成立的情况下会出现什么结果。这时,政府在稳定状态下的预算赤字将通过向那些自愿购买公债的人们发行公债来融资。这种情况能够成立的条件是,单个人将资本和债权视为完全可以和储蓄相替代的东西。为简便起见,假设人们的利息储蓄倾向与其他类别收入的储蓄倾向相同,即 $\sigma_w=s_w$ 、$\sigma_c=s_c$ 、$\sigma_g=s_g$,则政府的总储蓄(负值)可以写成: $S_g=s_g(T-rD)$ 。该式令公债规模等量地减少政府的储蓄水平,故保证了公债增长路线的稳定性。在上述假定下,社会总储蓄可以写成简化形式:

$$S=s'_{ww}W+s'_{wc}\Pi_w+s'_c\Pi_c-s_g\alpha rD\ , \tag{4.98}$$

其中 s'_{ww} 、s'_{wc} 、s'_c 均为矫正后的储蓄倾向。该式表明,稳定均衡条件下的总储蓄在减去政府的负储蓄(亦即它的新公债发行量)之后,应该等于总投资。根据前面关于公债利率等于一般利润率的假定,以及刚刚给出的关于资本、债权与储蓄可以相互替代的假定,可以建立下面两式:

$$r=\frac{P_c}{K_c}=\frac{R_c}{A_c}=\frac{\Pi_c}{K_c+A_c}\ , \tag{4.99}$$

$$\frac{K_c+A_c}{K}=\frac{S_c}{S}\ 。 \tag{4.100}$$

由此便可以简单地推导出剑桥定理:

$$r=\frac{\Pi_c}{K_c+A_c}=\frac{\dfrac{\Pi_c}{K}}{\dfrac{(K_c+A_c)}{K}}=\frac{\dfrac{\Pi_c}{K}}{\dfrac{S_c}{S}}=\frac{\dfrac{\Pi_c}{K}}{\dfrac{s_c(1-t_p)\Pi_c}{I}}=\frac{1}{s_c(1-t_p)}\frac{I}{K}=\frac{g}{s_c(1-t_p)}\ , \tag{4.101}$$

该式与前面(4.97)式本质上一样,只是这里反映的是无通胀的情况。达尔齐尔认为,上述论证使剑桥分配定理更加普遍化了。这里虽然附加了一些条件,但是其基本的理论机制与原始的帕西内蒂论述是一样的,这就是储蓄的收益率对于所有的储蓄者必然是一样的,即必须满足

$$\frac{\Pi_w}{S_w}=\frac{\Pi_c}{S_c}=\frac{\Pi_g}{S_g}, \tag{4.102}$$

而它又蕴涵了下式:

$$\frac{\Pi_w}{s_w[(1-t_w)W+(1-t_p)\Pi_w]}=\frac{\Pi_c}{s_c(1-t_p)\Pi_c}=\frac{-rD}{s_g(T-rD)}。 \tag{4.103}$$

由于资本家得到其储蓄的全部收益,他们的税后储蓄倾向便决定了整个经济的储蓄收益率,所以收入分配必然要调整到这样的程度,即必须保证满足下面两个条件:

$$s_w[(1-t_w)W+(1-t_p)\Pi_w]=s_c(1-t_p)\Pi_w, \tag{4.104}$$

$$s_g(T-rD)=-s_c(1-t_p)rD。 \tag{4.105}$$

也就是说,归工人的利润或利息份额一定要达到这样一种程度,它使得工人的储蓄这时刚好等于如果这些利润或利息归资本家所有时所可能有的储蓄量。而由政府支付的利息一定要达到这样一种水平,它使得政府的负储蓄刚好等于如果资本家拥有了那个从其税前利润中扣除的利息量将会发生的储蓄损失。这样一来,达尔齐尔就在更为详细展开的程度上证实了剑桥分配定理的普遍有效性。

如果说前面几位学者通过分别引入终生储蓄与政府储蓄与政府预算的因素,是旨在说明帕西内蒂定理即使在考虑到这些现实具体条件的情况下也具有普遍适用性的话,那么帕里引入金融市场债务问题则试图表明在这种情况下帕

西内蒂定理可能需要某种修正。帕里在其 1996 年的一篇文章中①将内债亦即工人通过银行货币信用向资本家借债这一情况引入经济分析,试图考察这一因素对于总需求以及收入分配的影响,进而探究其对于后凯恩斯学派的分配理论模型即帕西内蒂定理的影响。这里我们主要关注后一个方面,即对于分配的影响问题。帕里指出,现实中工人可能常常举债支出,这种债务是通过经营信贷货币业务的银行体系来实现的,它并不直接涉及货币在资本家与工人之间的直接转移,故工人债务的增加并不就意味着资本家手头资金的减少,或者说工人消费的增加并不就意味着资本家消费的减少。一般地,可以把工人与资本家都按照年龄大小分成两个群体:年轻的工人与年老的工人,和年轻的资本家与年老的资本家。工人年轻时借债,年老时偿还,由此导致不同年龄段的工人群体的消费模式不尽相同。资本家不论年轻还是年老都获得利润和债务的利息收入,不过他们各自的消费与储蓄倾向也可能不同。这样,可以建立下面一些关系式:

$$P_1^c + P_2^c + P^w = P \, , \tag{4.106}$$

$$K_1^c + K_2^c + K^w = K \, , \tag{4.107}$$

$$\frac{S_j}{S} = \frac{K_j}{K} = \frac{P_j}{P} = z_j \; (0 < z_j < 1, j = 1,2,w) \tag{4.108}$$

其中, P 表示利润, K 表示资本存量, S 表示储蓄,上脚标 c 、w 分别表示归于资本家的变量和归于工人的变量,下脚标 1、2 则分别表示(无论是资本家还是工人的)年轻一代和年老一代, z_j 表示 j 群体资本家拥有的储蓄、资本以及利润分别占总储蓄、总资本和总利润的比例,在稳定均衡状态这三个比例是相等的,故表达成一个式子。根据帕西内蒂定理关于在稳定均衡状态各阶级的储蓄

① Palley, T. (1996), "Inside debt, Aggregate Demand, and the Cambridge Theory of Distribution", *Cambridge Journal of Economics*, Vol. 20, PP. 465–474.

量将与其资本量保持相等的原则，如果令 I 代表总投资或资本增量，则对于资本家阶级将有：

$$(z_1 + z_2) I = S_1^c + S_2^c, \tag{4.109}$$

再令 $s_j^c = (1 - c_j^c)\ (j = 1,2)$ 代表不同代资本家的储蓄倾向，B 代表现存债务存量，i 代表债务利息率，则上式变成：

$$(z_1 + z_2) I = (s_1^c z_1 + s_2^c z_2)(P^c + iB) 。 \tag{4.110}$$

从工人方面看，令 N_1 和 N_2 分别代表年轻与年老的工人数，N 为工人总数，g 代表人口增长率，则有 $N_1 + N_2 = N$，和 $N_1/(1 + g) = N_2$。N_1 中的借债人所占的比例为 $q(0 < q < 1)$，每个债务人的平均债务量为 b，其到期的债务负担总额为 $b(1 + i)$，设债务负担总额与工资收入 w 的比例为 v，它又叫做工人的借债倾向(propensity to borrow)，则平均一个工人的债务量为 $b = vw/(1 + i)$ 。于是，债务总存量为：

$$B = \frac{vwqN_2}{(1 + i)} ①, \tag{4.111}$$

将(4.111)式代入(4.110)式，整理得：

$$\frac{P}{K} = \frac{(z_1 + z_2) I}{(s_1^c z_1 + s_2^c z_2) K} - \frac{ivwqN}{(1 + i)(2 + g) K}, \tag{4.112a}$$

$$\frac{P}{Y} = \frac{(z_1 + z_2) I}{(s_1^c z_1 + s_2^c z_2) Y} - \frac{ivwqN}{(1 + i)(2 + g) Y}。 \tag{4.112b}$$

---

① 注意：这里关于债务总存量的表达似乎有误，正确的计量应该是以 N_1 为基础，而不是以 N_2 为基础，即：$B = vwqN_1/(1 + i)$ 。因而，对于随后的公式推导，也就会得出不同的结果。比如，如果将 N 代入 B 的表达式，将有 $B = \frac{vwqN(1 + g)}{(1 + i)(2 + g)}$，这与原作者的表达式 $B = \frac{vwqN}{(1 + i)(2 + g)}$ 是不同的。不过，对于这里所要讨论的问题而言，这个差别是无关宏旨的。

为简单见，假设两类资本家储蓄倾向相同，即 $s_1^c = s_2^c = s^c$ ，则上面两式变成：

$$\frac{P}{K} = \frac{I}{K} \cdot \frac{1}{s^c} - \frac{ivwqN}{(1+i)(2+g)K}, \tag{4.112c}$$

$$\frac{P}{Y} = \frac{I}{Y} \cdot \frac{1}{s^c} - \frac{ivwqN}{(1+i)(2+g)Y}。 \tag{4.112d}$$

很明显，如果不存在工人的借债行为，即 $q = 0$，那么上两式立刻就变成：

$$\frac{P}{K} = \frac{I}{K} \cdot \frac{1}{s^c}，和 \frac{P}{Y} = \frac{I}{Y} \cdot \frac{1}{s^c}。$$

这就是原来的帕西内蒂定理，或作为后凯恩斯分配理论核心的剑桥模型。然而，当考虑到工人举债的现实因素以后，即 $q > 0$ 时，利润率与利润份额的决定将不再与剑桥模型完全一致了。而之所以出现这种差别，原因就在于工人举债的行为。因此，帕里认为，当引入现实的金融借贷因素以后，帕西内蒂定理就不再严格有效了，需要对它做出一点修正。

然而，有些经济学家不同意帕里的观点。例如，帕斯奎尔·科芒达托尔（Pasquale Commendatore）就曾对帕里的论述进行过评论，他认为帕里的推导存在疏漏，如果缜密地推导，就可以消除上面帕里的公式（4.112a）、（4.112b）、（4.112c）、（4.112d）中的"尾巴"，回到原来的帕西内蒂定理。帕斯奎尔·科芒达托尔指出，帕里的论证中存在一个疏漏，这就是他没有考虑到，如果资本家连续地以他们的储蓄向年轻的工人群体放债，那么他们自己就必然会连续地积累起债权。这意味着：在稳定均衡状态下，如果对于工人来说存在着其支出大于储蓄的所谓"超额支出"，那么对于资本家来说就恰好存在着等量的"超额储蓄"，这是帕里上面的（4.110）式所没有考虑到的。如果考虑到这个因素，那么在引入工人借债行为的条件下帕西内蒂定理仍然严格有效。

具体来说，在保持与前面若干假设和符号规定相同的条件下，将有总收入表

达式:

$$Y = wN + rK,（r \text{代表利润率}） \tag{4.113}$$

和工人的储蓄方程:

$$S_1^w + S_2^w = s_1^w wN_1 + s_2^w(wN_2 + rK^w - iB), \tag{4.114}$$

以及资本家的储蓄方程:

$$S_1^c + S_2^c = s_1^c z_1^c(rK^c + iB) + s_2^c z_2^c(rK^c + iB)。 \tag{4.115}$$

在稳定增长状态下,各阶级的储蓄将等于他们的财富积累(以 W 表示),所以对工人与资本家将分别有:

$$S_1^w + S_2^w = gW_1^w + gW_2^w = gW^w, \tag{4.116}$$

$$S_1^c + S_2^c = gW^c = (z_1 + z_2)gK + gB = gK^c + gB, \tag{4.117}$$

因为年轻的工人是负储蓄,而年老的工人是正储蓄,所以有 $W_1^w = -B$, $W_2^w = K^w$,借此可以把(4.116)与(4.117)式隐含的关系明白地表达出来:

$$S_1^w + S_2^w - gK^w = -gB, \tag{4.118}$$

$$S_1^c + S_2^c - gK^c = gB, \tag{4.119}$$

这两个公式的含义是,工人支出超过储蓄的数额(它造成了内债),将由资本家为购买工人的债务契约所必需的超额储蓄所补偿。这正是帕里前面的公式所没有考虑到的。根据公式(4.115)到(4.117),可以得出下式:

$$g(K^c + B) = (s_1^c z_1 + s_2^c z_2)(rK^c + iB), \tag{4.120}$$ ①

① 将该式与前面帕里的公式(4.110)对比一下,可以发现二者之间在资本或财富存量项上差了一个 gB,即帕里的公式没有考虑到资本家的超额储蓄对于其资本或财富存量的影响,而帕斯奎尔·科芒达托尔考虑了这种影响。具体来说,如果将前面帕里的公式(4.110)两端同时乘以 K^c/K,则该式变成 $(z_1 + z_2)gK^c = (s_1^c z_1 + s_2^c z_2)(P^c + iB)(K^c/K)$,因为 $(z_1 + z_2) = (K^c/K)$,所以有:$gK^c = (s_1^c z_1 + s_2^c z_2)(P^c + iB) \Rightarrow gK^c = (s_1^c z_1 + s_2^c z_2)(rK^c + iB)$。

如果 $K^c + B > 0$，根据上式可以得出利润率表达式：

$$r = \frac{g}{s_1^c z_1 + s_2^c z_2} - \left(i - \frac{g}{s_1^c z_1 + s_2^c z_2}\right)\frac{B}{K^c} \tag{4.121}$$

假定利润率在均衡时等于利息率，即 $r = i$，则有：

$$r = \frac{g}{s_1^c z_1 + s_2^c z_2}, \tag{4.122}$$

而如果有 $s_1^c = s_2^c = s^c$，上式直接就变成了剑桥方程式，$r = g/s^c$。所以，引入工人借债的因素并不改变帕西内蒂定理的有效性。

对于帕斯奎尔·科芒达托尔的上述推论，帕里做出了回应。他指出，他与帕斯奎尔·科芒达托尔之间存在的差异，亦即公式(4.109)与公式(4.119)、或公式(4.110)与(4.120)之间的差别，实质上反映的是二者对于信贷市场或金融组织的性质以及运行方式的看法不同。帕斯奎尔·科芒达托尔假设的是一种可贷资金类型的金融市场，在那里贷款人直接将资源转移给借款人。在那种背景下，其结果确实如帕斯奎尔·科芒达托尔所推论的那样，即公式(4.119)与(4.120)有效。而他本人的分析则是以能够内生地产生银行信用货币的信贷市场为依据的，在这种背景下，并不需要资本家阶级直接储蓄去为工人的借债融资。具体来说，工人从银行接受信用货币贷款，然后用这些货币进行消费支出。进而这些货币又流入出卖物品的厂商那里，再用于要素购买和支付等等。通过这种方式，贷款便充分发散了。由此，银行创造货币的能力免除了资本家为工人借款而直接储蓄的必要。这时，将是公式(4.109)与(4.110)有效。帕里认为，就实际情况来看，显然后一种假定更符合现实情况，而且它也是与后凯恩斯学派一直强调的内生货币供给思想相一致的。因此，考虑到现实金融市场的特点，对于后凯恩斯分配模型做出一点必要的修正也是明智的。不过，尽管存在这种差别，他们对于帕西内蒂定理所包含的分配思想的主旨从根本上说是保持一致而没有疑义的。

4.2.5　关于收入分配理论的若干经验研究

运用各种经验研究方法对以往后凯恩斯学派的分配理论进行经验实证研究工作,是近年来后凯恩斯经济学分配理论研究进展的组成部分之一。根据第2章关于后凯恩斯经济学的方法论评析,我们已知后凯恩斯经济学家与主流派不同的一个重要方面,就是他们的主导思想与基本倾向是强调理论检验的标准应该是现实,尽管在如何界定所谓现实的真正内涵以及如何实施这种检验等等具体问题上,他们之间意见并不一致。这样,在各个主要的经济理论领域从事经验研究以便对既往的理论(既包括后凯恩斯经济学本身的理论,也包括它所反对的主流派的理论)进行检验,就成为后凯恩斯经济学家面临的一项重要任务。而分配理论方面的经验研究则成为其整个经验研究中的一个重点。

关于收入分配方面的经验研究工作之一,是对于发达国家低收入家庭或贫困阶层的经验研究。按照新古典主流派的观点,收入分配即是要素定价,故低收入家庭之所以收入低主要是由于其生产力的亦即人力资本水平低。而政府如果实行减贫的再分配政策,将会减低市场激励,进而会减低低收入者就业机会,从而导致总体上较为不利的后果。而按照后凯恩斯学派的观点,收入不均等的差距,不单单取决于生产能力,更主要的是受到经济权力的影响。例如,资本的支配权显然是导致少数人获得高利润而许多人处于低收入状态的重要原因。另外,低收入阶层往往属于失业较高的群体,这也与资本的支配权力有关。至于政府的调节收入不均等的再分配政策,则是非常必要的,这种政策的直接效应是直接改善低收入群体的状况从而增进其福利,间接效应是通过增加总需求刺激就业间接改善低收入群体从而整个社会的福利。由此得出的关于收入再分配政策的意义,就完全不同于新古典的观点。那么,现实经验到底证实了哪一种观点呢? 普雷斯曼等人近几年来进行了有关的经验研究。① 他们利用卢森堡收入研究(Luxembourg Income Study, 简称 LIS,是一种包含大量有关发达国家和发展中国家收入与社会、人口统计变量数据的国际微观数据库)所提供的有关欧洲、美洲以及以色列、中国台湾等 30 个国家和地区的资料,进行了他们所谓的描述性的计量分析。具体方法是,根据 OECD 关于贫困的定义,考察一个国家或地区中其收入水平低于经过调整的中等居民家庭收入的那些居民户的百分比,以这一百分比的变化作为反映贫困程度变化的指标。数据显示,无论是以要素收入来计量的收入不均等程度,还是以可支配收入来计量的不均等程度,在 20 世纪 90 年代总体上都有提高的趋势,特别是前者上升的程度更明显。普雷斯曼通过对一些影响因子,诸如户主的年龄、性别、教育程度以及失业率等等人口特征与经济特征进行筛选和分析,结果表明,只有美国、卢森堡、芬兰、挪威几个国家的贫困化程度变化能够较好地用有关的人力资本特征指标来解释,从而适合于要素定价理论,而对于其他多数国家的状况则难以用人力资本来解释。另一方面,从对于后凯恩斯理论的检验来看,后凯恩斯学者强调失业是导致低收入或贫困的重要原因,这在一些国家中得到了验证,因为在一些主要发达国家中比较好地显示了以要素收入来计量的收入不均等程度与失业率的正相关性。不过,这一时期失业率总体上呈下降趋势的现实似乎又使得这种对后凯恩斯学派论点的验证大打了折扣。至于政府调节收入再分配的财政政策,虽然显示了对于减低以可支配收入来计量的不均等程度具有的重要效应,却没有在以要素收入来计量的收入不均等程度方面体现出预期应有的结果。

---

① Holt, R. P. F. and Pressman, S. (2007) ed., *Empirical Post Keynesian Economics: Looking at the Real World*, Edward Elgar, PP. 3-44.

普雷斯曼因此总结道,总的来看,新古典主流派的要素定价分配理论主要是其人力资本决定收入分配的假说,只能解释 20 世纪 90 年代以来贫困化程度变化的一个很小的部分。而后凯恩斯学派的分配理论,即它的关于失业率、政府政策与贫困化关系的论述,也只能说明这种贫困化程度变化的 20% 到 30%。这表明后凯恩斯学派的分配理论相比较主流派的分配理论而言,现实性要更强一些。当然,这种检验还是非常初步的,因而是难以令人满意的。即使将后凯恩斯的解释因素与新古典的解释因素结合起来,也只能说明整个贫困化程度变化的一部分,仍然留有相当大的部分无法得到解释。这个空白也许需要通过引入全球化以及技术变化等等因素来填补。这种情况充分显示了经验研究工作的复杂性,以及计量经济学分析结果的价值有限性和并非十分可靠性。

关于收入分配问题的另一项经验研究工作,是由詹姆斯·加尔布雷斯和恩里克·加西拉佐(Enrique Garcilazo)所做的关于欧洲 20 世纪最后两个十年中失业与收入不均等关系的研究。他们与上面普雷斯曼的分析相似,也是认为失业率与收入分配不均等程度之间具有正相关,并试图用经验研究证实这种观点。不过,其具体的逻辑思路稍有不同,即他们强调收入不均等程度将会影响到职位搜寻,在给定劳动市场其他供求因素的条件下,不同岗位的工资差别越大,寻找新工作过程中的摩擦因素越大,人们(特别是年轻人)越可能放弃现有的工作岗位,以便去寻找更高收入的岗位,从而出现所谓寻职性失业。显然,这种失业将与经济中的收入不均等程度正相关。而给定这种失业在总失业中的比例,那么似乎就可以推知失业率与收入不均等程度具有正相关关系。詹姆斯·加尔布雷斯和恩里克·加西拉佐利用 1984 年到 2000 年欧洲 159 个地区的面板数据,从而分离出在地区层面、国家层面以及整个大陆层面上各种因素对于失业的不同影响,集中考察不均等程度对于失业率的影响。结果发现,收入不均等程度越大,失业率越高。并且,这种效应对于女性劳动力要比对于男性劳动力更明显,对于年轻人要比对于年长者更明显。由此引申出的政策含义是:要降低失业率,从需求方面,一方面毫无疑问需要通过扩张总需求来促进就业,另一方面则需要推行收入均等化政策,特别是促进不同地区的收入趋同化政策将会有效地增进相对较贫穷地区的劳动力就业。从供给方面看,则应该为年轻人提供充分的前劳动市场机会,避免盲目择业条件下的失业现象。其中,关于通过减少地区之间收入不均等程度来降低失业的政策结论最富有意义,因为它是与目前流行的关于欧洲失业问题观点完全不同的新见识,而这实际上也是后凯恩斯经济学分配理论乃至其宏观理论与政策主张的一贯思想。

最后,还需简要提及一下一些学者对于卡莱斯基收入分配理论的经验验证,主要是关于卡莱斯基提出的重要概念——“垄断程度”的实际计量与检验。垄断程度一般可以用成本之上的价格加成来表示,它在价格决定与分配理论特别是坚持卡莱斯基传统的短期分析理论中占有重要地位。卡莱斯基曾经对于影响垄断程度的因素进行过一些分析,具体谈到了诸如企业的广告支出比率、均摊成本与初始成本的比率以及工会力量等等可能会影响加成的大小。他还特别注意到私人企业在维护自身企业利益与增进企业家整体利益方面可能存在的矛盾性,实际上意识到经济的大环境以及制度背景可能对加成产生的影响。不过,他在这方面并没有给出详细说明,而且关于垄断程度的分析也缺乏经验证据。拉列米(A. J. Laramie)、梅尔(D. Mair)和雷诺兹(P. J. Reynolds)等人试图对卡莱斯基的理论进行经验验证。① 他们运用从英国制造业样本中选取的两个数据集(一个是20世纪80年代后期,另一个是20世纪90年代前期)进行了回归分析,

① Wray, L. R. and Forstater, M. (2004) ed., *Contemporary Post Keynesian Analysis*, Edward Elgar, Chap. 13.

分别考察了产业集中度、广告—销售比率、均摊成本相对于直接成本的变动、进入壁垒等制度因素的作用与影响。得到的结果是，在给定外部环境的条件下，经验分析能够证实卡莱斯基关于加成影响因素的理论分析。不过，同类产业在相隔不长的两个时期中加成会发生明显变化，则意味着经济大背景或外部制度环境等因素对于加成的重要影响，这实际上涉及关于加成分析的微观视角与宏观视角如何结合的问题。拉列米、梅尔和雷诺兹等人认为卡莱斯基理论在这方面尚有欠缺，需要引入奥尔森（Olsen）在研究集体行动的逻辑时提出的“选择激励”（selective incentives）概念来补充卡莱斯基的垄断程度概念。

4.3　对后凯恩斯学派分配理论的简要评析

综上所述，后凯恩斯分配理论在最近一二十年中确实取得了不少新的进展。许多后凯恩斯经济学家继续秉承这一学派发扬古典传统、反对边际主义的宗旨，不断地从各个方面进行艰难的理论开拓，努力使关于收入分配问题的研究沿着后凯恩斯经济学的思路不断深化和细化，以便真正形成一种与流行的以边际主义要素定价分析为基础的所谓的分配理论相抗衡、进而最终取而代之的分配理论。总体来看，近年来后凯恩斯分配理论的新发展和新成果具有这样一些特点：

第一，研究的视角逐渐拓宽。如果说以往的后凯恩斯分配理论主要是限于一般的阶级之间的收入分配研究，那么近年来的收入分配研究视角则有了较大的拓展。首先，他们也开始关注超越阶级范畴的个人收入分配问题，并且提出了基于部门结构与总需求分析、而不是基于边际主义优化分析的个人收入分配理论。虽然这种个人分配理论总体来说还显得有些稚嫩，有待于进一步完善，但毕竟体现了一种在反边际主义传统的基础上进行个人收入分配研究的有益探索。

其次，就阶级之间的分配问题而言，也大大超越了原来的关于收入在工资与利润之间此消彼长变化的简单化分析模式。一方面，引入了货币资本家收入与管理资本家收入之间的区别，从而在更为贴近现代市场经济现实的情景下来考察工人收入与资本家收入之间、普通员工收入与管理层收入之间的分配问题，明确地引入了劳动市场上工人与管理层的对立关系，阐明了工人与资本家中两个群体的对立对收入分配的影响。另一方面，也指出了在短期均衡的各种情况下，可能存在着工资率与利润或利润率同方向变动这样一种新趋势。

第二，研究的方法趋于多样化。虽然后凯恩斯经济学家坚持从社会的阶级关系与制度因素、经济的供给方面与生产结构特征来探讨收入分配的基本方法论原则没有改变，但是他们近年来研究分配理论的具体方法也出现了一些变化，即出现了多样化趋势。比如，帕里等人在论述其分配理论模型时，明确采用了宏观供求均衡分析方法，即所谓 IS-LM 式的分析，尽管他们的 IS-MM 曲线与主流派的含义不相同。而我们知道，所谓 IS-LM 式的均衡分析是早期的后凯恩斯经济学家所严厉抨击的。这种情况实际上反映了后凯恩斯分配理论研究在方法上更加趋于多样化和开放性，他们在坚持生产和供给分析为主导的条件下也适当地引入了供求均衡分析方法，这种变化是与第 2 章论述的后凯恩斯学派方法论演进的特点相一致的。

第三，研究的内容进一步深化和细化。科学理论的发展进步与成熟，一方面表现在其原先包含的逻辑推理过程的缝隙经过研究者的修补而变得越来越少，另一方面则表现在其原先过于严格地假定通过有效地释放或者放宽条件而更加契合现实。后凯恩斯分配理论近年来在理论内容上的深化与细化，就反映了它的成熟与进步，这特别地表现在关于剑桥分配定理的进一步发展和扩展上。剑桥分配定理可以说是后凯恩斯经济学标志性的理论建树，它以现代经济学的语言和方式再造了古典学派的分配模式，是当代经济学中唯一成型的不同于边际主义要素定价理论的分配理论。所以，这一理论模型的意义是重大的，体现了当代经济学家的智力成就。但是，这一理论模型也有许多限制和简化的假定条件，诸如假定人们的储蓄倾向固定不变、抽象掉金融体系的复杂关系、忽略政府活动的影响，等等。虽然这些简化的假定与边际主义模型中的简化假定性质不同，但是它们也限制了其理论的更广泛的适用性。因此，以帕西内蒂为代表的一些后凯恩斯学者近年来便在如何使这一模型的假设条件进一步放宽、如何使其推理进一步严谨方面展开了较深入的探讨，从而使其分配模型的内容得到进一步深化和细化，使剑桥分配定理经过推敲和锤炼得到了进一步发展和完善。这应当被认为是近年来后凯恩斯分配理论发展中的最重要的一项成果。除此以外，分配理论研究内容的细化还表现在经验研究方面，经验研究把理论纷争从抽象思辨的逻辑王国中带到现实经验和数据上来，通过结合具体的经验事实来验证或否定某一具体的观点或命题。一些后凯恩斯学者近年来已经建设性地展开了这方面的工作，尽管他们有关分配理论的经验验证研究与计量经济研究还限于初步的阶段，但是这却明显地标志着其近年来分配理论研究不同于以往研究的一个重要特点。

后凯恩斯分配理论在近年来取得的这些新发展和新成果，一方面代表了其分配理论本身的进一步完善，另一方面也促进了其在有关价值与价格理论、就业理论、宏观经济波动与增长理论等方面的研究的不断深入。由于后凯恩斯经济学的分配理论原本就是将微观分析与宏观分析融为一体的理论，故而分配理论的完善必然意味着宏观分析与微观分析的有机整合更加严谨。这一点，不论是从明确强调阶级冲突因素的新分配模型上，还是从所谓新卡莱斯基的分配模型上，都可以看出来。这些新的理论成果，对于帮助我们更深入地从生产领域及其背后的制度关系来认识现代市场经济条件下决定国民收入分配的机制，认识收入分配可能会怎样与价格决定、需求变动、就业变动、经济波动与增长等等相互影响，无疑具有重要的启发意义。不消说，近年来，作为后凯恩斯经济学批判对象的主流经济学及其分配理论也取得了许多新进展，甚至他们的理论成就引起了更为广泛的关注，比如人力资本理论在某种意义上就可以归结为新古典范式中的一种分配理论创新。此外，微观经济分析中由于引入非对称信息而产生的激励理论、工资合约理论等等，也都代表了按照新古典方法对于传统要素定价分配理论的改进与扩充。这些分配理论上的进展已经远远超越了传统新古典要素定价理论关于市场交换均衡的表面化描述，大大深化了人们对于微观的个人收入分配关系的形成机理以及这种分配关系对于经济效率与福利后果影响的认识，使得人们重又看到了原先被新古典的一般均衡分析所抽象掉的制度因素的制约作用，它对于经济学的变革显然是具有划时代意义的。实际上，如果严格说来，这些新进展已经完全不同于新古典主流经济学的传统模式了，尽管就其坚持的理性假定与优化分析而言仍然属于新古典的研究范式。不过，即使承认这些新理论属于主流经济学的范畴，承认这些新进展属于主流经济学的贡献，也不能否认上述后凯恩斯分配理论新进展所具有的科学价值。后凯恩斯分配理论更侧重从经济的生产结构与社会关系角度探讨较为宏观的收入分配问题，而这恰恰是无论传统的新古典主流派分配理论还是其各种新进展都没有涉猎的领域，因此其在当代所具有的不可替代的独立学术价值是毋庸置疑的。

当然，在肯定近年来后凯恩斯经济学分配理论取得若干新成果的同时也应该看到，统一完美的后凯恩斯经济学分配理论体系目前仍未建立起来。虽然不同的学者在有关分配理论的某些具体问题上确有推进，但是他们的研究视角尚未统一，所采取具体假定与分析方法也各不相同，这就使得所形成的理论模型不尽相同,甚至产生严重分歧。由此导致后凯恩斯经济学原来理论不统一的局面并没有得到改变,反而随着研究者学术背景的日益多样化而有越来越重的趋势。这显然也是它无法与主流经济学相抗衡的重要原因之一。除此以外,通过追踪不同学者理论研究的不同思路,似乎还可以发现,尽管后凯恩斯经济学分配理论近年来取得了不少新进展,但是这些进展基本上是属于一些具体理论细节的完善、具体模型的建构,而缺乏更基本层面的理论创新(诸如新古典范式那边的非对称信息理论一类的重大创新)。换言之,近年来后凯恩斯分配理论的发展并没有产生革命性的理论突破。而要实现这样的重大理论突破,显然需要从一种更新的视角、借助于更新的概念和方法来重新建构古典思想体系,这肯定将是一个极其艰巨的理论任务。

第 5 章
后凯恩斯学派的货币理论及其新进展

货币理论既是经济学中一个古老的研究领域，也是理论纷争比较繁杂的领域。关于货币理论的研究是整个后凯恩斯经济学理论体系的重要组成部分之一。后凯恩斯学派的货币理论涉及的范围比较广泛，其中的一些方面始终成为学者们关注的重点，而另外的一些则不同程度地逐渐处于边缘状态了。同时，后凯恩斯学派根据主流的货币理论发展的新情况也在不断地与时俱进，积极展开针对主流经济学的各种新的批判。总体来说，后凯恩斯学派货币理论的新发展是纷繁多样的。本章主要介绍后凯恩斯学派货币理论的基本内容，以及其近些年的若干新进展，主要包括：关于利率决定的两种新理论方法，对于主流新共识理论和政策的批判，以及对明斯基金融不稳定性假说模型化的新进展。

5.1 后凯恩斯学派货币理论的主要内容

后凯恩斯学派货币理论的思想渊源，最早可以追溯到 19 世纪的一些英国著作家的思想，其更直接的来源则是威克塞尔、熊彼特，特别是凯恩斯和卡莱斯基等人的重要著述。20 世纪 50 年代，卡尔多在批判货币主义理论的过程中曾极大地推动了后凯恩斯货币理论的发展。随后，海曼·明斯基、保罗·戴维森等人以及马克·拉沃、穆尔(Moore)等新一代后凯恩斯学者在前人研究的基础上，又进一步丰富了后凯恩斯学派货币理论的思想。①

5.1.1　关于货币的本质

后凯恩斯学派的货币理论可以追溯到19世纪30年代和40年代的古典主义者[比如约翰·富勒顿(John Fullarton)和托马斯·图克(Thomas Tooke)]，他们又被称为"银行学派"(Banking School)。银行学派认为除了金银和钞票可以作为货币以外，其他信用手段也可以进入流通市场，也属于货币。② 尽管银行学派的观点在当时非常具有创新性，但他们并没有在逻辑上解释信用货币的性质及其同商品货币、法定货币之间的关系。后来，凯恩斯对计算货币与货币进行了区分，旨在赋予信用货币分析一个逻辑上的起点。在凯恩斯的货币理论体系中，作为正式货币的国家货币(包括商品货币、不兑换纸币和管理货币)和作为债务支付证券的银行货币，本质上都是充当计算货币，它们的总和构成流通货币的总

① 这里是就相对于新古典而言的基本的思想倾向来概括的。实际上，在海曼·明斯基与保罗·戴维森等人之间是存在着差别的。例如，保罗·戴维森就说过，明斯基并不属于美国的后凯恩斯主义经济学阵营，他不同意后凯恩斯学派以收入政策作为反通胀的手段，并视永久赤字为根本的稳定措施。这使他更贴近像萨缪尔森这样的主流派凯恩斯主义者。参见P. Davidson and J. Kregel (1999) ed., *Full employment and price stability in a global economy*, Edward Elgar, PP. 106-107.

② 银行学派还认为，市场中的货币数量由市场交易商品的价格总额决定。银行的作用是被动和消极的，它们只能提供货币来满足市场需求，并不能主动改变货币量。这其中就包含了内生货币理论的萌芽。在19世纪中期，发生了一场银行学派与通货学派之争。与银行学派所持的观点相反，通货学派或货币数量论认为货币过度发行是导致通货膨胀的主因。为了限制货币发行，他们提出新增的货币发行量需要有等量的黄金储备作为支撑。银行的作用是主动和积极的，它们通过发行钞票或其他信贷方式增加货币发行量并左右物价。详见马克·拉沃，《后凯恩斯主义经济学》，山东大学出版社，2009年中译本，第66—67页。

量，其中银行货币已经取得压倒优势，国家货币居于从属地位。

后凯恩斯主义者以凯恩斯的货币本质论作为起点，在更普遍的意义上寻求信用货币存在的社会历史基础，从而产生了两种有较大影响的观点，分别是新货币国定说以及金融体系演化说。①

根据新货币国定说，货币的本质是债务和信用关系，即任何货币本质上都是信用货币，是用于债务支付和结算的手段。在社会发展史和货币发展史中，政府拥有以货币的形式向国民征税的权力，因此政府有权决定并控制经济体系中的基础货币，并按照社会化的方式构建货币秩序。而根据金融体系演化说，资本主义的货币经济是信用货币不断演化的产物，货币体系和信用体系经历的是一个自发的渐进演化过程。随着资本主义金融体系和私有产权关系的发展，资本主义信用体系逐渐发展到高级阶段，各种金融机构的存款负债成为主要的交易媒介，于是商品货币和法定货币逐渐演化为信用货币。

综上所述，在后凯恩斯学派的货币理论中，货币是一种信用，信用货币在本质上与商品货币和法定货币完全不同。后凯恩斯学派思想中的货币是发行银行的负债，是一种债权债务关系，它是由信用需求内生决定的。与之相反，货币数量论所依据的商品货币和法定货币代表着财富或金融资产，其供给完全在信贷过程之外，其数量也不代表信用量的大小，故而反映了一种外生货币思想。

后凯恩斯学派关于货币本质的这种见解从根本上说乃是源于他们关于资本主义市场经济基本特征的分析。按照他们的观点，同以往简单、直接、小规模生产的自然经济不同，资本主义市场经济是一种生产需要耗时从而在历史时间中运行的经济，它具有两个重要特征：其一是未来的发展具有不确定性，而这种不确定性将会影响到经济主体当前的决策；其二是由于大规模迂回生产，在投入与

① 贾根良等(2010)，《西方异端经济学主要流派研究》，中国人民大学出版社，第144页。

产出之间造成较长的时间间隔,需要在事前签订有关投入购买与产出销售的合约。正是这两个经济特征决定了货币产生的客观必然性。因为为了应付未来不确定性带来的不测之需,经济主体需要拥有货币这个“可以在时间中传送一般购买力的工具”,或“时间机器”。① 故“货币的存在是和不确定性有密切关系的”,“货币的作用本身就是不确定性的产物”。② 另一方面,各种合约的签订(其中最主要的是工资合约)又需要以货币来表示或者作为计量单位和支付手段,“经济行为人想要从事耗时活动的愿望直接导致了以货币储藏的形式持有资源的动机”。③

5.1.2　关于货币的职能

上面关于货币本质的观点实质上已经规定了货币的基本经济职能。这里是从货币需求的角度具体地说明人们持有货币的用途。后凯恩斯学派货币理论分析的起点是对货币需求的分析,他们沿袭了凯恩斯的传统。根据凯恩斯的定义,行为人对货币的需求主要出于四个动机:交易性需求动机、预防性需求动机、投机性需求动机以及融资需求动机。④

---

① Davidson, P. (1980), “The dual-Faceted Nature of the Keynesian Revolution: Money and Money Wages in Unemployment and Production Flow Prices”, *Journal of Post Keynesian Economics*, Vol. 2, No. 3, PP. 291–307.

② 琼·罗宾逊,“凯恩斯革命的后果怎样?”载于《现代国外经济学论文选》第一辑,中译本,商务印书馆,1979年,第22页。

③ Rochon, L. P. (1999), *Credit, Money and Production: An Alternative Post-Keynesian Approach*, Edward Elgar, P. 215.

④ 前三个动机是凯恩斯在《通论》中提出的,第四个动机则是凯恩斯在1937年发表的文章“不同的利率理论”(Alternative theories of the rate of interest)中提出来的。这个动机的意思是,企业在计划投资并决定投资时(此时投资还没有开始),它首先需要筹措资金,因而产生对货币的需求。特别是当决定增加投资时——而这是经常发生的,企业必然增加对货币的需求。

从前面的论述可知,后凯恩斯学者由于强调货币本质上在于提供信用,他们一般都没有对信用和货币做出区分,从融资动机的角度上看,信用即是货币。部分学者将融资动机作为独立的货币需求来讨论,①也有一部分学者将融资动机视为交易性动机的"附属物"。②③ 不论采取哪一种表现形式,融资需求和信用需求都等同于货币需求。④⑤

后凯恩斯学派强调凯恩斯在著名的《通论》第 17 章中提及的"货币的基本属性",认为货币的这些基本属性能够通过各种方式影响经济,他们强调的重点在于货币如何影响经济运行。凯恩斯本人曾经指出,"货币经济是一种特别的经济形式,关于未来的不断变化的观点不仅仅能影响就业的方向,更能影响就业的数量。"后凯恩斯主义学者继承了凯恩斯这种关于货币非中性的基本观点,认为货币对就业、产出等实际变量都会造成影响。他们把货币因素纳入宏观经济分析的核心地位,将货币需求的变动视为决定有效需求进而导致经济不稳定性的重要变量。货币虽然从根本上说是起源于人们应对未来不确定性的需要,但是它们的存在并不必然就消除或减缓由此而引起的经济不稳定性,由于个人理性与整体理性的不一致,现实中的情况恰恰可能相反,即加剧经济的波动性。例如,个人出于应付未来的不确定性风险诸如可能发生的某种不测支出而增加货

① Smith, P. (1979), "Keynes's Finance Motive: Some Empirical Evidence", *Journal of Post Keynesian Economics*, Vol. 1, No. 3, PP. 55-68.

② Davidson, P. (1965), "Keynes's Finance Motive", *Oxford Economic Paper*, March, 17(1), PP. 47-65.

③ Bilow, J. (1995), "Some Reflections on Keynes's Finance Motive for the Demand for Money", *Cambridge Journal of Economics*, Vol. 19, PP. 647-666.

④ Rousseas, S. (1989), "On the Endogeneity of Money Once More", *Journal of Post Keynesian Economics*, Vol. 11, No. 3, PP. 474-478.

⑤ Knodell, J. (1995), "Alternative Approaches to Money and Interest Rates: A Comment", *Journal of Economic Issues*, March, 29(1), PP. 266-273.

币需求,从而将货币储藏起来,固然是明智之举,但是当所有的人或大多数人都如此行事时,其后果便可能是灾难性的了。因为根据凯恩斯关于货币的生产弹性和替代弹性接近于零的论断,社会的这种对流动性手段——货币需求的增加必然会导致对商品或劳务的需求减少,从而引发生产过剩与失业。① 这种关于货币基本经济作用的二重分析,鲜明地体现了后凯恩斯学派的特色。

戴维森是后凯恩斯主义学者中对货币职能有着详细论述的人之一。他认为货币是一种达成契约的工具,货币首先是一种记账单位,同时它还履行着价值储藏的职能。此外,货币同样还是随着时间传递一般化购买力的工具。戴维森认为货币可以作为一种单向的时间机器来使用,他强调这种时间上的不可逆性。戴维森也认为货币在经济体系的运行中是非中性的,具有法律强制性的合同制度创造一种非中性的货币环境,即便是长期的情况下也是如此。

5.1.3 内生的货币供给理论

内生的货币供给理论是后凯恩斯学派的货币理论的一个重要内容。传统的外生货币供给理论没有考虑到银行贷款在货币供给中发挥的重要作用,传统理论认为银行的作用只是连接借款人和存款人,银行首先需要吸收存款,然后再对外发放贷款。后凯恩斯经济学家则强调银行贷款对货币供给有原因性作用,在其主张的内生货币供给理论中,传统的存款创造贷款的观点被逆转过来,他们明确指出是银行贷款创造存款,从而产生了货币供给。

第一,他们主张从贷款到存款的逆向因果关系。后凯恩斯主义者认为,②在

---

① King, J. E. (2003) ed., *The Elgar Companion to Post Keynesian Economics*, P. 198.

② Pollin, R. (1991), "Two Theories of Money Supply Endogeneity: Some Empirical Evidence", *Journal of Post Keynesian Economics*, Vol. 13, No. 3, PP. 366-395.

发放贷款之前,商业银行不是被动地等待着储户来存款,更多的时候是通过扩大自身的资产和负债来寻求利润。银行扩张信用,创造贷款,然后存款随之产生,商业银行随后只需要寻找储备资产来保障这些存款达到准备金要求即可。而贷款的信用扩张,从根本上说则是源于企业的信贷需求或融资需求动机。所以,与流行的主流理论不同,后凯恩斯学派主张的因果链条是从贷款到存款这样一种看似"逆向"的因果关系。在后凯恩斯学派理论中,中央银行作为最后贷款人则有义务保证准备金的可用性以及存款的流动性。

第二,他们主张由投资到储蓄的因果决定关系。① 企业生产过程开始之前需要为其投资进行融资,企业投资创造了储蓄。投资不需要储蓄或存款作为支撑。只要这个国家的经济资源没有被完全利用,完成经济活动所需要的资本投入就取决于借款者的信誉和已经存在的金融规则。这同时也逆转了货币数量论中由货币到收入的因果关系,批判了主流派长期所信奉的储蓄支配投资的传统思想。

5.1.4 关于利率决定问题

主流的货币理论通常有实际利率与货币利率之分,所谓实际利率由资本的边际产品来确定,而货币利率则取决于实际利率、通货膨胀、货币数量从而央行的控制力等诸多因素。后凯恩斯学派反对这种观点,他们认为实际利率由名义因素所决定,利率本质上是一种货币现象,这本是凯恩斯的基本思想。至于货币供求,他们一般坚持凯恩斯流动性偏好的学说,并日益明确地坚持货币供给内生化的观点。不过其内部在有关利率的理论解释上又缺乏一致性:一部分学者更

① Shapiro, N. (1977), "The Revolutionary Character of Post Keynesian Economics", *Journal of Economic Issues*, 11(3), PP. 541-560.

强调加成定价模型,而淡化流动性偏好的解释力,另一些人则主张在加成定价模型的框架内保留流动性偏好理论。前者的分析形成了一个可充分调节的、水平状的货币供给函数,它后来逐步发展成为所谓的适应主义方法(accommodationist,又称水平主义方法 horizontalist)。后者的分析则发展出了一个向上倾斜的货币供给曲线,即随着借款人债务资本比率的提高,利率会上升,流动性偏好也会随着经济周期而变化,它后来逐步趋向于所谓的结构主义方法(structuralist)。这两种方法都将货币供给视为信用需求的结果,不同点则在于对于额外的银行贷款对货币供给的最终影响以及总贷款供给曲线的斜率看法不同。

具体来说,根据适应主义或水平主义方法,在纵轴为利率、横轴为货币供给量的直角坐标系中,贷款货币供给曲线呈水平状,其理论含义是银行贷款的水平由贷款需求所决定,中央银行必须适应商业银行准备金的需求。这时,信用货币供给的利率弹性是无穷大的。这种方法实际上在卡尔多和温特劳布的货币理论中就已经孕育了。①② 而主张结构主义方法的学者认为,货币供给只是部分地由需求创造,面对流动性短缺,金融体系的组织结构会发生创新性改变,所以贷款货币的供给曲线在利率—货币供给空间并非始终保持水平状,而是正向倾斜的。该方法的理论含义是银行贷款的数量和价格同时考虑到贷款需求和供给因素,供给曲线的斜率受到中央银行政策的影响。结构主义方法的倡导者包括奇克、明斯基、鲁斯(Rousseas)等人。鲁斯从可变的货币流通速度和银行及其他金融机构的金融创新角度来试图纠正适应主义方法的极端性。他认为,假如中央银行不去满足货币需求的增加而保持直接货币供给量不变,在任何可行的利率

① Kaldor, N. (1970), "The new Monetarism", *Lloyds Bank Review*, July, PP. 1-7.

② Fontana, G. (2003), "Post Keynesian Approach to Endogenous Money: a time framework explanation", *Review of Political Economy*, Volume 15, Number 3, PP. 291-314.

上,流通速度的反应都难以大得足以弥补过度的货币缺口。此时,货币的有效供给曲线的斜率是正的,货币总供给与利率之间存在正向关系。一旦中央银行限制非借入性储备的增加而银行四处寻求储备时,金融体系的组织结构会发生创新性改变。成功的创新性负债管理会在金融机构内部产生额外的储备,会使金融中介面临的向上的贷款利率压力消失。因此,利率并非适应主义者所说的那样由中央银行简单的控制;相反,利率的决定是多种力量相互作用的结果。尽管中央银行的影响依旧十分重要,但市场力量,尤其是金融市场中的创新模式也起着重要作用。①

5.1.5 金融不稳定性假说

明斯基的金融不稳定性假说(Financial Instability Hypothesis)是后凯恩斯信用货币理论在金融领域中的延伸,它构成后凯恩斯学派货币理论的重要组成部分。明斯基认为资本主义经济系统的本质是具有复杂的金融制度的信用货币经济,是一种由各种现金流和相互依存的各种资产负债表构成的动力系统。在这个系统中,决定经济运行的关键因素是货币和金融,关键人物是银行家和他们的公司客户。按照企业现金流的未来表现,一般可以将企业现金流的财务状况分成以下三个类型:

第一类,套利融资,或称为对冲融资(hedge finance)。此时,投资者负担少量负债,偿还其资本与利息支出均无问题。套利融资单位可以通过其现金流满足所有合约要求的偿付义务:在负债结构中,权益融资的分量越重,该单位成为套利融资单位的可能性越大。第二类,投机融资(speculative finance)。此时,投

① 贾根良等(2010),《西方异端经济学主要流派研究》,中国人民大学出版社,第146—147页。

资者扩展其金融规模,以至于只能负担利息支出,无法偿还本金。投机融资单位能在其负债方的“收入账户”上满足偿付承诺,即通过发行新债来满足偿还到期的债务。像发行债务的政府以及发行融资债券的公司、银行,都是典型的投机融资单位。第三类,庞兹融资(ponzi finance)。此时,投资者的债务水平需要借助于不断上涨的价格水平才能维持平衡。对于采用庞兹融资的机构来说,来自运营的现金流不足以满足偿付本金以及到期利息的要求。这些机构可以卖掉资产或者借贷。采用庞兹融资方式将使机构降低其提供给债权人的安全边际。

金融不稳定性假说的第一定理是指经济系统在一些融资机制下是稳定的,在另一些融资机制下是不稳定的。金融不稳定性假说的第二定理是说,经过一段长时间的繁荣,经济会从有助于稳定系统的金融关系转向会导致不稳定系统的金融关系。例如,在经济上升时期,投机融资和庞兹融资的比例会内生地增大,而投机融资和庞兹融资的比例越大,金融体系就越脆弱。因此,经济上升本身就埋下了经济衰退的种子,高消费水平、高投资水平、乐观的预期和下降的流动性偏好都为融资动机从套利融资转化为投机融资,再转化为庞兹融资创造了条件。更有甚者,如果经济有庞兹融资的投机类金融单位体,又处于通胀状态,并且当局试图通过货币紧缩来驱走通胀,那么,投机融资单位将变成庞兹融资单位,以前的庞兹融资单位的净价值将很快蒸发,后果是现金流不足的单位将被迫试图通过出售头寸来建立头寸,这可能会引发资产价值的崩溃。

5.2　后凯恩斯学派货币理论的若干重要特征

从前述的内容可以看到,后凯恩斯学派的货币理论研究并不是内部严谨一致的,众多的后凯恩斯学者在货币理论各个领域里的见解往往不尽相同。但是,尽管如此,我们仍然可以从他们的著述中尝试着提炼出一些能够反映后凯恩斯主义货币理论思想的重要特征。

5.2.1 强调不确定性的概念并坚持有效需求原理

前面曾反复指出,强调不确定性与历史时间是后凯恩斯学派重要的思想理论基础。后凯恩斯的历史时间观念是与新古典均衡分析中所使用的逻辑时间观念针锋相对的。新古典的均衡状态往往是瞬间达成的,在后凯恩斯主义者看来,这种逻辑不可能解答现实世界的复杂问题。后凯恩斯学派总是反复地提及和讨论着不确定性的重要性,他们正是从不确定性这个基本经济事实引申出货币的性质与基本经济职能的。

后凯恩斯主义者将货币与不确定性主题紧密联系起来,就使得凯恩斯的货币理论观点进一步深化了。在这方面保罗·戴维森比较突出,他强调了时间导向与市场中现货与期货交易的货币合同的重要性,进一步将货币工资置于价格水平的决定因素地位,同时也使其成为经济不稳定的主要决定力量。戴维森认为,正是货币的灵活性升水的作用使得工资以货币形式而不是其他商品的形式固定下来,这本身是对经济不确定性的一种应对。而且,货币工资相对稳定的事实,为货币经济的继续存在提供了必要的基础。远期交货和支付合同的存在提供了黏性价格水平的基础,货币工资率的变化决定了生产成本和价格水平的变化,并且与利润导向的企业家所愿意进行的货币生产相联系。因此,"在这种经济里,时间导向的货币合同(尤其是雇佣劳动)对生产活动的组织是一种基础"。①

① Davidson, P. (1980), "The Dual-Faceted Nature of the Keynesian Revolution: Money and Money Wages in Unemployment and Production Flow Prices", *Journal of Post Keynesian Economics*, Vol. 2, No. 3, PP. 291–307.

与强调不确定性相适应,后凯恩斯学派始终坚持有效需求原理。我们前面多次提到,有效需求原理是凯恩斯经济学的核心,凯恩斯认为有效需求不足乃是失业与经济萧条的根本原因。后凯恩斯学派严格继承了凯恩斯的这一思想,强调刺激总需求对于经济运行的重要性。他们的货币理论也正是由对信用的需求开始构建的,并且始终围绕对总需求的影响来论述有关货币供求等一系列问题的。

5.2.2 强调基础利率的外生性并拒绝自然利率概念

后凯恩斯学派基本上将基础利率作为一个外生决定的变量来看待,认为它是由中央银行设定的。与主流派不同,他们强调央行可以调控的变量是利率而非货币供给,即央行能控制的仅仅是货币的价格而非货币数量。帕西内蒂等人反复地指出,基础利率是外生地决定的,至于究竟是流动性偏好还是其他什么要素决定了基础利率,倒是无关宏旨的。①

除了认同基础利率的外生性之外,后凯恩斯学派还拒绝自然利率的概念。他们继承了凯恩斯的观点,拒绝了可贷资金理论。凯恩斯在《通论》当中明确地拒绝了自然利率假设。凯恩斯的流动性偏好理论的新意不在于它是一个货币理论,而是在于它否定了任何正常或者说自然利率的存在。②

罗杰斯(C. Rogers)等人指出,"对可贷资金理论的全面批判就要求对自然

① Pasinetti, L. L. (1974) *Growth and Income Distribution: Essays in Economic Theory*, Cambridge University Press, P. 44.

② Kohn, M. (1986) "Monetary Analysis, the Equilibrium Method, and Keynes's General Theory", *Journal of Political Economy*, Vol. 91, P. 1224.

利率这一概念进行令人信服的批判”，[①]而进行这种批判最好的方式就是设定一种外生决定的基础利率。拉沃论述到：为了给后凯恩斯主义货币分析设定一个合适的基础，我们必须明确地采取一种内生货币方法，同时摒弃掉自然利率的假设。

5.2.3 强调非中性货币原理并克服传统理论的“二分法”

后凯恩斯学者们强调：凯恩斯吸收了威克塞尔等人的思想，打破了传统理论关于货币分析与实体经济的简单的二分法，将货币引入到总量经济分析之中，以利率作为实际经济与货币经济的中介环节。与威克塞尔不同的是，凯恩斯用资本边际效率代替了威克塞尔的自然利率，并且加入了预期，同时创建了流动性偏好理论，将目光从可贷基金市场转移到货币市场，斩断了储蓄、投资与利率之间的直接联系，而使得收入与利率直接相连。这样就得出了关于社会总产量决定的生产的货币理论，从而否定了货币中性论。货币中性论乃是传统的“二分法”理论模型所必然得出的结果，它也是传统的宏观经济分析的一大基本理论支柱。威克塞尔的货币理论曾对货币中性的问题提出质疑，他认为在经济发生累积性的扩张与收缩的过程中，货币对实际经济的影响绝不是中性的。凯恩斯以一套系统的宏观分析原理，更加彻底地否定了货币中性的思想。后凯恩斯主义者继承了凯恩斯的货币非中性思想，明确强调货币对于经济运行的决定性影响作用。不仅把它作为货币理论研究的思想基础，而且始终将其贯彻于其宏观经济分析

① Rogers, C. (1995), *Monetary Theory and the Principle of Effective Demand*, Unpublished, P. 12.

的各个方面。既涉及纯粹的理论分析,也渗透到宏观经济政策层面。这可以说是后凯恩斯学派的货币理论的最显著的特征之一。

5.3 适应主义方法和结构主义方法的新发展

5.3.1 适应主义方法对信用货币创造过程的新解读

后凯恩斯学派货币理论近年来取得了若干新进展。其中的一个重要方面,就是不少学者对于以往的适应主义与结构主义分析模型分别进行了扩充与完善。就适应主义方法而言,主要体现在对于信用货币的创造过程进行了更为深入系统的解析。如前所述,适应主义方法认为信用货币的供给曲线呈水平状,这表明在给定利率的水平上,商业银行能够完全满足企业的信用货币需求(从而中央银行也能够完全满足商业银行的准备金需求)。

适应主义方法的理论宗旨在于同传统的关于货币创造过程的理论解释区别开来。根据经典的可贷资金理论,额外的银行信用的创造会要求使用额外的资源(也即额外的准备金)。信用货币的供给,就像其他可再生的商品一样,可以由生产函数来刻画,它来自于自愿的节欲和储蓄行为。储蓄是银行持有的真实资源,由此才能形成信贷供给的条件,银行的最终产品则是投向投资者的货币流量。而适应主义的理论解释与此完全不同。基于其生产的货币经济观与内生的货币供给思想,后凯恩斯学派是从另外一个角度来审视货币在经济过程中所起的作用。他们认为,银行信用的供给起源于企业为解决生产成本进行的融资行为(比如工资的发放以及原材料的购买),这些费用和成本通常是在企业取得销售收入之前发生的。了解这个银行信用创造的引致过程将有助于人们加深认识货币供给的内生性质。根据后凯恩斯学者穆尔的论述,银行信用货币创造的过

程将包含下面的各个相继发生的阶段或环节：①

首先，企业需要信用货币来保证生产过程得以延续或者建立一个新的企业。假设在最初的时期，出于某种原因，企业面临生产成本的增加。只要企业过去的销售收入是建立在旧有成本基础之上的，这就意味着前期收入无法满足当期的成本增加需求，企业就会面临着资金不足的境况，从而就需要额外的资金来保证当下的成本支出。

其次，商业银行作为以销售信用为主业的机构，将对企业的信贷需求做出反应。在给定的利率水平上，商业银行能够完全满足企业对额外资金的需求。商业银行采用的贷款利率是在中央银行的基础利率（一般指短期利率）之上再加上一定的加成。在一个具体的市场期里，无论是在零售贷款市场方面还是存款市场方面，中央银行都是金融产品价格（即利率）的制定者和数量的接受者。当然，商业银行会非常关注它们资产的流动性。为了应对任何不可预期的挤兑行为和国际转移支付需要，商业银行则需依赖于中央银行作为流动性的最后提供者。

最后，中央银行是一个国家为货币体系提供流动性保障的机构。根据其最后贷款人的职能，中央银行需要满足商业银行的准备金需求。在现行利率水平上，中央银行一般不能控制货币供给。

按照穆尔对企业生产过程和融资时间的分析，信用货币供给会内在地对企业运营资本需求的变动做出反应。整个货币创造过程的外生变量是利率，利率由中央银行直接控制，内生于企业信贷需求的银行贷款是货币增长的主要源泉。这样，通过阐述货币的信用本质、商业银行在满足企业贷款需求时所发挥的作用

① Moore, B. (1988), "The Endogeneity of Money: A Comment", *Scottish Journal of Political Economy*, August, 35(3), PP. 291-294.

以及运作机制，适应主义者就对货币创造过程给予了与主流货币理论完全不同的新解读。

5.3.2 结构主义方法的进一步发展——与流动性偏好理论充分融合

结构主义方法的新进展主要表现在对流动性偏好理论的充分融合上面。虽然同样是坚持内生货币思想，但是结构主义理论家对于适应主义方法的有些近似于极端的观点提出了质疑。他们认为信用货币供给曲线并非像适应主义方法所假定的那样完全呈水平状，而是向上方倾斜的，这是因为商业银行只能部分地而不能全部地满足企业的信用需求（中央银行也只能是部分地满足给商业银行的准备金需求）。结构主义者认为，主张适应主义方法的学者的一个主要失误就在于他们对流动性偏好理论的忽略，而流动性偏好理论对于现代内生货币理论来说则是十分重要和基本的命题。

结构主义学者扩展了有关流动性偏好的解释。亚历山大·道（A. C. Dow）和希拉·道主张应该从《通论》中对流动性偏好的简化的解释回归到《货币论》中更为丰富的货币分析上。① 他们认为，更准确地说，流动性偏好是一种表达方式，它代表的是家庭、企业、商业银行和中央银行复杂的行为模式。流动性偏好修正了家庭、企业、商业银行和中央银行的行为函数，赋予了货币创造、循环、灭失的内生过程以新的内容。在最近的后凯恩斯学派理论文献中，阿雷斯蒂斯、豪厄威尔斯、道、帕里等人就是沿着这一主线进行分析的，这使流动性偏好理论同后凯恩斯学派的内生货币供给理论紧密结合在一起，进一步扩充了后凯恩斯学

① Dow, A. C. & Dow, S. C. (1989) "Endogenous money creation and idle balances", in M. Musella & C. Panico (eds) *The Money Supply in the Economic Process: a Post Keynesian perspective*, Edward Elgar, P. 148.

派货币理论的丰富内涵。

首先是关于家庭的流动性偏好。家庭的流动性偏好主要通过两种方式影响货币供给过程。第一，改变家庭持有的资产组合：假定维持一定的利率水平不变，当流动性偏好较低的时候，家庭更愿意将现金和活期存款转换为短期和长期的资产。第二，也是更为重要的一点，家庭能够通过改变其持有的资产组合的规模来影响货币供给：当流动性偏好下降的时候，家庭更愿意接受抵押贷款和消费贷款等方式来为自己的商品（比如耐用消费品）购买进行融资。在这种情况下，家庭行为就直接影响了信用货币供给。经验性研究也提供了对于这一看法的支持。在某些情况下，家庭对信用货币需求的持续增加已经超过了贷给企业和金融机构的信用总量。其结果就是，现在信用货币的供给更多地依赖于家庭的行为而非企业的行为。① 因此，家庭的流动性偏好应该在内生货币理论当中发挥重要作用，并且这种重要性在日益增加。

其次，关于企业的流动性偏好。流动性偏好跟企业资产组合的构成和规模都是相关联的。在产品生产和服务生产方面，企业享有完全的决策独立性，但他们的金融决策需要同上述两方面生产的决策保持一致。在一定的利率水平上，在流动性偏好较低的时候，企业更愿意将流动性较强的资产转换成流动性较差的资产（即改变资产组合的构成）。企业可以将现金和活期存款变成直接的资本品购买，也可以以间接的形式转换为在金融市场上对证券的购买。在流动性偏好较低的时候，企业同样愿意利用商业贷款来为自己的新产品、新服务的生产进行融资（即改变资产组合的规模）。与之相反，当流动性偏好增加的时候，不论银行的贷款政策如何，企业都会采取一种更为保守的借贷行为或者选择更具

① Arestis, P. & Howells, P. (1999), "The Supply of Credit Money and the Demand for Deposits: a Reply", *Cambridge Journal of Economics*, 23, PP. 115–119.

流动性的资产组合。一种极端的情况是,在经济高度不稳定、利润率较低,或者对未来非常不确定的情况下,企业可能会选择一种“退出”战略,减少或者干脆暂停生产活动。

再次,关于商业银行的流动性偏好。商业银行是靠发放贷款生存的机构,商业银行必须针对不同情况表现出不同程度的流动性偏好。比如,由于悲观的经济预期,导致商业银行的流动性偏好较高的时候,商业银行将不愿意满足企业和家庭的贷款需求,转而选择购买现有的证券。在这种情况下,商业银行更像是一个金融中介而不是贷款人,它们自身参与重新分配流动性而不是去创造流动性。与之相反,在流动性偏好较低的时候,商业银行愿意将流动性较强的资产转换为流动性较差的资产(即改变资产组合的构成),同时也愿意满足企业和家庭的贷款需求(即改变资产组合的规模)。结构主义学者还认为,商业银行能够通过风险评级来区别潜在的借款人,针对不同的借款人商业银行所具有的流动性偏好也会不同,对于那些风险程度较高的借款人采取非常谨慎的贷款行为。这里的流动性偏好是一个相当含糊的概念,它更像是一种对于借款人的主观(文化上的,地理上的)分类,而不是一种客观的银行偏好。所以,实际上流动性偏好通常是一个程度上的问题,而不是一个精确的数值概念。对于银行来说,什么是“资信可靠的借款人”是最有意义的。大型企业,或者更一般性地说,有长期信用经历且有价值的消费者更加容易被认定为是“资信可靠的”。在其他条件不变的情况下,对于这些借款人,银行更愿意表现出一种较低程度的流动性偏好。道通过一系列研究发现,对于小企业来说,存在着某种程度的信用缺口,它们往往虽有贷款需求却苦于无法得到所需的资金。① 德姆斯基(Dymski)和莫汉蒂

① Dow, S. C. (1996), “Horizontalism: A Critique”, *Cambridge Journal of Economics*, 20, PP. 497-508.

(Mohanty)就指出,银行偏爱在那些繁荣的地区设立分行,而他们试图推荐发展一种具有某种"种群文化特征的银行制度"(ethnic banking)来帮助贫困地区的经济发展。①

最后,关于中央银行的流动性偏好。在面对准备金请求的时候,中央银行并不是被动地完全接受,而是根据其流动性偏好(以及其他政策性因素等)的情况积极地制定满足商业银行准备金需求的决策。家庭、企业和商业银行的流动性偏好会改变经济系统中的货币需求,假如中央银行保持的货币供给不变,不去满足货币需求增加的话,那么在任何可行的利率水平上,都会造成货币流通速度的增加,而且流通速度增加的程度不足以弥补货币需求的缺口。利率就会有向上的压力,此时货币总量同利率之间就会出现正向关系。古德哈特(Goodhart)还认为,随着同业拆借货币市场的发展和债务管理的加强,银行丧失流动性和无偿债能力这两种情况之间已经基本不存在差别了,中央银行作为最后贷款人可以减少由这两种情况带来的损失。同时,在今天竞争越发激烈的形势下,中央银行发现,说服商业银行参与救助一个濒临破产的银行以及分担其潜在损失变得越发困难。这将会给中央银行带来许多严重的问题,他们将没有属于自己的充足资金来承担未来救助行动可能引起的损失。② 对于中央银行来说,将资金贷给"有破产风险的"商业银行也就意味着创造了新的债务(改变了中央银行自身的资产组合的规模)。当流动性偏好增加的时候,中央银行本身也不愿意将资金贷给濒临破产的银行,但此时的中央银行别无选择,中央银行的决策将会受到政

① Dymski, G. & Mohanty, L., (1999), "Credit and Banking Structure: Asian and African-American Experience in Los Angeles", *American Economic Review*, 89, PP. 362-366.

② Goodhart, C. A. E. (1993) "Bank insolvency and deposit insurance: a proposal", in: P. Arestis (Ed) *Money and Banking: issues for the twenty-first century*, London, Macmillan, PP. 75-94.

府政策目标的影响,同时也受到金融机构目标利益的影响。

综上所述,通过质疑和回应适应主义者对于信用货币供给过程的论述,结构主义者提出,内生货币的含义不仅仅是水平的信用货币供给曲线。家庭、企业、商业银行和中央银行的流动性偏好都与货币的创造、循环和灭失有关联。特别是,结构主义学者坚持强调以下两点:第一,信用货币的供给并不是简单地用来满足企业运营资本要求的方式。家庭和企业的投机需求在货币供给的过程中同样也都发挥着重要作用。而在发放贷款的过程中,商业银行也在控制其自身资产组合的构成和规模。第二,中央银行的主要职能之一就是保障国家经济体系免受金融危机的影响。但是,中央银行的职能是在一系列的限制(比如,通胀目标,汇率目标,以及其他政策目标)条件下履行的,这些限制条件无疑将会影响中央银行企图实施全面适应性的准备金政策的意愿和能力。

5.3.3 适应主义方法和结构主义方法的联系与区别:图示综合说明

丰塔纳(Fontana)用简单的图示来描述货币的供给过程——准备金的需求和供给,信用货币的需求和供给,以及这些变量随着时间的推移如何影响经济行为人的流动性偏好。① 我们用下面四个象限的坐标图5-1来厘清关于适应主义与结构主义的一些有争议性的问题,并且可以解释货币准备金供给曲线和信用货币供给曲线的功能。

结构主义者通常提出两个论点来反对适应主义者在给定利率的情况下信用货币供给曲线呈水平状的观点。第一个论点是建立在中央银行对于商业银行准备金需求的适应程度上。第二个论点则忽略中央银行的行为,转而将注意力集

① Fontana, G. (2003), "Post Keynesian Approach to Endogenous Money: a Time Framework Explanation", *Review of Political Economy*, Volume 15, Number 3, PP. 291-314.

中在商业银行的流动性偏好上。

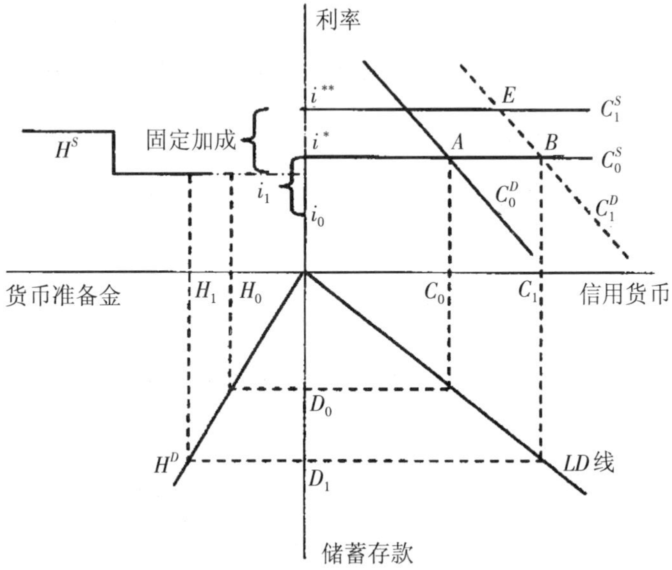

图 5-1　后凯恩斯学派论信用货币供给过程

第一个论点是反对水平状的信用货币供给曲线的。这个论点涉及了中央银行的反应函数。适应主义的代表人物穆尔提出使用中央银行的反应函数来代表短期利率和准备金需求变化之间的关系。① 穆尔及其追随者们主张一种完全弹性的反应函数(在给定利率水平上,中央银行能够完全满足商业银行的准备金需求)。在他们看来,结构主义者捍卫的是一种非完全弹性的反应函数。而结构主义者认为,中央银行不能完全独立地制定利率目标,它会受到诸多方面的影响和限制,因此,在某些情况下,中央银行无法完全适应商业银行的准备金请求。

具体来说,从第二象限看,准备金(高能货币)供给 H^S 为非完全弹性。H^S 为

① Moore, B. (1991), "Money Supply Endogeneity: 'Reserve Price Setting' or 'Reserve Quantity Setting?'", *Journal of Post-Keynesian Economics*, Vol. 13, No. 3, PP. 404-413.

一组阶梯状水平线，该组曲线整体上向左上方倾斜反映了短期利率受到向上的压力。每一段水平线都代表着不同的货币政策。因此，该曲线同样符合适应主义观点——在每一个利率水平上，准备金都会得到完全适应性地供给。如果中央银行不愿意将资金贷给有破产风险的银行，那这种情形可以由 H^S 曲线上升速度的迅速增大来反映：在最为极端的情况下，曲线就变成了完全垂直的。

再来看第一象限，该象限代表的是商业银行信用市场。商业银行的信用供给（ C_0^S ）是基础利率（ i^* ）水平上的一条完全弹性曲线，这个基础利率是短期利率（ i_0 ）加上一个固定加成确定的，同时，商业银行信贷需求（ C_0^D ）被假定为一个借款成本（利率）的减函数。信用总量由两条曲线的交点决定（如总量为 C_0 ）。依照后凯恩斯主义“贷款创造存款”的观点，在第四象限通过 LD（贷款—存款均衡）曲线可以看到，存款的供给自动调整以达到信用市场均衡的要求（比如 $D_0 = C_0$ ）。在第三象限，准备金需求（ H^D ）同银行存款水平联系在一起，同时，这也同第二象限的实际准备金供给量 H^0 的决定联系了起来。H^D 曲线的斜率取决于强制性的准备金率，同商业银行的行为发生联系。LD 曲线也是如此。在均衡情况下，商业银行必须平衡自身的资产和负债。需要着重指出的是，LD 曲线隐含的假设是家庭按照某一固定比例持有资产。在其他条件不变的情况下，对商业银行信用需求的变动会引发商业银行存款和准备金水平成比例的变动。信用需求的扩张（比如从 C_0^D 扩张到 C_1^D）增加了存款水平（从 D_0 到 D_1），因此增加了对准备金的需求（比如，从 H_0 到 H_1）。中央银行可以决定在更高的短期利率水平上（比如 i_1）适应这种需求，也就是说，中央银行会采取新的货币政策。准备金市场的新情况在信贷市场上会有所反映——会产生新的银行信用供给（比如 C_1^S）。

根据内生货币理论，商业银行首先发放贷款，然后才寻求储备。在贷款发放完之后，贷款利率才会对基础利率产生影响。在多种因素的影响下，中央银行可能会上调基础利率。同时，商业银行会尝试着对基础利率的提升做出预期，但只是根据以往的经验进行预期。在图 5-1 中，从 A 点到 E 点反映的是结构主义的观点，货币供给曲线向上倾斜；而从 A 点到 B 点反映的是适应主义的观点，货币供给曲线呈水平状。在 E 点，货币供给与准备金供给的新情况完全吻合。结构主义者认为，商业银行需要依赖于中央银行的流动性偏好才能成功地进行贷款业务。由此可以得出结论，中央银行的行为及其对参与货币供给过程的行为人流动性偏好的影响，是内生货币理论的重要组成部分。

在图 5-1 中，我们也看到了适应主义同结构主义之间的融合。一般来说，适应主义者和结构主义者都认为中央银行对于商业银行的准备金需求只能部分地适应。适应主义者和结构主义者主要的差别就在于，结构主义者讨论的是货币当局在整个政策区间上对准备金需求的部分适应，准备金需求上升，基础利率也上升；而适应主义者则侧重于讨论在政策区间的各个不同阶段，央行针对不同的利率水平去适应准备金需求。换言之，结构主义者考虑的是准备金的总体供给情况（例如 H^S），而适应主义者集中讨论的是整体准备金供给曲线上每一段单一水平的部分。

反对水平信用货币供给曲线的第二个论点是与商业银行的行为相关的。结构主义者认为，在基础利率不变的条件下，不论商业银行的准备金需求是否能够被完全适应，商业银行的流动性偏好在决定信用货币的价格和数量上都起着相当重要的作用。图 5-2 和图 5-3 描绘了商业银行的资产组合选择如何影响信用货币市场的运行。为了简便起见，假设准备金供给是一条完全弹性的曲线，这就意味着这里的分析仅仅考虑中央银行货币政策中的一种情况（即基础利率为 i_0 的情况）。在图 5-2 和图 5-3 的第一象限，信用货币供给 C_0^S 的供给价格由基础利率加上一个加成决定。但是,现在这个加成是由放贷风险和商业银行的流动性偏好决定的。它取决于与银行贷款相关联的预期违约风险以及商业银行资产组合的规模和构成。

结构主义者认为,当借款人增加他们的信用需求的时候,经过评估的风险也会增加,商业银行也会随之增加信用的供给价格。但是,一旦商业银行设定可贷信用的最高限额,借款人就会在利率不变的条件下,充分利用这个设定的信用上限。商业银行关于自身所持资产组合规模和构成的选择决定了信用货币供给曲线的高度(如水平线 C_0^S 的高度)。进而,银行对经济形势的看法可以解释该曲线水平部分的长度(即商业银行保持信用供给价格不变的时长)。图 5-2 表示的是一种极端情况,经济的扩张时期由一段较长且利率水平较低的 C_0^S 水平线表示;而图 5-3 表示的是另一个极端,开始是一段较短的 C_0^S 水平部分,随后很快过渡到更高的利率水平上,这代表着经济收缩时期。在其他条件不变的情况下,信用货币需求的变化会引起商业银行存款和准备金水平的变化。但是,利率是否随着信用需求的变化而变化尚不得而知。这主要取决于商业银行对于经济形势的判断,正如图 5-2 和图 5-3 表示的两种极端情况那样。

具体来说,在经济扩张时期,对于信用货币的需求和供给分别用曲线 C_0^D 和 C_0^S 来表示。信用市场的初始均衡在点 A。商业银行相信经济处于一个扩张时期(C_0^S 由较长的水平线段组成):银行对贷款违约的风险的担心程度较低,而借款人的投资预期回报较高。当信用货币的需求扩张到 C_1^D 后,商业银行在给定的基准利率(i^*)水平上充分适应(满足)这种需求。只要商业银行不改变它们的预期,信用供给就可以被认为在利率水平 i^* 上是一直保持水平状的(i^* 是在中央银行基础利率(i_0)上加上一个固定加成决定的)。信用市场的新均衡点在点

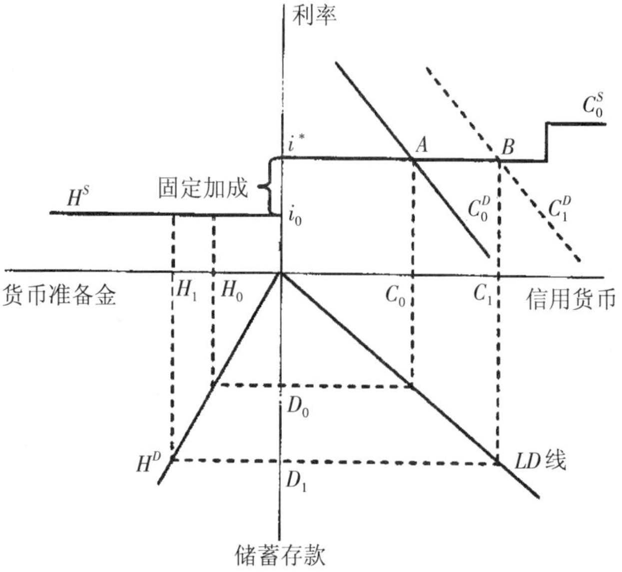

图 5-2　情况 1:经济扩张时期

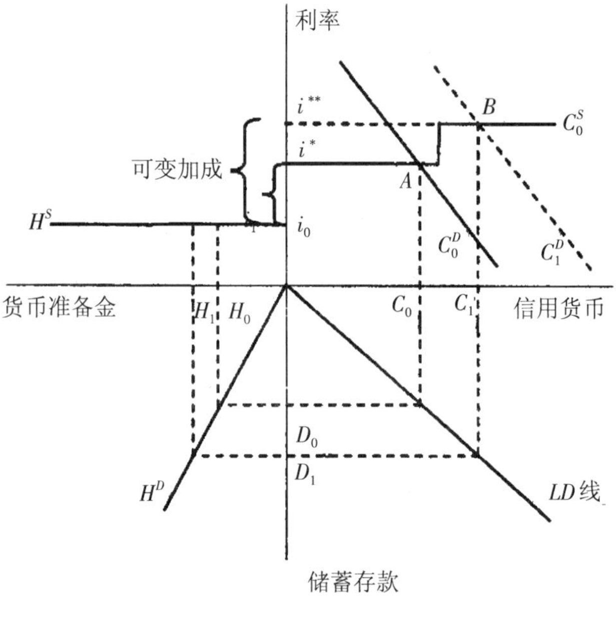

图 5-3　情况 2:经济收缩时期

B,相应的存款和准备金水平分别变为了 D_1 和 H_1。

再来看经济收缩时期,假设原先的信用货币的需求和供给曲线也是 C_0^D 和 C_0^S。信用市场初始的均衡点在 A。但是,现在商业银行认为经济处于一个收缩的时期(C_0^S 由较短的水平线段组成):银行对贷款违约风险的担心程度较高。当信用货币的需求扩张到 C_1^D,商业银行只能在更高的利率水平上适应这种需求。既然经济处于低迷阶段,商业银行就会更正其原来的预期。在中央银行基础利率之上的加成也提高了,这就使得信用的供给价格现在等于(i^{**})。信用市场的新均衡点在点 B,相应的存款和准备金水平分别变为了 D_1 和 H_1。

综上所述,图 5-2 和图 5-3 提出了非常重要的方法来调和适应主义者和结构主义者之间关于内生货币理论的分歧。适应主义者认为,只要借款人满足了商业银行最低抵押品和风险要求,商业银行就能满足在给定(且可持续)利率水平上的全部信用需求。结构主义者则坚持商业银行面对的是一个不确定的商业环境,贷款利率有可能根据商业银行的流动性偏好而进行调整。这样看来,商业银行将会不断地修正信用供给价格,以便同贷款的违约风险和它们自身资产组合的规模和构成保持一致。所以,适应主义者和结构主义者的根本分歧就在于他们假设商业银行对贷款风险和利润率会做出不同的预期。适应主义者是在不变预期的假设下讨论商业银行的行为的,而结构主义者则考虑到商业银行可能会修正这些预期。从分析的时间框架上来说,适应主义者考虑到的是单一时期内的情形,而结构主义者进行的是包含多个时期在内的动态分析。运用这种方法,似乎可以将适应主义者和结构主义者在商业银行流动性偏好问题上的看法整合起来,同时用动态分析方法厘清了适应主义方法和结构主义方法之间的共性与分歧。

5.3.4 简要的结语

适应主义者可以说是秉承着希克斯关于货币与时间的讨论，[①]提供了一种单周期的货币分析。他们的模型旨在描述简单而且稳定的货币利率关系，从而解释了货币创造、循环、灭失的过程。出于这一目的，适应主义者通常“不言而喻”地假设他们是在某一周期时间段内进行分析，而且商业银行和中央银行的流动性偏好是给定的。随之就会产生这样一种结论，在这种单一周期分析中，某一时间段内对货币供给和需求的预期也将保持不变。

与此同时，结构主义者可以说是采取了一种对货币的持续性分析。他们的模型想要把握的是潜在的内生条件不断变化的特征。模型假设行为人倾向于做出悲观的预期，因此，他们的分析考虑了行为人对当前和未来的基础利率水平预期的不断调整，以及这种预期带来的影响。

通过比较上述两种理论，我们可以很清楚地看到单周期适应主义分析主要是将货币作为最终支付手段的一种理论。由于行为人的流动性偏好被暂时忽略了，所以货币存量的分析就退居次要地位了。而结构主义者对于货币理论有着不同的理解，他们的目标是揭示生生不息的货币创造和毁灭的过程。把很多个单周期的信用货币分析结合在一起就形成了对货币的持续性分析，而此时的货币既是最终支付手段又是价值储藏手段。

---

① Hicks, J. R. (1982 [1956]), “Methods of dynamic analysis”, in J. Hicks, *Money, Interest and Wages: collected essays on economic theory*, Vol. 2, Oxford, Clarendon Press, PP. 217–235.

5.4　后凯恩斯学派货币理论对“新共识”宏观经济学的批判

5.4.1　“新共识”宏观经济学基本内容

“新共识”宏观经济学(“New Consensus”Macroeconomics)产生于 20 世纪 90 年代,是近年来出现大量论著并得到进一步发展的一种宏观经济政策思想的“新共识”。它源于新凯恩斯主义,但却在一定程度上“背离”了新凯恩斯主义。在“新共识”宏观经济学中,财政政策的作用下降,货币政策的作用提升,货币政策的重点是盯住通货膨胀率,货币政策中介目标选择利率。“新共识”理论的主要目的就是将货币政策的实施制度化,从而为中央银行确立采取行动的准则。

“新共识”宏观经济学中的关键理论基础可以由三个方程表示如下:

$$(Y - Y^{*}) = -\alpha_1(r - r^{*}) + \varepsilon_1 \tag{5.1}$$

$$(p - p^{T}) = \beta_1(Y - Y^{*}) + \varepsilon_2 \tag{5.2}$$

$$(r - r^{*}) = \gamma_0(p - p^{T}) + \gamma_1(Y - Y^{*}) \tag{5.3}$$

其中,r 是短期利率,r^{*} 是威克塞尔自然利率,它独立于货币政策而存在,p 是当前的通货膨胀率,p^{T} 是中央银行的目标通胀率,Y 是当前产出,Y^{*} 是自然产出水平。① 等式(5.1)是 *IS* 曲线,它表示市场利率同长期均衡利率的偏离可以解释产出同长期的(自然)产出水平的偏离——会产生一个产出缺口。等式(5.2)是一个菲利普斯曲线,产出缺口用以解释当前通胀率同目标通胀率的偏离,目标通胀率由央行政策决定。等式(5.3)表示的是泰勒规则,属于“新共识”

① 相当于非加速型通货膨胀失业率(Non-Accelerating Inflation Rate of Unemployment,NAIRU)下的产出水平。

理论的核心部分。货币存量在“新共识”模型中不起作用,模型甚至没有提及这一概念。

“新共识”宏观理论的政策含义具有两个重要特征,它们都对宏观经济政策有着重要启示。第一个特征是它给出了一个明确的利率规则,强调中央银行具有控制短期利率的职能(泰勒规则);第二个特征是将通货膨胀作为中央银行调控的最终目标,①中央银行根据实际通胀情况进行相机抉择的调节。这两个特征是内在关联的,中央银行使用货币(利率)政策去实现它的通胀目标。在这层意义上,利率政策仅仅是一个中间目标,物价稳定或者低通胀才是央行政策的终极目标。

将通货膨胀作为央行政策的终极目标,体现出“新共识”理论的三个长处。第一,设定通胀目标就意味着给出了一个政策操作的名义锚。在一个中央银行不再盯住货币供给增长(如泰勒规则所示)的经济环境里,需要这样一个名义锚来使得央行的操作有据可依。第二,将通胀作为政策目标体现出央行政策操作的透明性,经济中的各个主体能够更好地了解货币政策的具体目标以及实施情况。第三,设定一个通胀目标,随后通过货币政策操作来实现这个目标,中央银行可以赢得(或者说重新赢得)公众的信任,而这种信任正是中央银行在通胀时期所缺失的。

“新共识”理论认为利率是外生的,货币供给是内生的。这看上去似乎与后凯恩斯学派货币理论的主要特征相一致。然而从整体上看,“新共识”理论还是

① 以通货膨胀率为终极调控目标,中央银行一般会采取明确的目标通胀率加合理的浮动范围的方式来进行具体操作。具体操作方式有以下几种:点目标(以一个特定的通胀率为目标);点目标加浮动范围(先设定一个点目标,同时允许在这个点目标附近合理地浮动);在两个通胀率之间设定一个目标区间;先设定一个通胀率目标区间,同时设定一个超出目标区间边界之外的浮动范围。

保持着相当浓厚的传统经济理论特征，最明显的一点就是在“新共识”理论中保留着对自然利率和自然产出水平的认可。因此，很多经济学家更愿意将“新共识”理论称为“新新古典综合”（New Neoclassical Synthesis）。[①] 拉沃就强调说“新共识”理论不过是“新瓶装旧酒，它只是简单重复了新古典经济学的教条思想”。[②] 为了替代“新共识”理论，一些后凯恩斯学者认为使用短期利率作为政策工具会扰乱收入分配，进而主张在长期中盯住利率，积极发挥财政政策的作用，减少对货币政策的依赖。他们主张对自然利率持批评态度，呼吁后凯恩斯学者们不仅仅要坚持内生货币理论，同时也要严格拒绝任何支持威克塞尔自然利率的观点。

5.4.2 后凯恩斯学派对“新共识”理论政策规则的替代

后凯恩斯学者认为，虽然“新共识”关于利率外生性和货币供给内生性的假定与后凯恩斯学派的货币思想基本相一致，可是在深层次上二者之间仍然存在着明显的分歧。首先，二者的利率政策内涵不同。后凯恩斯学派强调的是利率政策的官方特征。也就是说，在后凯恩斯学派看来，利率政策是独立于市场力量之外的，任何企图提高或者降低利率的决策都是由中央银行做出的官方决策，并非是市场力量自发的结果。但是，对于“新共识”学者而言，虽然利率是外生的，通过泰勒规则它却能够同市场联系在一起，从而就对货币政策做了内生化处理。只要调控的目标明确，透明性原则就会要求中央银行遵守“游戏”规则。

---

① Linnemann, L., and Schabert, A. (2003). “Fiscal Policy in the New Neoclassical Synthesis”, *Journal of Money, Banking and Credit*, 35 (6), PP. 911–929.

② Lavoie, M. (2006) “A Post-Keynesian Amendment to the New Consensus Model on Monetary Policy” *Metroeconomica*, 57 (2), PP. 165–192.

其次，二者关于内生货币供给的观点也不尽相同。在“新共识”理论中，虽然货币供给被认为是内生的，但它并没有一个内生货币理论，货币内生化的理由仅仅是因为中央银行发现要控制货币存量是非常困难的，现实当中的货币需求是不可控制和不可预测的；而对后凯恩斯学派而言，货币的内生性是一种自发秩序，货币只能是内生的，它与债务和信用之间存在着逻辑关系。正如拉沃所说：“这种内生性并不是制度的问题，而是逻辑上的一个必然结果。”①中央银行的作用就是提供必要的流动性以防止金融危机的蔓延。

再次，二者对于自然利率的看法不同。后凯恩斯学者认为“新共识”理论是对威克塞尔货币理论的一个简单重述。② 在“新共识”理论的背景下，充分就业、物价稳定和自然利率之间存在着唯一对应关系。但后凯恩斯学派不承认自然利率的存在。换句话说，他们认为在产出和利率之间并不存在唯一对应关系。戴维森认为，并不存在所谓的自然利率或中性利率，因此，想要利用主观的货币政策来实现既定通胀目标的做法是完全无效的。③

后凯恩斯学派近年来试图通过自己的货币理论研究来寻求对泰勒规则的某种替代，这主要体现在他们用以固定利率的一些规则上。在后凯恩斯主义者看来，当今的央行措施已经从根本上被误导了。中央银行对经济并不是采取微调的措施，而是“痴迷”于盯住通胀目标，只是一味地提高利率直到经济最终陷入通缩（或者崩溃），其目的无非就是为了追求所谓的“软着陆”。简而言之，“新共

---

① Lavoie, M. (1996a) “Monetary Policy in an Economy with Endogenous Credit Money”, In E. Nell and G. Deleplace (eds.), *Money in Motion*. London: Macmillan, PP. 532-545.

② Seccareccia, M. (1998), “Wicksellian Norm, Central Bank Real Interest Rate Targeting and Macroeconomic Performance.” In P. Arestis and M. Sawyer (eds.), *The Political Economy of Central Banking*. Cheltenham, UK: Edward Elgar, PP. 180-198.

③ Davidson, P. (2006), “Can, or Should, a Central Bank Inflation Target?”, *Journal of Post Keynesian Economics*, Vol. 28, No. 4, PP. 689-703.

识”理论和其他主流货币思想是以货币政策为主导的,“这种为了追求稳定而诉诸货币政策的做法,代表了与凯恩斯主义依靠财政政策的做法相偏离的顶点”。①

后凯恩斯货币理论的学者们在中央银行的政策选择上逐渐达成的一致观点是,回归至凯恩斯在《通论》中提出的注重财政政策的传统观点,并且逐步降低利率政策在调节经济过程中的重要性。当然,这并不意味着中央银行应该停止设定利率,只是说中央银行应该停止使用短期利率作为一个调节经济的工具。后凯恩斯学者认为应当按照某一种规则将利率固定下来,然后让财政政策充分发挥作用,从而回归凯恩斯主义的政策传统。围绕这一基本政策观点,后凯恩斯学派的一些人大致提出盯住利率的三种规则,用以对抗主流货币理论中的相机抉择操作方法。第一种是所谓“史密森规则”(the Smithin rule)。该规则主张中央银行应该采取一种真实利率较低但仍然为正的政策。根据阿泰什奥古(Atesoglu)和史密森的观点,“在实践中,这个规则要求根据观测到的通胀水平,进行一对一的名义利率调整”。② 中央银行这样设定利率政策(利率较低但为正值)的目的似乎是为了要保护利息收入阶层的利益。第二种叫做“堪萨斯城规则”(the Kansas City rule)。这个规则主张中央银行应将名义利率设定为零,让真实利率进行内生化调整(在多数情况下,真实利率为负)。③ 堪萨斯城规则也有两

① Kelton, S., and Wray, L. R. (2006) “What a Long, Strange Trip It's Been: Can We Muddle Through Without Fiscal Policy?” In C. Gnos and L. P. Rochon (eds.), *Post Keynesian Principles of Economic Policy*, Cheltenham, UK: Edward Elgar, PP. 101–119.

② Atesoglu, S., and Smithin, J. (2006) “Inflation Targeting in a Simple Macroeconomic Model” *Journal of Post Keynesian Economics*, Vol. 28, No. 4, PP. 673–688.

③ Wray, L. R. (2007), “A Post Keynesian View of Central Bank Independence, Policy Targets, and the Rules Versus Discretion Debate”, *Journal of Post Keynesian Economics*, Vol. 30, No. 1, PP. 119–141.

个分论点。其一,名义利率自然为零。部分学者认为,利率会自然回落至零,除非央行采取一种保护性政策,通过出售证券来吸纳系统中的储备从而人为地将利率稳定在某一水平。其二,名义利率人为归零。另有部分学者认为,中央银行应该通过明确地设定零利率目标,从而让名义利率回落为零。根据莫斯勒(Mosler)和福斯塔特(Forstater)的观点,"在一个拥有灵活兑换制度的货币体系中,中央银行可以清晰地控制短期利率,同时,也有很多很充分的理由将隔夜拆借利率水平设定为零,并且让市场考虑到进行信用扩张的风险"。他们接下来还补充道,"让利率停留在零自然利率的水平上可以使经济保持良好运行"。①第三种是帕西内蒂公平利率规则。该规则由拉沃和塞卡西亚(Seccareccia)提出,公平利率会使利息收入和非利息收入的人群保持相对不变的收入分配比例。他们两人声称,只有在中央银行设定的真实利率等于劳动生产力的增长率时,这样的情况才会实现。②

上述三种盯住利率的规则的共性特征是,它们都强调中央银行在稳定经济过程中所起的作用非常有限。低利率通常是与刺激经济增长和降低失业率联系在一起的,但这三点规则都质疑使用短期利率对经济进行微调的有效性。通过将真实利率设定为零或者使其基本接近于零,中央银行试图寻找一种中性化的利率政策作为实施稳定政策的工具,货币政策更为合适的作用应该是调节收入分配。此外,它们都认同利率是外生的,利率不是一个市场现象,它并不会根据市场的情况给出自己的变化轨迹。换句话说,基准利率的任何变动都是中央银

① Mosler, W., and Forstater, M. (2004), "The Natural Rate of Interest Is Zero.", Working Paper No. 37, University of Missouri, Kansas City.

② Lavoie, M., and Seccareccia, M. (1999), "Interest Rate: Fair.", In P. O´Hara (ed.), *Encyclopedia of Political Economy*, vol. 1, London: Routledge, PP. 543–545.

行蓄意而为的结果。因此，利率并非一定同经济活动本身“绑定”在一起，逐渐增加的财政赤字或者日渐活跃的经济活动并不一定能自动提高利率水平。所以，尽管在具体的操作上它们之间存在着某些细微差别，但是从总体上它们还是反映了后凯恩斯经济学的鲜明特色。

5.4.3 后凯恩斯学派对“新共识”理论的理论模型替代

后凯恩斯学者不仅用自己的政策规则来替代“新共识“的政策规则，而且还努力在理论上进行新的不同建构。罗尚（Rochon）和塞特菲尔德（Setterfield）构建了一种后凯恩斯主义对“新共识”理论的替代模型。① 该模型在结构上与“新共识”模型相似，同样包含了三个组成部分：通货膨胀发生过程的描述，真实经济描述，以及货币政策运行机制（IROP）。

但本模型有三点显著的不同之处：第一，它刻画的是一个以非中性货币为特征的货币化经济；第二，它认为真实经济活动不存在唯一均衡水平；第三，社会各阶层群体的名义收入变动与通货膨胀率之间会相互影响。这个模型力图在原有的以货币政策和通胀政策为主导的“新共识”分析之外，寻求一种与前一部分讨论过的后凯恩斯盯住利率方法相结合的宏观调控模式。其基本内容由如下几个部分组成：

(1)关于通货膨胀发生过程

下面的等式分别描述了名义工资和价格通货膨胀，刻画了通货膨胀的产生过程：

---

① Rochon, L. P. and Settterfield, M. (2007), “Interest Rates, Income Distribution, and Monetary Policy Dominance: Post Keynesians and the ‘Fair Rate’ of Interest”, *Journal of Post Keynesian Economics*, Vol. 30, No. 1, PP. 13–42.

$$w = \mu_1(\omega_W - \omega) + \mu_2 p^e + \mu_3 q \tag{5.4}$$

$$p = \varphi_1(\omega - \omega_F) + \varphi_2(w - q) \tag{5.5}$$

在这里，w 是名义工资增长率，ω_W 是工人的目标工资份额，ω 是实际工资份额，p^e 是预期通胀率，q 是生产力的增长率，p 是实际通胀率，ω_F 是企业的目标工资份额。等式(5.4)和(5.5)基于这样的假设条件：在工资谈判中，工人相对于企业而言是处于弱势的，企业在寡头垄断的市场结构中处于相对（而非绝对）优势地位。对于 i 所有可能的取值，有 $0 < \mu_i, \varphi_i < 1$。这意味着无论是工人还是企业都无法单独通过对工资和物价进行指数化处理来表示现实的名义工资和物价的增长率，一般来讲，当 $i \neq j$ 时，$\mu_i \neq \mu_j$，$\varphi_i \neq \varphi_j$。工人可能或多或少地希望将预期的通货膨胀率与名义工资的增长结合起来，这主要依赖于他们对通货膨胀率预期的大小以及自身的谈判力度。同时，企业（根据对通货膨胀的预期）可以更好地将单位劳动成本的提高转嫁给消费者，而不是简单地根据他们偏好的利润率来提高加成定价。但是，出于简便的目的，这里假设对于所有 i,j，$\mu_i = \mu_j, \varphi_i = \varphi_j$。于是等式(5.4)和(5.5)就可以简化为：

$$w = \mu(\omega_W - \omega + p^e + q) \tag{5.6}$$

$$p = \varphi(\omega - \omega_F + w - q) \tag{5.7}$$

现在我们以等式(5.6)和(5.7)为基础讨论均衡通胀率和均衡工资份额的决定因素。首先，我们假设 $q = \bar{q}$。也就是说，生产力的增长率一定存在一个给定的趋势值（存在一个均值）。上述两均衡在满足如下两个条件时实现：$p = p^e$（预期通胀率实现）和 $p = w - \bar{q}$（工资份额保持不变）。将 $q = \bar{q}$ 和 $p = p^e$ 代入等式(5.6)和(5.7)中，得到，

$$w = \mu(\omega_W - \omega + p + \bar{q}) \tag{5.6'}$$

$$p = \varphi(\omega - \omega_F + w - \bar{q}) \tag{5.7'}$$

因为 $p = w - \bar{q}$,(5.6′)(5.7′)两式还可以重写为：

$$p + \bar{q} = \mu(\omega_W - \omega + p + \bar{q}) \tag{5.6''}$$

$$p = \varphi(\omega - \omega_F + p) \tag{5.7''}$$

进一步等量代换，令 $\Omega = \frac{\mu}{1-\mu}$; $\Psi = \frac{\varphi}{1-\varphi}$ ，代入等式(5.6″)和(5.7″)中，整理得到：

$$p = \Omega(\omega_W - \omega) - \bar{q} \tag{5.8}$$

$$p = \Psi(\omega - \omega_F) \tag{5.9}$$

利用等式(5.8)和(5.9)可以解得均衡工资份额 ω^* 以及均衡的通货膨胀率 p^* 。联立等式(5.8)和(5.9)我们可得：

$$\Psi(\omega - \omega_F) = \Omega(\omega_W - \omega) - \bar{q}$$

$$\Rightarrow \Psi\omega + \Omega\omega = \Omega\omega_W + \Psi\omega_F - \bar{q}$$

$$\Rightarrow \quad \omega^* = \frac{\Omega\omega_W + \Psi\omega_F}{\Psi + \Omega} - \frac{\bar{q}}{\Psi + \Omega} \tag{5.10}$$

等式(5.10)表示均衡的工资份额既包含社会性因素(ω_W , ω_F , Ω , Ψ)，又包含技术性因素 $\bar{q}$ 。

类似地，将等式(5.10)代入(5.9)中，我们可得：

$$p = \Psi\left(\frac{\Omega\omega_W + \Psi\omega_F - \bar{q}}{\Psi + \Omega} - \omega_F\right)$$

$$\Rightarrow p = \left(\frac{\Omega\omega_W + \Psi\omega_F - \bar{q} - \Psi\omega_F - \Omega\omega_F}{\Psi + \Omega}\right)$$

$$\Rightarrow p^* = \frac{\Psi\Omega(\omega_W - \omega_F)}{\Psi + \Omega} - \frac{\Psi\bar{q}}{\Psi + \Omega} \tag{5.11}$$

等式(5.11)表明均衡的通货膨胀率也包含着社会性和技术性决定因素。

这一通货膨胀产生过程可以由图5-4来表示,将等式(5.8)和(5.9)表示的曲线在坐标系中画出,曲线分别标记为 P_W 和 P_F 。需要注意的一个情况是,等式(5.10)来源于工资谈判的过程,等式(5.11)来源于价格设定的过程。另外值得我们注意的,是与上述模型相关的两个比较静态分析的结果。

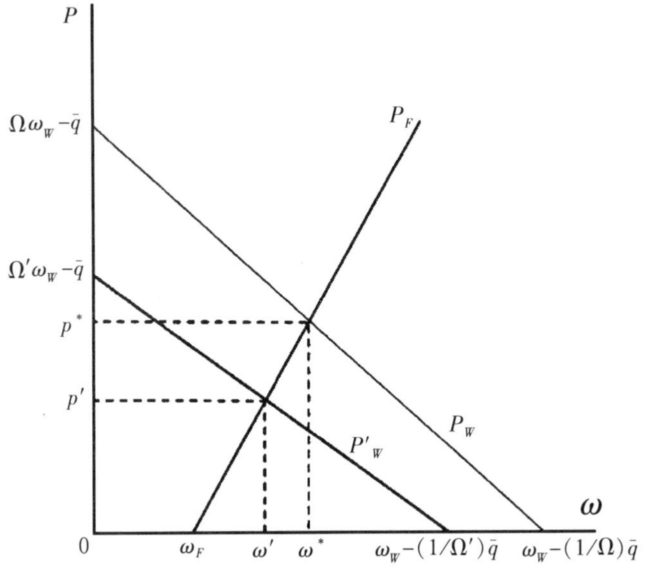

图5-4 通货膨胀发生过程

根据前面的定义,

$$\Omega=\frac{\mu}{1-\mu}$$

求 Ω 对 μ 的微分,可得,

$$\frac{d\Omega}{d\mu}=\frac{1}{1-\mu}+\frac{\mu}{(1-\mu)^2}>0$$

进一步假设 $d\mu/dU<0$,即工人在工资谈判中的谈判力量是随着失业率的提高

而降低的。于是可得，

$$\frac{d\Omega}{dU}=\frac{d\Omega}{d\mu}\cdot\frac{d\mu}{dU}<0$$

接下来，对等式(5.10)和(5.11)求 Ω 的偏导，可得，

$$\frac{\partial\omega^*}{\partial\Omega}=\frac{\Psi(\omega_W-\omega_F)+\bar{q}}{(\Psi+\Omega)^2}>0$$

$$\frac{\partial p^*}{\partial\Omega}=\frac{\Psi^2(\omega_W-\omega_F)+\Psi\bar{q}}{(\Psi+\Omega)^2}>0$$

也就是说，在 $d\Omega/d\mu>0$ 的情况下，均衡工资份额和均衡通货膨胀率都随着工人谈判力量的增强而增加。通过上述的推导，这里得出了两个重要的比较静态结论：

$$\frac{dp^*}{dU}=\frac{\partial p^*}{\partial\Omega}\cdot\frac{d\Omega}{dU}<0$$

$$\frac{d\omega^*}{dU}=\frac{\partial\omega^*}{\partial\Omega}\cdot\frac{d\Omega}{dU}<0$$

这两个结论可由图 5-4 推出。比如说，失业的增加会降低工人的谈判力量，这会导致 p_W 曲线向左移动（改变该曲线在两个坐标轴上的截距，Ω 变为 Ω'），结果降低了均衡的通货膨胀率和均衡的工资份额，分别下降到了 p' 和 ω'。

(2)关于真实经济过程

与“新共识”模型稍有不同的是，罗尚和塞特菲尔德使用失业率来代表真实经济水平，他们将真实经济运行过程做如下的模型化处理：

$$AD=f(r),\ f'<0$$

$$U=g(AD),\ g'<0$$

$$\Rightarrow U=h(r),\ h'>0$$

式中，AD 代表总需求，r 是名义利率，U 是失业率。线性化处理之后得到：

$$U = \gamma_1 + \gamma_2 r, \gamma_1, \gamma_2 > 0 \tag{5.12}$$

即失业率是名义利率的一个函数。

(3)关于货币政策

货币政策运行机制实际上是一个政策选择的问题。后凯恩斯学派对于“新共识”理论货币政策的替代是以一种模仿泰勒规则的形式进行的：

$$\dot{r} = \delta(p - p^T), \delta > 0,$$

式中，$\dot{r}$ 是后凯恩斯理论模型中的短期真实利率的变化量，p^T 是中央银行的目标通胀率，货币政策运行和易犯的错误可以很明显地从等式(5.12)的两边以及图 5-4 中的比较静态分析中得出来。前面的论述中是假设 $p^T > p^*$，此时 $\dot{r}$ 为正值，这会导致 r 增加，从等式(5.12)我们可以看出，U 也增加了。正如前面论述过的那样，U 的增加将会成功地降低央行设为目标的通货膨胀率（p^T）。但是，这项政策干预的成本却是失业率的永久提高，同时还伴随着工人收入工资份额的永久性降低。①

罗尚和塞特菲尔德基于前面三种后凯恩斯主义的盯住利率规则，旨在提出一种后凯恩斯学派的分析方法来代替“新共识”理论中的泰勒规则。也就是说，在后凯恩斯主义货币政策的运行过程中避免受到传统的货币政策和通胀政策的影响。具体来说，如果将堪萨斯城规则整合到罗尚和塞特菲尔德的模型当中，将有：

$$r^* = 0 \tag{5.13}$$

① Setterfield, M. (2006), "Balancing the Macroeconomic Books on the Backs of Workers: A Simple Analytical Political Economy Model of Contemporary U. S. Capitalism", *International Journal of Political Economy*, Vol. 35, No. 3, PP. 46-63.

即名义利率设定为零。如果将史密森规则代入，则有

$$r^* - p^T = 0$$
$$\Rightarrow r^* = p^T \qquad (5.14)$$

即真实利率设定为零。而如果将帕西内蒂（公平利率）规则代入，则有：

$$r^* - p^T = \bar{q}$$
$$\Rightarrow r^* = p^T + \bar{q} \qquad (5.15)$$

即（名义）利率等于"公平"利率，该利率能够使得任何初始给定的债务存量真实价值保持不变，同时保持利息收入阶层的收入份额恒定不变。

这些货币政策运行规则有两个重要的共同点：第一，它们都是根据某种类型的固定利率规则提出的"盯住"利率的货币政策；第二，这些固定利率规则的使用同政策当局对真实经济目标（比如失业和收入分配）的追求（通过使用非货币政策工具）是一致的。

(4)完整的后凯恩斯主义模型

在上述基础上，罗尚和塞特菲尔德根据等式(5.15)（即帕西内蒂公平利率规则）提出了一个完整的后凯恩斯模型，在该模型中盯住利率货币政策将会起作用，同时展示出它对宏观经济有着怎样的影响。

用等式(5.8)、(5.9)、(5.12)、(5.15)来描述一个经济系统，政策当局追求的目标为p, U, ω，经济在初始阶段处于图5-5描绘的均衡结构之中。均衡利率为$r^* = p^T + \bar{q}$，它决定着均衡失业率U^*（在第三象限）。U^*随后决定工人的工资谈判力量μ，也就是决定了Ω的值，而Ω的值反过来决定着曲线的斜率和位置p_W（在第一象限），p_W曲线和p_F曲线一起决定了p^*和ω^*的值（如第一象限所示）。U^*和p^*就构成了图5-5第二象限中菲利普斯曲线上的一个点。值得注意的是，菲利普斯曲线在这里是作为一种"汇总装置"来使用的，目的是为了

追踪 p 和 U 的(由第一象限和第三象限的过程推导得出)各种取值。它的斜率为负,因为,如前所述,利率增加能够导致失业率增加,而这同时会降低工人的谈判力量以及通货膨胀率。

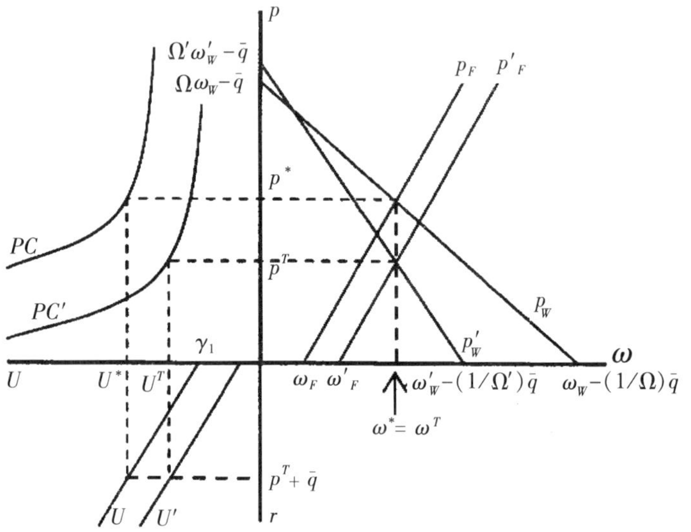

图 5-5　均衡以及调整后的后凯恩斯模型

图5-5中描述的是这样一种情况:$\omega^* = \omega^T$,但 $U^* > U^T$,$p^* > p^T$(这里的 T 作为上角标,表示政策官方控制的目标变量)。问题是:政策官方能够做些什么来调整 ω,U 和 p,使它们符合官方为这些变量设定的目标值?需要注意的一点是,在这里货币政策已经"停止使用"了,因为 r 的值已经在等式(5.15)公平利率的条件下预先决定了。财政政策仍然可以使用,但需要注意的是,并不是用压制需求的方法(具体地讲,增大 γ_1,因此,U 增加,从而 Ω 减小,p 降低)来对抗通货膨胀,因为这样做的话会使得失业率更加偏离所设定的目标值(同时还会降低 ω,因此扰乱了图5-5中 $\omega^* = \omega^T$ 时的结果)。既然货币政策不能使用,就只有财政政策可以使用,用来刺激需求,降低 γ_1 的值,因此,在公平利率水平

上能够降低失业率。这种政策干预在图 5-5 的第三象限体现出来。采用这种财政政策，在其他条件不变的情况下，可以增加工人的谈判力量，增加 Ω 的值（到 Ω'），并且使 p 和 ω 高于其目标值。如果同时还采用收入政策来缩小 ω_W 和 ω_F 之间的差距（改变这些变量的目标值为 ω'_W 和 ω'_F），之后通胀率和工资份额能够同它们的目标值保持一致，而且恰好在经济运行到它的目标失业率的时候。这些变化反映在图 5-5 的第一象限中，p_W 和 p_F 曲线分别移动至 p'_W 和 p'_F。最终均衡的状态就是第二象限中显示的菲利普斯曲线的向内移动（至 PC'），同时 U 和 p 的水平分别降至 U^T 和 p^T。

上面主要介绍了后凯恩斯学派用来代替目前比较流行的“新共识”货币理论的新的货币理论及其政策主张，特别是按照帕西内蒂规则建立的一个宏观经济模型来替代“新共识”模型。该模型的结构与“新共识”模型相似，包括了真实经济描述、一个货币政策运行规则，以及一个通货膨胀发生过程。与“新共识”模型形成鲜明对比的是，它利用非中性货币来刻画一个货币经济系统。此外，该模型中并不存在唯一的、由供给决定的、以存在自然失业率为特征的真实经济均衡水平。尽管该模型相对简单，但其目的就是为了说明通过将利率适当地固定在某一水平上，货币当局将会有更大的空间来利用财政政策和收入政策来达到后凯恩斯意义上的宏观经济目标，在一个可以持续的公平利率水平上，保持较低的失业率，并且形成更加公平的收入分配。

从实际的可操作性来看，上述的混合政策也许难以实现。不过不论怎样，它毕竟反映了这样一种新的政策思路：如果放弃原先的以货币政策和通胀政策为主导的经济调节方式，而同时使利息收入阶层保持一定的公平收入份额的话，那么货币当局乃至中央政府可以通过尝试采取一些财政政策措施来调节经济。

5.5 金融不稳定性假说的模型化新进展

5.5.1 金融不稳定性假说模型化的发展历程

前面已经提到,金融不稳定性假说是明斯基为后凯恩斯货币理论发展做出的重要贡献。明斯基在1986年出版《凯恩斯及稳定不稳定经济》一书中,深入分析了经济泡沫发生的一般规律,揭示了金融体系的内在不稳定性,从理论角度阐述了经济泡沫由最初形成到最后破裂的过程。但是,明斯基关于公司资产和流动性所引起的金融不稳定性的描述以及他对三种不同融资类型的阐述,并没有明确地模型化。倒是后来的许多学者通过将他的理论模型化,使这一重要的学说获得了重要新发展。

拉沃、泰勒和奥康奈尔(O'Connell)在较早的时候就试图将明斯基的观点模型化,认为内生的金融不稳定性与市场经济密切相关,并且具有最终导致经济危机的倾向。①② 福利(Foley)基于公司债务积累和投资支出之间的关系,用模型阐述了金融不稳定性理论。在模型中,他认为债务积累的扩张,导致公司间借贷的产生,最终引起公司资产流动性的恶化。③ 雅尔苏利克(Jarsulic)发展了"凯恩斯—卡莱斯基"模型(Keynes-Kalecki models),认为在有效需求和金融不稳定

① Lavoie, M.(1986-1987), "Systemic Financial Fragility: A Simplified View", *Journal of Post Keynesian Economics*, Vol.9, No.2, PP. 258-266.

② Taylor, L., and O'Connell, S.(1985), "A Minsky Crisis", *Quarterly Journal of Economics*, 100 (Supplement), PP. 871-875.

③ Foley, D.(1987), "Liquidity-Profit Rate Cycles in a Capitalist Economy", *Journal of Economic Behavior and Organization*, 8 (3), PP. 363-376.

性方面,收入分配起到了重要的作用。① 斯科特(Skott)通过模型化卡尔多的经济周期理论,来检验有效需求和金融不稳定性的关系。②

后继的学者将金融不稳定性扩展到"市场整体"的不稳定性,即如果再加上人为的外在因素刺激,整个经济将会进一步加剧其不稳定性。德利加蒂(Delli Gatti)和加莱加蒂(Gallegati)发展了一个模型,认为由于资本市场的不彻底性,投资最终将被抑制。③ 基亚雷拉(Chiarella)发展了资本积累所带来的不稳定负债模型,认为信贷者之间的关系引发了不稳定的负债。④ 随后,塞特菲尔德又发展了这一模型,考虑到了两个紧密相关的主体,即家庭和公司所引起的金融不稳定性的变化与商业银行对这些变化的反应。⑤ 最终,福利以及梅雷莱斯(Meirelles)和利马(Lima)的工作将金融不稳定性假说完全模型化,使它更加完善,明

① Jarsulic, M. (1990), "Debt and Macro Stability", *Eastern Economic Journal*, July-September, 15 (3), PP. 91-100. Jarsulic, M. (1996), "Aggregate Determinants of Financial Instability." In E. Nell and G. Deleplace (eds.), *Money in Motion: The Post Keynesian and Circulation Approaches*. New York: St. Martin's Press, PP. 635-645.

② Skott, P. (1994), "On the Modeling of Systemic Financial Fragility." In A. K. Dutt (ed.), *New Directions in Analytical Political Economy*. Aldershot, UK: Edward Elgar, PP. 46-76. Skott, P. (1995), "Financial Innovation, Deregulation, and Minsky Cycles." In G. Epstein and H. Gintis (eds.), *Macroeconomic Policy After the Conservative Era*, Cambridge: Cambridge University Press, PP. 255-273.

③ Delli Gatti, D., and Gallegati, M. (2001), "Financial Instability Revisited: Aggregate Fluctuations Due to Changing Financial Conditions of Heterogeneous Firms." In R. Bellofiore and P. Ferri (eds.), *The Economic Legacy of Hyman Minsky*, Vol. 2. Aldershot, UK: Edward Elgar, PP. 185-200.

④ Chiarella, C.; Flaschel, P.; and Semmler, W. (2001), "The Macrodynamics of Debt Deflation", in R. Bellofiore and P. Ferri (eds.), *The Economic Legacy of Hyman Minsky*, vol. 2. Aldershot, UK: Edward Elgar, PP. 133-184.

⑤ Setterfield, M. (2004), "Financial Fragility, Effective Demand and the Business Cycle", *Review of Political Economy*, April, 16 (2), PP. 207-223.

确、详细地阐述了公司金融区域的分类以及参数的变化对金融分类区域的影响①②。下面着重对福利、梅雷莱斯和利马的研究成果中最新的模型化成果进行介绍,主要是通过探讨公司选择的金融体制对其储蓄与投资功能的影响,进而来确定其融资制度的结构类型。

5.5.2 金融不稳定性假说模型化的最新成果

(1)关于模型的基本假设和基本变量

福利高度提炼了明斯基的理论,将企业按照融资类型分成三类:第一类选择套利融资的企业能通过当期收入的现金流实现合同付款义务;第二类选择投资融资的企业仅能够通过当期收入的现金流履行利息支付的义务,但是他们不能通过当期收入的现金流偿付全部借款本金;第三类选择庞兹融资的企业非但不能通过当期收入现金流偿付本金,甚至连借款利息都无法偿付。概括来讲,本期的现金流量即企业的资金来源,等于公司净营业收入 R 加上本期新增贷款 B 。以上资金来源分别用于本期投资的资金 I 以及上期债务的还本付息额 F 。由以上假设可以得出:

$$R + B = I + F \tag{5.16}$$

企业本期贷款数量即是本期负债的变化量。因此,本期负债的变化 $\dot{D} = dD/dt$ 可以由下式表示:

---

① Foley, D. (2003). "Financial Fragility in Developing Economies", In A. K. Dutt and J. Ros (eds.), *Development Economics and Structuralist Macroeconomics*, Aldershot, UK: Edward Elgar, PP. 157-168.

② Meirelles, A J. A and G. T. Lima. (2006), "Debt, Financial Fragility and Economic Growth: a Post Keynesian Macromodel", *Journal of Post Keynesian Economics*, Vol. 29, No. 1, PP. 93-115.

$$\dot{D} = B = dD/dt = I + F - R \tag{5.17}$$

其中：$R = rK$，即净经营收入等于利润率乘以资本存量；$F = iD$，即还本付息额等于利率乘以负债总量；$I = gK$，即本期投资额等于资本存量乘以资本存量的增长率（此处假设宏观经济中预期投资与储蓄相等，即 $I = S$，因此资本的投资需求等于资本的储蓄供给）。因此有：

$$\dot{D} = gK + iD - rK = (g - r)K + iD \tag{5.18}$$

在福利对明斯基三种融资类型分析的基础上，梅雷莱斯和利马将三种分类以下面的公式表达出来：

套利融资条件：

$$\text{Hedge}: R \geqslant I + F \text{ 或 } B \leqslant 0 \tag{5.19}$$

这是保守投资者的投资方法，即本期不需要借款。

投机融资条件：

$$\text{Speculative}: R < I + F \text{ 或 } I > B > 0 \tag{5.20}$$

即本期净经营收入只够支付利息，不够支付本金，因此，本期借款大于零。

庞兹融资条件：

$$\text{Ponzi}: R \leqslant F \text{ 或 } B \geqslant I \tag{5.21}$$

这是风险偏好者的融资方式，即本期净经营收入无法支付利息，本期借款大于本金。

此外，本模型还有以下的简化假设：无政府干预，投资和消费品都由劳动和资本两种生产要素来生产，并且技术不变；寡头垄断企业；需求不足，有闲置资源。如果在有效需求不足的情况下，企业将不能实现全部产能利用率。但企业仍然需要做出投资计划，其现有资产 K 的预期投资增长比率为 g_d，即企业投资函数为：

$$g_d = \alpha + \beta r - \gamma i \tag{5.22}$$

其中，α,β 和 γ 均为正参数，α 为自主投资率；β 为利润率变化所引起的投资变化的敏感程度；γ 为利率变化所引起的投资变化的敏感程度；g_d 是预期投资水平与已有实物资本存量 K 的比率，也叫资本存量的增长率或预期投资增长率；r 是由实物资本产生的利润的现金流在总利润中的比率，或者说是净营业收入 R 除以资本存量 K 的价值。从公式(5.22)可知，g_d 取决于 r 和 i 。不过，不同学者强调的重点似乎不同，罗瑟姆(Rowthorn)指出，预期投资增长率 g_d 同利润率 r 正相关，①而达特(Dutt)认为，预期投资增长率 g_d 同利率 i 负相关。②

假设社会中只存在工人和资本家两个阶级，且两者有不同的储蓄行为。按照后凯恩斯学派货币理论的观点，生产所需的初始货币是由银行信用提供的(即金融资本家对产业资本家的信贷)，并且在企业和银行之间存在循环关系。其中，由于劳动力供给过剩，工人所赚得的工资全部用来消费。由于确实存在部分工人储蓄的行为，因此后凯恩斯学者在此处设置了一个隐含的假设条件，即在工人这一阶层中，一部分人的储蓄数量与其他人的透支数量相抵。③ 产业资本家预付工人工资之后，由于成本的付出与收益的获得之间存在时间间隔，因此需要金融资本家存在，以保证生产的顺利进行。当产业资本家获得产品收益的时候，将要预付给工人下一生产时期的工资，除此之外才是产业资本家留存下来净

---

① Rowthorn, B. (1981), "Demand, Real Wages and Economic Growth." *Thames Papers in Political Economy*, Autumn, PP. 1–39.

② Dutt, A. K. (1994), "On the Long-Run Stability of Capitalist Economies: Implications of a Model of Growth and Distribution", in A. K. Dutt (ed.), *New Directions in Analytical Political Economy*, Aldershot, UK: Edward Elgar, PP. 93–120.

③ Lima, G. T., and Meirelles, A. J. (2006), "Debt, Financial Fragility, and Economic Growth: A Post Keynesian Macromodel", *Journal of Post Keynesian Economics*, Vol. 29, No. 1, PP. 93–115.

利润 R 。

因此，按照职能收入范畴，可以将收入划分为两部分：

$$X = VL + R \tag{5.23}$$

其中：X 表示产出水平，即总的收入；V 表示真实工资水平，且 $V = W/P$ ，W 表示名义工资，P 表示价格水平；L 表示劳动力水平；R 表示净经营收入，或称为资本家的净利润。

在后凯恩斯货币理论中，货币是内生的，即先有信用，再有货币，所以，负债是产业资本家所选择的融资方式。假设产业资本家的前期投资部分或全部来源于向金融资本家的借款。由于利润被金融资本家和产业资本家所分享，且金融资本家的利润收入来自于实物资本存量所产生的货币收益流的减少，所以，可以由下式来表示利润水平的分配：

$$R = rK = r_pK + r_fK \tag{5.24}$$

其中：r_p 表示产业资本家自有资金的利润率；r_f 表示金融资本家的利润率。

由于公式(5.23)中已经定义，利润率来自于净利润 R ，即资本的产出水平中除去给工人工资以后的剩余的部分，所以 $X/K = VL/K + R/K$ ，又已知 $r = R/K$ ，变形得到下面的公式：

$$r = (1 - Va)u \tag{5.25}$$

其中：V 表示真实工资；a 表示劳动产出比率，即 $a = L/X$ ；$1 - Va$ 表示收入中的利润部分；将产能利用率定义为 $u = X/K$ ，即真实的资本—产出水平，或称为资本利用率。由于一定时期内的 Va 是给定的，所以利润率 r 取决于资本利用率 u 的变化。如果要保持特定的利润率 r ，且劳动产出比例 a 不变，那么真实工资水平 V 的提高将会导致产能利用率 u 的提高。

产业资本家的投资来源于金融资本家的放贷，因此产业资本家和金融资本家之间的利润分配取决于负债存量 D 。假设 δ 为资产负债率,则 $\delta = D/K$ 。金融资本家的利润水平应该来源于金融体系的存贷差,即净利息收入,在此为简化起见,将存款部分忽略。所以在净利润中,金融资本家的利润水平 r_f 等于产业资本家负债所支付的利息 iD/K 。①

金融资本家与产业资本家有着不同的储蓄倾向,分别将其表示为 s_f 和 s_p ,由此可得出资本存量中的储蓄比例,即储蓄的增长率公式:②

$$g_s = s_p r + (s_f - s_p) i\delta \tag{5.26}$$

在此公式中, s_p 表示产业资本家的储蓄倾向, s_f 表示金融资本家的储蓄倾向。从这个公式中可以看出,工人不储蓄,所有的储蓄是由金融资本家和产业资本家分摊的。

(2)短期行为分析模型

在短期内,可以做出以下假设:第一,资本存量 K 、名义利率 i 、负债存量 D 、价格水平 P 、名义工资 W 、劳动—产出比率 a 不变。第二,市场中存在过剩的生产能力,也就是说资本不变,但劳动力增加,产量也会增加。因此,当资本利用率 u 发生变化时,产出水平也会相应变化。第三,通过产出水平变化的调整,宏观经济中预期投资与储蓄相等,即 $I = S$ 。

由以上假设可知,当储蓄等于预期投资的时候,有 $g_d = g_s = g$,③即公式(5.22)等于公式(5.26),因此,可得出在短期内均衡的资本利用率 u^* :

$$u^* = \frac{\alpha - [\gamma + (s_f - s_p)\delta] i}{(s_f - \beta)(1 - Va)} \tag{5.27}$$

---

① 由于 $r_f K = iD$,进而得出 $r = iD/K + r_p = i\delta + r_p$ 。

② 推导过程如下: $g_s = s_p(r - iD/K) + s_f iD/K$,故 $g_s = s_p(r - i\delta) + s_f i\delta$,则 $g_s = s_p r + (s_f - s_p) i\delta$ 。

③ 这里的 g 即预期投资的增长率或储蓄的增长率,可以看做经济体系总的增长率水平。

假设分母是正数，且 u^* 的计算结果也为正数。将公式(5.25)带入公式(5.27)，可以得出短期内均衡的利润率 r^*：

$$r^* = \frac{\alpha - [\gamma + (s_f - s_p)\delta]i}{(s_f - \beta)} \tag{5.28}$$

再将公式(5.28)代入公式(5.22)和(5.26)，得到资本存量的相应增长率：

$$g^* = \frac{s_p(\alpha - \gamma i) - \beta(s_f - s_p)\delta i}{(s_p - \beta)} \tag{5.29}$$

(3) 金融不稳定性假说的临界区域

由于 $r_f = i\delta$，因此得出利润率：

$$r = r_f + r_p = i\delta + r_p \tag{5.30}$$

已知 $I = gK$，$\delta = D/K$，$F = iD$ 以及 $I = S$，再结合公式(5.17)、(5.24)、(5.30)进行代换，便可以将前面(5.19)、(5.20)、(5.21)三式所表述的三种融资条件分别整理成下表：①

表 5-1　明斯基的融资类型

融资类型	满足条件	公式编号
套利融资	$r - i\delta \geq g; r_p \geq g$	(5.31)
投机融资	$r - i\delta < g; r_p < g$	(5.32)
庞兹融资	$r - i\delta \leq g; r_p \leq 0$	(5.33)

如表 5-1 所示，若产业资本家的本期利润率大于等于本期资本存量的增长

① 以公式(5.19)的套利融资条件推导为例：因为 $I = gK$，$\delta = D/K$，$F = iD$，$I = S$，以及 $B = I + F - R$，$R = rK$，所以(5.19)式不难变形为 $rK \geq gK + i\delta K$ 或 $rK - gK - i\delta K \geq 0$，再将公式(5.30)带入 $rK - gK - i\delta K \geq 0$，整理后即可得到表 5-1 中的套利融资条件公式(5.31)。同理可得对于投机融资条件和庞兹融资条件的公式(5.32)及(5.33)。

率，则企业会选择套利融资；若产业资本家的本期利润率小于本期资本存量的增长率，但大于零，则企业会选择投机融资；若产业资本家的本期利润率小于等于本期资本存量的增长率，且小于等于零，企业若将继续从事生产经营，则会选择庞兹融资。

事实上，如果把以上三个不等式与公式(5.28)的均衡利润率 r^* 以及公式(5.29)的均衡资本存量增长率 g^* 联合在一起，并假设产业资本家和金融资本家有相同的储蓄率 s ，即 $s_f = s_p = s$ ，[①]那么我们就可以得出一个 (i,δ) 二维空间坐标系，具体分析如下：

第一，由套利融资转向投机融资的临界条件是 $R = I + F$ ，即 $r = g + i\delta$ ，因此有

$$\frac{\alpha - \gamma i}{s - \beta} = \frac{s(\alpha - \gamma i)}{s - \beta} + i\delta_{h-s}$$

即

$$\delta_{h-s} = \frac{(1 - s)\alpha}{(s - \beta)} \cdot \frac{1}{i} - \frac{(1 - s)\gamma}{(s - \beta)} \quad (5.34)$$

第二，投机融资转向庞兹融资的临界条件是 $R = F$ ，即 $r = i\delta$ ，因此有

$$\delta_{s-p} = \frac{\alpha}{(s - \beta)} \cdot \frac{1}{i} - \frac{\gamma}{(s - \beta)} \quad (5.35)$$

第三，由公式(5.34)、(5.35)以及 $1 - s > 0$ 可知， $\delta_{h-s} < \delta_{s-p}$ ，且负债 δ 越小，两条线越接近，当 $\delta_{h-s} = 0$ 与 $\delta_{s-p} = 0$，即没有负债发生的时候，两条线相交于 $i_{\delta_{h-s} = \delta_{s-p} = 0} = \dfrac{\alpha}{\gamma}$ 。

① 此时有 $r^* = \dfrac{\alpha - \gamma i}{(s - \beta)}$; $g^* = \dfrac{s(\alpha - \gamma i)}{(s - \beta)}$ 。

第四,当 $\delta_{h-s}=1$ 时,通过公式(5.34)可知,

$$i_{\delta_{h-s}=1}=\frac{\alpha(1-s)}{[(s-\beta)+\gamma(1-s)]} \tag{5.36}$$

第五,当 $\delta_{s-p}=1$ 时,通过公式(5.35)可知,

$$i_{\delta_{s-p}=1}=\frac{\alpha}{[(s-\beta)+\gamma]} \tag{5.37}$$

上面的(5.36)、(5.37)式表明,$i_{\delta_{h-s}=1}<i_{\delta_{s-p}=1}$,说明 $i_{\delta_{h-s}=1}$ 的交点在 $i_{\delta_{s-p}=1}$ 的左边。这样,通过以上五步骤的分析,就可以大概描述出三个区间的位置,如图5-6所示。

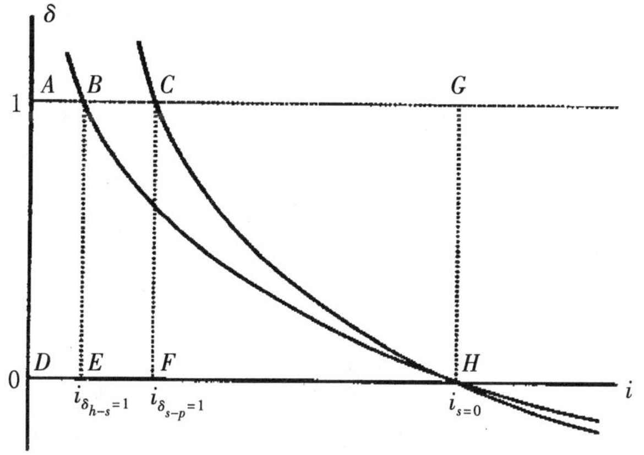

图5-6　(i,δ) 空间内明斯基金融体制图示

套利融资区间 A_H 为图中 *ABHD* 所包含的图形面积;投机融资区间 A_s 为图中 *BCH* 所包含的面积;庞兹融资区间为图中 *CHG* 所包含的面积。总融资区间 A_T 为图中 *ADHG* 所包含的面积,它取决于 $i_{\delta=0}=\frac{\alpha}{\gamma}$。

因此,在给定利率 i 和负债率 δ 的条件下,通过计算 (i,δ) 区间的大小,就可以得出各个变量的变化在三种融资行为下,对经济模型中储蓄和投资的影响。

首先,需要界定这个可用区间的下限。要使得均衡产能利用率 u^* 、均衡利润率 r^* 和均衡资本存量的增长率 g^* 为正,①则必须要求 $i \leqslant \frac{\alpha}{\gamma}$ 。

下面,我们根据明斯基的判别分类来计算总区间以及各个融资类型的可用区间。总区间为:

$$A_T = \int_0^1 \frac{\alpha}{\gamma} d\delta = \frac{\alpha}{\gamma} \tag{5.38}$$

套利融资区间 A_H 如下式所示:

$$A_H = \int_0^1 \frac{\alpha(1 - s)}{[\delta(s - \beta) + \gamma(1 - s)]} d\delta = \frac{\alpha(1 - s)}{(s - \beta)} \ln\left[1 + \frac{(s - \beta)}{\gamma(1 - s)}\right] \tag{5.39}$$

投机融资区间 A_S 如下式所示:

$$A_S = \frac{\alpha}{(s - \beta)} \ln\left[1 + \frac{(s - \beta)}{\gamma}\right] - \frac{\alpha(1 - s)}{(s - \beta)} \ln\left[1 + \frac{(s - \beta)}{\gamma(1 - s)}\right] \tag{5.40}$$

由于 $A_T = A_H + A_S + A_P$,所以庞兹融资区间 A_p 由下式给定:

$$A_p = \frac{\alpha}{\gamma} - \frac{\alpha}{(s - \beta)} \ln\left[1 + \frac{(s - \beta)}{\gamma}\right] \tag{5.41}$$

由以上三个公式可知,明斯基融资结构三个区间的确定与利率 i 和负债率 δ 无关。也就是说,在给定 (i,δ) 区间的条件下,明斯基的金融体系的变化取决于 s,β,α 和 γ 。由于 α 是自主投资率,可以看做是固定参数,所以,我们只需要分析 s,β 和 γ 的变化即可,即主要分析储蓄倾向、投资变化对利润率变化的敏感程度以及投资变化对利率变化的敏感程度。

(4)参数变化对各融资区间绝对量的影响

首先,分析投资变化对利率变化的敏感程度 γ 对三个融资区间变化的影响。

---

① 即满足 $u^* = \frac{\alpha - [\gamma - (s_f - s_p)\delta]i}{(s_f - \beta)(1 - Va)} > 0$; $r^* = \frac{\alpha - \gamma i}{(s - \beta)} > 0$; $g^* = \frac{s(\alpha - \gamma i)}{(s - \beta)} > 0$。

将公式(5.38)至(5.41)对γ求导可得：

$$\frac{\partial A_T}{\partial \gamma}=\frac{-\alpha}{\gamma^2}<0 \tag{5.42}$$

$$\frac{\partial A_H}{\partial \gamma}=\frac{-\alpha(1-s)}{\gamma[\gamma(1-s)+(s-\beta)]}<0 \tag{5.43}$$

$$\frac{\partial A_S}{\partial \gamma}=\frac{-\alpha s(s-\beta)}{\gamma(\gamma+s-\beta)[\gamma(1-s)+(s-\beta)]}<0 \tag{5.44}$$

$$\frac{\partial A_P}{\partial \gamma}=\frac{-\alpha(s-\beta)}{\gamma^2(\gamma+s-\beta)}<0 \tag{5.45}$$

以上四个公式数值全部小于零，可知当投资对利率的敏感程度γ增加时，不仅各个子融资区间(A_H,A_S,A_P)会减小，总区间(A_T)也会减小。可见在经济体系中，较高的投资利率敏感度下，利率的提高会阻碍企业进行投资的热情，进而缩小总融资区间以及各种类型的子融资区间，进而放缓经济发展的速度。

其次，分析投资变化对利润率变化的敏感程度β对三个融资区间变化的影响。将公式(5.39)至(5.41)对β求导可得：

$$\frac{\partial A_H}{\partial \beta}=\frac{\alpha(1-s)}{(s-\beta)^2}\sum_{n=2}^{\infty}\frac{1}{n}\frac{(s-\beta)^n}{[\gamma(1-s)+s-\beta]^n}>0 \tag{5.46}$$

$$\frac{\partial A_S}{\partial \beta}=\frac{\alpha}{(s-\beta)^2}\sum_{n=2}^{\infty}\frac{1}{n}\frac{(s-\beta)^n}{[\gamma+s-\beta]^n}-\frac{\alpha(1-s)}{(s-\beta)^2}\sum_{n=2}^{\infty}\frac{1}{n}\frac{(s-\beta)^n}{[\gamma(1-s)+s-\beta]^n} \tag{5.47}$$

$$\frac{\partial A_P}{\partial \beta}=-\frac{\alpha}{(s-\beta)^2}\sum_{n=2}^{\infty}\frac{1}{n}\frac{(s-\beta)^n}{[\gamma+s-\beta]^n}<0 \tag{5.48}$$

由上可知，虽然总融资区间A_T不受β的影响，但是β的增加会使套利融资区间A_H增加，庞兹融资区间A_P减少，也就是说，投资对利润率的敏感程度的变化与A_H正相关，与A_P负相关。而其对于投机融资区间A_s的影响，要取决于A_H

和 A_P 变化的幅度。可见，在经济体系中，较高的利润率说明经济运行处于良性上升发展的阶段，若它能引起相对更高的投资热情，套利融资和投机融资的企业不断增加，庞兹融资的数量不断减少，金融体系的风险也会逐渐降低，会促使经济体系向越发稳定发展的方向转变。只要经济周期未发生变化，未出现下滑或衰退，这种金融体系的稳定性可以一直持续。

再次，分析储蓄倾向与投资利润率敏感程度之差（$s-\beta$）对三个融资区间变化的影响。将公式(5.39)至(5.41)对（$s-\beta$）求导可得：

$$\frac{\partial A_H}{\partial(s-\beta)}=\frac{\alpha(1-s)}{(s-\beta)^2}\sum_{n=2}^{\infty}\frac{1}{n}\frac{(s-\beta)^n}{[\gamma(1-s)+s-\beta]^n}<0 \tag{5.49}$$

$$\frac{\partial A_S}{\partial(s-\beta)}=-\frac{\alpha}{(s-\beta)^2}\sum_{n=2}^{\infty}\frac{1}{n}\frac{(s-\beta)^n}{[\gamma+s-\beta]^n}+\frac{\alpha(1-s)}{(s-\beta)^2}\sum_{n=2}^{\infty}\frac{1}{n}\frac{(s-\beta)^n}{[\gamma(1-s)+s-\beta]^n} \tag{5.50}$$

$$\frac{\partial A_P}{\partial(s-\beta)}=-\frac{\alpha}{(s-\beta)^2}\sum_{n=2}^{\infty}\frac{1}{n}\frac{(s-\beta)^n}{[\gamma+s-\beta]^n}>0 \tag{5.51}$$

与对 β 变化的分析相反，虽然总融资区间 A_T 不受 $s-\beta$ 的影响，但是 $s-\beta$ 增加使得套利融资区间 A_H 减小，庞兹融资区间 A_P 增大，也就是说 $s-\beta$ 的变化与 A_H 负相关，与 A_P 正相关。而其对于投机融资区间 A_s 的影响，要取决于 A_H 和 A_P 变化的幅度。可见，较高的储蓄倾向和相对较低的投资利润率敏感度，即便有再高的利润率水平，也不会增加金融体系的稳定性，反而会促使庞兹融资的不断扩大，进而带来金融体系的不稳定性甚至明斯基时刻的到来。

最后，分析储蓄倾向 s 变化对融资区间变化的影响。将公式(5.39)至(5.41)对 s 求导可得：

$$\frac{\partial A_H}{\partial s}=-\frac{\alpha(1-\beta)}{(s-\beta)^2}\sum_{n=2}^{\infty}\frac{1}{n}\frac{(s-\beta)^n}{[\gamma(1-s)+s-\beta]^n}<0 \tag{5.52}$$

$$\frac{\partial A_s}{\partial s}=-\frac{\alpha}{(s-\beta)^2}\sum_{n=2}^{\infty}\frac{1}{n}\frac{(s-\beta)^n}{[\gamma+s-\beta]^n}+\frac{\alpha(1-\beta)}{(s-\beta)^2}\sum_{n=2}^{\infty}\frac{1}{n}\frac{(s-\beta)^n}{[\gamma(1-s)+s-\beta]^n} \tag{5.53}$$

$$\frac{\partial A_P}{\partial s}=\frac{\alpha}{(s-\beta)^2}\sum_{n=2}^{\infty}\frac{1}{n}\frac{(s-\beta)^n}{[\gamma+s-\beta]^n}>0 \tag{5.54}$$

与对($s-\beta$)变化的分析相似,虽然 A_T 不受 s 的影响,但是 s 增加使得套利融资区间 A_H 减小,庞兹融资区间 A_P 增大,也就是说,储蓄率 s 的变化与 A_H 负相关,与 A_P 正相关。而其对于投机融资区间 A_s 的影响,要取决于 A_H 和 A_P 变化的幅度。可见,企业储蓄倾向的增加使得企业不愿意用自身的利润留成去投资,于是加大了对借款的依赖性,也会造成金融体系的不稳定,因为它不断扩大了庞兹融资的区域,进而将经济体系不断带向金融不稳定的方向。

(5)参数变化对融资区间相对量的影响

以上分析的是变量 s,β 和 γ 变化对融资区间变化绝对量的影响,现在引入融资区间相对量 p ,分析在 s,β 和 γ 变化的情况下,对其的影响程度。

首先定义以下几组相对的变量:

$$P_H=\frac{A_H}{A_T}=\frac{\gamma(1-s)}{(s-\beta)}\ln\left[1+\frac{(s-\beta)}{\gamma(1-s)}\right] \tag{5.55}$$

$$P_S=\frac{\gamma}{(s-\beta)}\ln\left[1+\frac{(s-\beta)}{\gamma}\right]-\frac{\gamma(1-s)}{(s-\beta)}\ln\left[1+\frac{(s-\beta)}{\gamma(1-s)}\right] \tag{5.56}$$

$$P_P=1-\frac{\gamma}{(s-\beta)}\ln\left[1+\frac{(s-\beta)}{\gamma}\right] \tag{5.57}$$

再按照同上的方法,将公式(5.55)至(5.57)对 s,β 和 γ 求导,可得以下的一些变化关系:

① γ 变化所引起的融资区间比例的变化:

$$\frac{\partial P_H}{\partial \gamma} = \frac{(1-s)}{(s-\beta)} \sum_{n=2}^{\infty} \frac{1}{n} \frac{(s-\beta)^n}{[\gamma(1-s)+s-\beta]^n} > 0 \tag{5.58}$$

$$\frac{\partial P_S}{\partial \gamma} = \frac{1}{(s-\beta)} \sum_{n=2}^{\infty} \frac{1}{n} \frac{(s-\beta)^n}{[\gamma+s-\beta]^n} - \frac{(1-s)}{(s-\beta)} \sum_{n=2}^{\infty} \frac{1}{n} \frac{(s-\beta)^n}{[\gamma(1-s)+s-\beta]^n} \tag{5.59}$$

$$\frac{\partial P_P}{\partial \gamma} = -\frac{1}{(s-\beta)} \sum_{n=2}^{\infty} \frac{1}{n} \frac{(s-\beta)^n}{[\gamma+s-\beta]^n} < 0 \tag{5.60}$$

由公式(5.42)、(5.43)和(5.58)可知，当 γ 增加时，虽然总区间减小，套利融资区间也减小，但是套利融资区间占总区间的比例增加了，也就是说，在 γ 变化的情况下，套利融资区间的变化没有总区间的变化那么敏感。又由公式(5.45)和(5.60)可知，当 γ 增加时，庞兹融资区间减小，且庞兹融资区间占总区间的比例也减少了，也就是说，在 γ 变化的情况下，庞兹融资区间的变化比总区间的变化更敏感。而投机融资区间占总区间比例的变化无法判断。

但是由公式(5.27)和公式(5.29)可知，u^* 和 g^* 与 γ 负相关，也就是说，虽然 γ 的提高能够带来一个更加健康的金融体系（套利融资区间占的比例较大，庞兹融资区间占的比重较小），但却是以更低的资本利用率 u^* 和更低的经济增长率 g^* 为代价的。

②β 变化所引起的融资区间比例的变化：

$$\frac{\partial P_H}{\partial \beta} = \frac{\gamma(1-s)}{(s-\beta)^2} \sum_{n=2}^{\infty} \frac{1}{n} \frac{(s-\beta)^n}{[\gamma(1-s)+s-\beta]^n} > 0 \tag{5.61}$$

$$\frac{\partial P_S}{\partial \beta} = \frac{\gamma}{(s-\beta)^2} \sum_{n=2}^{\infty} \frac{1}{n} \frac{(s-\beta)^n}{[\gamma+s-\beta]^n} - \frac{\gamma(1-s)}{(s-\beta)^2} \sum_{n=2}^{\infty} \frac{1}{n} \frac{(s-\beta)^n}{[\gamma(1-s)+s-\beta]^n} \tag{5.62}$$

$$\frac{\partial P_P}{\partial \beta} = -\frac{1}{(s-\beta)^2} \sum_{n=2}^{\infty} \frac{1}{n} \frac{(s-\beta)^n}{[\gamma+s-\beta]^n} < 0 \tag{5.63}$$

与上述情况类似，当β增加时，总区间不变，但套利融资区间占总区间的比重增大，庞兹融资区间所占的比重减小，而由公式(5.27)和(5.29)可知，因$s_f = s_p$，所以u^*和g^*与β正相关。也就是说，β的增加不仅能够带来更加健康的金融体系(套利融资区间所占比例增加，庞兹融资所占比例减小)，而且还可以保证更高的资本利用率u和更高的经济增长率g。

③s变化所引起的融资区间比例的变化：

$$\frac{\partial P_H}{\partial s} = \frac{\gamma(1-\beta)}{(s-\beta)^2}\sum_{n=2}^{\infty}\frac{1}{n}\frac{(s-\beta)^n}{[\gamma(1-s)+s-\beta]^n} < 0 \tag{5.64}$$

$$\frac{\partial P_S}{\partial s} = \frac{\gamma}{(s-\beta)^2}\sum_{n=2}^{\infty}\frac{1}{n}\frac{(s-\beta)^n}{[\gamma+s-\beta]^n} + \frac{\gamma(1-\beta)}{(s-\beta)^2}\sum_{n=2}^{\infty}\frac{1}{n}\frac{(s-\beta)^n}{[\gamma(1-s)+s-\beta]^n} \tag{5.65}$$

$$\frac{\partial P_P}{\partial s} = \frac{1}{(s-\beta)^2}\sum_{n=2}^{\infty}\frac{1}{n}\frac{(s-\beta)^n}{[\gamma+s-\beta]^n} > 0 \tag{5.66}$$

与上述情况相反，当s减小时，总区域不变，但套利融资区间占总区间的比重增大，庞兹融资区间所占的比重减小，而由公式(5.27)和(5.29)可知，因$s_f = s_p$，所以u^*和g^*与s负相关。也就是说，s的减少不仅能够带来更加健康的金融体系(套利融资区间所占比例增加，庞兹融资区间所占比例减小)，而且还可以保证更高的资本利用率u和更高的经济增长率g。

(6)关于金融脆弱性的验证

通过极限的测量可以分析出参数变化对金融脆弱性的影响。具体来说可以有下面几种情况：

①当$\gamma \to \infty$时，

$$\lim_{\gamma\to\infty}P_H = 1,\ \lim_{\gamma\to\infty}P_S = \lim_{\gamma\to\infty}P_P = 0 \tag{5.67}$$

当经济中有一个很高的γ时，套利融资所占的比例是最高的，而投机融资与庞兹融资几乎不存在。也就是说，在这种情况下，金融体系的脆弱性是最低的，金融体系的风险性是最小的。

②当 $s\to\beta$ 时，

$$\lim_{s\to\beta}P_H=1,\quad \lim_{s\to\beta}P_S=\lim_{s\to\beta}P_P=0 \tag{5.68}$$

当经济中的储蓄率 s 与利润率变化所引起的投资变化的敏感程度 β 相同时，套利融资所占的比例是最高的，而投机融资与庞兹融资不存在。这种情况下，金融体系的脆弱性也是最低的。

③当 $s\to1$ 时，

$$\lim_{s\to1}P_H=0,\ \lim_{s\to1}(P_S+P_P)=1 \tag{5.69}$$

即储蓄率最高的时候，套利融资区间是最小的，而投机融资与庞兹融资之和所占的比例最大，这时候金融体系是极其脆弱的。

④当 $\gamma\to0$ 时，

$$\lim_{\gamma\to0}P_P=1,\ \lim_{\gamma\to0}P_H=\lim_{\gamma\to0}P_S=0 \tag{5.70}$$

当利率变化所引起的投资变化的敏感程度 γ 为零，即投资不受利率变化的影响的时候，套利融资和投机融资所占的比例都接近零，金融体系中所有的融资都变成了风险性最高的庞兹融资，金融体系是最脆弱的。

由以上的分析概括可知，当 γ 从 0 变化到 ∞ 时，金融体系的脆弱程度逐渐减小，当储蓄率 s 的大小从 β 变化到 1 时，金融体系的脆弱程度逐渐增加。

5.5.3 简要的结语

福利以及梅雷莱斯和利马等人的后凯恩斯主义经济模型发展了后凯恩斯学派关于资本利用率 u 和经济增长率 g 的宏观经济模型。在模型中，货币信贷的供给是内生的，而公司的债务与金融不稳定性也被明确地模型化。他们在这样的理论基础上对明斯基关于金融不稳定性的假说进行了模型论证和检验，其基本的验证结论是：首先，当γ增加时，套利融资区间所占比例增加，庞兹融资区间所占比例减小，即随着γ的增加，金融体系的脆弱性减小。当γ减小到0时，金融体系最为脆弱。由于u^*和g^*与γ负相关，所以，健康的金融体系是以低资本利用率和低经济增长率为代价的。其次，当β增加时，套利融资区间所占比例增加，庞兹融资区间所占比重减小，即随着β的增加，金融体系的脆弱性减小。当β增加到s时，金融体系最为健康。由于u^*和g^*与β正相关，所以，β增加不仅可以带来健康的金融体系，而且仍然可以保证较高的资本利用率和较高的经济增长率。最后，当s减小时，套利融资区间所占比例增加，庞兹融资区间所占比例减小，即随着s的减小，金融体系的脆弱性减小。当s减小到β时，金融体系是最健康的。由于u^*和g^*与s负相关，也就是说，s的减少不仅能够带来更加健康的金融体系，而且还可以保证更高的资本利用率和更高的经济增长率。

总的来说，根据后凯恩斯学派货币理论的观点，在任何一个新的经济周期中，企业都是通过事前的借款来开始其生产和经营过程。随着经济的繁荣，在对未来的良好预期下，若投资利率敏感度和投资利润率敏感度不断提高，那么预期收益率的不断提高以及相对较低的利率水平会增加企业的投资偏好，再加上企业储蓄倾向的下降，使得套利融资比率不断上升，庞兹融资比率不断下降，如果这种状态可以持续，那么金融体系就可以维持稳定的状态不断运行。但是一旦经济转入衰退期，预期收益率的下降以及相对较高的利率水平，再加上企业储蓄倾向的提高，会使得套利融资比率不断下降，庞兹融资比率不断上升，于是金融体系的不稳定性越来越严重。到了经济周期的滑坡阶段，投资对利率的敏感程度无穷大、对利润率的敏感程度无穷小、信用挤轧的事件增多，会造成信贷资金流的断裂，进而引起企业的破产和违约，这又进一步破坏了信用循环系统，进而带来金融机构的破产和倒闭,金融资产泡沫的迅速破灭,金融危机一触即发。因此,金融不稳定性假说的模型化通过融资区间变化、融资区间相对量变化以及金融不稳定性的临界分析,形象而完整地再现了金融体系从稳定转向不稳定的整个过程以及由此带来的严重后果。

5.6 后凯恩斯学派货币理论的启示与借鉴意义

本章对后凯恩斯学派货币理论主要内容和基本特征进行了介绍,并且对其在三个方面的最新进展给以追踪性分析,包括其利率决定理论、对新共识宏观经济学的批判与修正,以及金融不稳定性假说的模型化新进展。从中可以看到,尽管后凯恩斯学派内部分歧依旧,并非一个严谨一致的学术体系,但他们并没有放弃内部融合统一的努力。而就其理论内核而言,实际上不同学者的货币思想显示了相当程度的一致性,例如,他们都明确地坚持生产的货币经济与非中性货币的理念,都坚决反对中性货币论与传统的“二分法”理论架构,都坚持经济基本不确定性概念而反对均衡观。正是在这样的思想基础上,他们才能够形成自己独特的有关货币内生性以及利率外生性的理论,并且力图通过一个动态的时间分析模型将适应主义同结构主义方法统一起来。他们通过对新共识宏观经济学的批判,否定了流行的主张钉住通胀率的泰勒规则的做法,主张在保持某一利率水平的基础上采用财政政策干预经济,向真正凯恩斯主义政策的回归。而其金融不稳定性模型则进一步证明了政府干预的关键乃在于保证金融体系的稳定性,防止金融体系向庞兹融资方向移动。由此我们可以说,后凯恩斯学派已经初步形成了一套与流行的新古典主义或主流派凯恩斯主义不同的货币金融理论与政策主张(当然,我们也需要注意:这一理论体系仍处于发展当中,仍有许多有待于完善之处，而就其模型的具体表述而言，某些方面尚保留有新古典的某些痕迹。这些显然是后凯恩斯经济学在今后的发展中需要进一步解决的问题，限于篇幅这里就不详细说明了）。

后凯恩斯学派的货币理论对于我们具有重要的理论启示与政策借鉴意义。现代市场经济，本质上是一种货币经济，可以说，现代市场经济条件下经济运行的复杂性以及一切非均衡现象的根源，都跟货币因素密切相关。因此，科学的货币理论对于人们科学地洞察宏观经济的错综复杂关系、进而实施有效的政策调节，是至关重要的。流行的主流派货币理论虽然向人们提供了一些有益的解释，但是这些解释大多都是拘泥于静态、均衡的框架下，故而具有较大的局限性。而后凯恩斯学派秉承其动态非均衡分析的一贯传统，侧重于从经济基本不确定性与货币的生产经济等独特视角来考察货币以及相关的一些问题，就从较深的层次上揭示了现代市场经济运行的内在复杂性与不稳定性，从而在更加明确的意义上强调了政府维持宏观经济稳定的基本职能以及应当如何有效地履行这一职能的问题。后凯恩斯学派既否定了货币主义单纯管理货币供给量的简单政策思路，也不完全同意主流派凯恩斯主义者主张综合地运用所谓补偿性财政政策与货币政策的“逆周期行事”的常规方法，他们更强调在整个宏观经济政策中财政政策的重要性，在货币金融方面更加强调金融监管与防范金融不稳定性的制度建设的重要性，更加强调经济结构的复杂性及其调控的重要性等。这些都超越了主流派的静态均衡的狭窄视角，对于我们无疑具有重要的启示与借鉴意义。下面试从两个方面稍微展开来说明后凯恩斯学派的货币理论对于我们所具有的重要借鉴价值。

首先，后凯恩斯学派的货币理论为我们深刻认识近几年来由美国引发开来的波及西方主要发达国家的金融危机，提供了新的视角与理论工具。众所周知，此次金融危机对西方世界乃至全球经济影响之深,堪称史所罕见,也许仅次于20世纪30年代的大危机,以至于目前美国等一些国家仍然未能完全摆脱困境。那么,导致这场金融危机的深层原因究竟是什么?应当说目前经济学家们并没有达成共识。自由主义经济学家们几乎众口一词地将危机的原因归罪于政府对于经济的过度干预,而主张国家干预主义的凯恩斯主义学者则倾向于从宏观政策调控不利尤其是央行货币政策的失当寻找原因。由于对危机的病症原因诊断不同,救治的方案也大相径庭,虽然总体说来凯恩斯主义的政策主张在不断得到强化,但是许多具体的政策措施却经历了诸多的争论。在这种情况下听听后凯恩斯经济学家的意见是十分有益的。根据后凯恩斯学派的货币理论,此次金融危机本是资本主义货币经济具有的内在不确定性及其金融体系具有的不稳定性累积发展的结果。正像有些经济学家所说的那样,危机验证了明斯基早先提出的金融体系脆弱性或不稳定性假说,它实际上就是金融体系极端脆弱的所谓"明斯基时刻"(Minsky moment)的一种爆发。① 根据后凯恩斯学派的货币理论,货币信贷供给是内生的,只要有中央银行准备金的支持,银行系统就可以无限制地适应企业与客户的贷款需求而扩张信用。虽然银行为了降低贷款风险也会制定各种信贷标准,将不同客户群体加以分级,但是伴随着当代发达市场经济的日益金融化尤其是各种所谓"金融创新"的不断涌现,这些标准在经济波动的不同阶段往往难以有效地贯彻。当经济状况较差的时候银行通常设定更为严格的标准,而在经济扩张乃至运行过热的时候则又过度放宽标准,因而企业方面实体经济的波动便会导致货币金融系统方面更大程度上的波动。此次由次级贷款引发的危机正是这种脆弱的金融体系在缺乏有效监管条件下自发运行的结果。房屋

① Charles Whalen(2008),"Understanding the Credit Crunch as a Minsky Moment",*Challenge*,Vol. 51, No. 1, PP. 91-109.

抵押次级贷款的过度扩展本身就体现了实体经济方面的非均衡，而宏观方面缺乏有效的监管又促使这种初始的非均衡通过各种金融衍生品的传递作用不断放大，从而内生的货币信用扩张便会以狂热的形式在以逐利为目的的金融体系内展开。如果说最初的信用供给主要是用来满足套利融资需求或部分投机融资需求的话，那么随着信贷的扩张金融领域将越来越多地充斥着庞兹融资。这样随着经济的过热、资产价值的泡沫与价格膨胀，整个金融体系的脆弱性也日益加大。而金融市场的这种非均衡绝不是像所谓的有效市场假说预言的那样可以自我矫正的，无论是资产泡沫还是信用膨胀等在达到某种高度之后是必然要刹车的，这或者是始于私人方面的避险行为，或者始于管理当局的被动调控。例如，当央行意识到经济过热的危险试图出台紧缩政策时，人们的预期就会陡然逆转，信用收缩，大量客户沦为庞兹融资者，资产大规模贬值，实体经济也不得不收缩，从而经济萧条也就到来了。

从后凯恩斯学派的货币理论引申出的这种关于次贷危机的解释，是富有新意的。它超越了单纯强调国家干预或者强调市场规则这样简单的"非此即彼"的思路，而是从经济体系的基本不确定性与金融体系的不稳定性或脆弱性来寻找危机的原因，因此治理或者防止类似事件的发生也就需要从应对经济的基本不确定性和金融的不稳定性着手。这就要求政府部门的宏观经济管理始终以减低经济运行的不确定性和金融不稳定性为目标。这种管理虽然永远不可能达到使经济处于完全均衡的状态，但是却可以最大限度地弱化经济不确定性和金融不稳定性所可能造成的负面影响。这种政策思想显然比流行的主流派充斥着理想化色彩的政策主张更有现实意义。

其次，后凯恩斯学派的货币理论对于我国转轨经济的社会实践也具有重要的理论和政策借鉴价值。从理论方面说，后凯恩斯学派的货币理论挑战了流行的中性货币论及其“货币数量论”的思想，对于我们深入探讨转轨经济中复杂的经济与金融关系富有重大启示意义。转轨经济由于货币金融市场尚处于发展与建构的过程中，即使在短期中，货币主义所宣称的那种完美的“数量关系”也难以存在。这就需求更为彻底地摒弃传统的货币分析与实体经济分析的两分法模式。因此，在这方面可以充分地借鉴后凯恩斯学派的货币理论中诸多科学成分。从政策方面说，后凯恩斯学派的政策主张更值得我们借鉴。就整个政策着重点而言，强调以管理总需求为中心、以财政政策作为主要手段，对于像中国这样的转轨国家尤其具有现实意义。就货币金融政策而言，宏观方面也需要跳出流行的货币主义理论单纯着眼于控制货币供给量的思想窠臼，注重利率变量。近年来我国宏观政策运行的一些实践也表明，简单的货币主义机制对于抑制物价上涨有些时候是不灵的，而对于刺激总需求的作用也微乎其微。此外，在货币政策方面还需强调的是，要特别地加强金融监管，包括完善法律法规，构建必要的预警系统，加强信用体系的建设，对金融创新实施控制与管理，等等，确保银行与金融体系的信贷供给能够有效地满足实体经济方面健康发展的资金需求。

第 6 章

后凯恩斯学派的国际经济理论研究

后凯恩斯经济学的早期理论建构大多集中于封闭经济条件下。自 20 世纪 70 年代布雷敦森林体系解体以来,伴随着经济全球化程度的不断加深和国际金融秩序不稳定性的日益增强,一些后凯恩斯学者开始关注国际经济问题。他们明确意识到以自由主义和均衡分析为基调的主流的国际经济理论及其政策主张难以应对和解决当今复杂的国际经济问题,必须予以纠正。进而秉承其反新古典主义自由放任、反均衡分析传统的基本宗旨,展开了一系列研究工作,将其封闭经济条件下的理论分析扩展到开放经济,初步形成了一些具有后凯恩斯经济学特色的国际经济理论以及相关的政策观点。应当说,这些研究成果填补了后凯恩斯学派以往在开放经济研究方面存在的空白,代表了后凯恩斯经济学近年来学术发展的一个方面。

6.1 对流行的国际经济理论的批判与关于国际经济分析的基本思想

6.1.1 对流行的国际经济理论的批判

作为研究各主权国家之间的经济关系及其相关问题的经济学,国际经济学既是封闭经济条件下的经济理论的延伸和拓展,又具有许多自身的特点。大体上说,国际经济学主要由关于国际贸易理论及其政策的微观经济分析与关于国际收支及国际金融等问题的宏观经济分析所构成。国际经济学的发展经历了与整个西方经济学体系相似的过程。重商主义关于贸易理论与贸易政策的论述可以视为开创了现代国际经济问题研究的先河。以后的古典学派对国际经济学尤其是国际贸易理论奠定了系统性的基础。而自 19 世纪 70 年代以后,先后经过边际主义革命和凯恩斯主义革命,当代国际经济理论更是取得了多样化的发展成果,成为经济学家族中一个丰富多彩的理论分支。

尽管存在着多样化的发展,然而与经济学的总体趋势相适应,当代国际经济学中占主导地位的潮流还是新古典主义传统。新古典主义的基调是崇尚价格机制的自发调节功能,即使是在凯恩斯主义革命之后它部分地吸收了政府的"有形之手"可以矫正市场缺陷、弥补市场调节失灵的思想,但是在总体上仍然把市场调节视为实现社会经济均衡运行的基本手段。在这种思想传统的支配下,流行的国际经济学教科书便充斥着均衡分析、优化分析等惯常的新古典模式。其国际贸易理论与政策分析基本上是当代新古典微观理论在国际上的一种推演,强调比较利益、资源或要素禀赋等等的差异构成国际分工从而国际贸易的基础,不受干扰的自由贸易将惠及所有贸易国家进而增进世界总福利。其有关国际收支调节与国际金融的分析虽然吸收了凯恩斯经济学的宏观分析理论与政策调节思想,但是仍然坚持汇率调整从而价格机制具有消除国际收支不平衡的基本功能的信念。总之,在主流的国际经济理论的理想化前提下,自由贸易、自由竞争、价格机制在长期中将会促进各国经济的均衡发展、互惠共荣,就如同市场机制是一国国内经济长期稳定增长的驱动力一样。

对于这种流行的新古典主义的国际经济理论,后凯恩斯学派提出了严重质疑和挑战。在20世纪70年代初,罗宾逊夫人等第一代后凯恩斯学者在与新古典综合的主流派凯恩斯主义者展开资本理论大论战进而掀起“反边际主义革命”理论浪潮之后不久,就把其理论批判的视角扩展到了开放经济领域。罗宾逊在其论文“需要重新思考国际贸易理论”(The Need for a Reconsideration of the Theory of International Trade,1973)以及《现代经济学导论》(1974)等著述中,明确指出了新古典主义的国际贸易理论“越来越脱离实际问题”,①因为这个理论模型片面地强调了李嘉图的自由贸易思想,而忽视了他的其他深刻见解,从而无法解释现实世界中各国为实现充分就业等各自的目标而产生的利益冲突以及保护主义[即所谓“新重商主义”(new mercantilism)]盛行的问题。不仅如此,由于拘泥于静态均衡的假定,这一模型还无法说明国际贸易过程的动态变化和非均衡问题。罗宾逊还通过引入货币工资谈判机制对新古典派所鼓吹的货币贬值可以自动调节国际收支不平衡的机制提出质疑,认为那不过是一种“神话”。②

继罗宾逊之后,20世纪70年代中期又有后凯恩斯学者基于卡莱斯基的厂商理论对纯技术化的新古典国际贸易模型提出挑战。卡尔多也通过分析农产品与制造品之间的贸易指出,在引入货币工资率追赶通货膨胀率的因素以后,相对价格调节的机制将会失效。③ 70年代末及80年代以后,更多的后凯恩斯学者涉猎于国际经济学方面的研究,像瑟尔沃尔(A. P. Thirlwall)、麦库姆(J. S. L. McCombie)、

① 琼·罗宾逊与约翰·伊特韦尔,《现代经济学导论》,商务印书馆,1982年中译本,第311页。

② 琼·罗宾逊与约翰·伊特韦尔,《现代经济学导论》,商务印书馆,1982年中译本,第334页。

③ A. S. Eichner, ed. (1978), *A Guide to Post-Keynesian Economics*, M. E. Sharpe, Inc., PP. 144-145.

布鲁尔(A. Brewer)、①赖德(C. Rider)②等,都以不同的形式对流行的国际经济理论提出了批评。近些年来,在当代具有较大影响力的后凯恩斯学者保罗·戴维森等人从坚持凯恩斯经济学关于货币的生产经济具有基本不确定性的理念出发对于新古典经济学的均衡观念以及作为均衡实现机制的替代定理、连同它们在国际经济理论中的各种具体表现,进行了更为全面、展开的批判与清理,进一步促进了后凯恩斯学派在国际经济领域中的研究拓展与理论建构。

总体来说,后凯恩斯学派对流行的以新古典思想传统为基础的国际经济理论的批判,主要集中在下面这样一些方面:首先是主流的国际经济理论所贯穿着的均衡分析方法。他们认为,均衡分析,特别是静态均衡分析方法是主流派所惯常采用的分析方法,这种分析方法往往以完全竞争、充分就业等等关于现实的理想化、然而却脱离实际的假定为前提,去论证经济社会资源配置的最优化和经济增长的稳定性。但是,社会经济活动本是一种处于“历史时间”中的过程,本无均衡可言,而在国际经济关系的背景下,所谓的内部均衡与外部均衡就更难以同时实现了。因此,如果说均衡分析方法已经被证明不适用于封闭条件下的经济活动的话,那么它显然就更加不适合开放经济条件下的国际经济问题研究了。

其次是主流派所崇尚的经济和谐观。就经济主体的相互关系而言,所谓均衡也就意味着利益的平衡或者说达到了一种持续稳定的状态,这实际上就是自由主义经济学所一贯强调的无冲突或者经济和谐状态。在后凯恩斯学派看来,这种论断是无稽之谈,因为经济过程总是充满利益冲突的,像封闭经济条件下的

① J. E. King(2003) ed., *The Elgar Companion to Post Keynesian Economics*, Edward Elgar, PP. 15-20, P. 203.

② C. Rider (1982), “Trade theory irrelevance”, *Journal of Post Keynesian Economics*, Vol. IV, No. 4, PP. 594-601.

劳资冲突及其调节问题，已经成为经济学永远也回避不了的重要主题了。至于在国际经济的场合，各个主权国家之间的利益冲突就更为明显了，“保护主义”、“以邻为壑”、各种形式的国家干预和贸易战自近代资本主义国际关系形成以来就从未终止过。虽然国际贸易促进了世界经济增长，但是它也加剧了各国之间特别是发达国家与欠发达国家之间的收入差距和不均等程度。因此，科学的国际经济理论应当抛弃各种均衡和谐的论调，致力于探讨现实中的利益冲突关系及其解决途径。

再次是主流派的自由放任与经济自动调节思想。应当说，主流派也并非没有认识到现实世界中的非均衡与利益冲突关系等问题。他们之所以仍然坚持均衡、和谐观是因为他们认为这些问题最终总可以通过市场机制的自发调节功能得到解决，例如通过汇率的变动等价格机制产生的替代效应就可以实现各国国际收支的平衡以及要素价格从而收入分配的均等化，等等。因此，其均衡、和谐的分析方法实际上乃是与其基本的自由放任主义立场一脉相承的。后凯恩斯学派一向反对这种自由放任与自动调节思想，认为它是相对于凯恩斯主义革命的一种倒退。他们强调指出，价格机制的调节作用在实践中是严格受限的，这一点在国际经济领域表现得尤其明显，由于各个主权国家在发展水平、经济结构、社会体制等等方面存在着诸多差异，是不可能为自由贸易和自由竞争提供充分的作用空间的，从而指望自发的市场调节可以带来国际经济的均衡发展无异于一种空想。另一方面，即使假设价格机制具有充分的作用空间，它也难以实现新古典模型所企望的理想目标，因为在经济具有基本不确定性和行为人具有不完全理性的条件下，这种调节过程将伴随有巨大的盲目性和波动性。各种合作与联盟等国际关系方面的制度安排，正是为了避免这种盲目性和波动性而形成的一种替代措施。

最后，是对若干流行的国际经济学理论提出了一系列具体质疑。例如，他们对经典的比较利益（或成本）原理提出了各种质疑。米尔贝格（W. Milberg）等人指出，①国际贸易总体上是遵循着绝对利益而非比较利益原则，对于在大多数国家具有相似生产过程和相似质量的标准化产品而言，出口显然是基于单位成本在国际上的绝对优势，而不论其在国内的比较优势如何。而就那些非标准化的贸易产品而言，出口主要是基于生产技术和产品质量上的绝对优势——即“技术缺口”（technological gaps），也与生产线上的比较成本无多大关系。保罗·戴维森指出，②经典的比较利益原理的一个重要缺陷，是它没有考虑到国际市场的有效需求问题，以额外的生产供给总会自动地创造额外的需求——这以萨伊定律为基础。而一旦引入需求不足的因素，那么即使依据比较利益原则，各国间的贸易也不能完全展开，从而并非所有国家都能够基于比较利益原则而获益。此外，这一经典原则是以假定资本等要素不能在国际流动为前提的。在现代跨国企业可以灵活地将资本与技术从一个国家流向另一个国家的条件下，实际的国际分工原则将不再是产品生产的比较成本优势，而是由工人货币工资水平所决定的绝对成本差别或绝对优势。

他们还对主流派的国际收支自动调节理论提出了批评。保罗·戴维森等人批评了流行的国际收支调节理论中的“货币说”，③指出这种学说不过是早期的“休谟的硬币—价格—流动机制”的翻版，它理想化地假定货币供给量的变化可

① J. E. King (2003) ed., *The Elgar Companion to Post Keynesian Economics*, Edward Elgar, PP. 203–204.

② 保罗·戴维森，《约翰·梅纳德·凯恩斯》，张军译，华夏出版社，2007 年中译本，第 145—154 页。

③ Davidson, P. (2011), *Post Keynesian Macroeconomic Theory: A Foundation for Successful Economic Polices for the Twenty-First Century*, Edward Elgar, PP. 240–241.

以自动地实现逆差国与顺差国价格水平的顺调整，从而恢复国际贸易的均衡。但是这种论断明显地犯了“货币中性论”和“总替代”命题的错误，并且没有考虑到国际资本流动的影响。如果引入非中性货币等各种现实性的因素，那么即使是在像金本位制那样严格的固定汇率体制下，这种“货币主义的”调节机制也将严重失效，就更不用说在当代复杂动荡的国际金融体系下所面临的困境了。他们也对国际收支调节理论中的“弹性说”提出了责难。这一学说的基本思想是，如果一国进口商品与出口商品的需求价格弹性（绝对值）之和大于一（即满足马歇尔—勒纳条件），那么通过汇率波动（逆差国的货币贬值）就可以通过影响进出口商品价格进而进出口的商品量达到消除逆差、恢复贸易平衡的目的。但是戴维森等人指出，这种自动调节机制实际上也是靠不住的。第一，汇率的变动系受到多种变量综合作用的影响，难以保证其变动方向与贸易差额的调节要求相吻合。第二，即使假设二者之间可以实现吻合，现实中的许多情况也表明，一些国家的进出口需求价格弹性之和往往小于一，从而马歇尔—勒纳条件并不满足。①② 第三，即使承认马歇尔—勒纳条件在一定的范围内满足，弹性汇率机制也不可能实现贸易失衡的调节，因为正统派承认逆差国在贬值之初可能会出现赤字的加剧（即所谓J曲线的下降阶段），而这也许会引发进一步的贬值要求，从而使该国陷入永久难以摆脱贸易逆差的困境。③ 第四，如果考虑到价格变动的收入分配效应，上述机制的作用后果也将具有不确定性。贬值由于增加一国

① J. E. King (2003) ed., *The Elgar Companion to Post Keynesian Economics*, Edward Elgar, P. 202.

② Davidson, P. (2011), *Post Keynesian Macroeconomic Theory: A Foundation for Successful Economic Polices for the Twenty-First Century*, Edward Elgar, PP. 241-245.

③ 保罗·戴维森，《约翰·梅纳德·凯恩斯》，张军译，华夏出版社，2007年中译本，第156—157页。

商品的国际竞争力会促使国内寡头厂商提高利润加成，导致收入分配向有利于利润而不利于工资的方向倾斜，而这种收入分配的变化在不同的条件下对于一国经济状况与国际收支的影响将是完全不一样的。① 另一方面，也有后凯恩斯学者提出，当进口品相当多数属于生活必需品时本币贬值将会导致国内工人生活费用的提高，从而引发希克斯所说的“实际工资抵抗”(real-wage resistance)，即工人要求提高货币工资，这又会推动国内物价上涨，最终极大地抵消本国货币贬值可能带来的出口优势。②

此外，戴维森等人还对新古典的“有效市场假说”提出了批判。③ 这一假说假定，所有有关未来供求的基本经济信息都体现在当前的价格信息和历史价格数据中，它们完全可以为市场参与者所利用。根据这一假说，在没有政府干预和国际协调机制的条件下，单凭各个外汇市场参与者的自利行为就可以实现均衡汇率。戴维森等人指出，上述假说是根本不能成立的，从理论上说，它违背了凯恩斯关于在弹性汇率体制下人们的心理预期将会导致现货市场价格估计的加倍无常性的论点，进而违背了凯恩斯经济学关于在面临经济基本不确定性的条件下经济人依据惯例决策将难以实现市场长期均衡的根本思想。从实践上看，无论是一国国内资本市场还是外汇市场，大量的经验数据都是与这一假说相悖的，尤其是自 2008 年以来的金融市场与经济的大衰退，更表明了所谓有效市场假说的无效性。甚至堪称为这一假说奠定了“理性预期”基础的罗伯特·卢卡斯，在

① J. Deprez and J. Harvey, ed. (1999), *Foundations of International Economics: Post Keynesian perspectives*, Routledge, PP. 116-142.

② A. S. Eichiner(1978) ed., *A Guide to Post-Keynesian Economics*, M. E. Sharpe, Inc., PP. 148-149.

③ Davidson, P. (2011), *Post Keynesian Macroeconomic Theory: A Foundation for Successful Economic Polices for the Twenty-First Century*, Edward Elgar, PP. 268-270.

2008年10月23日的时代杂志上也不得不承认:我猜想每个人现在都是一名凯恩斯主义的战士。①

6.1.2　关于国际经济分析的基本思想

应当说,像在经济学的其他分支领域一样,后凯恩斯学派在国际经济学领域也并没有达成完全的一致性。例如,关于托宾税的创议(为了抑制国际资本流动、特别是投机活动对国际金融市场的负面影响,詹姆斯·托宾提出,当资金从一种货币转变为另一种货币时,要对其征税),有些后凯恩斯学者赞成,有些则持怀疑态度。关于汇率制度安排,大多数后凯恩斯学者倾向于赞成稳定的汇率安排,然而也有一些后凯恩斯学者却反对欧洲货币联盟。不仅如此,后凯恩斯学派在国际经济理论的某些方面还缺少一贯性。他们一方面倡导通过各种措施(诸如建立强有力的超国家的管制性中央银行制度等等)来维持国际经济与金融秩序的稳定性,另一方面又强调一国通过刺激总需求来实现充分就业的重要性,然而这两大目标在实践中有时又是难以协调的。

尽管如此,如果就基本的思想与理论观点来看,后凯恩斯学派相对于新古典主流思想以及其他一些流派而言,还是形成了一些独有的共性特征的。这些共性特征构成了后凯恩斯学派国际经济学研究的独特思想基础。下面我们试从五个方面来对之加以概括。

第一,坚持历史时间的概念和非均衡分析的方法。②③ 所谓历史时间概念

① Davidson, P. (2011), *Post Keynesian Macroeconomic Theory:A Foundation for Successful Economic Polices for the Twenty-First Century*, Edward Elgar, P. 269.

② A. S. Eichiner(1978) ed., *A Guide to Post-Keynesian Economics*, M. E. Sharpe, Inc., PP. 139-140.

③ J. Deprez and J. Harvey, ed. (1999), *Foundations of International Economics: Post Keynesian perspectives*, Routledge, PP. 2-3.

指的是，现实经济本质上乃是一种处于历史时间中的过程，过去的不能改变，未来的不能确知。因此，绝没有经济事件向着某种均衡状态收敛那么一回事。显然，这一概念是直接与主流派的无历史、无时间的静态均衡观念相对立的，它为非均衡分析构筑了牢固的思想基础。正是基于历史时间这一重要命题，后凯恩斯学派在其有关国际经济问题的分析中便一反流行的均衡分析传统，而是注重于国际贸易与国际金融关系发展演变的历史进程，揭示特定的演进过程的成因及其后果。例如，对于现有国际贸易格局的解释，与新古典主流派诉诸于均衡的贸易理论与模型不同，他们更强调导致这种格局的历史原因，认为正是某些历史环境与政治、心理等等因素的影响为先进国家的发达和在国际贸易中的优势地位创造了条件，“成功导致了进一步的成功，失败导致了进一步的失败”，①由此便可以揭示当代国际经济格局中富国与穷国之间差别的历史原因。不仅如此，强调历史时间的重要意义还在于，它使后凯恩斯学派在进行理论分析与模型建构的过程中注重各种变量相互影响的时间序列，按照真实的历史时间过程来准确地刻画现实中的国际经济关系，而排除了主流派所惯常采用的“各种变量同时决定”的所谓一般均衡方法。像上面提到的后凯恩斯学派对于国际收支调节理论中“货币说”与“弹性说”的质疑与批判，实际上都体现了这种历史时间的非均衡分析：一旦把货币变化对实体经济影响的全部系列完整地描绘出来，以及把本币贬值对于商品价格、需求、收入分配的各种效应的影响链条全面地展示出来，那么人们就无法再相信这两种调节机制可以自动地使国际贸易恢复均衡了。

① A. S. Eichiner(1978) ed., *A Guide to Post-Keynesian Economics*, M. E. Sharpe, Inc., P. 142.

第二,坚持生产的社会关系与制度分析方法。① 新古典主义历来倡导纯技术分析,这使得他们的国际贸易理论与国际金融分析在大多数情况下都舍弃了社会关系与制度因素,形成各种空洞的优化命题。与此不同,后凯恩斯学派从一开始就继承了古典派注重社会历史关系分析的传统,将生产和经济运行的社会关系与制度环境纳入理论的重心地位。这一特点也被他们推广到国际经济问题的研究上面。例如,后凯恩斯学者在国际贸易理论的分析中总是坚持对于生产的社会关系从而相应的阶级关系的分析。他们在考察国际贸易模式与分工格局时,总是要明确区分一国究竟是处于前资本主义生产方式还是处于资本主义的生产方式,由此便可以历史地分析国际贸易格局演变的历史进程,并大致地划分出发达国家间的贸易与发达国家和欠发达国家之间的贸易两大基本类别。进一步地,就资本主义生产方式而言,主要的经济代理人被归结为资本家(兼企业家)与工人两大阶级,收入范畴也相应地分为利润与工资,两大阶级及其收入范畴的对立关系成为理论研究的主题之一。像在封闭经济条件下他们始终关注利润与工资之间的收入分配是如何与总需求的决定及其增长发生相互影响的一样,后凯恩斯学者在开放经济条件下更加关心国际贸易不仅与一国收入增长而且与一国收入分配的相互影响关系。比如,汇率以及贸易条件的变化将会如何影响到工资与利润的分配格局从而改变工人阶级的经济状况,而国内的收入分配关系又会对国际贸易格局以及收支不平衡的调节进程产生怎样的影响?由此便将国际贸易与经济增长、收入分配三方面的因素综合起来加以考察,这是在注重纯技术分析的流行国际贸易理论中明显欠缺的东西。

① A. S. Eichiner(1978) ed. ,*A Guide to Post-Keynesian Economics*,M. E. Sharpe, Inc. , PP. 139–148.

后凯恩斯学派注重社会经济制度因素的另一个体现，是他们始终坚持不完全竞争尤其是寡头厂商的制度框架，在国际贸易及其国际经济理论与政策的研究中坚持以卡莱斯基的厂商理论为基础。根据这一制度框架，产品价格将由厂商的“加成”政策决定，即所谓“管理定价”，而非市场供求关系决定。厂商的市场竞争行为将更多地表现为数量调整、质量创新等非价格手段，因而所谓的“市场出清”不过是一种神话。显然，在这种制度框架与厂商行为模式下，从国际贸易模式的形成到贸易不均衡的调整过程等都变得更为复杂化了，因而有助于我们从“制度缺失”的主流派的国际经济理论中跳出来，回归现实。注重社会历史因素与制度分析的结果，是后凯恩斯学派与主流派的理论相比，更多地揭示了国际经济活动中所包含的利益冲突，这既有一国内部工人与资本家阶级之间的对立冲突，也有欠发达国家与发达国家之间的利益冲突，以及各个发达国家之间的利益冲突。

第三，坚持非中性货币的基本思想，将国际贸易与国际金融问题统一加以考察。①② 主流派的国际经济学通常分为两大块：其一是微观部分，即国际贸易理论；其二是宏观部分，即国际金融分析。这两大块本质上是相互分离的，例如，其国际贸易理论往往单从实体经济的视角来论证，很少引入国际货币或金融因素对贸易的影响。这种分离实际上是主流经济学由于坚持中性货币论而在经济分析中长期形成的实体经济分析与货币经济分析二分法的自然延伸。

与此不同，后凯恩斯学派强调，资本主义生产方式作为一种货币的生产经济

① J. Deprez and J. Harvey, ed. (1999), *Foundations of International Economics: Post Keynesian perspectives*, Routledge, P. 2, P. 13.

② J.E. King (2003) ed., *The Elgar Companion to Post Keynesian Economics*, Edward Elgar, PP. 200-201.

(monetary productive economy),赋予货币这种工具或制度安排以特别重要的作用和职能,它绝不仅仅限于影响物价水平,改变经济活动量的名义值,实际上,还会对实体经济产生重要的影响。例如,货币供求的变化通过影响利率、汇率将会影响到投资以及总需求,从而导致就业与国民收入的变动。而根据凯恩斯的经典论述,在经济具有基本不确定性的条件下,货币是人们应对不确定性的主要工具,因此人们的货币需求将随着预期的不确定性而变动,而这反过来又会加剧经济生活本身的变动性。就国际经济问题而言,可以说货币因素与实体经济环环相扣,根本无所谓"纯贸易理论"所假想的"实际"贸易状态。正是基于这个道理,他们才反对诸如"货币说"、"弹性说"等等主流派所津津乐道的自动调节机制,明确地指出企图靠货币供求自发地调节作用就可以实现国际收支平衡与充分就业均衡,是根本办不到的。此外,基于非中性货币思想,他们还深入探讨了国际资本流动的复杂性及其对于实体经济的负面影响。应当承认,主流派也曾经注意到国际资本流动对于各国实际经济状况的影响问题,不过与其关于有效市场的假说相一致,他们通常总是认为自由的资本国际流动将会实现经济资源在各国间的有效配置,因而它必然是实现国际资源有效配置的工具。然而,后凯恩斯学派则认为,国际资本流动对于实体经济的影响更多地是负面的。国际资本流动本质上也是源于经济主体对于特定货币的交易性、投机性和谨慎性需求,即源于国际流动性偏好(international liquidity preference),国内外经济条件的变化以及人们主观预测或心理偏好的变化等,都会导致国际流动性需求的变化。比如,如果贸易出现赤字,便会产生对于国际支付手段的交易性需求。而如果对于本币的稳定性缺乏信心,或者对于某种外币的流动性增强,则会导致资本流出,前者会加剧本币贬值的压力,后者则会促使本国利率上升。资本在国际间的这种流动,特别是出于谨慎目的规避汇率变动风险的流动和出于投机目的去赚取利润而引发的资本流动，包括一些非法资金（热钱）的流动，不仅会扰乱国际金融秩序，而且对全球经济造成了破坏性后果，它将使大多数按照企业方式组织生产与交换过程的国家陷入动荡无序和经济受损的状态。

第四，坚持总需求分析的原则。① 强调需求约束既是凯恩斯经济学的核心原则，也是后凯恩斯学派的一贯传统。坚持这一传统，不仅需要考虑短期中的需求约束问题，而且需要注意长期（即经济增长过程）中的需求约束问题。因为有效需求的不足不仅会导致总收入达不到充分就业的水平而出现失业，而且也会制约经济的充分就业均衡增长。主流派凯恩斯主义者虽然也承认凯恩斯的有效需求原理，但是由于拘泥于均衡分析，他们通常总是在投资与储蓄平衡或总供求平衡的框架下研究问题，这就在实际上滑向了供给导向或萨伊定律的传统。这也是他们在国际经济学领域往往强调价格调节机制、货币调节机制而忽视收入调节机制的重要原因之一。因为坚持总需求分析必然要探讨总需求与总收入的相互关联和作用关系，这意味着在开放经济条件下必须要研究进出口与总收入的相互关系，以及总收入对于进出口的调节作用。

后凯恩斯学者在国际经济领域坚持总需求分析原则由来已久，最早可以追溯到哈罗德在20世纪30年代提出的外贸乘数概念。这一概念表明，出口作为一国总需求的组成部分之一，对于总收入具有扩张性的拉动作用。后来，卡尔多曾据此解释过英国的较低经济增长率的原因。不过，一国参与国际贸易不能只出口不进口，如果考虑到进口并且视其取决于总收入水平，那么哈罗德的原始乘数将要被修正——即缩小了，希克斯将所有这些支出→收入→再支出→再收入

① J. Deprez and J. Harvey, ed. (1999), *Foundations of International Economics: Post Keynesian Perspectives*, Routledge, PP. 36-47.

等等因素综合加以考虑,形成了比较现实的“超级乘数”(super-multiplier)公式。① 它从坚持总需求分析原则的角度清楚地表明:在开放经济条件下各国刺激总需求以实现充分就业的经济目标是相互矛盾的,因为一国的出口同时就是另一国的进口。某些国家确实在特定的环境条件下成功地实现了出口拉动经济增长的战略目标,但是绝不能由此得出出口拉动增长可以同时在所有的国家都实现的结论。这样的推论显然是犯了“合成谬误”的毛病。② 这样,由于坚持了总需求分析原理,后凯恩斯学者也就从根本上揭示了国际贸易关系中的利益冲突,进而揭示了各种贸易战、保护主义政策的内在经济基础。

不仅如此,沿着上述哈罗德、希克斯的分析线索,一些后凯恩斯学者进一步深入探讨了国际收支约束条件下的收入增长机制,这集中地体现在瑟尔沃尔、麦库姆等人于20世纪70年代末和80年代初提出的一个著名原理上,它被许多后凯恩斯学者称之为“瑟尔沃尔定律”(Thirlwall Law),这是一个需求驱动的国际收支模型。假定 X_a 与 M_a 代表A国的出口与进口,P_d/P_f 代表汇率,z 和 u 分别代表对A国出口品的需求价格弹性与A国对进口品的需求价格弹性,e_a 与 e_{rw} 分别代表A国对进口品的需求收入弹性和世界其他国家对A国出口品的需求收入弹性。则根据瑟尔沃尔等人的分析有:

$$X_a = (P_d/P_f)^z Y^{e_{rw}} \tag{6.1}$$

$$M_a = (P_d/P_f)^u Y^{e_a} \tag{6.2}$$

在需求的价格弹性数值较小或相对价格无较大变动的情况下,可以集中考

① J. Deprez and J. Harvey ed. (1999), *Foundations of International Economics: Post Keynesian Perspectives*, Routledge, P. 63.

② Davidson, P. (2002), *A Post Keynesian Perspective on 21st Century Economic Problems*, Edward Elgar, P. 69.

察收入效应。因此,如果将上两式写成自然对数的形式,便有 A 国的收入增长率公式:

$$y_a = x/e_a ,$$

进而有

$$y_a = [e_{rw} \cdot y_{rw}] / e_a \tag{6.3}$$

如果将一国的进口值的增长精确地等于其出口值的增长,则有

$$e_{rw} \cdot y_{rw} = y_a / e_a$$

和

$$[y_a / y_{rw}] = [e_{rw} / e_a] \tag{6.4}$$

(6.4)式便是所谓“瑟尔沃尔定律”。它表明 A 国收入增长与其他国家的收入增长的比率,等于其他国家对 A 国出口品的需求收入弹性与 A 国对进口品的需求收入弹性之比。如果 $e_{rw}/e_a < 1$,那么在必须维持国际收支平衡的约束条件下,A 国的收入增长就必须要低于其他国家的收入增长率。运用这一模型来考察欠发达国家与发达国家之间的贸易关系(前者主要出口初级品,后者主要出口制成品,前者对进口品的需求收入弹性较高,而后者对进口品的需求收入弹性相对较低),可知,欠发达国家在维持国际收支平衡的约束条件下,只能实现较低的收入增长。① 瑟尔沃尔定律将收入效应纳入国际收支模型,既表明了总需求(通过国际收支平衡的机制)对收入增长的制约,反过来从另一方面也可以表明收入增长率变化对于国际收支的调节作用,或者说,表明了国际收支的长期调节机制是产品数量或总收入的变动,而不是相对价格或实际汇率的变动。这是后凯恩斯学派将总需求分析原则运用于国际经济研究中所取得的一个重要理论

① Davidson, P. (2011), *Post Keynesian Macroeconomic Theory: A Foundation for Successful Economic Polices for the Twenty-First Century*, Edward Elgar, PP. 246-248.

成果。

第五，坚持国家干预主义原则，反对自由放任。[1][2] 后凯恩斯学派历来强调凯恩斯主义革命的本质就在于推翻萨伊定律，而他们与主流派的根本分歧也就在于后者背离了凯恩斯主义革命的宗旨，重新回复到主要通过市场调节来实现经济稳定均衡的自由主义传统。后凯恩斯学派认为，在未来具有不确定性、生产过程耗时且需要采取货币形态的经济中，萨伊定律早已被证明失效了，市场机制不能保证充分就业，那些因为国际竞争而失去工作岗位的工人将不会像自由贸易论者神话般论断的那样，可以经过短期的市场调节重新在反映他们比较成本优势的岗位上就业。各国国际收支出现的不平衡也不会通过价格机制的调节作用自动地趋于消失。不仅如此，国际金融市场上资本的自由流动非但不能矫正全球经济资源配置的失衡，反而可能是加剧国际金融动荡从而导致国际经济关系恶化的重要因素。凡此种种表明，如果说在封闭经济条件下萨伊定律尚且难以适用的话，那么在开放经济条件下它就更加无能为力了。这就意味着政府在经济生活中将要发挥一种至关重要的作用。

坚持国家干预主义原则，反对自由放任原则，在理论上必然导致后凯恩斯学派彻底否定各种体现市场自发调节机制作用的流行的理论命题。而在政策含义上，它则使后凯恩斯学派提出了与主流派具有显著差别的政策主张。就贸易政策而言，他们认为流行的所谓“自由贸易”政策并不总是对一个国家最优的，各国根据各自的经济发展水平、产业结构等等国情特点对贸易加以某种干预和调

---

① J. E. King (2003) ed., *The Elgar Companion to Post Keynesian Economics*, Edward Elgar, PP. 201–202.

② Holt, R. P. F. and Pressman, S. (2001) ed., *A New Guide to Post Keynesian Economics*, Routledge, PP. 122–123.

节，这对于促进不同国家经济的相对均衡发展可能是必需的。实际上，尽管人们对于自由贸易的口号喊得震天响，可是现实中从未有哪一个国家真正地实行过完全的“自由贸易”。不同历史时期的保护主义不停地以各种面目出现，贸易战也此起彼伏。这一现实本身就否定了自由放任主义的说教。当然，后凯恩斯学派从坚持国家干预主义原则出发而反对自由贸易的流行主张，并不就意味着他们提倡保护主义，实际上罗宾逊夫人等早就指出，在世界市场总需求给定的条件下，各个国家旨在通过扩大出口来刺激总需求而实现各自充分就业的增长目标，必然彼此存在着利益冲突，这也是导致“以邻为壑”（beggar-my-neighbor）的“新重商主义”政策盛行的根本原因。后凯恩斯学派的基本主张是，既然各国政府对贸易的干预是不争的事实，那么就不应该继续空谈自由放任主义的高调去回避它，而是要承认这一事实，揭示它的经济机理。同时，更主要的是，还要通过积极的、建设性的国际合作对相关的贸易问题进行有效的干预和调节，以寻求各国经济发展目标之间尽可能的和谐与共赢。

就金融政策而言，后凯恩斯学派从其坚持国际贸易与国际金融一体化的分析视角，更加强调国家干预尤其是有效的国际合作安排对于促进全球各国更为平衡和互利的贸易以及实现充分就业目标的重要性。后凯恩斯学派一般认为，这些有效的干预政策与制度安排至少应该包括：通过立法与税收等政策严格地限制国际资本的流动，特别是投机性的资本流动；实行有效的资本管制；通过国际合作建立一种比较稳定的汇率制度，比如管理浮动的汇率体制，以增加国际金融环境的稳定性，消除不稳定因素；另外，国际金融方面的制度安排应尽量为各国政府的公共政策扩大作用空间，尤其是要为那些处于国际收支不利地位的发展中国家的政策调整提供较大的回旋余地。

6.2　关于国际贸易问题研究的若干成果

近年来,后凯恩斯学者在其早期国际经济学研究的基础上与时俱进,综合国际经济领域中出现的新情况与新问题不断地拓展其理论视角的深度与广度,取得了若干新成果。就国际贸易领域而言,值得我们关注的至少有两个方面:其一是通过重新考虑国际贸易与经济增长的关系提出了具有后凯恩斯主义特色的国际收支约束下的经济增长模型,其二是通过着力发掘国际贸易与国内收入分配的关系提出了开放经济条件下的卡莱斯基宏观经济模型。

6.2.1　国际收支约束下的经济增长模型

关于国际贸易与经济增长的关系问题,历来是国际经济学研究领域中的一个重要主题。以往流行的基于新古典传统的国际贸易理论关于这个问题的分析具有两个显著的特点:其一是坚持供给导向(supply orientated),认为国际贸易对于一国经济增长的主要功能在于通过增加实际可支配的资源而推动经济增长,而基本不去考虑开放经济条件下的需求约束问题。其二是坚持价格调节(relative price adjustment),强调汇率以及进出口商品的相对价格的调整可以有效地解决国际贸易不平衡的问题。这样,传统的贸易理论便描绘了一幅国际贸易平衡发展与各国经济稳定增长同时实现的美好图画。

上述理论解说显然是过于理想化了。人们几乎可以很容易地就能观察到,虽然某些国家曾经成功地实现了出口拉动的经济增长,但是另外一些国家却并未如此地幸运。不仅如此,国际贸易不平衡、贸易赤字以及由此引发的国家之间愈演愈烈的利益冲突问题,也一再地证明了自发的市场价格机制调节的失败。

有鉴于此,瑟尔沃尔、麦库姆以及布勒克尔(R. A. Blecker)等人提出了一种新的国际经济框架下的经济增长理论——国际收支约束的经济增长模型。①② 该模型将凯恩斯的有效需求决定总收入的思想引申到开放经济条件下,在哈罗德外贸乘数分析的基础上进一步展开来考察一国能否自动地维持出口与充分就业条件下总进口的平衡问题。他们沿袭瑟尔沃尔早先提出的关于"瑟尔沃尔定律"的基本思想,明确指出如果没有特殊的制度安排,这种平衡将是难以实现的,由此便会产生一国经济增长要受到国际收支制约的问题。

(1)基本变量关系

设 X 与 M 分别代表出口与进口量, P_d 与 P_f 分别代表出口品的国内价格与进口品的国外价格, E 表示一单位外币的本币价格,即名义汇率, F 代表以本币表示的名义资本流动值($F>0$ 表示资本流入, $F<0$ 表示资本流出),则有下面的国际收支平衡关系式:

$$P_d \cdot X + F = P_f \cdot M \cdot E . \qquad (6.5)$$

将上式求全微分,得到:

$$\frac{P_d \cdot X}{P_d \cdot X + F} \cdot \left(\frac{\dot{P}_d}{P_d} + \frac{\dot{X}}{X}\right) + \frac{F}{P_d \cdot X + F} \cdot \left(\frac{\dot{F}}{F}\right) = \frac{\dot{P}_f}{P_f} + \frac{\dot{M}}{M} + \frac{\dot{E}}{E} ,$$

分别以 θ 表示 $P_d \cdot X/(P_d \cdot X + F)$,$(1-\theta)$ 表示 $F/(P_d \cdot X + F)$,p_d 表示 $\dot{P}_d/P_d$,x 表示 $\dot{X}/X$,f 表示 $\dot{F}/F$,p_f 表示 $\dot{P}_f/P_f$,m 表示 $\dot{M}/M$,e 表示 $\dot{E}/E$,则上面的(6.5)式可以写成简化的变化率的形式:

---

① J. Deprez and J. Harvey, ed. (1999), *Foundations of International Economics: Post Keynesian Perspectives*, Routledge, PP. 35-90.

② Davidson, P. (2002), *A Post Keynesian Perspective on 21st Century Economic Problems*, Edward Elgar, PP. 69-88.

$$\theta(p_d + x) + (1 - \theta) f = p_f + m + e \tag{6.6}$$

若假设进口与出口主要受到相对价格与收入水平的影响，可以进一步构造如下两个具有不变弹性的进、出口函数：

$$M = a\left(\frac{P_f \cdot E}{P_d}\right)^{\psi} Y^{\pi}\ , \tag{6.7}$$

$$X = b\left(\frac{P_d}{P_f \cdot E}\right)^{\eta} Z^{\xi}\ . \tag{6.8}$$

其中，ψ 与 η 分别代表进口需求的价格弹性与出口需求的价格弹性，Y 与 Z 分别代表本国总收入与外国（或世界）收入水平，π 与 ξ 分别代表进口需求的收入弹性与出口需求的收入弹性，a 与 b 为常系数。

如果令 y 表示 $\dot{Y}/Y$，z 表示 $\dot{Z}/Z$，其他变量的变化率沿用前面的符号，那么（6.7）、（6.8）两式可以分别写成变化率的形式：

$$m = \psi(p_f + e - p_d) + \pi \cdot y \quad 和 \quad x = \eta(p_d - p_f - e) + \xi \cdot z\ ,$$

将这两个表达式代入前面公式（6.6），整理可得：

$$y = [\theta \cdot \xi \cdot z + (1 - \theta)(f - p_d) + (1 + \theta \cdot \eta + \psi)(p_d - e - p_f)]/\pi。 \tag{6.9}$$

该式给出了开放经济条件下影响一国收入增长率的三个主要因素：方括号中的第一项显示的是外国收入增长对本国收入增长率的影响，第二项显示的是实际资本流量对收入增长率的影响，第三项则表明了贸易条件变化对收入增长率的影响。由于一国不可能在长期中持续地承受国际收支逆差，这将意味着 $\theta = 1$，①

① 也有后凯恩斯学者认为，在一个相对长的时间内也有可能存在 $\theta < 1$ 和 $f > 0$ 的情况。在这种情况下，净资本的流入可以使国际收支对一国经济增长的约束相应地放松。这被称为“扩展的瑟尔沃尔定律”。参见：P. Davidson and J. Kregel, ed. (1999), *Full employment and price stability in a global economy*, Edward Elgar, PP. 76–87。不过，瑟尔沃尔等人还是更强调这一原理的长期含义。

从而(6.9)式可以进一步简化成:

$$y = [\theta \cdot \xi \cdot z + (1 + \theta \cdot \eta + \psi)(p_d - e - p_f)]/\pi, \tag{6.10}$$

在贸易的物品属于正常物品的一般情况下,上式中的系数将满足这样的约束条件:$(\eta < 0; \psi < 0; \xi > 0; \pi > 0)$。

从(6.10)式可以直接得到几个人所熟悉的命题:第一,如果进出口需求的价格弹性绝对值之和大于一,(即 $|\eta + \psi| > 1$),那么本国商品价格相对于外国商品价格的提高将会降低一国的收入增长率。第二,如果进出口需求的价格弹性绝对值之和大于一,那么持续的本国货币贬值(而不是一次或偶尔的贬值,即 $e > 0$),将有助于改善本国的收入增长率。第三,外国对本国出口需求的收入弹性越高,越有利于本国的经济增长。而本国对进口品需求的收入弹性越高,则越不利于本国的经济增长;反之亦然。

(2)国际收支与一国收入增长的真实关系

瑟尔沃尔等人在上述变量关系的基础上又做了进一步分析,旨在去粗取精,找出国际收支与一国收入均衡增长之间的真实关系。首先,在长期中,国际贸易商品的相对价格不会有明显变化,这或者是由于“实际工资抵抗”所使然,或者是由于寡头厂商为维持市场份额实行保持市场价格(pricing to market)的政策(即厂商为维持出口市场份额将根据汇率变化调整出口品的价格,以使进出口商品的实际相对价格尽量保持不变)的结果。这意味着上面公式(6.10)中的 $(p_d - e - p_f)$ 项对于国际收支约束下的收入增长,作用是微乎其微的。其次,一国贬值或汇率调整虽然并不排除在特定的时间段有可能有助于增加出口,减少进口,但是就长期而言,它是不可能根本改善其国际收支状况的。其主要的原因,首先还是工人实际工资抵抗的作用问题,当贬值导致进口品价格提高引发工人要求货币工资提高时，就会推动国内物价上涨，从而使贬值的初衷无法实现。同时，出口方的寡头厂商为了维持市场份额也会根据汇率变动相应地调整价格，以抵消汇率变动的影响。这两个因素必然极大地削弱汇率变动的作用。除此之外，“二战”以后，国际贸易产品的日益差异化发展，也在一定程度上降低了进出口商品的需求价格弹性。这些因素综合起来，便可以解释“卡尔多之谜”（Kaldor paradox），即为什么在“二战”后的最初时期进出口商品相对价格的变化只能解释人们所观察到的满意份额变化的极小一部分。① 最后，还需要重复说明的是，与主流派的通常假定不同，国际资本流动也不会从根本上影响国际收支约束条件下的均衡收入增长率，这一点从上面公式（6.9）在假定 $\theta = 1$ 时 $(1-\theta)\cdot(f-p_d)$ 项为零，便可以很直观地看出来，从而在公式（6.10）中就不再包括有关国际资本流动的变量了。

因此，从总体上看，所谓马歇尔—勒纳条件非但不能满足，而且这两个弹性的绝对值还将是极低的。这也就意味着上面（6.10）式中的 $(1+\eta+\psi)\cdot(p_d-e-p_f)$ 项可以近似地视为零。这样一来，便可以得到精练、简化的国际收支约束的收入均衡增长公式：

$$y_B = \xi \cdot z/\pi, \tag{6.11}$$

该式表明，在维持国际收支长期平衡的条件下，一国的长期稳定的收入增长率等于外国收入增长率（z）与对其出口需求的收入弹性变化率（ξ）的乘积，再除以本国进口商品的需求收入弹性的变化率（π）。而 $\xi \cdot z$ 显然又可以近似地视为该国出口的增长率（$x = \Delta X/X$），故国际收支约束的均衡收入增长率最终等于出

① J. Deprez and J. Harvey, ed. (1999), *Foundations of International Economics: Post Keynesian Perspectives*, Routledge, P. 55.

口增长率与进口需求收入弹性的比值：

$$y_B = x/\pi \tag{6.12}$$

上面的(6.12)式是后凯恩斯学派关于国际收支约束下的经济增长模型的主要结论。这一理论从凯恩斯的有效需求决定国民收入及就业量的原理出发，揭示了出口与进口对一国收入均衡增长的正反两个方向的作用，而完全剔出了主流的国际经济理论基于供给总是能够自动地创造需求的萨伊定律思想所长期热衷于仰赖的价格机制以及替代效应等等作用机制。

在阐述上述基本原理的同时，瑟尔沃尔、麦库姆等人还结合美、英、法、德、日、意、加西方七国在20世纪50年代到70年代以及70年代到80年代中期的实际数据进行了统计检验，结果表明：在大多数情况下，上面(6.11)式与(6.12)式的计量结果高度一致，并且这两个统计量与多数国家实际报告的增长率也极为接近。①

(3)由外贸乘数来推导并进一步验证国际收支约束的增长模型

由于上述后凯恩斯学者关于国际收支约束的增长模型的分析，不过是总需求分析原则的一种应用，而早先的外贸乘数原理则是凯恩斯有效需求原理在开放经济条件下的最初拓展。所以，二者在理论上应该是相通的，完全可以从一个推导出另一个来。外贸乘数最早由哈罗德提出。假设总需求有两大块：国内消费(C)和出口(X)，总收入的用途也只有两方面：国内消费品(C)和进口(M)。这样便有：

$$Y = C + X, \tag{6.13}$$

$$Y = C + M, \tag{6.14}$$

① J. Deprez and J. Harvey, ed. (1999), *Foundations of International Economics: Post Keynesian Perspectives*, Routledge, P. 51.

从而有

$$X = M. \tag{6.15}$$

令进口是收入的如下函数：

$$M = M_o + \mu Y (\ M_o \text{ 为常数}, \mu \text{ 为边际进口倾向,满足}: 0 < \mu < 1) \tag{6.16}$$

则在进出口增长保持平衡的条件下，将有：

$$\frac{dY}{dX} = \frac{dY}{M} = \frac{1}{\mu}, \tag{6.17}$$

分别用 X/Y 和 M/Y（假设 $X = M$）左乘和右乘上式，得：

$$\frac{dY}{dX} \cdot \frac{X}{Y} = \frac{dY}{dM} \cdot \frac{M}{Y},$$

或

$$\frac{dY}{Y} = \frac{dX}{X} \cdot \left[\frac{dY}{dM} \cdot \frac{M}{Y}\right] = \frac{dX}{X} \cdot \frac{1}{\pi} \tag{6.18}$$

该式正是(6.12)式的简化表达式。

即使在上面简单的哈罗德外贸乘数中引入投资和储蓄因素以及政府的支出和税收活动，只要私人部门的盈余或赤字能够精确地被公共部门的赤字或盈余相抵消，那么上述结果就仍然成立。上面的结果也可以用图形直观地展示一下。若以横轴标识收入增长率，直轴标识出口与进口增长率，那么国际收支约束下的经济均衡增长率必然确定在图 6-1 中 y_B 的水平上。

哈罗德的外贸乘数分析过于简化，后来希克斯等人又进一步扩充，形成了所谓希克斯超级乘数，它由于涵盖了更多的因素因而更具有现实性。下面再从希克斯的超级乘数来进一步检验上述后凯恩斯学者的增长模型。如果将消费函数、投资函数、政府支出与税收函数以及进口需求函数等等因素都包括在内，并且考虑到它们之间的相互关系，则有如下的较为完整的外贸乘数：

$$k = \frac{1}{(1 - c + c \cdot t_d + t_i - i + \mu)}\,, \tag{6.19}$$

其中，c 、t_d 、t_i 、i 和 μ 分别代表边际消费倾向、边际直接税率、边际间接税率、边际投资倾向（或加速系数）以及边际进口倾向。假定进出口价格以本币表示且保持不变，则收入增长率一般可以写成下式：

$$y = \frac{1}{k} \cdot (\omega_x \cdot x + \omega_a \cdot a)\,, \tag{6.20}$$

式中的 x 与 a 分别代表出口增长率与自主支出的增长率，而 ω_x 与 ω_a 则分别代表出口与自主支出占总收入的份额。这里的自主支出一般包括消费、政府支出、投资与进口等。出口增加对总收入的影响将有两条途径：一是直接影响，即立刻在短期内拉动收入增加，这直接可以从 $dY = (1/k) \cdot dX$ 看出来。二是间接影响，即出口增加通过释放了国际收支的约束，允许其他的自主支出持续增加，直到收入增加引起进口的增加等于初始的出口增加为止。收入增加直接引致的进口增加为 $dM = \mu \cdot dY = (\mu/k) \cdot dX$ 。由于可以合理地假设 $k > \mu$ ，即外贸乘数总是大于边际进口倾向，故进口的增加将总是小于出口的增加，在短期中贸易余额将总是

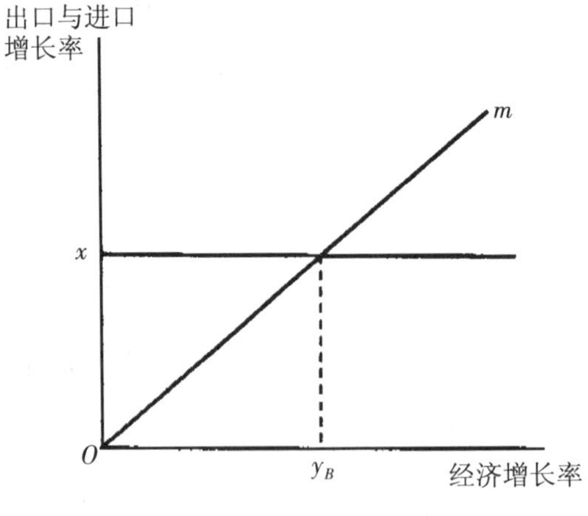

图 6-1　国际收支约束的经济增长率

有所改善的。然而,随着时间的推移和收入的持续增加,进口最终会赶上出口,从而达于新的国际收支均衡,即满足 $dM = dX$ 。这时便有 $dY = (1/\mu) \cdot dM = (1/\mu) \cdot dX$,从而有:

$$\frac{dY}{Y} = \frac{1}{\mu} \cdot \frac{X}{Y} \cdot \frac{dX}{X}, \tag{6.21}$$

或 $y = (1/\mu) \cdot (\omega_x \cdot x)$ 。因为 $\mu = dM/dY$, $\omega_x = X/Y = M/Y$,所以 $(1/\mu) \cdot \omega_x$ 就是进口需求的收入弹性值 (π) 的倒数。这样,上式便可写成 $y_B = (x/\pi)$,从而(6.20)式可以写成:

$$y_B = \left(\frac{1}{k}\right) \cdot (\omega_x \cdot x + \omega_a \cdot a_B) = x/\pi \tag{6.22}$$

其中 a_B 是对于给定的出口增长,为维持国际收支平衡条件下的均衡收入增长率所需要的自主支出的增长率,它是由最初的出口增加所引致的,并且二者之间的综合关系有如下式:

$$a_B = k \cdot \left(\frac{1}{\mu} - \frac{1}{k}\right) \cdot \left(\frac{\omega_x}{\omega_a}\right) \cdot x, \tag{6.23}$$

上面的(6.22)式表明,即使考虑到出口引致的需求等一系列复杂因素(在这里是引入希克斯的超级乘数),后凯恩斯学派关于国际收支约束下的经济增长模型仍然成立。

(4)两国模型条件下的经济增长

上面所述是从单一国家的视角来考察国际收支约束的经济增长问题。在此基础上,瑟尔沃尔等人又将这一理论扩展到两国模型中,从两国相互关联的场景下进一步考察国际收支约束与经济增长的关系问题。这时的情况显然比单一国家的场合更为复杂。如果各国采取彼此互利的方式来减少本国的失业和促进增长,比如一国增加进口从而刺激了伙伴国的出口,而对方也通过增加进口反过来刺激该国的出口，那么各国就会实现一种"互补性的增长"（complementary growth）。然而，这种局面往往难以自发地实现，现实中各国更可能是倾向于尽力扩张自己的总需求，增加出口并限制进口，从而形成导致各国利益冲突的"竞争性的增长"（competitive growth）。

假设世界分为两个国家或两组国家（每组国家作为一个单一整体看待，故只考虑两组国家之间的关系）。从前面的(6.12)式可知，对于第一组国家将有 $y_1 = x_1/\pi_1$，第二组国家将有 $y_2 = x_2/\pi_2$，而因为在贸易平衡的条件下有 $x_1 = m_2 = \pi_2 \cdot y_2$ 和 $x_2 = m_1 = \pi_1 \cdot y_1$，所以有：

$$y_1 = f(y_2) = \frac{\pi_2}{\pi_1} \cdot y_2, \tag{6.24}$$

和

$$y_2 = f(y_1) = \frac{\pi_1}{\pi_2} \cdot y_1 \tag{6.25}$$

当两组国家的进口需求收入弹性值不相等时，即 $\pi_1 \neq \pi_2$ 时，它们各自的收入增长率轨迹将如图 6-2 所示：

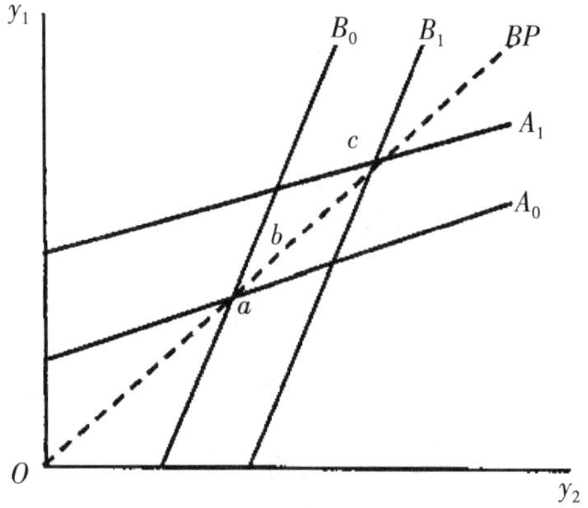

图 6-2　国际收支与经济增长：两国模型

图中以A标识的曲线表示的是第一组国家在给定国内自主支出的条件下对应不同的出口增长水平(从而贸易伙伴国的增长率)所可能有的各种收入增长率。以B标识的曲线则表示第二组国家在给定其国内自主支出条件下对应不同的出口增长水平(从而贸易伙伴国的增长率)所可能有的各种收入增长率。当两条曲线相交时,则表明两组国家的收入增长率刚好达到了公式(6.24)和(6.25)所规定的均衡关系,从而便都实现了国际收支约束的均衡增长。而处于交点以外的任何点,都表明两组国家的收入增长未满足国际收支平衡条件,从而不能维持长期均衡增长状态。在*BP*虚线以上的区域,表示第一组国家出现国际收支逆差,第二组国家出现顺差;而在*BP*虚线以下的区域,则表示正好相反的情况。所以,从a点到c点的连线*BP*虚线便与通常的国际收支平衡曲线的含义相同。*BP*线的斜率实际上等于两组国家进口需求的收入弹性的比率,即π_2/π_1。如果第一组国家相对于第二组国家提高非价格竞争的强度(即降低其进口需求的收入弹性,使π_1相对于π_2降低),那么*BP*线的斜率就会增加,它将以原点为轴心向左上方偏移,从而在维持国际收支平衡的条件下第一组国家的增长率就会提高,而第二组国家的增长率则会降低。反之,如果第二组国家相对于第一组国家提高了非价格竞争的程度,则会出现相反的情况。这就表明,在保持国际收支平衡的条件下,贸易双方的均衡收入增长率之间存在着此消彼长的竞争或矛盾关系。

另一方面,如果两组国家实行动态合作,也可以实现互补性的经济增长:最初的均衡点为a,现假设第一组国家国内自主支出增加,导致其增长线从A_0上升到A_1,这意味着其收入增长、进口增加,出现了国际收支赤字,而第二组国家出口增加导致了国际收支盈余。在短期中,这只能通过资本从第二组向第一组的流动来平衡,其状态如b点所示。然而,如果第二组国家也通过增加自主支出来增加总收入，进而增加从第一组国家的进口，即使自己的增长线从 B_0 移动到 B_1，那么最终将会使自身的贸易盈余和对方的贸易赤字消除掉，从而使经济达于 c 点。从 a 点到 c 点的这种移动，便体现了由国际合作所形成的互补性增长。

当然，这是一种理想化的状态，在缺乏有效合作机制以及相关条件的情况下，这种互补性的增长是难以实现的。为了进一步考察在国际收支约束下贸易双方之间的相互制约关系，瑟尔沃尔等引入了一种情况，假设贸易双方的经济环境不同：第一组国家的增长率尚未达到其潜在的增长水平，第二组国家的增长率已经达到了其本国资源或政府政策所允许的最高限。在这样的条件下，所谓的国际收支约束增长主要是第一组国家面临的问题，第二组国家并不存在这个问题。而就双方关系的角度而言，第一组国家的增长率提高将依赖于自主支出增加、出口增加、从而第二组国家进口以及其收入的增长，即前者的经济增长不仅是其国内自主支出的函数，而且还是后者经济增长的函数。当后者的增长通过资源约束等等已经达于最大值时，前者的增长率扩张将是严格受限的。对此，可以用图 6-3 来说明：

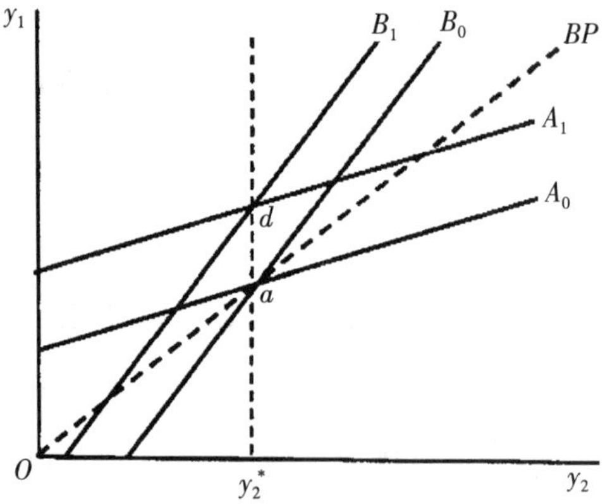

图 6-3　一国增长受另一国增长制约的情况

最初，贸易双方均处于国际收支平衡的增长状态，即处在点 a。不过这时，第二组国家的增长已经达于资源等等因素约束下的最大限，y_2^*，但第一组国家则低于其潜在的增长率。若第一组国家要提高增长率而增加国内自主支出等等，则 A_0 线将要上移，假设移动到 A_1，从而它将面临国际收支的逆差。但由于这时第二组国家增长已经达于极限值，不可能再通过增加自主支出来增加总收入、增加进口等，故 d 点的状态存在的时间将不会持续很久，第一组国家的增长线很快又会从 A_1 降回到 A_0，从而恢复到原始的均衡位置。这表明，在国际收支平衡的长期约束条件下，贸易双方中已经实现充分就业均衡增长的一方将会限制未实现充分就业增长的一方实际增长率的提升。或者更为推广地说，增长潜力充分释放的国家将会制约增长潜力尚未充分释放的国家的经济增长。

运用上述两国家的模型还可以进一步说明贬值以及贸易控制等政策的长期无效性问题。首先来看贬值调整机制的无效性。设两国最初处于国际收支的均衡状态，具体如图6-4中的点 a 所示。现在若其中的一方，比如说第一组国家，试图通过贬值来提高自己的增长率，假设马歇尔—勒纳条件满足，那么其短期的后果将是导致 A_0 线与 B_0 线以及 BP_0 线同时上移，它们分别移至 A_1、B_1、BP_1 的位置，A_1 与 B_1 线的新交点 e 位于原均衡点 a 的左上方，表明此时第一组国家的增长率提高了，而第二组国家的增长率降低了。同时，e 点还位于新的国际收支平衡线的下方，这表明此时第一组国家出现了国际收支顺差，而第二组国家出现了逆差。但是，事情不会就此为止，第二组国家可以采取报复性的贬值来回应，直到两组国家的关系重新返回到 a 的位置为止。所以，即使承认马歇尔—勒纳条件成立从而贬值的调节机制可以起作用，它的作用也是很有限的，在长期中将最终消失，且不用说由此而引发的各国国内物价上涨及其他后患了。

再来看进口控制政策的影响。通过关税或限额等手段来实施进口限制，在

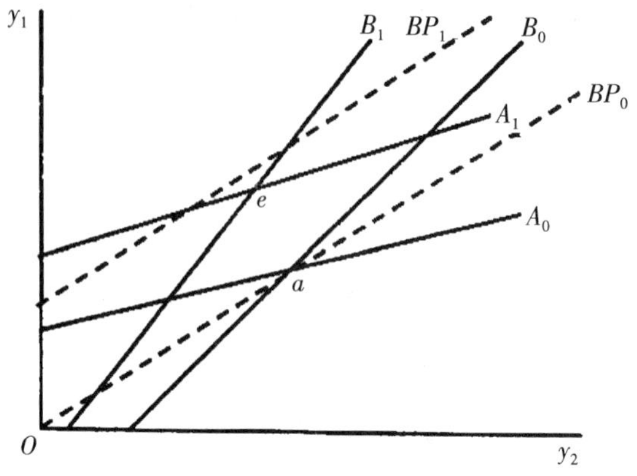

图 6-4　贬值机制的长期无效性

实践中常常对于一国政府试图改善国际收支约束条件的动机具有极大的诱惑力,这也正是“贸易战”或“保护主义”盛行的内在原因之一。可是,其最终的结果往往是两败俱伤的“负和”博弈。道理就在于,一方的控制会引起另一方的报复性回应。试以图 6-5 来说明之。假设最初两组国家的均衡位置在点 a,现在令第一组国家开始实施进口限额,这直接导致其对进口需求的收入弹性降低,即 π_1 减少,故原有的国际收支平衡线 BP_0 将要向左上方偏移,移至 BP_1。与此相应,A_0 线的斜率也将提高,它将移至 A_1。第二组国家此时若要维持其既定的目标增长率 y_2^*,就只有增大国内的自主支出,它的 B_0 线将移至 B_1,这样第一组和第二组在短期中便分别经历国际收支盈余与国际收支赤字。接下来,第二组国家可能有两种选择:其一是实行报复性的限额措施,从而使 BP 线拉回到原先 BP_0 的位置,B_1 线又回复到 B_0。这样做的结果是,双方各自的增长均回复到原来的水平,但是国际贸易的规模却有可能减少。其二是实施紧缩性的政策,使其增长线从 B_1 移至 B_2,它与 A_1 线的相交点为 f,该点与原均衡点 a 处于同一水平线上,这时初始挑起贸易战的第一组国家增长率回复到原先的水平,而第二组国家的增长率却降低了。总体上看,世界经济总体的效率与福利水平仍然是降低了。所以,无论从哪一方面来看,贸易战都不能改善和增进各国总体的经济福利。

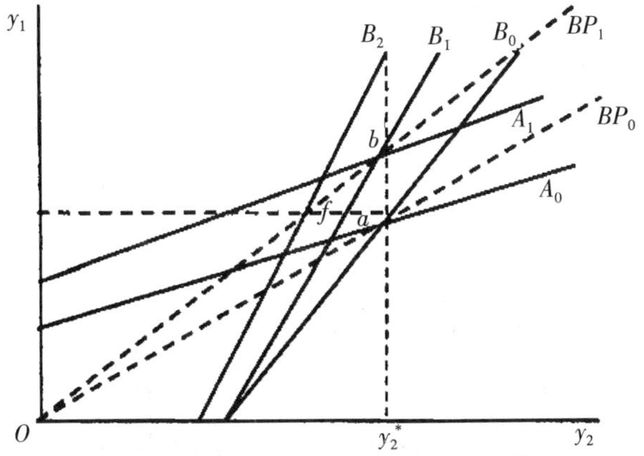

图 6-5　保护政策的长期无效性

综上所述,瑟尔沃尔等后凯恩斯主义者便较为完整地给出了一个需求驱动的凯恩斯主义的开放经济下的经济增长模型。在这一模型中,生产要素的供给以及生产力的增长基本上被内生地决定,即受制于总需求,而对于需求的主要约束则是与进口需求的收入弹性相关联的出口增长。他们认为,该模型不仅对旧有的新古典增长理论提出了严重挑战,而且也对那种虽然承认凯恩斯主义但是却忽视国际收支约束的"新增长理论"产生了重要冲击。

6.2.2　开放经济下的卡莱斯基宏观模型

卡莱斯基曾经对后凯恩斯主义经济学产生过重要影响。他的许多理论建树,诸如寡头厂商的加成定价理论、企业投资的金融约束原理、工资与利润的收入分配理论等等,早已成为后凯恩斯经济学派、甚至其他一些经济学流派的理论基础或重要组成部分。关于国际经济学,卡莱斯基直接论述的文献并不多。不过近年来,一些后凯恩斯主义者试图重新阐述卡莱斯基的理论对于理解开放经济条件下的各种经济问题的意义,以不同方式将其扩展到开放经济的环境中,形成不少新卡莱斯基主义(Neo-Kaleckian)的文献。后凯恩斯主义学者罗伯特·布勒克尔等人在对这些文献加以整合的基础上,提炼出开放经济条件下的卡莱斯基宏观经济模型。① 该模型从强调收入分配的角度,进一步以与主流理论不同的方式来回答这样一类问题:对国际市场份额的竞争究竟是导致国际贸易合作还是冲突关系?通货贬值对于国民收入和国际收支的影响究竟是什么?等等。

(1)两国模型中的国际利益冲突

卡莱斯基的基本思想是,在维持总供求平衡的条件下,投资决定利润进而收入分配。而在给定分配格局的情况下,投资又决定了总收入。如果引入进出口贸易,便可以直接导出净出口增加会拉动利润进而总收入增加的结论。例如,如果令 R 表示利润,W 表示工资,T 表示政府税收,I 表示投资, C_K 与 C_W 分别表示利润与工资收入的消费倾向,G 表示政府支出,X 表示出口,M 表示进口,那么便有下面的"平衡表关系":

$$R + W + T = C_K + C_W + I + G + (X - M) \quad, \qquad (6.26)$$

若令工人的储蓄为 S_W ,即 $W = S_W + C_W$,上式可以写成:

$$R = C_K + I - S_W + (G - T) + (X - M) \quad, \qquad (6.27)$$

该式不再是简单的平衡关系,而是体现了因果决定关系,它表明:包括净出口在内的总支出,决定了利润水平。再令 c_r 表示利润收入的消费倾向,即 $C_K = A + c_rR$ (A 为自主消费部分),则有:

$$R = \frac{A + I - S_W + (G - T) + (X - M)}{1 - c_r} \quad, \qquad (6.28)$$

① J. Deprez and J. Harvey, ed. (1999), *Foundations of International Economics : Post Keynesian Perspectives*, Routledge, PP. 116-149.

因为 $c_r < 1$,故上式进一步表明包括净出口在内的总支出不仅决定了利润水平,而且前者还将以乘数扩张的效应影响后者。如果给定利润在总收入中的份额,即 $R = \pi \cdot Y$,那么就可以从(6.28)式中导出人们所熟悉的均衡国民收入决定公式:

$$Y = \frac{A + I - S_W + (G - T) + (X - M)}{(1 - c_r)\pi} \tag{6.29}$$

这里的 $(1 - c_r)\pi$ 实际上也就是通常所谓的总收入的"储蓄倾向"。

上面两式清楚地显示了净出口增加对于利润或总收入增长的乘数扩张效应。例如,假设净出口从 $(X - M)$ 增至 $(X - M)'$,那么显然将有利润的增加量 $\Delta R = [1/(1 - c_r)] \cdot \Delta(X - M)$。如果用图形来表示,它即是图 6-6 中 R' 与 R 之间的差额:

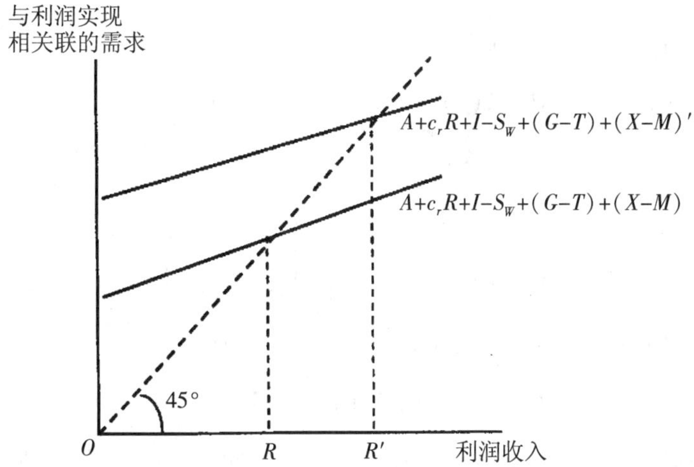

图 6-6　卡莱斯基的利润乘数模型:净出口增长的效应

上面概括的卡莱斯基的理论,隐含着这样一种思想:在给定其他条件不变的情况下,各国为了促进其国内厂商的利润增长,将会自然地努力争取并维持国际贸易的盈余。由此,便会内在地产生国际利益冲突的基础。如果我们将上述卡莱斯基的理论纳入一个两国模型的分析框架，对此将会看得更清楚。

假设令 p 表示产品价格，$\tau(>0)$ 表示加成率，w 表示税前名义工资率，a 表示劳动投入系数，c_w 表示工资的消费倾向($c_w > c_r$)，I_0 表示自主投资，b_1 与 b_2 分别表示利润收入与总收入的投资系数，m 表示边际进口倾向，t_w 与 t_r 分别代表工资税率与利润税率，ρ 表示实际汇率，即 $\rho = e \cdot p^* / p$，其中 e 为名义汇率，p^* 表示外国商品的价格，并且以下推而广之，所有不带星号的变量均表示本国，而带星号的变量均表示外国。则有下列有关本国变量关系的公式：

商品价格：$p = (1+\tau)wa$， (6.30)

利润份额：$\pi = (p - wa)/p \Rightarrow \pi = \tau/(1+\tau)$， (6.31)

消费函数：$C = c_w \cdot W + c_r \cdot R$， (6.32)

投资函数：$I = I_0 + b_1 \cdot R + b_2 \cdot Y$ (6.33)

进出口：$X = M^*$ (6.34)

进口函数：$M = \mu(\rho) + m \cdot Y, \mu'(\rho) < 0$， (6.35)

总供求平衡式：$Y = C + I + G + (X - \rho M)$， (6.36)

总收入：$Y = W + R + T$， (6.37)

总工资(税后)：$W = (1 - t_w)(1 - \pi)Y$， (6.38)

总利润(税后)：$R = (1 - t_r)\pi \cdot Y$， (6.39)

总税收：$T = [t_w(1-\pi) + t_r \cdot \pi]Y$ (6.40)

同样地，对于作为贸易伙伴的外国也有上述这些变量关系，为避免重复，下面仅给出三个外国的变量关系式作为示例：

进出口：$X^* = M$［与前面(6.34)式对应］ (6.34′)

进口函数：$M^* = \mu^*(\rho) + m^* \cdot Y^*, \mu^{*\prime}(\rho) > 0$［与(6.35)式对应］ (6.35′)

总供求平衡式：$Y^* = C^* + I^* + G^* + (X^* - M^*/\rho)$［与(6.36)式对应］

$$(6.36')$$

对上述本国与外国的两套关系式通过一系列代数的代换运算，便可以求出两国利润水平的关系式，和两国总收入的关系式。因为利用公式(6.39)以及对应它的(6.39′)可以很容易地从两国的利润关系推出两国的收入关系，而原始的卡莱斯基的理论更关注利润的决定问题，故下面只给出两国的利润关系式。

本国的利润可以表述为：

$$R = \frac{(1-t_r)\pi[I_0 + G + \mu^*(\rho) - \rho\cdot\mu(\rho) + m^*R^*/(1-t_r^*)\pi^*]}{s(\pi) - b_1(1-t_r)\pi - b_2 + \rho m}, \tag{6.41}$$

其中，$s(\pi)$ 为本国居民收入的边际储蓄倾向，即 $s(\pi) = 1 - c_w(1-t_w)(1-\pi) - c_r(1-t_r)\pi$，且 $0 < s(\pi) < 1$，$s'(\pi) > 0$。

外国的利润可以表述为：

$$R^* = \frac{(1-t_r^*)\pi^*[I_0^* + G^* + \mu(\rho) - \mu^*(\rho)/\rho + mR/(1-t_r)\pi]}{s^*(\pi^*) - b_1^*(1-t_r^*)\pi^* - b_2^* + m^*/\rho}, \tag{6.42}$$ [①]

① 这里的公式(6.41)与(6.42)，原引自 R. Blecker 的文章，“Kaleckian macro models for open economies”，载于 J. Deprez and J. T. Harvey 主编的 *Foundations of International Economics: Post Keynesian perspective*，1999，第127—129页。但原书上的两个公式的表述疑有误，分别为：

$$R = \frac{(1-t_r)\pi[I_0 + G + \mu^*(\rho) - \rho\cdot\mu(\rho) + m^*R^*/(1-t_r^*)\pi^*]}{s(\pi) - b_1(1-t_r)\pi\cdot b_2 + \rho m}$$

和

$$R^* = \frac{(1-t_r^*)\pi^*[I_0^* + G^* + \mu(\rho) - \mu^*(\rho) + mR/(1-t_r)\pi]}{s^*(\pi^*) - b_1^*(1-t_r^*)\pi^* - b_2^* + m^*/\rho}。$$

笔者经过对各种变量关系重新进行计算推导，对其中的疏漏进行了修正，正文中的(6.41)、(6.42)式是经过修正后的结果。

其中 $s^*(\pi^*)$ 为外国居民收入的边际储蓄倾向,相应的限制条件相同。

稳定均衡状态的分析,要求上面两式的分母为正。这两个公式通过进出口关系将两国的利润水平联系起来了。其中,(6.41)式可以理解为在给定各种参数以及总需求(包括自主支出和净出口)的条件下,本国利润水平依外国利润水平变化而变动的轨迹;(6.42)式则是在给定这些因素的条件下,外国利润水平依本国利润水平变化而变动的轨迹。在以两国利润标识两轴的平面坐标系中,它们分别是两条斜率不同的正斜率直线(见图6-7):

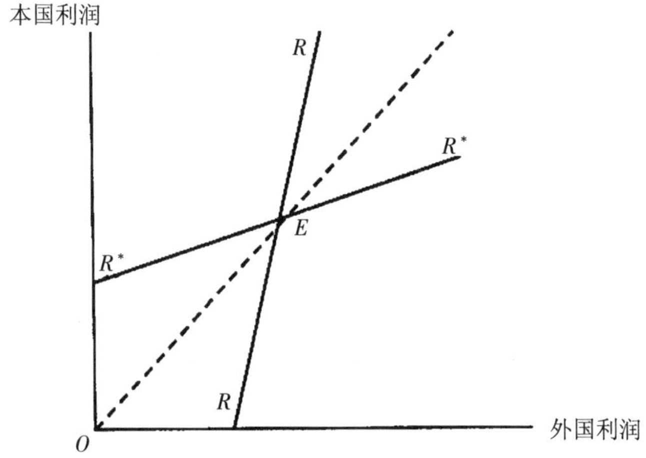

图6-7　卡莱斯基宏观模型中的两国利润关系

其中 RR 线表示(6.41)式的变化关系, R^*R^* 线表示(6.42)式的变化关系,它们的斜率差将取决于 $m^*/(1-t_r^*)\pi^*$ 与 $m/(1-t_r)\pi$ 的具体数值,故而难以重合。当两条利润线相交时,则意味着两国各自的进口值等于出口值,即实现国际收支平衡,故这时有 $M^*-\rho M=0$, 因此过 E 点的虚线代表国际收支平衡线。在该线的左侧区域,本国有盈余,外国有赤字;而在右侧区域,则是本国有赤字,外国有盈余。

运用上面的分析便可以直观地考察开放经济条件下两国利润水平进而考察整个经济利益之间的冲突关系。具体见图6-8。设最初两国处于国际收支平衡状态，即在 E 点。现在，假设本国通过一些措施来实行实际贬值，即令 ρ 提高，在短期这将导致本国出现收支盈余，而外国出现收支逆差，反映在利润线上便是它们分别向左上方移动，从而新的 $R'R'$ 线与 $R^{*\prime}R^{*\prime}$ 线将相交于左侧的 E' 点。与初始的均衡点相比，由 E 点到 E' 点的移动，可以连接一条负斜率的变化轨迹 $\pi\pi^*$，它被称为“国际利润关系”(international profit relationship)，该线清楚地表明了贸易双方的利益冲突关系。

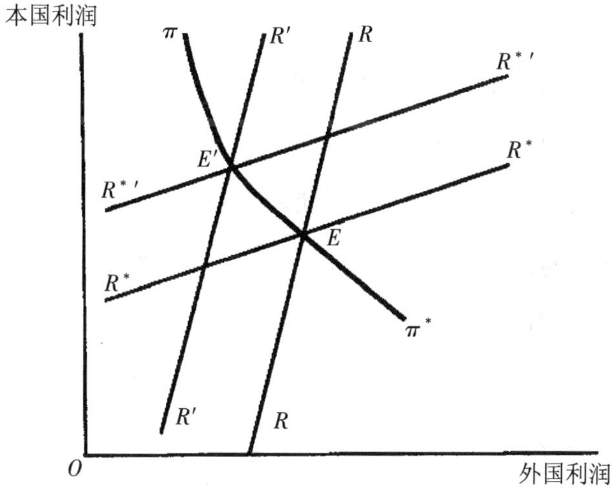

图6-8　两国利润水平变动的负相关关系

(2)收入分配与贬值的效应

运用开放经济条件下的卡莱斯基宏观模型，还可以进一步探讨收入分配与贬值效应之间的关系问题。通常所谓的贬值的经济效应无外乎有两个方面：其一是改善贸易余额，其二是增加本国的收入和就业。而根据卡莱斯基理论的分析方法，由于货币贬值会产生一种收入分配上的效应，即导致收入分配从工资向利润方面的倾斜,故在上述两个经济效应之间可能存在着一种此消彼长的互换关系。

由于需要考察收入分配的变化,故前面公式中的利润份额、工资份额从而加成系数等等就不应再视为给定不变的了。若令 ω 代表工资在总收入中的份额,那么根据前面的(6.30)式,将有:

$$p = w \cdot a/\omega, (\omega = 1 - \pi = 1/(1 - \tau)) \tag{6.43}$$

若再将名义汇率与实际汇率因素引进来,则有:

$$z = e \cdot p^{*}/wa = \rho/\omega \tag{6.44}$$

给定货币工资率 z 的变化显然综合反映了名义汇率、外国商品进口的价格以及劳动投入系数等等的变化,进而,z 的变化与实际汇率成同方向变化,与工资份额成反方向变化。由此可推知,实际汇率升高或本币贬值,将倾向于增大利润的份额,而减低工资的份额。即在稳定均衡状态下,将有 $\partial\omega/\partial z < 0$,从而 $\partial\pi/\partial z > 0$。

按照以往关于封闭经济的后凯恩斯主义的分析,收入分配如果出现向利润倾斜的方向转变(例如由于垄断权力的增强),将会对经济产生紧缩的影响,即所谓使经济“停滞”(stagnationism),原因在于利润的消费倾向相对于工资收入的消费倾向更低,故而这将不利于总需求。而如果使收入再分配向工资方面倾斜,则会出现“工资引导”(wage-led)的经济扩张。现在要问:在开放经济的条件下,实际汇率贬值所带来的收入分配变化(向利润倾斜),究竟对于总收入和贸易差额产生怎样的影响呢?布勒克尔结合上述卡莱斯基宏观模型对此进行了分析。他指出,就贬值对总收入的影响而言,其间收入再分配的作用机理与封闭经济条件下是一致的,即只要工资收入的消费倾向大于利润收入的支出(包括消费与投资二者之和)倾向,或者说该国属于那种“停滞”类型的经济,那么贬值由于会降低工资收入份额而提高利润收入份额,其对于刺激本国收入水平的作用效力将较低，甚至往往无效。而如果工资收入的消费倾向小于利润收入的支出倾向，情况则正好相反，这时贬值对于刺激本国收入增长的作用效力较明显（至少在短期是如此），此类经济也可以被称之为“利润引导”（profit-led）的“活跃型”（exhilarationism）经济。布勒克尔在这里实际上是省略了工人对于贬值的“实际工资抵抗”问题，单纯就贬值引起收入相对份额向利润倾斜这一事实在两种收入不同的边际消费倾向与支出倾向条件下，对总需求进而总收入产生的两种不同的结果做以分析比较。实际上还是旨在强调收入分配对于总需求进而国民收入决定的传导机制作用，这也体现了卡莱斯基以及后凯恩斯主义学派自从形成以来的一贯思想。其隐含的思想是，即使承认贬值对于刺激本国总需求具有某种作用，它也是通过收入分配机制的传导来实现的。

下面再来看贬值对贸易差额的影响。按照布勒克尔的分析，这时分配机制传导作用的方向与上述情况正好相反。当工资收入的边际消费倾向大于利润收入的支出倾向时，贬值引起的收入分配向利润倾斜将会有效地改善本国的贸易差额，这是因为向利润倾斜的收入再分配将会减低消费而相应地增加储蓄。反之，当经济的工资收入边际消费倾向小于利润收入的支出倾向时，贬值对于改善其贸易差额的效力则较弱。这样，在卡莱斯基的开放经济宏观模型框架下，贬值对于一国总收入及其国际贸易差额的调节作用程度就将依工资与利润不同收入范畴的消费、支出倾向为转移，或者说依经济究竟是属于“停滞型”还是“活跃型”为转移。对此可以用图 6-9 来说明。

该图本是标准的新凯恩斯主义模型，这里可以用来解释上述卡莱斯基宏观模型的基本思想。横轴表示国民收入，直轴表示贸易余额（$B = X - \rho M$）。图中，（$S - I$）线作为收入的增函数为正斜率直线，B 线作为本国收入的减函数，为负斜率直线。在两线的相交点，有 $B = S - I$。当它们交于水平轴的 E_0 点时，

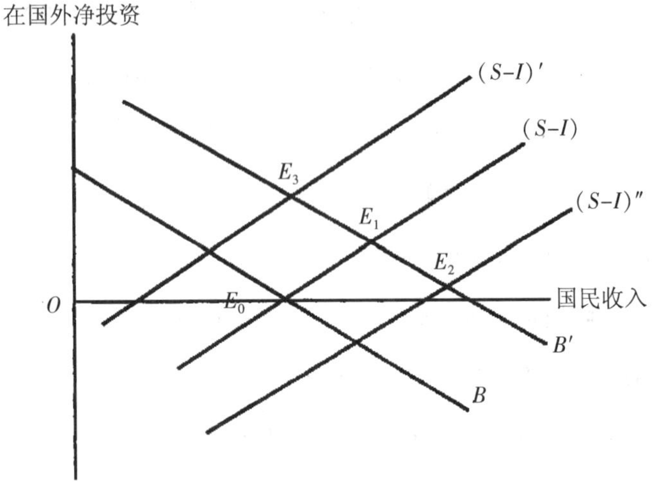

图 6-9　贬值与收入再分配效应

表示国际收支实现了平衡,而当交点在横轴的上方和下方时,则分别表示国际收支盈余或赤字。以往人们在利用此图时对贬值的效应通常是这样来解释:贬值导致 B 线上移,例如移至 B' 线。至于($S-I$)线,则或者认为它不受影响从而保持不变,或者认为它会受到国民面临进口物价上涨而提高边际消费倾向的影响,而向右下方偏移,例如移至 $(S-I)''$ 。无论哪一种情况,贬值都会同时改善贸易差额又促进国内收入增长,如 E_1 点或 E_2 点所示。

但是根据前面的卡莱斯基宏观模型,基于一国工资收入的消费倾向与利润收入的支出倾向的相对数值的不同,贬值对于 B 线与($S-I$)线的影响方向是不确定的:当工资收入的消费倾向相对较大时,贬值将会使 B 线上移,($S-I$)线也上移,这固然可以改善贸易差额,但能否实际地增进国民收入则不确定,比如,E_3 点的具体位置将依 B 线与($S-I$)线各自移动幅度的大小而定。另一方面,当工资收入的消费倾向相对较小时,贬值则将使 B 线下移,($S-I$)线也向右下方移动。这肯定将导致贸易差额的恶化,至于国民收入水平的变化也难以确知。由此可见，在引入收入分配的因素以后，即使承认主流派通常所依据的马歇尔—勒纳条件总是成立，并且暂时不去考虑其他各种限制性的条件（诸如实际工资抵抗等严重的限制因素），那么贬值对于改善一国的贸易长额以及刺激国民收入增长的作用也将是极其不确定的。

6.3　关于国际金融问题研究的若干进展

与国际贸易问题的研究相比，后凯恩斯学派在国际金融领域研究方面成型的成果显得较少。不过，也有一些人的研究工作值得我们关注。下面简要概括地介绍一下希拉·道的国际货币理论与保罗·戴维森等人的国际货币改革思想，以及拉沃、哈维（J. T. Harvey）等人关于汇率问题的研究成果。

6.3.1　关于国际流动性偏好与国际信贷创造的理论探讨

如前所述，后凯恩斯学派历来强调货币在生产的经济过程中的内在固有的作用，他们认为经济中的各种合约的正常履行都需要货币，故而导致了经济活动者的流动性需求，这又内生地诱发了银行体系的信贷供给。如果货币供给相对于流动性需求出现短缺，则将会抑制实体经济的增长从而出现失业。因此，维持稳定的金融条件对于经济健康发展至关重要。

希拉·道早在20世纪80年代中期就通过批评新古典—货币主义的外生、中性货币理论，阐述了后凯恩斯学派关于开放经济条件下的货币思想。她指出，货币主义关于封闭经济条件下的外生货币理论与其关于开放经济条件下货币量变化的思想是相分裂、相矛盾的。而他们认为开放经济条件下货币对经济周期的冲击会被弱化的论点也是不能成立的。实际上，与封闭经济条件下相比，在开放经济条件下货币对于经济的不稳定性影响将会加剧,这时国际金融市场上货币与资本的流动,不仅构成一国实体经济不稳定的潜在根源,而且也是导致各国之间经济发展差异的原因。她依据预期的不稳定性、货币作为防范不确定性的避风港职能、内生货币供给、历史时间等一些后凯恩斯经济学的理论要点,明确否定了国际货币理论分析中存在任何一般均衡的可能性。① 希拉·道后来又进一步扩展了后凯恩斯学派的上述货币思想,比较系统地阐述了基于流动性偏好原理以及内生信贷供给原理的国际金融理论。②③

凯恩斯曾指出,人们对于货币这一最有流动性的资产的需求主要是基于三种动机:交易需求、谨慎需求与投机需求。希拉·道等人认为,这个论断在开放经济条件仍然有效。不过,这时由于涉及各种通货从而人们对于货币选择的范围扩大了,导致货币需求行为及其后果更为复杂化了。在国际金融的场合,只有币值稳定的货币才可能有效地充当流动性手段,因此流动性偏好的动机将驱使人们去选择那些币值更稳定或具有更大升值预期的货币,而放弃那些币值不稳定或具有较大贬值预期的货币。这样,在给定人们的流动性偏好不变的情况下,如果国内外条件发生了变化,比如本国发生通货膨胀或汇率贬值,便会导致满足流动性偏好手段供给的变化,从而使国际金融市场出现非均衡。另一方面,给定国际经济关系的环境不变,如果人们的流动性偏好发生变化,比如由于各种原因现在对某种外汇的需求增强了,则同样会引起不同货币供求的失衡。其结果,都

① Dow, S. C. (1986),"Post Keynesian monetary theory for an open economy", *JPKE*, Vol. 19, No. 2, PP. 237-257.

② P. Wells, ed. (1995), *Post Keynesian Economic Theory*, Kluwer Academic Publishers, PP. 1-15.

③ J. Deprez and J. Harvey, ed. (1999), *Foundations of International Economics: Post Keynesian Perspectives*, Routledge, PP. 153-170.

将通过国际资本流动来强制地缓解。

希拉·道进一步阐述了流动性偏好在国际经济的环境下具体将会受到哪些因素的影响。交易需求在这时主要是源于国际支付手段的需要,故而它将与国际贸易的价值具有一种稳定的关系。此外,它还与国际资本流动值密切相关,也可视为后者的稳定函数。这样,国际贸易的规模越大,国际金融市场越不稳定从而国际资本流动激励越强,对国际支付手段的交易性需求就越强。谨慎性需求则是在对汇率具有不确定性预期的情况下对某种国际流动性资产的需求,例如短期持有一种通货以防其升值。当人们普遍对国际性资产丧失信心的时候,也会增加这种谨慎性的国际货币需求。此外,货币当局为了预备其满足相互间清偿差额的需要而对某些国际流动性资产的需求也属此列。至于投机性需求,可能更为复杂。投机性国际货币需求的目的在于,持有一种稳定的流动性资产以避免汇率贬值或资本损失。例如,持有黄金以替代其他通货,或者,持有隔夜的外币存款以进行每日的外汇投机。投机性国际货币需求的特点是,通常持有以币值稳定的通货表示的短期资产,而不是长期资产。因此,汇率越不稳定,金融市场的不确定性越大,谨慎性与投机性需求就越强。

上述分析表明,在国际经济关系的背景下,货币需求的影响因素更加错综复杂。另一方面,流动性偏好从而货币需求的变动对于国际经济及其国际金融市场的影响也变得更加具有不确定性。

希拉·道接着又分析了国际货币供给问题,沿着内生信贷供给的思路将后凯恩斯的内生货币理论扩展到开放经济条件下。希拉·道指出,国际货币的供给除了来自于国际货币体系(IMF与各国央行)提供的国际“外在货币”(outside money)(诸如在IMF的余额,以及特别提款权等)以外,还有大量的经由国际银行系统提供的信贷作为流动性手段。以往人们在谈论国际支付手段时往往只关注前者,从而只关注于银行的储备资产,实际上银行体系的信贷供给从根本上说并不取决于其储备的多少,而是源于客户的信贷需求,正是信贷需求引致信贷供给进而使其储备资产做相应的调整。在当今国际金融市场上,这种跨国的银行信贷业务在欧洲美元市场上以急剧的速度发展着,而完全独立于其本国的准备金要求。这样,国际货币供给在最近似的意义上就可以视为信贷供给,它将取决于信贷市场上供求双方的流动性偏好。当厂商方面对未来投资的收益等预期充满信心时,他们的谨慎需求就会降低,对信贷的需求就会增加,而与此同时银行如果对未来同样充满信心,对贷款风险的评估就会降低,从而放款意愿便会增强。因此,当厂商方面谨慎性需求减低时,信贷便会扩张。反之,当厂商方面对未来的信心不足从而谨慎性需求提高时,银行将不愿扩张信贷从而流动性提供将减少。希拉·道指出,上述推论是可以用欧洲美元市场上的经验加以证实的:在这里,低收入的发展中国家与高收入的发展中国家相比,往往持有更高比例的存款,和更低比例的借款,并且这一特点在20世纪90年代当银行增加其自身的流动性偏好时表现得更为明显。原因就在于,低收入国家对于其未来增长的预期较为缺乏信心,故持有较高的流动性余额,而较少地从银行取得信贷。

然而,这种源自客户流动性需求的内生信贷供给机制(也就是银行流动性偏好的强弱总是随企业与客户方面的流动性偏好强弱的变化而变化的连锁反应关系),并不意味着信贷市场运行就是稳定的。道指出,这将依赖于银行掌握的知识的完备程度。当银行掌握的信息极为有限时,信贷供求很可能是不平衡的,比如,那些流动性更强、迫切需要资金的低收入国家更不易得到银行的贷款。而那些流动性较弱、资金需求不强的国家,却可能相反。这实际上从一个侧面印证了所谓“中心—外围”(center-periphery)理论。另一方面,当银行的信息不完全时,一旦客户方面出现违约风险的征兆,银行方面就会迅速增高其流动性偏好,从而双方都更加趋向于短期合约，由此便会增加由汇率不稳定带来的投机机会和国际金融市场上更普遍的不稳定性。这时，最初本是源于防范风险而为交易者提供的金融衍生品，很快就被用到更大的投机行为中。例如，在20世纪90年代末期的国际金融市场，就是以普遍的高流动性偏好为特征的，这限制了银行向那些被视为可能面临高风险的借款者提供流动性，却滋生了投机市场的活动，而这里具有更高的潜在风险，然而银行由于信息知识的局限却对于高额的回报具有更大的信心。此时银行提供的流动性往往被认为是币值稳定的货币，而一旦预期变化，这种稳定性就变得极其脆弱，乃至最终导致汇率机制的瓦解。除此以外，这种流动性增高以及随之相伴的投机活动，还会促使国际金融市场的利率升高，进而对国内市场产生“冲击效应”(knock-on effects)。

最后，当分析的视角关注于信贷时，国内银行体系的差异程度也变得更富有意义了。按照通常流行的货币主义的简单化分析，任何外汇的流入都是单一地增加了本国的银行体系的储备。而根据新古典的所谓总替代原理，这又将确保国内利率相对于国际利率做适当调整。然而如果考虑到银行体现的差别，情况可能更为复杂。首先，一个国内企业从某一国际银行借款也许将其余额保留在本国银行体系之外，这就使得资本流入纯粹变成名义上的。此外，即使资本流入实际进入本国的银行体系，由于本国货币当局的正式规则与非正式的惯例等限制，它也未必能实际地增加银行体系的储备，从而对银行信贷提供产生直接影响。银行本身的信心及流动性偏好也会使资本流入对银行的信贷提供量的效应大打折扣。这些情况表明，在国际金融市场上，并不存在那种关于资本流出入对一国货币供给量与利率水平进而整个经济产生影响的简单的货币主义的机制，货币信贷供给的内生性使得这些关系变得更为复杂和具有不确定性。

6.3.2 关于国际货币改革的若干设想

后凯恩斯学派基于其关于货币供求分析以及货币的重要经济职能的基本思想,还进一步探讨了有关国际货币体系的未来发展与改革问题。应当承认,最近10多年来,面对国际收支危机、债务危机的频繁发生以及国际金融市场的动荡,许多经济学家甚至像斯蒂格里茨这样的获得诺贝尔奖的重要学者,也都与传统的新古典市场模式保持了距离,他们也都主张应该对现有的国际货币体系进行改革。但是,在后凯恩斯学派看来,此类主张大多未触及实质问题。比如,保罗·戴维森就把斯蒂格里茨关于向赤字国家提供美元贷款、实行某种破产安排以防止某些债务国违约等等的建议,称之为"管道维修"(plumbing)或"创可贴"方案(Band-Aid solutions),①因为它们只是修修补补,不能从根本上解决现有体系面对国际通货流动的非稳定化模式而出现失灵的问题。而后凯恩斯学派则主张通过对国际货币体系的重大改革来实现对这种失灵的根本治理。保罗·戴维森、希拉·道等人在这方面都有较多的论述,尽管他们的具体观点与主张并不完全一致,但是有一点很明显:他们都对于当前国际货币体系所存在的缺陷予以明确警示,对于主流学派崇尚国际货币市场自由发展的基本倾向持批评态度,都强烈主张通过有效的国际合作对目前的国际货币体系实行重大改革,以便为国际经济与贸易活动的正常发展创造更为稳定良好的金融环境。与其关于国内货币金融环境的主张相一致,就国际货币体系而言,他们的政策基调也是力求保持货币与金融视察的稳定性,防止产生过高的流动性偏好,维持较低的利率水平,以达

---

① Claude Gnos and Louis-Philippe-Rochon, (2004), "Reforming the international financial and monetary system: from Keynesian to Davidson and Stiglitz", *JPKE*, Vol. 26, No.4, PP. 613-629.

到抑制国际投机活动、促进全球充分就业和经济增长的目的。

保罗·戴维森是后凯恩斯学者中主张国际货币改革最积极、最突出的代表之一。① 他反复援引凯恩斯早先的重要论述:"我们需要一种国际上普遍接受的国际通货工具……我们需要就决定各国通货单位的汇兑价值的方法达成一种有规则的协议……我们需要拥有这样一种国际通货总量……它由世界商业当前实际的[流动性]要求所支配,并且能够适当地扩张……我们需要一种使国际贸易盈余方在不想使用这些盈余时能够有效地利用它们,而不至于损害这些余额的流动性的方法"。②③ 根据凯恩斯的精神,保罗·戴维森指出,④当前需要建立一种新的国际清偿体系(international clearing system),即一种封闭的、复式记账的清偿制度,借此来保持各个贸易区域之间的收支"账目",此外还就创造与融通流动性且同时又能保持国际通货的国际购买力等问题达成协议。这一清偿体系的设计宗旨主要在于:防止任何国家或者由于持有过多的闲置储备,或者由于从国际货币体系中吸纳过多储备而导致全球有效需求的缺乏,为此提供一种由盈余国来主要承受国际收支调节负担的自动机制,同时使每个国家都有能力来监视并且限制(如果愿意的话)国际组合资金的运动,以便控制外逃资本的流动,最后还要扩大最终的国际清偿所需要的流动资产量。

---

① Antonio J. Alves, Jr., Fernando Ferrari, Jr., Luiz F. R. De Paula, (1999), "The Post Keynesian Critique of Conventional Currency Crisis Models and Davidson's Proposal to Reform of International Monetary system", *JPKE*, Vol. 22, No. 2, PP. 207-225.

② 出自 D. Moggridge, ed. (1980), *The Collected Writings of John Maynard Keynes*, Vol. 25, P. 27。转引 J. Deprez and J. Harvey, ed. (1999), *Foundations of International Economics: Post Keynesian perspectives*, PP. 26-27。

③ Davidson, P. (2004), "The future of the international financial system", *JPKE*, Vol. 26, No. 4, PP. 591-605.

④ Davidson, P. (2011), *Post Keynesian Macroeconomic Theory: A Foundation for Successful Economic Polices for the Twenty-First Century*, Edward Elgar, PP. 296-305.

保罗·戴维森具体阐述了他所倡议的这种国际清偿体系的内容,大致包括八个条款或八点建议:第一,建立国际货币清偿单位(IMCU),使之成为国际记账单位和最终的国际流动性储备资产。国际货币清偿单位只能由各国中央银行持有,而不为公众和私人方面持有。第二,一国央行或货币联盟的中央银行,要承诺确保国际清算联盟中的IMCU存款可以单向地兑换其本国货币。每个中央银行可以确立自己的规则,使得本国的银行家和居民能够通过IMCU的交易来获得外国货币。由于各个中央都同意只向其他央行和国际清偿机构出售以IMCU计量的负债(即单向可兑换性),而他们同时又只持有IMCU作为进行国际金融交易的储备资产,就不存在吸走国际货币体系中的储备的问题。最终,所有主要的私人国际交易清偿都将在各个中央央行在国际清偿联盟中的账户上进行。第三,国内货币与IMCU之间的汇率最初由各国决定,就像国际金本位制度那样。第四,私人之间的契约将继续使用由当地法律所允许的本国货币。用外币来结算的契约将要求中央银行(通过私人银行)公开宣布某种承诺,以确保满足此类私人契约义务所需要的外国资金的可利用性。

第五,在清算联盟内设立一个透支体系,使得短期闲置的债权人余额可以用来为那些需要短期信贷的从事生产性的国际交易者融资。融资条件将由着眼于公共利益的清偿联盟的管理者来决定。第六,建立一种触发机制,激励债权国将其被国际社会一致认为是由于当前账户顺差累积而造成的“过多”的信贷余额花费掉,具体可以通过三种途径:其一是购买其他成员国的产品,其二是增加对外的直接投资,其三是向赤字的成员国提供单向转移或援助。这一条款体现了由盈余国来承担调整国际收支差额的主要责任的原则。盈余国固然在调整方面具有较大的相机选择性,但关键之点是它不能要求贸易逆差国超出其承担能力来支付债务。第七,创立一个在长期内使IMCU的购买力(以每个成员国国内生产、销售的一揽子商品来表示）保持稳定的体系。这将要求实行一种使本国货币与IMCU保持固定兑换比率、其变动只反映效率工资永久性变动的汇率体系。从而，每一个持有IMCU作为本国的外汇储备资产的中央银行都不会损失以外国的一揽子产品来表示的购买力。例如，如果外国政府允许其国内工资—物价上涨，那么该国货币就要对于IMCU相应地贬值，从而抵消其国内通货膨胀的影响，以保证IMCU的稳定的购买力。第八，较富裕国家相对于较贫穷国家而言要承担更大的调节收支差额的责任。如果逆差国是穷国，那么处于盈余地位的富国需要转让一部分过剩的债权来支持穷国。而如果逆差国是富国，那么逆差国必须通过减低其与主要贸易伙伴的贸易条件来调整其生活标准。

上述关于国际货币体系改革的建议，从本质上说是对于后布雷敦森林时代国际货币体系存在的若干弊端进行深刻反思的结果。这一时期，由于缺乏一种独立于国家货币的被统一认可的国际货币，美元以及若干主要国家的货币充当了国际支付手段，而国际金融市场难以自发地实现各种货币汇率的均衡状态，因此导致了汇率的不稳定性，而这种不稳定性又时常引致预期的不确定性，从而对于流动性资产的需求，这既包括了对于外汇的谨慎性需求，也夹杂着投机性需求。在这种情况下，维持汇率的稳定自然引起人们的极大关注。保罗·戴维森试图通过使各国货币与一种新的货币单位——国际货币清偿单位挂钩、各国货币与其效率工资挂钩或物价水平挂钩的办法，实现一种基于购买力平价的稳定的汇率安排。这将有助于抑制国际金融投机，稳定国际金融市场并保证必要的国际流动性供给。如果此外再加上富裕的盈余国对于收支余额调节的更大程度的担当，那么就可以解决近年来频频困扰一些国家的收支危机问题。实际上，上述建议也是与后凯恩斯学派近年来反复强调的反对通过汇率贬值来刺激出口、进而实施出口拉动型经济增长政策的主张完全一致的。汇率的频繁波动在实体经济层面不可能导致各国经济增长的共赢局面，而就货币层面而言将只能导致国际货币体系更大的震荡，从而国际流动性失衡与国际收支危机等问题的加剧。

除了戴维森之外，希拉·道等人也阐述了后凯恩斯学派关于未来国际货币体系改革的若干观点。与戴维森稍有不同的是，希拉·道、阿雷斯蒂斯等人更强调建立一种独立的国际货币的重要性。① 这种货币的价值应该独立于任何国家政府的国内政策，它是具有货币属性的单一资产，它的使用不会为任何国家带来任何调整的问题（例如，欧元便被认为是在欧洲货币联盟内部建立一种国际性货币的尝试）。因为在希拉·道等人看来，只要存在复数的国际货币，在不同的货币之间就会存在高的替代弹性，从而任何一种货币都难以满足货币的基本要求。不仅如此，如果这些充当国际支付手段的货币同时又是某些国家的货币，它们之间的替代还会引发国际收支问题以及潜在的非稳定的投机因素，从而使其更难以充当合适的国际货币的角色。汇率的波动也往往使发达国家受益，而欠发达国家受损，从而不利于真正的全球经济一体化。因此，后凯恩斯学派的主张是设计一种纯粹的国际货币，并由一个全球代理机构作为全球的中央银行行使其管理职能。这显然是一种更为激进的改革设想。除此以外，希拉·道还指出，要改变当前由于国际收支调节的压力分布不对称而导致的由国际收支逆差引发世界经济出现紧缩倾向的局面，使收支差额的调节负担分布趋于对称化（即减轻逆差国的调节负担）。同时，还要遏制国际金融市场创造与分配信贷的权力，以便为实际经济活动创造更稳定的金融环境。应当说，这些观点与保罗·戴维森的一些主张是基本相通的。

史密森（Smithin）则在有关汇率问题上提出了与戴维森等人具有不同倾向

① P. Arestis, S. Baus and S. Mallick, (2005), "Financial globalization: the need for a single current and a global central bank", *JPKE*, Vol. 27, No.3, PP. 507-531.

的观点。与他们基本上赞成稳定汇率的改革建议不同,史密森认为在尚未得到根本改革的现有国际货币体系中,那些推行凯恩斯主义需求管理政策(例如扩张性的财政政策与低利率的政策)的国家,将需要浮动汇率的保护。因为在固定汇率的条件下,国际货币体系中过于集中的金融权力将会对一国的政策构成限制。而通货越分散,通货价值越分散,银行业集中化的趋势就越弱。所以,浮动汇率体系可以被视为目前现实条件下的一个次优选择。史密森后来甚至认为外汇不稳定并不是产生宏观政策问题的原因,相反它本身可能是不适当的宏观经济政策的后果。然而,其他的后凯恩斯学者大多还是坚持以稳定汇率为导向的改革思路。他们指出,无论汇率波动是因还是果,汇率的不稳定性显然是导致国际金融市场普遍不稳定性的一个重要因素。这种不稳定性的增长将促使国际银行业日益寻求提高其组合资产的流动性,与此同时,那些在浮动汇率下难以获得外部余额的国家也将陷入困难境地,例如那些靠进口石油和出口拉动经济增长的发展中国家,在20世纪70年代陷入债务危机之中就是如此。

此外,还有不少后凯恩斯学者针对如何更有效地发挥国际货币基金组织(IMF)的作用问题,进行了具体的探讨。他们指出,作为类似于全球中央银行的机构,IMF应该独立于大国利益,使国际收支盈余与赤字国的调节负担均匀分配,为所需国家提供适当的流动性。债务危机的发生恰恰表明IMF没有有效地履行这些原则和职能。在债务危机严重时期,IMF应当实行债务豁免、提供流动性以帮助银行债权人恢复对银行体系的信心等项措施。IMF对债务国制订的包括金融自由化、货币控制等结构调整计划在内的借款条件,实际上是加大了这些国家的困难。IMF对于金融效率的强调实际上还是源于主流的理论命题,而这将妨碍其融资功能。另外,针对当前国际金融体系的脆弱性日益增长的情况,一些后凯恩斯学者还论述了需要加强可能的控制机制建设的问题。

总体来说,后凯恩斯学派关于国际货币体系改革的构想与政策处方,与崇尚均衡和谐、市场调节机制的主流传统是形成鲜明对照的。虽然他们在诸如有关具体的汇率制度安排等一些细节问题上观点并不一致,但是其基本的思想倾向却是明显相同的,这就是:鉴于经济的未来不确定性对人们决策的重要影响,金融市场不可能有效率运作,伴随经济全球化而来的国际金融市场自由化并不能给各国实现充分就业的政策提供良好环境。所以,主流派关于国际金融体系自由化和鼓励资本自由流动的主张在理论上是错误的,在实践中也是失败的(特别是对于拉美等发展中国家的负面影响更为严重)。因此,他们始终一致地坚持以反对金融自由化、稳定国际金融市场为指针的改革思路。他们更强调通过人为的干预进而国际社会的有效合作,来构建一种稳定健康的国际金融环境,诸如确立通用的国际货币单位、保持汇率稳定、管制资本流动以及保证充分的国际流动性供给等等,来实现上述目标。这些都需要以有效的国际合作以及跨国规制为前提,而在各国具有不同的经济利益的条件下这种有效国际合作显然不可能是一帆风顺的。尽管如此,后凯恩斯学派的这些建议也绝非单纯的理想化说教或乌托邦设想,①②随着经济全球化趋势的日益加剧以及各国相互依赖程度的不断加深,各国决策者们将会不断增强国际合作的信念,这将会逐步地推进国际货币体系及国际金融市场的有效治理。

---

① Claude Gnos and Louis-Philippe-Rochon, (2004), "Reforming the international financial and monetary system: from Keynesian to Davidson and Stiglitz", *JPKE*, Summer, 2004, Vol. 26, No.4, PP. 613-629.

② N. Zeynep Ökten, (2011), "Reforming International Financial System: Post Keynesian Perspective", *International Research Journal of Finance and Economics*, Issue 65, PP. 134-144.

6.3.3　关于汇率等问题的若干研究

汇率理论是国际经济学中的重要组成部分，它主要涉及有关汇率的决定机制、汇率变动及其经济后果等问题。流行的新古典主义汇率理论的基本观点是，汇率作为不同国家货币汇兑的比率，或一种货币用另一种货币来表示的价格，是由外汇市场的供求因素决定的，而其长期机制则取决于各国物价水平（亦即所谓购买力平价原理）。在固定汇率体制下，各国政府是根据这些经济法则来确定并调整汇率。而自 20 世纪 70 年代中期开始的后布雷敦森林时代，许多发达国家实行的浮动汇率体制下，汇率则直接任由外汇市场来调节了，据说，这样确定的汇率可以更好地反映各国的增长、价格与国际收支等情况，从而更有利于实现汇率在国际金融市场调节资源、进行有效配置的功能。这也就是为什么多数主流经济学家尽管承认当前国际金融市场的汇率波动和不稳定性，却仍然赞成保留这一体制的基本原因。

后凯恩斯学派不同意上述流行的汇率理论。近年来，马克・拉沃、约翰・哈维等一些后凯恩斯学者基于其对现今国际金融市场剧烈动荡现实的反思，力图从预期、不确定性、非均衡以及内生货币等后凯恩斯主义的视角重新解释汇率的决定与变动机制等问题。

（1）关于汇率决定与变动的分析

哈维等人指出，①②不错，汇率确实取决于外汇市场的供求关系。然而，以

① Deprez and J. Harvey, ed. (1999), *Foundations of International Economics: Post Keynesian Perspectives*, PP. 200-211.

② J. Harvey (2005-6), "Post Keynesian Versus Neoclassical Explanation of Exchange Rate Movements: A Short Look at the Long Run", *JPKE*, Vol. 28, No. 2, PP. 161-179.

往流行的观点并没有深入分析位于供求背后的各种复杂因素及其作用强度。一般来说,这些背后的决定因素主要有四个方面:其一是进出口,其二是对外直接投资,其三是组合资产投资,其四是官方储备。虽然这四方面因素的变化都会影响到外汇供求,但是就其对当今国际金融市场的影响程度来看,第一、第四方面相对较平稳,起主要作用的是第二、第三点即资本市场方面。而就资本市场而言,实体资本的投资活动(凯恩斯称之为 enterprise)对经济的影响是健康的,但是那些进行组合投资的投机活动(speculation)则对经济的运行损害较大。因此,当国际资本流动主要是由出于投机目的的组合资产投资所构成的话,那么国际金融市场将难以实现资源的国际有效配置,而只能加剧国际经济的不稳定性。然而令人遗憾的是,这恰恰是当今国际金融市场的现实。实际上,近年来外汇市场的通货价格之所以频繁波动,主要就是受这种投机活动所驱动,或者说,组合资产投资导致的国际资本流动在汇率决定中占有支配的地位。因此,研究汇率的决定与波动机制必须集中着眼于资产市场的投机行为,而这恰恰是以往分析的空白。

哈维进一步分析了资产市场投机行为如何导致汇率的无常波动。他将预期因素引入汇率决定,提出一种预期与资产价格、汇率相互影响的新解说。详言之,每个外汇市场的参与者都会依据预期来做决策,这种预期是基于其经验或学习而形成思想模式(mental model),其中包括的变量主要有不同外汇存款的利息率、所属国的经济增长与稳定性、通胀率等等,它们将影响到当事人对持有不同货币的赢利性、相关国家企业的预期利润水平以及贬值的可能性的评估。在外汇市场上,人们存在着下述五个心理特点:(1)可得性(availability),即易于受近期确实性事件的强烈影响,若一种通货价格近期波动越剧烈,就越可能被预期未来波动更剧烈;(2)代表性(representativeness),即认为 A 越像 B 就越属于 B,从而当前的汇价波动就被认为肯定有其道理;(3)锚定(anchoring),即固守初始估计这样一种思维定式,如果最初形成汇率波动的预测,就往往不做改变;(4)惯例智慧(conventional wisdom),即按惯例行事;(5)对预期不自信(lack complete confidence),即使对汇率变动形成某种预期也迟于行动。由于这五个因素的作用,外汇市场上便会产生一种强烈的"赶潮流效应"(bandwagon effect),或者滚雪球效应(snowball effect),即人们的预期会相互影响、相互加强。这样,在未来具有不确定性、缺乏通货价值的真实锚、具有投机性质的国际货币市场上,甚至一个偶发的事件都足以引起市场参与者预期的普遍调整,引起资产持有从而资产流动的变化,导致资产价格和汇率的变动。这可以说是凯恩斯早期称之为"流动性拜物教"(fetish of liquidity)的极好例子。

由此可见,哈维等人实际是从国际货币市场投机性资本流动来解释近年来外汇市场频繁波动的事实的。这一解说突出了后凯恩斯学派强调预期、不确定性的核心思想。不过,哈维同时又指出,这种关于汇率决定的新解释并不仅仅适用于短期中的汇率波动,它也适用于说明长期中的汇率变动。通过利用1975—1998年间美元对马克、美元对日元的实际汇率数据进行计量分析,哈维得出了这种后凯恩斯主义的汇率解说比传统的购买力论或货币主义理论更优的结论。

后凯恩斯学者这种强调预期和不确定性、而反对简单的外汇市场供求机制的汇率理论,与近年来出现的宏观经济分析中的"结构主义"(Structuralist)方法很相似,后者强调经济制度与分配关系在决定宏观行为中发挥着至关重要的作用。就汇率的决定与变动而言,结构主义学者认为现存的教科书理论模型都未能给出"基本性"的(fundamentals)解释因素,这种基本的决定因素绝不是市场供求之类的因素,而是投资者在远期外汇市场相互作用时对于汇率及其他资产价格的预期和行为惯例。实际上,在当今自由化的国际资本市场条件下,是难以明确地用某一模型来精确地描述汇率决定及其变动的。①

(2)关于利率平价偏差的解释

所谓利率平价偏差,指的是现实中各国利率差的事实明显地与利率平价定理不符这样一种情况。利率平价定理是新古典主义的国际经济学的一个基本命题,其含义是:只有当所有的货币存款都能提供系统的预期收益率(即实现利率平价)时,外汇市场才能达到均衡状态,因为这时不存在一种货币存款过度供给、另一种货币存款过度需求的情况。利率平价关系有两种表述:②其一是抵补的利率平价关系:

$$R - R^* = f - s\ , \tag{6.45}$$

式中 R 与 R^* 分别代表本币存款与外币存款的利息率,f 为本币对外币的远期汇率的对数值,s 为本币对外币的现期汇率的对数值。该式表明,在抵补的外汇交易的条件下,本币存款的利率与外币存款的利率之差将等于相应期限的外币相对于本币的远期升(贴)水。

其二是非抵补的利率平价关系:

$$R - R^* = s^e - s\ , \tag{6.46}$$

式中 s^e 表示对未来的现汇汇率的预期值的对数。该式表明,在无抵补的外汇交易的条件下,本币存款的利率与外币存款的利率之差将等于本币相对于外币的预期贬(升)值率。

---

① Taylor, L. (2004), *Reconstructing Macroeconomics: Structuralist Proposals and Critiques of the Mainstream*, Harvard University Press, PP. 1-16, 347-348.

② 参见保罗·克鲁格曼(Paul R. Krugman)与茅瑞斯·奥伯斯法尔德(Maurice Obstfeld)主编,《国际经济学:理论与政策》,海闻等译,中国人民大学出版社,1998 年中译本,第 327—340 页。

根据上述原理，在外汇市场均衡的长期条件下，各国的利率水平应趋于相等。而如果通过购买力平价来矫正通胀率，这也就意味着各国实际利率水平趋于相等。但是现实的情况却不是这样。一些经验研究，尤其是后凯恩斯学者的研究表明，各国的利率差别较大。像拉沃等学者通过比较G-7国家在20世纪90年代的数据就指出，美国与加拿大等国的利率差是相当大的，这种差别是绝不能用一些偶发因素来解释的，肯定有其内在的原因。① 那么，究竟应该怎样来解释这种利率平价的偏差呢？新古典学者将其归结为国际资本流动的受阻，这显然是与当今的现实难以吻合的。也有某些学者试图诉诸于"风险因素"，将偏差归结为"风险升水或贴水"，但是这个因素对于现实中较大的偏差程度也是缺少说服力的。拉沃等人指出，产生这一偏差的根本原因就在于利率平价论的前提假定贯穿着新古典的市场调节可以自动地实现均衡的思想，而这是严重脱离现实的。实际上，外汇市场的运作并不能保证各国利率的均等化。按照上面两个利率平价的条件，显然意味着有 $f=s^e$，即一种货币的远期汇率的升（贴）水，始终等于人们对它的未来现汇汇率的预期升（贬）值率。然而，在实际的外汇市场上，这两者是毫无相关关系的。人们的预期，如前所述将受到多种复杂因素的影响。而远期汇率，按照外汇市场业内人士（*cambist*）的观点，则是经纪人按照成本加成的方法（而非市场供求）决定的。这样，f 与 s^e 两个变量的分离便直接导致了经典的利率平价定理的失效。

拉沃等人进一步指出，利率平价偏差的存在也反证了后凯恩斯学派货币理论的正确性。换言之，将后凯恩斯学派的内生货币供给等货币思想运用于开放经济条件下，将可以更透彻地解析上述利率平价偏差的问题实质所在。按照后

① Lavoie, M. (2000), "A Post Keynesian view of interest parity theorems", *JPKE*, Vol. 23, Nol. 1, PP. 163-179.

凯恩斯学派的观点，由于货币供给系为信贷驱动或由需求所引致，央行作为流动性的最终提供者并不能直接控制货币供给总量，但央行却能够确定利息率。这种机制将会隔断外汇市场对本国货币供给从而利息率的影响。例如，假设现在本国利率高于外国的平均利率水平，那么这时也不会出现像基于外生货币供给机制的IS-LM-BP模型（即蒙戴尔模型）所预测的情况，即：资本流入→本币贬值→央行用本币买外币以稳定汇率→国内货币供给增加→本国下降→最终恢复利率平价。更真实的反应过程将是：当外币流入增加时，即使央行为稳定汇率而增加本币投放，货币供给量也不会增加，因为商业银行或私人金融机构对贷款的发放从而出现货币供给是由客户的流动性需求拉动的，当这种源于流动性需求的信贷达到了商业银行认为“合意”的程度时，它们将不会以央行释放的“过多”资金为准备来扩大贷款，而是或者购买政府债券等资产［在像美国这样的以资产为基础（asset-based）的经济］、或者减少其在央行的负债［在像日本、德国这样的“透支型”（overdraft）经济］，通过这种被称之为“回流”（reflux）或“补偿”（compensation）性的操作，就“消灭”（sterilizing）掉了过多的货币。① 所以，像在封闭经济条件下一样，央行方面任何调整货币供给量的行为都可能被私人商业银行方面的相应补偿操作所抵消。所不同的是，在开放经济条件下涉及了外汇市场，但是这种内生的货币供给机制同样可以把外汇市场对国内货币市场的影响隔离开来，从而使央行仍然拥有独立地确立本国利率水平的能力。

除此以外，哈维等人还进一步强调了预期、不确定性等等后凯恩斯学派的核

① Lavoie, M. (2000), "The Reflux Mechanism in the Open Economy", in Louis-Philippe Rochon and Matias Vernengo, ed. (2000), *Credit, Effective Demand and the Open Economy: Essays in the Horizontalist Tradition.*

心命题对于利率平价偏差问题的重要解释力。[①][②] 例如，哈维集中于非抵补套利的利率平价关系，指出当外汇市场参与者对资产收益的预期缺乏足够信心时，即使他们面临着现存的存款利差也往往行动迟缓，从而使新古典的资本流动机制打折扣。不仅如此，哈维还运用计量分析方法综合考察了政府管制、交易成本、国家风险、违约风险、外汇风险、资产多样性选择、预期的信心程度以及多余资金消灭效应（sterilization effect）八种因素（其中既有新古典学者强调的因素，也包括后凯恩斯学派所强调的因素），结果表明，风险因素的作用微乎其微，而预期因素以及反映内生货币供给机制的多余资金消灭效应则具有显著的解释力。

总体来说，利率平价偏差的存在表明，后凯恩斯学派关于内生货币供给的理论、非中性货币的理论、进而其关于预期以及不确定性的基本观点，比之强调市场自动调节使经济趋向均衡的新古典理论传统，更具有现实性。

6.4　对后凯恩斯学派国际经济理论的简要评析

后凯恩斯学派近年来在国际经济学领域进行的若干研究工作，具有重要的理论意义和实践意义。他们从坚持反均衡、反边际主义、反新古典自由放任传统的宗旨出发，将分析的视角从封闭经济扩展到开放经济，试图在国际经济学领域对流行的新古典传统展开挑战，这对于促进国际经济学理论的发展与更新是具

① J. Harvey, (2005), "Deviation from uncovered interest rate parity: a Post Keynesian explanation", *JPKE*, Vol. 27, No. 1, PP. 19-35.

② J. Smithin, (2004), "Interest Parity, Purchasing Power Parity, 'Risk Premia,' and Post Keynesian Economic Analysis", *JPKE*, Vol. 25, No. 2, PP. 219-235.

有积极意义的。国际经济关系与国内经济相比,具有更大程度的错综复杂性。因此,如果说传统的均衡分析方法在封闭经济条件下就具有某种局限性的话,那么它在这里将面临着更大程度的局限性。后凯恩斯学派力图打破流行的新古典的范式,他们在国际经济问题的分析中引入非均衡分析方法,坚持历史时间的概念与社会制度分析原则,坚持非中性货币原则、有效需求原则与国家干预主义原则,这些基本方法论显然比传统的均衡理论具有大得多的现实性。由此可以说,后凯恩斯学派所强调的分析方法也许会为国际经济学的研究开拓出更为现实的发展空间。

后凯恩斯学派依据上述方法论原则所展开的理论批判与建构工作,也取得了若干有益的成果。他们对于国际贸易理论中流行的比较优势原理的质疑,对于人们从更为现实的角度考察当代国际贸易的发生机制的多样性,具有重要的启示。实际上,绝对优势与比较优势可能在不同的条件下决定着国际贸易的基础。而流行的国际经济学教科书也已经开始关注这种关于传统贸易理论的质疑,在其有关新贸易理论的论述中不同程度地吸收了这些思想。比如,关于产业内贸易的规模经济贸易理论,本质上反映的就是基于规模经济的绝对优势。他们对于国际收支调节理论中的弹性说与货币说的质疑,对于揭示国际收支调节过程的复杂性以及自发的市场机制作用的局限性,也是十分必要的。流行的国际经济学教科书在阐述这些原理时虽然也承认它们的前提假设条件过于完美化而脱离现实,但是其隐含的政策结论却往往还是尽量创造条件以便使市场能够充分地实施其调节功能。后凯恩斯学派对于这些价格调节机制的质疑以及他们同时对于收入调节机制的强调,将有助于扭转这种由来已久的崇尚市场调节机制的新古典倾向。

进一步地说,他们关于开放经济条件下的经济增长分析与收入份额分析,体现了将总需求分析原理与制度分析原则运用于国际经济环境而取得的重要理论成果。运用这两个模型,可以较为清楚地说明国际贸易及国际收支对一国经济增长及收入分配的影响,揭示不同国家之间的利益冲突与矛盾关系,从而揭示相互制约关系。而流行的国际经济理论往往忽视对于这种关系的系统论述,故而可以说后凯恩斯学者的这种理论探讨在某种程度上填补了流行的国际经济分析的一个空白。不仅如此,他们关于国际货币理论的分析也富有新意,无论是关于国际流动性需求的分析,还是关于汇率变动以及利率平价偏差等问题的探讨,都提出了比既往流行的理论更为具有现实性的新的解说,尽管这些解说在如何进一步理论化方面仍有待于提高。

特别需要指出的是,后凯恩斯学派关于国际货币体系改革的建议,也值得我们给予高度关注和重视。应当说,面对经济全球化的日益加剧以及国际金融市场严重缺乏稳定性的现实,绝大多数经济学家都认为需要对国际货币金融体系进行改革。但是究竟应该如何来改?观点则大相径庭。大致地说,主流派的基本观点是:国际金融市场的不确定性包括汇率波动性,并非与浮动汇率制本身具有内在联系,它们更可能产生于各国政策的不协调。如果各国尤其是工业化国家之间能够保持政策的协调,将可以使现行的浮动汇率制更加良好地运行。故如何实行有效的政策协调应成为改革的着眼点。① 而包括后凯恩斯学派在内的一些非主流学者则主张根本改变浮动汇率体制,认为它本身乃是孕育国际金融市场上诸多不稳定因素的根源,同时它也并非像主流派所期望的那样,可以给各国国内政策的操作创造出合理的空间,反而可能导致自主权的滥用。虽然就国际货币体系的现状来看,目前乃至短期内对汇率制度进行任何重大变革的可能

① 参见保罗·克鲁格曼与茅瑞斯·奥伯斯法尔德主编,《国际经济学:理论与政策》,海闻等译,中国人民大学出版社,1998年中译本,第19章。

性尚不大,但是后凯恩斯学派等等关于浮动汇率制度弊端的这些分析,对于未来国际货币制度的发展趋势、改革与完善仍然具有重要的影响作用。后凯恩斯学派关于国际货币问题的理论分析与政策主张对于我国经济实践的借鉴意义也是十分明显的。诸如:加强政府的管理职能以防止国际资本流动对经济的负面影响,控制国际投机活动,保持汇率的稳定以及为本国经济主体创造良好的预期环境等等,都是值得我们认真吸收与借鉴的。特别是后凯恩斯学派关于国际金融市场自发运作的弊端的揭示以及对于国家干预的必要性的强调,尤其值得我们高度重视。

当然也必须承认,后凯恩斯学派在国际经济学领域的研究工作,总体来看还是处于比较初步的阶段。如果说后凯恩斯学派在其整个理论体系的建构上尚且难以与主流派的宏大体系相抗衡的话,那么他们在国际经济学方面的研究成果与主流派相比,同样也是显得相形见绌的。这不仅仅表现在许多后凯恩斯学者之间的理论观点与政策主张并不一致,而且更重要的是体现在他们仍然缺乏反映自己学派特色的系统性理论建构。究其原因,主要还是未能真正地解决如何将非均衡的、动态的、社会历史的分析方法有效地应用于国际经济学领域的问题。而这实质上也是整个后凯恩斯经济学在其发展中所面临的重大理论挑战问题。

第7章

后凯恩斯学派的转轨理论研究

20世纪80年代末以来,随着诸多计划经济国家经济改革的全面展开,西方经济学界兴起了对转轨经济研究的热潮。这一研究旨在探讨体制变迁即从原计划经济体制向市场经济体制转变的过程及其规律,并针对转轨过程可能出现的矛盾与问题进行有关改革战略与政策、策略的研究。总体来看,转轨研究在政策应用方面积累了丰富的成果,但是由于体制转轨的复杂性以及各国实践的多样性,其在系统性的理论建构方面仍有待于深化。后凯恩斯学派近年来也对转轨理论展开了较系统的研究和思考。他们从其基本的经济理念与方法论思想出发,对西方流行的体现新古典主义的转轨理论与政策主张提出了严厉批评,同时,紧密结合当代转轨经济国家的实践进行了具有自己特色的转轨理论分析与转轨政策探讨,形成了一系列研究成果。本章将通过细致的分析梳理工作对后凯恩斯学派转轨理论的若干主要成果进行条理化的提炼与整合,并探讨其对于我们的启示与借鉴意义。

7.1 重新解读转轨：后凯恩斯学派的新视角

7.1.1 转轨研究中新古典模式的盛行与反思

经济转轨是指20世纪后期一些国家由传统计划经济体制向市场经济体制转变这一国际性现象，转轨经济(Transitional economy)是对这一独特经济形态的概括。关于如何实行这种体制变革，西方主流经济学家们基于新古典经济学理论提出了基本主张：只有全面地以自由市场机制取代传统计划经济体制，转轨才能成功。因此，转轨国家应该大规模地、迅速地、全面地建立起一套新的游戏规则体系，即实现迅速的私有化、市场化、自由化，这就是所谓的"华盛顿共识"(Washington Consensus)，其内容具体包括强化财政纪律、实现公共支出优先性转变、税收改革、金融自由化、汇率自由、贸易自由化、外国直接投资自由化、私有化、放松规制、保护产权等十项改革措施，这种改革模式在实践操作上又被称为"休克疗法"或者"震荡疗法"(shock therapy)。而后来一些学者根据改革现实中的新情况所提出的所谓"后华盛顿共识"(Post-Washington Consensus)，虽然强调了建立关键性的组织和制度以及提高制度质量在整个制度变迁过程中的重要作用，但是在基本原则和政策趋向上并没有脱离新古典主义的窠臼。

20世纪90年代前期，拉丁美洲发展中国家、中东欧国家(CEE)以及前苏联等国家(CIS)效仿美国经济学家杰弗里·萨克斯(Jeffrey Sachs)在玻利维亚实施的"休克疗法"，按照"华盛顿共识"的改革建议，进行了广泛的经济改革和转轨实践，其中包括金融和贸易的自由化以及国有企业的大规模私有化运动，但并未取得成功。俄罗斯、东欧等国家大都陷入严重的经济衰退中，产出急剧下降，失业率大幅增加，通货膨胀率迅猛上升，货币大幅贬值，经常项目出现巨额逆差，甚至出现了腐败、黑手党经济。激进式改革的绩效令人们大失所望，由此也引起了国际经济学界其他非主流派对经济转轨的重新思考。他们普遍对"华盛顿共识"等新古典主义或新自由主义转轨思想提出批评。

例如，新凯恩斯主义学派认为"休克疗法"是有害的，价格机制不是解决经济问题的唯一手段，私有化必须循序渐进，政府的宏观经济政策不容忽视。其代表人物约瑟夫·斯蒂格利茨强调，不完全的信息、不完备的市场和不完全的竞争，是发达资本主义国家市场经济的现实，更是经济体制转轨国家的现实，因此"向市场经济过渡并不是要弱化而是要重新界定政府的作用"。演化经济学家则批评"华盛顿共识"的思想基础是一般均衡，它只强调转轨经济结果的确定性，而忽视了政策的内生性，因而缺乏适当的制度基础，没有相互配套的改革措施。演化经济学派放弃了一般均衡，强调产权和激励机制在资源配置中的重要作用，注重转轨过程中的路径依赖，以制度变迁过程中的成本—收益分析为主要方法对转轨经济问题进行了研究，并指出不同国家在不同的初始条件下应该有不同的制度演进方式和变迁道路。新制度经济学派则从制度的角度阐述了市场化经济的前提，将新古典经济学舍弃掉的企业制度、产权制度、市场制度、国家及法律制度等均纳入分析框架，指出改革的过程实质上是在一定的条件下寻求成本最小的制度变迁路径。

7.1.2　后凯恩斯学派对新古典转轨理论的批判

后凯恩斯学派是在与主流派论战的过程中展开自己的转轨理论研究的，这种论战主要体现在对所谓新古典转轨模式"华盛顿共识"的批判上。一般的非主流派、包括国内诸多学者，对于"华盛顿共识"多有批判，这些批判大多集中于他们所设定的所谓"新自由主义"的靶子，从而既有过多着眼于政策主张而忽略深层理论基础之嫌,又沾染了意识形态纷争的色彩。而后凯恩斯学派在这方面的批判,则更加侧重于基本理论的剖析。

后凯恩斯学派对“华盛顿共识”的批判大致可以分为三个方面。其一是,从理论基础出发,分析了“华盛顿共识”的缺陷。他们认为,“华盛顿共识”仅仅告诉转轨经济国家只要实现了大规模的企业私有化并维持相应的宏观经济指标,所有的经济问题就能够迎刃而解,市场机制的效率就能够得以充分发挥,经济增长就会实现,这种观点是不切实际的。因为它忽视了转轨经济国家在不同的社会历史环境和文化背景下形成的特殊路径依赖的特征,试图瞬间彻底切断其与旧有制度和秩序之间的联系。这种“普适性(One size fits all)”做法实质上是乌托邦式的理想主义,它低估了转轨中政治经济环境以及文化和意识形态的作用。后凯恩斯学者认为任何政策处方都必须考虑到各个国家固有的、内在的具体问题,转轨经济国家的任何转轨政策是否合适,都要取决于该国的具体国情,如经济发展水平、资源禀赋、社会和政治条件等等。在众多学者的批判中,保罗·戴维森和阿雷斯蒂斯等人较深入地剖析了“华盛顿共识”的理论缺陷。他们指出,虽然这十个方面的改革中有一些具有一定的积极意义,比如保护产权,但大多数改革(比如财政纪律、金融市场自由化、自由汇率等)并未解决转轨中出现的问题,也不能保证转轨国家的经济稳定和充分就业,反而可能使其状况恶化。究其根源,“华盛顿共识”所依据的是三个非常严格的新古典基本命题,即“遍历定理”、“普遍替代性”、“中性货币”。但是,这三个基本命题在开放的经济现实中并不成立。因此,“华盛顿共识”所倡导的大多数改革措施并不适用于我们生活的现实经济社会。① 明斯基等人也指出“华盛顿共识”忽视了制度变迁所必须经历的

① Davidson P. (2004), “A Post Keynesian view of the Washington consensus and how to improve it”, *JPKE*, Vol. 27, No. 2, PP. 207-230.

“过程”,把制度变迁看成是瞬间的彻底的转变,而实际上,制度变迁是一个累积性的、适应性的、渐进性的过程,是一个不断试错和不断学习的过程。在这个过程中,存在着不确定性。① 一旦不确定性被认定是现实转轨经济的重要特征,传统的均衡概念就被打破了,过于简单的放任自由的主张将不再适用于复杂的经济社会。因而,由于“华盛顿共识”全然不了解转轨过程所内在的各种不确定性,从而也就必然忽视了政府的相机管理与政策的协调配套的重要性和必要性。要想抛弃这种简单化的、近乎幻想式的政策主张,就必须从根本上否定新古典的均衡思想理论基础,而代之以非均衡、动态的理论基础,并在这个新的理论基础上构造新的转轨理论与政策体系。

其二是,在政策操作层面,评析了“华盛顿共识”及其各项具体改革政策存在的问题。奥坎波(J. A. Ocampo)指出在政策操作层面华盛顿共识包含四个基本缺陷,即过狭的宏观经济稳定观点,无视政府干预在生产部门中的作用,忽视了应当由国民选择其偏好这一经济与社会制度准则,以及片面强调了经济政策的排序地位。因此,这些建议是不适当的,有关国家如果照搬这些建议将可能带来严重的不良后果。而世界银行及国际货币基金也把这些拿来作为对发展中国家的要求,显然是由于单纯拘泥于自由市场的好处而忽略了它的局限性。② 阿雷斯蒂斯从金融自由化的角度对“华盛顿共识”进行了评价和批判。金融自由化需要两个重要的先决条件,即按顺序安排金融自由化政策,在建立了开放和强大的国内金融制度之后再实现资本的自由流动;在健全的金融机构建立之后再

① Minsky, H. P. (1996), “Uncertainty and the Institutional Structure of Capitalist Economies”, *Journal of Economic Issues*, Vol. 30, No. 2, PP. 357–368.

② Ocampo, J. A. (2004), “Beyond the Washington consensus: what do we mean?”, *JPKE*, Vol. 27, No. 2, PP. 293–314.

引入金融自由化。但是,这两个条件在“华盛顿共识”中并没有提到。① 有些后凯恩斯学者对于转轨经济国家(主要是前苏联和东欧国家)的普遍私有化也提出了质疑,他们指出,在独联体、中东欧实施的新古典主义政策,无论是采用休克疗法的形式,还是采用渐进主义的形式,都强调了国有企业私有化的迫切需要。但是,其实际的过渡进程均形成了巨大的社会成本:产出大幅下降,高失业率和通货膨胀同时并存,由腐败和非法活动造成的体制规范瓦解等。后凯恩斯学派认为,私有化并不是改善资源配置效率的唯一途径,确立竞争机制、激励机制、制定规制政策比私有化更重要。因此,私有化可以进行,但应放到次要的位置,即使转轨经济国家不从根本上改变财产所有权,也同样可以向市场经济转变。②

其三是,运用经验分析的方法,根据转轨国家的实践对“华盛顿共识”的合理性进行质疑和批判。20 世纪 90 年代,实施了“华盛顿共识”的发展中国家、新兴市场经济国家以及其他的转轨经济国家在激进式经济转轨中的较差的绩效以及频繁发生的全球性金融危机,使得后凯恩斯主义者对“华盛顿共识”的合理性产生了质疑,他们认为“华盛顿共识”实际上针对的是已经建立了市场经济体系但其市场经济体系仍存在严重扭曲的发展中国家,而不是针对市场经济体系完全缺失的转轨经济国家,转轨经济国家的市场机制和市场行为都尚未发展到位。保罗·戴维森证明,正统经济学家所提出的财政政策既不能实现充分就业,也不能消除经常项目赤字恶化的可能性。实施共识中的十项改革,以财政纪律、金融市场自由化和有竞争力的自由汇率为重点,最终为转轨经济国家带来了一些严

① Arestis, P. (2004), “Washington consensus and financial liberalization”, *JPKE*, Vol. 27, No.2, PP. 251-271.

② Marangos, J. (2002), “A Post Keynesian critique of privatization policies in transition economies”, *Journal of International Development*, Vol. 14, PP. 573-589.

重的问题。卡马拉(Câmara)和贝尔嫩戈(Vernengo)批判了华盛顿共识将财政纪律作为重点,他们认为,拉丁美洲的“失去的十年”在某种程度上应归咎于宽松的财政政策,他们基于凯恩斯的“食利者的安乐死”及投资社会化的概念,从后凯恩斯主义的角度提出了替代政策①。张(Chang)和格拉贝尔(Grabel)等人从转轨经济国家的经济运行实际出发,依据过去 25 年里发展中国家实施华盛顿共识带来的灾难性后果,否认了新自由主义政策的所谓六个“发展神话”,从贸易、产业、私有化和知识产权、国际私人资本流动、国内金融监管以及宏观经济政策和制度六个方面分析了华盛顿共识的政策建议的失败,并解释了其为发展中国家带来的灾难性后果的原因。随后,又提出了一些对应的替代政策,以促进经济更快、更稳定发展。②

7.1.3　后凯恩斯学派转轨理论研究的主要特征

后凯恩斯学派在对新古典转轨理论传统进行系统分析以及批判的过程中,基本否定了目前流行的正统经济学“华盛顿共识”的主要命题和建议。与此同时,他们在近年来也试图提出一种与主流派的转轨理论不同的新的转轨理论,以取而代之。从近年来后凯恩斯经济学家论述转轨理论的若干文献来看,处在形成和发展中的后凯恩斯学派的转轨理论明显地具有不同于新古典转轨理论的若干重要特征。

首先,从基本的方法论角度来说,后凯恩斯学派作为集古典传统与凯恩斯传

---

① Câmara, A. F. N. and Vernengo M. (2004), “Fiscal policy and the Washington consensus: a Post Keynesian perspective”, *JPKE*, Vol. 27, No. 2, PP. 333–343.

② Chang, H. J. and Grabel I. (2004), “Reclaiming development from the Washington consensus”, *JPKE*, Vol. 27, No. 2, PP. 273–291.

统于一身的学派，一贯坚持社会经济运行过程是动态的（古典传统）和不确定的（凯恩斯传统）原则，这一原则又被保罗·戴维森等人明确地推广为非遍历原则。从这一基本原则出发，他们认为从不可逆转的过去到不确定的、无法预测的未来，社会经济运行充满了不确定性，随着时间的改变可能发生各种变化，毫无均衡可言。从计划经济过渡到市场经济的转轨过程，是一个从未经历过的独特的过程，是两种经济体制的中间状态，其背景本身就是制度的不稳定性，是从一个制度均衡到另一个制度均衡的过渡过程。在这个过程中，除了经济运行本身存在的不确定性之外，还有转轨经济特有的其他不确定性（如图 7-1），①如由于体制和制度变革、前计划经济制度的残余影响以及不稳定的政治和社会环境等等，这些不确定性使人们的预期变得更加不确定，其行为将具有更大的无常性，因而，大大增强了转轨经济国家的非遍历的特点，使整个社会的制度变迁过程包含着极大的变数。

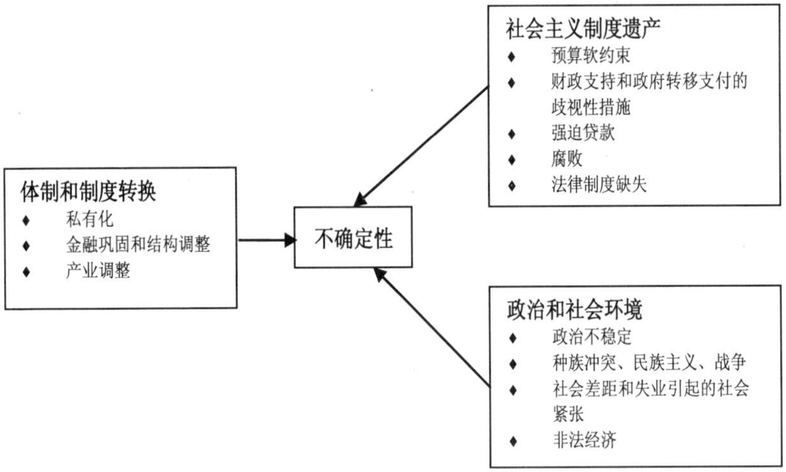

图 7-1　转轨经济环境的不确定性因素

① Andrej Sušjan and Tjaša Redek, (2008), "Uncertainty and Growth in Transition Economies", *Review of Social Economy*, Vol. 66, No. 2, PP. 209-234.

由于不确定性的存在,实际的转轨过程可能因此而呈现出不同的发展轨迹,而且各转轨国家的初始条件以及政策措施的不同,也可能产生全然不同的转轨结果。因此,与“制度重要”相比,后凯恩斯学派强调“制度协调更重要”,进而政府掌控改革进程的相机管理职能和调节政策措施对于转轨的成功将至关重要。正是这一基本方法论原则导致后凯恩斯学派与主流派在有关市场的调节力度、政府的管理职能、政策措施的协调配套等一系列重要问题上产生了重大分歧,提出了不同的理论观点与政策主张。

其次,从主要的价值观层面来看,后凯恩斯学派崇尚自由和民主,认为转轨经济国家的转轨目标是建立一种文明开化的社会民主的资本主义制度。这种制度能够将个人主义(即在经济体系中主张私有产权和市场占主导)与共同利益(即主张国有产权和政府干预占主导)结合在一起,使政府的相机管理权不仅在转轨阶段存在,还成为经济体系的一个永久性的特征。为确保转轨国家实现充分就业,“更为庞大且更具创新性的政府部门”①应执行可调节的灵活的经济政策,为想工作的人提供一份工作,增加公民自我尊重的感觉,有力地促进公民价值观的形成和文明行为的发展。为了获得民主,明斯基甚至提出,“为了限制那些威胁民主实现的不确定性,如果有必要,我们需要放弃一点市场效率或一些总收入,而且也只能如此”②,由此可以看出,后凯恩斯学派不会因狭隘的效率方面的考虑而放弃民主、自由与文明。

在追求民主的倡议中,后凯恩斯学派对于个体的经济行为也提出了独特

---

① Minsky, H. P. (1996), “Uncertainty and the Institutional Structure of Capitalist Economies”, *Journal of Economic Issues*, Vol. 30, No. 2, PP. 357-368.

② Minsky, H. P. (1996), “Uncertainty and the Institutional Structure of Capitalist Economies”, *Journal of Economic Issues*, Vol. 30, No. 2, PP. 357-368.

的看法。正统学派认为,个体的行为是受贪欲驱使的,忠诚、责任、追求卓越、爱情和同情都是可以在市场上自由交易的有价格标签的商品,基于这样的假设,无论市场结果如何,人们都能做出“理性的”选择。后凯恩斯学派认为正统学派的分析忽视了公民价值观(civic values),他们认为个人利益并不能在任何时候、任何情况下都能够充分解释人们的经济行为,除了个人利益,忠诚、责任、追求卓越、爱情和怜悯等都可以对个人行为产生激励。个人的行为动机是以“公民价值观”为基础的,公民价值观应与自利行为和谐融合。在转轨过程中,公民价值观是转轨国家建设文明开化的民主的市场经济社会所必不可少的。①基于这种价值观,转轨国家才能最终实现社会正义、国内安宁、国防安全、繁荣和自由,并建立起“合理的经济”(reasonable economy)②、“有人情味的资本主义”(capitalism with a human face)、“开放的和人道的‘共享繁荣’的资本主义”(open and humane ‘shared-prosperity’ capitalism)③、“文明开化的社会”(civilized society)④。

再次,从具体的理论基础与政策主张上看,后凯恩斯学派力图与新古典传统思想划清界限。后凯恩斯经济学一直主张加成定价(mark up)理论,并将其作为自身的微观分析基础。他们认为,对于现代社会的大多数制造业而言,市场结构属于垄断竞争与寡头类型,厂商是价格制定者而不是价格接受者。凯恩斯在

① Marangos, J. (2000), “A Post Keynesian view of transition to market capitalism: developing a civilized society”, *JPKE*, Vol.2, No.2, PP. 301-311.

② Schlack, R.F. (1996), “Economics of transition: hypotheses toward a reasonable economics”, *Journal of Economic Issues*, Vol. 30, No. 2, PP. 617-627.

③ Minsky, H.P. and Whalen, C.J. (1996), “Economic Insecurity and the Institutional Prerequisites for Successful Capitalism”, *JPKE*, Vol.19, No.2, PP. 155-170.

④ Davidson, G. and Davidson, P. 2d (revised) ed. (1996), *Economics for a Civilized Society*, London: Macmillan, 1996, P.43.

《通论》中提出的有效需求原理成为后凯恩斯学者进行宏观经济分析的理论基础。后凯恩斯学派认为有效需求不足是导致经济非均衡的根本原因,总需求特别是投资需求对于总收入和就业具有至关重要的决定作用。同时指出,投资是经济发展的中心,它是动态的、变化着的,他们反对主流派关于投资等于储蓄的均衡分析。货币和货币制度是影响经济活动的极为重要的方面,因此不是"中性的",货币无论在短期还是长期都会影响实际的经济变量,货币是现代社会为人们创造出来的一种应对不确定性的制度安排和经济工具,既可以弱化不确定性带来的风险,也可能引发新的不确定性从而加剧经济的不稳定性。在经济政策上,后凯恩斯学派也明显地具有自己的特征。与主流派减少政府干预或者只关注总量调节的政策基调不同,他们不仅关注总量调节,即刺激总需求,而且强调结构调整,即更加强调总需求的构成、收入分配。他们主张政府必须介入经济体系运行,以确保充分就业、经济增长等各项社会目标的最终实现。应当说,比起崇尚完美的市场调节功能和以自由放任为基调的新古典主义理论和政策来,这些理论观点与政策主张对于市场机制还欠成熟、或者配套体制尚不完善的转轨经济国家,是更有现实意义的。

7.2 后凯恩斯学派转轨理论的基本框架与主要内容

7.2.1 后凯恩斯学派转轨理论的基本框架

在对新古典转轨理论进行系统性批判的过程中,后凯恩斯经济学家也致力于新的转轨理论体系的建构。希腊的年轻经济学家约翰·马兰戈斯(John Marangos)在2004年曾出版《转轨的不同经济模式》一书,该书在很大程度上体现了后凯恩斯经济学的重要思想,它运用规范分析方法,结合经济转轨的特定内容，建立了一个整体的转轨理论分析框架，借以比较分析了世界各地的转轨经济实践中曾出现过的五种转轨模式：新自由主义的激进模式（即休克疗法）、新自由主义的渐进模式、后凯恩斯主义模式、中国模式和市场社会主义模式，考察了各种模式在转轨过程中所体现的差异。①

下面，我们依据马兰戈斯的表述来综合概括后凯恩斯学派转轨理论的基本框架。转轨是从中央计划经济到市场经济的变动过程，要实现成功的转轨，首先就要明确转轨目标，即确定什么样的社会是一个好的社会，然后将社会存在的现实与转轨目标进行对比，找到其间存在的差距，进而设计变革的蓝图与方案，形成转轨的具体政策来完成转轨进程。基本框架如图 7-2 所示。

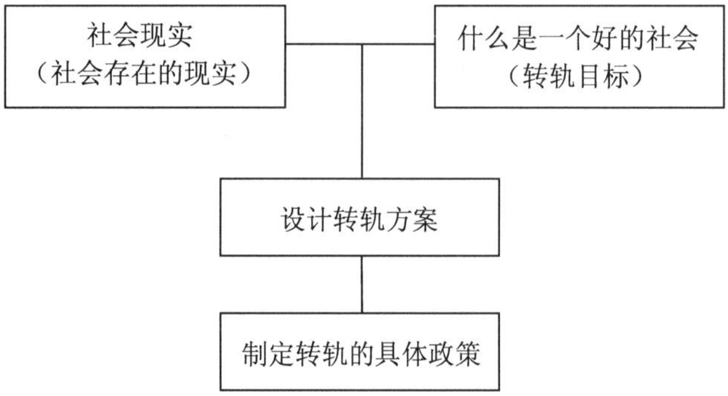

图 7-2　后凯恩斯学派转轨理论框架

关于转轨目标，与新古典自由主义所推崇的竞争性资本主义不同，后凯恩斯经济学家欣赏的是社会民主的资本主义体制，他们为转轨国家提出的转轨目标是建立一个“文明开化的市场资本主义社会”（civilized Market Capitalism）（参见

① Marangos, J. (2004), *Alternative Economic Models of Transition*, Burlington: Ashgate, P. 51.

表 7-1，这里仅将后凯恩斯主义模式与新古典的两种模式相比较）。①②

表 7-1　不同转轨模式的理论框架的比较

	休克疗法（激进主义）	新古典渐进主义	后凯恩斯主义
经济分析基础	新古典主义经济学	新古典主义经济学 新制度主义经济学	后凯恩斯主义经济学
好的社会的标准（转轨目标）	竞争的资本主义	竞争的资本主义	社会民主资本主义
政治结构	多元主义	民主主义	民主主义
意识形态	个人利益	个人利益	个人利益，共同利益
初始条件	一刀切	稍稍考虑制度和初始条件	社会经济背景不同

文明开化的、社会民主的资本主义社会，并未否定个人价值的主导地位以及私有产权原则或市场体制的优势，而是强调了这些因素与共同利益、国家产权及政府干预相结合的重要性，这个社会一般具有以下几个特征：一是可以同时实现个人利益和共同利益，私有产权和市场在经济体系中占主导与国有产权和政府干预占重要地位紧密融合；二是坚持将实现充分就业作为经济政策的首要目标，反对"正常"或"自然"失业；三是重新定义了自由和效率的概念，主张公民能够自由地参与决策，以实现社会福利的最大化，从而，正统理论中的公平和效率之间的分歧不再存在；四是实现了公平的收入分配，有利于促进社会公民的机会平等。

转轨过程的顺利进行依赖于政治结构及政治进程的发展。"文明开化的社

① Davidson, G. and Davidson, P. (1996), *Economics for a Civilized Society*, London: Macmillan, P. 43.

② Marangos, J. (2000), "A Post Keynesian View of Transition to Market Capitalism: Developing a Civilized Society", *JPKE*, Vol. 23, No. 2, PP. 301-311.

会”作为转轨经济的最终目标,其首选的政治结构是民主政治。民主政治在转轨过程中的首要作用是确保政府获得民心,民主政治能够在社会上形成共识,使改革在和平而不是专制或独裁的方式下进行,这对于建立市场经济是极其重要的。在这种方式下,政府会获得人心,得人心的政府才能够建立有效的宏观经济政策并加以执行。① 民主政治的另外一个作用是确保公民能够参与到政治决策的过程当中,执政当局通过一些确定性的程序如选举对社会成员的偏好做出持续性反应,让人民有机会参与决策、进行辩论,使决策过程真实反映经济活动主体的偏好,做出表达各种不同意见、想法和利益的经济规划,最终的结果是促成了共同利益的实现。因此,转轨经济国家的民主政治突出强调改革进程的公民责任及其应享有的政治自由。

大多数后凯恩斯经济学家所认定的意识形态或共同价值是要做到个人主义与共同利益的结合。一方面,鼓励每个经济活动主体基于公民价值观在经济社会中发挥其应有的作用,实现个人价值;另一方面,民主政治的政治结构为实现共同利益提供了条件和基础,政府应该利用各种适当的经济诱因,鼓励个人行为,适应社会目标。从这点来看,后凯恩斯学派的转轨理论与新古典转轨理论截然不同,后凯恩斯的转轨理论证明了转轨过程中政府干预是合理的,而新古典理论的基本倾向是弱化政府管理,形成了文化和意识形态的真空,仅仅将政府与官僚主义和腐败浪费联系在一起,认为只有个人主义、私有产权和市场才是主导。

根据后凯恩斯学派转轨理论的这种基本框架,在转轨国家仅仅引入私有产权和市场并不能实现成功的转轨,因为在转轨进程中出现的问题涉及各种具体的、复杂的社会经济条件。转轨过程是一个路径依赖的过程,依赖于初始条件、

① Bigler, R. M. (1996), “Back in Europe and adjusting to the new realities of the 1990′s in Hungary”, *East European Quarterly*, Vol. 30, PP. 205-234.

转轨发起时的政策和外部环境。在市场体系的建立和发展中,经济、历史、政治和政府干预之间有着千丝万缕的联系,转轨不应忽视这些因素。而与之相对比,新古典主义转轨理论则“忽略了真正的经济环境”①,“休克疗法”是由所谓的技术专家设计的,他们对于相关转轨国家的经济、政治、文化和历史等条件一无所知。

以上述这些理论框架为基础,针对转轨要实现的目标,后凯恩斯学派从转轨的各个构成变量及影响因素出发,从所有制与企业体制改革、价格体制改革与市场体系构建、就业体制改革与促进充分就业、政府职能转变与政治体制改革等多方面对转轨过程进行了较全面、综合的分析。

7.2.2　关于所有制与企业体制的改革

根据科斯定理,只要财产权是明确的,并且交易成本为零或者交易成本很小,经济主体就会主动地进行高效的经济活动,实现市场均衡和资源配置的帕累托最优。在转轨之前,转轨国家的财产所有权归全民所有,实际上就等于没有人拥有所有权。从这个角度来看,转轨的首要任务就是进行所有制改革,实现国有企业的私有化。20 世纪 80 年代末以来,独联体、中东欧等转轨经济国家在新古典主义基本原则的基础之上实施了所有制改革,强调了对国有企业进行大规模、快速私有化的迫切需要。但是结果却并不如预期的那样良好,形成了巨大的社会成本,如产出大幅下降、失业率和通货膨胀增高、腐败和非法活动导致体制规范严重破坏等等。这种情况表明,单单的所有制与企业体制改革特别是私有化,并不能完成向市场体制的转型。后凯恩斯学派对基于新古典理论传统的所有制

① Rider, C. (1994), “Privatisation in the transition economies: a critique”, *JPKE*, Vol. 16, No. 4, PP. 589-603.

与企业体制改革思路进行了批评,认为该理论模型过于狭隘,它为促进企业、商业发展及增长而损害了社会的整体利益。后凯恩斯学派主张的转轨目标是建立文明开化的社会,提倡建立一个拥有各种产权形式且国家干预的市场①。他们认为,即使不完全改变财产所有权,也可以向市场经济过渡,因为在转轨过程中,市场竞争、有效的激励和适当的管制比所有制更重要。

后凯恩斯经济学家否定了新古典主义转轨模型的假设,即私有产权一定比国有产权更有效率。一方面,私有产权的优势是有前提条件的,需要企业的所有者能够专注于企业的管理,或者所有者能够向管理者施加压力迫使他们服从所有者的决定。在企业的实际运作中,这个前提条件很难达到,因而私有产权并不一定具有优势。因为,私有企业所有者很难向管理者施加任何压力,即使在成熟的市场经济国家,股东们也只能向管理层施加有限的压力。尤其是随着企业的发展,所有权与管理权逐渐分离,这时的管理者更可能只关注管理者目标,而忽略所有者的权益。相比而言,反而是在原中央集权的国家,即使所有者所掌握的信息不完备且企业规模巨大,但管理者却能更有效地控制决策过程。另一方面,在私有产权无效时,即市场失灵时,国有产权仍可以有效地发挥作用。安德森(Anderson)等人在对蒙古的国有企业与私有企业进行实证研究中发现,国有企业比私有企业的经营绩效更高。② 捷克共和国虽然也实施了"休克疗法",但却是转轨经济国家中私营部门发展最好的国家,原因就在于该国政府仍然发挥着重要作用,在主要的公用事业中保留了多数股权,在 40 个大公司及战略性银行

① Marangos, J. (2002), "A post Keynesian critique of privatization policies in transition economies", *Journal of International Development*, Vol. 14, No. 5, PP. 573-589.

② Anderson, J. H., Lee Y. and Murrell, P. (2000), "Competition and privatization amidst weak institutions: evidence from Mongolia", *Economic Inquiry*, Vol. 38, No. 4, PP. 527-549.

持有多数股份；在 30 个非战略性企业持有多数股份；在大约其他 300 个公司持有少数股权；并间接地拥有和控制银行的投资组合及政府主导型银行的私营投资基金。① 所以，维克（Vicker）和亚罗（Yarrow）在实证研究的基础上得出结论：在市场体系中，私有产权并不一定更具有效率优势。② 同时，当国有企业遭到与私营公司相似的竞争时，他们的表现反而会更出色。因此，决定经济效率的不是所有权因素，而是环境因素，建立竞争条件、设立规章制度比所有制改革更重要。

因此，国有企业私有化并不一定会提高资源配置效率。实行私有化不一定能激励管理者，这些管理者从自身利益出发可能会囤积资源、隐匿信息、降低企业价值，减少企业对买家的吸引力，形成所谓的“自发性私有化”（spontaneous privatization），结果就是国有企业转化为股份制企业，原管理者成为企业的新的所有者。管理者还可以在扭曲的市场上为自己谋利，比如说，让企业破产，随后自己以较低价格购入；成立管理者所有的皮包公司，然后与国有企业进行交易等。这些管理者，除了忙于剥离国有资产，还出售制成品、原材料、中间产品，甚至厂房、设备以及存放在外国银行账户中的存款等。

此外，国有企业私有化也不应该被当作为预算赤字融资的手段，国有企业利润作为政府收入的一部分，在实现私有化以后必然会损失掉，随后的企业税收并不能完全替代政府原先的收入，由此也必然会导致社会服务开支的减少。

他们得出的结论是，任何所有制形式都不是完美的，成熟市场经济国家的经验也证明市场经济中所有制结构是多样的，而且随着时间还会发生变化。私营

① Havrylyshyn, O. and McGettigan, D. (1999), “Privatization in Transition Countries-A Sampling of the Literature”, *International Monetary Fund*, IMF Working Papers, P. 5.

② Vickers, J. and Yarrow, G. (1991), “Economic perspectives of privatization”, *Journal of Economic Perspectives*, Vol. 5, No. 2, PP. 111–132.

企业易遭受市场失灵，公共企业则会经历政府失灵，在有竞争和监管的市场中，私有化虽然会消除政府失灵，但仍然会面临市场失灵。所以，向市场经济转轨不需要产权所有制的根本性变化，转轨进程并不要求解除所有国家干预和国有产权，而是要求它们能够得到精简和调整以适应新的条件，形成竞争与激励机制，出台并落实规制政策。基于此，转轨国家应该实行渐进的私有化，将国有产权当作一种政策工具来实施积极的国家干预，扼制市场中存在的各种利益集团和非正规组织的非正规活动，治理市场失灵，实施必要的市场监管。

后凯恩斯学派在讨论所有制与企业体制改革之时，也对转轨国家的企业重组进行了较为深入的探讨。"重组"(restructuring)是近来转轨经济学领域的文献中出现频率较高的一个词。西方很多经济学者都对重组的定义进行了界定，如萨科(P. L. Sacco)和斯卡尔帕(C. Scarpa)、戴克(Dyck I. J. A.)、拉维尼亚(Lavigne M.)等，其中最具有代表性的是阿吉翁(Aghion P.)等人的观点。①②③④ 阿吉翁等将重组视为国有企业为成为与私有企业相同的市场主体所进行的变革。这些变革包括企业内部组织的变迁、不良资产与非生产性资产的剥离、冗员解雇与激励机制改革、设备现代化更新等。他们认为，没有明确的证据表明在私有化后，私有化了的企业比国有企业绩效更好，因此建议应该将重

---

① Sacco, P. L. and C. Scarpa (2000), "Critical Mass Effect and Restructuring in the Transition toward a Market Economy", *European Economic Review*, Vol. (44), 587-608.

② Dyck, I. J. A. (1997), "Privatization in Eastern Germany: Management Selection and Economic Transition", *American Economic Review*, Sep. 565-597.

③ Lavigne, M. (1999), *The Economics of Transition: From Socialist Economy to Market Economy*, New York: St. Martin's Press, P. 276.

④ Aghion, P., Blanchard, O. J. and Carlin W. (1994), "The Economics of Enterprise Restructuring in Central and Eastern Europe," *Center for Economic Policy Research*, No. (1058), PP. 1-34.

组放在企业改革的中心。与他们的观点相似,后凯恩斯主义者明确主张在私有化之前进行重组。他们认为政府有责任利用各种措施,确保私有化发生之前和发生之后的企业能够生存,政府应协助支持企业,并帮助企业建立起在竞争的市场结构中生存下来所必需的内部机制。① "即使国有企业效率低下时,政府也不应毁掉它们。政府应该资助它们,使其实现现代化,保护其免受'不公平竞争',并确保其能够获得'公平利润'。总之,政府应保护它们而不是毁掉它们"②。一些后凯恩斯学者运用实证分析的方法证明了上述观点,如巴克纳尔(Bucknall K. B.)提出,"俄罗斯的经历表明,首先进行私有化并不是最好的办法";③平托(Pinto B.)等发现,许多波兰国有企业在转轨初期进行改革时并未进行私有化,先重组再私有化似乎在波兰和俄罗斯的一些商店取得了成功。④

7.2.3　关于价格体制改革与市场体系的建构

转轨国家要实现从计划经济体制向市场经济体制的转变,需要构建市场体系,使市场成为商品生产和交换的载体,成为资源配置的主要手段。而市场需要通过价格信号引导生产和需求,因此,深化价格体制改革是经济转轨时期的一项重要任务。正统转轨理论主要关注市场的发展,并且认为价格自由化和宏观经

---

① Davidson, G.. and Davidson, P. (1996), *Economics for a Civilized Society*, Macmillan: London, P. 215.

② Frydman, R., Rapaczynski, A. and Turkewitz, J. (1997), Transition to a private property regime in the Czech Republic and Hungary. In *Economies in Transition: Comparing Asia and Europe*, MIT Press: Cambridge, PP. 41-102.

③ Bucknall, K. B. (1997), "Why China has done better than Russia since 1989", *Griffith University*, Working Papers in Economics, Vol. (14).

④ Pinto, B., Belka, M. and Krajewski, S. (1993), "Transforming state enterprises in Poland: evidence on adjustment by manufacturing firms", *Brookings Papers in Economic Activity*, Vol. (1), PP. 213-270.

济稳定化是改革成功的前提。主张“休克疗法”的经济学家们认为有必要在转轨过程开始之时就进行价格体制改革,实施全面的、彻底的、完全的价格自由化。与此相反,后凯恩斯学派虽然同样关注市场体系的建立,但他们一方面批判了正统转轨理论提出的完全价格自由化,提出需要价格管制;另一方面更强调了保证市场体系正常进行所需要的制度建设与安排。

(1)关于价格体制改革

对于价格体制改革,他们仍然基于“非均衡”视角的分析,认为在转轨过程中,不应该关注比较静态分析的“均衡”价格,因为转轨本身就是一个发生在非均衡国家的动态的过程。在转轨初期,立即放开价格、实现价格自由化,并不会增加产出、提高效率,反而为转轨国家带来了一些严重的后果,导致短缺加剧、黑市交易,拖延向市场经济的转变。

首先,全面放开价格,实行价格自由化,增加了不确定性。转轨过程是一个非遍历的过程,不仅存在与市场正常运作有关的不确定性,还因制度和体制的变换、过去行为的影响、政治和社会变革等产生了特定的“转轨的不确定性”。在这种充满不确定性的市场环境下,经济行为主体不得不选择的最好的办法就是等待。等待对于经济个体而言成本低,但对于整个国家的就业和经济增长等,却存在着非常高的社会成本,其结果是阻碍了转轨的顺利进行。

其次,上述由价格自由化带来的不确定性以及转轨过程本身存在的不确定性,会抑制企业投资,从而降低总需求,进而影响转轨国家的就业,并导致严重的通货膨胀,产生所谓“资本打击”(capital strike)。按照后凯恩斯经济学的观点,一方面,投资决定储蓄,为确保企业投资项目的顺利开展,企业首先要向银行系统贷款。贷款来自于银行系统吸纳的储蓄,它由两大部分组成,一部分是企业利润,在储蓄总额中占较高比例;另一部分是居民净储蓄,这部分净储蓄比例较低。

所以,几乎所有企业的投资资金主要来自于企业整体的利润留存。在转轨经济国家,银行系统由于不熟悉新的经济条件,无法创建足够的、必要的贷款。而企业又因价格自由化大幅降低产出,造成了用于储蓄的利润留存比例下降,并且仅存的利润中还有一部分要用于进口或者流向外国银行的存款账户。最终的结果是企业投资可能受到抑制。所以,为鼓励投资、刺激经济增长,转轨国家政府必须适当地鼓励将储蓄直接转化为生产性投资或进行公共投资,以公共投资带动私人投资,创造有利于私人投资的环境。

再次,转轨国家如果实施全面的价格自由化,还会使商品价格的增长速度快于工资的增长速度,造成通货膨胀。在以前的政权制度下,这些转轨国家的工会行使的是纯粹的行政职能,所以即使工会存在,也缺少谈判经验,劳动者无法通过工会提出适当的要求,从而使公司形成某种垄断地位。这样,在全面快速的价格自由化情况下,企业试图利用其所拥有的市场力量提高商品价格,但劳动者的工资却难以同时提高,这就形成了从劳动者和退休者转向新的资本家阶级的不平等的收入再分配。所以,政府必须干预商品市场,维持基本商品的正常供应,控制基本商品如消费者和生产者必需品、能源及外汇的价格,这种价格管制会为转轨国家的结构调整创造必要的环境,更为重要的是可以限制企业滥用垄断权力,为那些不能与享有垄断权力的现存企业平等竞争者提供必要的援助和支持。他们建议,要逐步放开价格,建立和维护缓冲库存,政府干预并刺激投资,实施既不会导致通货膨胀又能够实现充分就业的收入政策。

(2)关于市场体系构建中的制度安排

正统学派坚持以价格体制改革为中心,构建转轨国家的市场体系,对支持市场体系构建与市场机制运作的制度安排却未多加关注,他们想当然地认为市场会在一定的时间内自动形成最有效的制度体系,将制度安排视为市场自由交易的结果。后凯恩斯学派不同意正统学派的观点，他们认为正统学派低估了制度在转轨经济正常运作中的作用，相对静态的均衡分析过度抽象，忽略了转轨经济的制度特点和文化差异，非遍历的转轨过程需要制度框架来解决转轨过程中出现的一系列的经济、社会问题；另一方面，即使市场会自动生成制度体系，这也是一个相当漫长的过程，需要花费大量的时间，根本无法满足转轨对复杂的制度安排的迫切需求。

在后凯恩斯学派的转轨理论中，市场并未被视为交换机制，而是社会制度。他们认为经济转轨进程不能忽略制度建设，经济体系的制度框架是经济活力的基本元素。制度建设不仅有利于市场体系的构建、市场化进程的开展，也为解决市场失灵提供了方法。只有在制度框架下，经济转轨才能顺利进行，制度发展的步伐决定了改革的速度。基于此，格罗斯曼（Grossman Z.）得出结论："转轨国家的转轨方案是'建立适当的制度'，而并不是正统理论所坚持的价格"。[①] 所以，在建立文明开化的民主社会的转轨目标下，转轨国家制定出一套政治的、经济的、法律的以及文化的制度来确保市场关系的建立是非常必要的。制度安排在充满不确定性的世界创造了稳定性，为实现充分就业和经济增长提供了前提和保障，有效地减少甚至阻止了转轨过程中的腐败、犯罪及其他非法活动的发生。虽然制度学派对后凯恩斯经济学的制度研究提出了质疑，认为后凯恩斯对于制度的研究过于单薄，但后凯恩斯学派在运用制度框架来理解经济行为、分析市场体系、研究转轨的过程中，已经形成了一种新的协同式的综合方法：后凯恩斯主

① Grossman, Z. (1997), "On the New Institutionalist Story about the Former Socialist Economies", *Journal of Economic Issues*, Vol. (3), PP. 251-254.

义—制度主义的方法,[①]并通过这种方法取得了一定的研究效果。

截至目前,正统学派关于转轨经济的制度领域的文献大多认为建立有保证的产权是制度建设的最终目标。[②] 这是非常狭隘的。在充满不确定性的转轨经济中,大部分经济活动的基础是公认的惯例(convention)和社会价值(value),惯例和社会价值支配且限制着经济行为,成为降低不确定性的一种重要的手段。因此,非正式的制度同样也要发挥必要的作用,有利于推动市场的正常运行。例如,在转轨国家,偏好不是外生的。由于信息的有限性和不可获知性,消费者的偏好取决于社会惯例和社会价值。所以,转轨国家消费者的可支配收入与社会消费惯例共同决定了消费者的选择。这种"市场文化"的概念比正统学派的产权的概念要宽泛得多。后凯恩斯学派将制度区分为正式制度和非正式制度两种。正式制度是建立文明开化的社会所需要的市场制度,这些制度与社会公民价值观保持一致,应该是由政府在转轨之初就制定并加以执行的。但是,在经济转轨中简单地设立或调整正式制度是不够的,还需要一套可以用于解决社会的、政治的或经济的各参与者之间发生的问题的非正式制度,这些非正式制度包含着更为宽泛的文化因素,不会因正式制度的变化发生立即的改变,非正式制度的建立与改变是渐进的,将持续整个转轨过程。所以,后凯恩斯学派认为制度的建立本身是复杂的,是更切合实际的。他们不去追求立即的、全面的价格自由化,而是要求在转轨之初即建立并实施市场制度,为实现文明开化的市场经济创造前提条件,引导经济行为逐渐向文明开化的市场转变,减少转轨过程中犯罪和其

---

① J. Marangos, (2001), "A Post Keynesian Approach to Institutional Development in Transition Economies", *Journal of Economics and Social Policy*, Vol. 5, No. 2, PP. 58-71.

② Smyth, R. (1998), "New Institutional Economics in the Post-Socialist Transformation Debate", *Journal of Economic Surveys*, Vol. 12, No. 4, PP. 361-398.

他非法活动的发生机会。总之,确定市场的制度才是更为重要的,并且制度的制定不能等待自然选择,而应该是政府积极干预、审慎建立的结果。

除了理论探讨,后凯恩斯学者对于转轨过程的制度建设与安排也进行了相应的经验研究。研究结论证实,通过政府行为立即制定的必要的正式的市场制度必须先于自由化和私有化,自由化和私有化的好处,只有在制度体系完善的转轨国家中才能体现得更为明显。波波夫(Popov V.)经研究认为,如果不考虑初始条件和外部环境,各国不同的转轨表现将主要取决于制度强度,而不是取决于自由化进程,这可以通过中国追求增量改革的经验加以证明,中国成功地避免了经济衰退,原因在于中国的确定市场经济体制的正式体制虽然相对不完善,但其他如社会、文化或传统等能解决其他社会经济问题的非正式体制则相对较强。① 乌兹别克斯坦在专制的政权下实行渐进式的改革,是20世纪90年代前苏联国家中经济表现最好的国家,而捷克共和国实行了"休克疗法",忽略了有效的法律框架和企业法人治理结构的建立,所以在整个转轨国家中的总体经济表现排名最后。②③ 罗马尼亚实施了渐进的转轨过程,拥有最高的正式司法权指数(0.95),而波兰,实施休克疗法,它的正式司法权指数为零,是最低的。④ 转轨国家的经验表明,法律和秩序得以建立的国家,自由化和私有化进行得较为成功。

① Popov, V. (2000), "Shock Therapy Versus Gradualism: The End of the Debate (Explaining the Magnitude of Transformational Recession)", *Comparative Economic Studies*, spring, PP. 1-57.

② Lizal, L. and Kocenda, E. (2001), "State of Corruption in Transition: Case of the Czech Republic", *Emerging Markets Review*, Vol. 2, No. 2, PP. 137-159.

③ Verny, A. (2000), "Private Ordering in the Czech Transformation Process", *Journal of Institutional and Theoretical Economics*, Vol. 156, No. 1, PP. 131-149.

④ Ishiyama, S. and Ishiyama, J. (2000), "Judicious Choices: Designing Courts in Post-Communist Politics", *Communist and Post-Communist Studies*, Vol. 33, No. 2, PP. 163-182.

因此，制度缺失必然会阻碍转轨国家经济增长。

7.2.4　关于就业体制改革与促进充分就业问题

充分就业是宏观经济健康运行的重要标志之一。但是，如果在经济转轨时期的各种不确定因素导致企业家对未来的预期持悲观态度，在转轨过程中就会出现甚至加剧失业。从正统经济学家的观点来看，持久的充分就业是不可能的，失业是"正常"的资本主义制度的一部分，其原因是工资或价格刚性的结果。后凯恩斯学派不同意正统学派关于失业及原因的观点。他们认为，失业产生的原因并不是工资刚性，灵活多变的工资会增加不确定性，并不会相应增加就业。失业产生的真正原因在于货币市场而非劳动力市场，失业是使用货币的自由放任经济的必然结果。同样，解决失业的方案也不应该是降低工资，因为一旦降低了货币工资，人们自然而然地就会产生一些悲观的情绪，随后调低了对利润甚至经济形势的预期，进而影响到总需求。而就业量取决于总需求，所以，降低工资的实际影响是进一步对就业水平产生消极作用。

后凯恩斯主义者始终坚持以实现充分就业作为转轨经济政策的主要目标，立足于扩大有效需求来保证就业体制改革过程中的劳动力就业达到稳定状态，为此"需要一个更为庞大且更具创新性的政府部门"。① 高就业需要持续、快速增长的投资，但是由于投资具有内在的不稳定特征，政府就应该执行可调节的经济政策，确保有足够的总需求，维持让人满意的经济增长和就业需求，使想工作的人都有工作。这就要求政府在宏观层面上或增加政府支出购买私营部门的货物和服务，或实施减税政策鼓励消费，或责成货币当局降低利率刺激投资。在微

① Minsky, H. P. (1996), "Uncertainty and the institutional structure of capitalist economies", *Journal of Economic Issues*, Vol. 30, No. 2, PP. 357-368.

观层面上，政府也需要进一步服务于企业，为提高企业效率，提供诸如企业所需信息、培训、基础设施以及社会保障等必要因素。

促进充分就业、开展就业体制改革、建立高效的文明开化的社会，更需要建立相关的劳动力市场制度，避免正统学派理论中所出现的“制度真空”。后凯恩斯经济学家重视劳动力市场制度的建设，认为劳动力市场制度有助于创造实现充分就业水平所需的有效需求，从而进一步影响市场经济的运行。这主要体现在三个方面：一是劳动力市场制度的建立可以消除所谓“转轨的自然失业率”，人们不会再因失业而不得不选择腐败等非法的经济活动。二是可以通过商业协会、企业家联盟和政府之间的集体协商等手段对名义工资和实际工资进行严格的控制和管理，以实现社会公平。从劳动力市场的本质来看，劳动力的市场价格即工资是无法实现市场出清的，工资率的变化对于减少失业无能为力，因此，工资应该在自由市场之外由其他因素决定。三是劳动力市场建立的制度框架还可以通过实施收入政策来控制转轨初期出现的通货膨胀，政府引入以税收为基础的工资政策。

7.2.5 关于政府职能转变与政治体制改革

正统学派将转轨过程简单化，视其为一个独立的经济过程，忽略了与经济体制改革密切相关的政治体制改革。① 与正统学派不同，后凯恩斯学派将转轨过程看做是一个整体，提出转轨过程既包括经济体制改革，也包括政治体制改革，政治体制改革对于经济转轨是必不可少的，政治结构和政府行为会影响经济决策，二者相互影响、相互作用，只有平衡发展才能有利于转轨过程的顺利有效进行。

---

① Managos, J. (2003), “Global Transition Strategies in Eastern Europe: Moving to market relations”, *Society for International Development*, Vol. 46, No. 1, PP. 112-117.

(1)政治体制改革与经济体制改革需协调一致

"政治是社会整体进行公共决策时所涉及到的行为和制度"。① 因此,转轨过程离不开政治体制的改革与发展,在转轨时期,政治体制改革与经济体制改革同等重要,二者之间具有紧密的联系。一旦社会选择了它的经济结构,就会对决策过程产生影响,尤其是会影响中央机构的结构和运作。比方说,经济个体之间的经济协调如果是非多元化的形式,为了保持一致性,就需要一种非多元化的政治体制。政治体制也要以同样的方式运作,否则其权力将受到质疑和破坏。如果经济结构鼓励自治,那么适当的政治结构就要落实到位,如果缺乏这样的结构,当局将不会持续很长时间。此外,政治凝聚力也是影响改革过程的关键要素,例如,波兰首次当选的团结工会政府,具有相对强大的公众支持和合法性,所以该政府所开展的重大改革与前苏联进行的微量改革形成了鲜明的对比。②

所以,转轨经济国家要建立文明开化的民主社会,就需要相对开放的政治进程,公民言论自由,而且这样的政治体制能够为其他非政府组织参与政治进程提供机会。对于改革者,最重要的任务则是要理顺政府、立法机构和官僚机构之间的关系,包括确定官僚机构与政府之间的隶属关系,以及总统、政府和议会之间的责任分配。

(2)建立民主政治

关于转轨国家应该采取什么样的政治体制与政治结构,马兰戈斯认为首先应该区别两种相互排斥的转轨模式,即政治多元化和非政治多元化。③ 政治多

① Caporaso, A. and Levine, D. P. (1992), *Theories of Political Economy*, Cambridge: Cambridge University Press, P. 20.

② Geld, A. and Gray, C. (1991), "The Transformation of Economies in Central and Eastern Europe", *Progress and Prospects*, The World Bank, P. 11.

③ Marangos, J. (2003), "A Political Economy Methodology in Modeling the Transition Process", *Global Business & Economics Review*, Vol. 5, No. 2, PP. 197-225.

元化是指一种政治结构，这种结构承认并接受多种观点①，由于市场关系鼓励个性发展，所以参与市场活动的个人需要政治多元化。政治非多元化，是指向市场经济的过渡是一个非多元化的过程，它或者是基于一个政党，或者是基于军事独裁。对于一个政党的情况，一般而言，这个政党是拥有垄断权力的最重要的党派，并占有主导地位，其意见决定了大多数的决策，且拥有正确的路线。

后凯恩斯学派不同意正统学派宣称的转轨国家应该建立多元化的政治体制的观点，强调要建立民主政治。政治多元化与民主政治是有区别的，多元化是民主的必要条件，但非充分条件。多元化承认在社会中存在阶级对立和利益冲突，原因不仅在于人类的多样性，最重要的是在于财产分配形成了不同的阶级利益，因此，多元化鼓励不同的利益集团一起通过辩论和谈判实现妥协，建立共识。而民主政治则更强调最高权力机构通过类似选举这样确定的程序对社会成员的偏好做出连续反应，其目的是对权力进行约束和控制。在民主政治下，每名社会成员都是政治平等的，通过民主程序进行的集体决策确保社会制度能够真正反映人民的意志，反映社会公民不同的政治偏好和阶级利益。因此，民主对转轨过程的稳步推进和经济发展是至关重要的。一方面民主允许形成不同的利益集团，以实现新的权力均衡；另一方面民主政治有利于调解利益冲突和阶级对立，鼓励不同阶级妥协。② 所以，长期的经济成功，事实上可能更需要民主政治，而非多元化。

(3)政府的职能与作用

政治体制改革也需要考虑政府的职能和作用。不同学派的转轨模型都具体

---

① Petrenko, F. (1989), "Socialism and Pluralism", *Socialism: Theory and Practice*, Vol. 45, No. 11, PP. 18-24.

② Braguinsky, S. (1998), "Democracy and Economic Reform: Theory and some Evidence from the Russian Case", *Contemporary Economic Policy*, 16(2), PP. 227-240.

地解释了政府的职能，有些观点认为政府是避免市场失灵、解决经济问题的机制；也有些观点认为政府干预会阻碍社会进步，因此应使政府的作用降至最低。后凯恩斯学派认为，在转轨国家，由于存在着不确定性，且不确定性对经济运行有着负面影响，会增加交易成本，意外的变革、政治不稳定、腐败等都可能造成重大的经济损失。所以，转轨经济国家的政府应积极干预经济，实行有管理的经济转轨过程，尽可能降低不确定性，巩固完善制度框架，为经济发展创造稳定的高质量的经济环境。那种“休克疗法”似的、企图一步到位实现完全市场调节的放任自由主义主张，纯粹是一种脱离实际的空想。

7.3 后凯恩斯学派体制转轨的方案设计与操作思路

后凯恩斯学派对于转轨国家的政府如何科学地制定和实施有关体制转轨的各项政策，以便有效地掌控和推进体制变革的进程，最大限度地减低转轨过程的不确定性，以尽可能低的改革成本实现改革的目标，提出了富有建设性的方案设计与改革思路。

7.3.1 坚持经济效率与经济稳定的统一

后凯恩斯学派体制转轨的方案设计中，体现了对经济效率与经济稳定的统一追求。他们重新定义了经济效率的概念，认为效率并不是以最低成本获取最大产出，而是获取的社会福利的最大化。同时，由于后凯恩斯学派主张的转轨目标是建立一个开放的、民主的、文明开化的社会，这个社会不会为了追求狭隘的经济效率，而牺牲民主、稳定、安全和社会正义。

从后凯恩斯经济学的视角来看经济效率的提高，要求市场中的行为主体必须进行诚实、文明的交易活动。此时,个人利益并不是经济主体的唯一追求,个人利益不能完全解释主体的经济行为,可以对经济主体产生激励的不仅有个人利益,更有忠诚、责任、对卓越的追求、爱情甚至是怜悯。所以,经济主体的行为基础是人格化的道德价值观和个人利益。只要每个经济主体在追求个人利益的同时,采取有道德的行为,就能够避免因不讲信用而带来的巨大的合同执行成本,从而实现更广义的效率。当所有社会成员都能够做到公民价值观与个人利益的和谐融合且脱离贫困时,这个所谓的"文明开化的社会"才真正地实现了繁荣昌盛。所以,对于转轨国家而言,切实需要在转轨的过程中,通过社会团体与社会成员之间的共同努力,建立起这样的公民价值观,这不仅有利于实现个人利益,也有利于实现共同利益。

在转轨经济国家,引入市场关系之后便形成了企业家的血气冲动(凯恩斯的用语),如果此时没有任何政府管制,那么经济主体的行为动机就只剩下了贪婪和恐惧,导致形成了"野蛮的价值观",随之而来的必然结果是无序竞争、腐败滋生、黑市当道。所以,政府需要扩大干预作用,带动市场融入公民价值。而对于转轨初期出现的失业所导致的社会不稳定,同样需要政府执行可调节的经济政策,确保足够的有效需求,维持让人满意的经济增长和就业水平,抵消不受管制、不协调的个人决策所造成的不稳定。总之,在转轨过程中,政府应执行相机抉择的管理职能,建立相应的制度体系,消除市场机制固有的周期性和不稳定性,有效规避市场失灵,最终实现经济稳定、社会安宁,使人们生活得更自由、更幸福。

转轨国家在转轨实践中出现一系列矛盾是不可避免的。诸如收入差距日益加剧、部分劳动力失业以及部分居民贫困率增加等等。为了解决上述社会问题,政府需要积极干预。为了减少因失业而形成的反社会行为,制定相应的社会政策是非常必要的。后凯恩斯学派主张制定社会政策来解决转轨国家已经出现的长期失业问题。这些社会政策的出发点是要保证公民获得工作或至少获得基本收入的权利。从基本工作权利来说,政府可以为那些即使工资较低但仍想要工作的人提供从事公共服务的工作,这有利于消除非自愿失业,实现社会稳定。从保障基本收入来说,要为社会所有成员(不论其个人及财务状况)提供基本的现金补助,使得每个人在不工作的时候能够正常生存。基本工资和工作权利制度,应该在转轨初期就建立起来,并在整个转轨过程中进行相应的调整。

7.3.2　强调转轨战略与政策措施的协同配套

转轨过程是一个复杂系统,各项转轨政策措施是紧密相连的。因此,转轨战略需要设计转轨的速度、转轨的过程及各项转轨政策措施的先后顺序,使转轨战略与政策措施协同配套,各项政策措施能够相互支持、相互配合,促进转轨的顺利实现。

首先,转轨战略应关注转轨的速度,后凯恩斯学派主张要逐步推进改革,实行渐进主义转轨。此外,转轨国家制订的转轨方案应该是灵活而具有弹性的,能够适应社会经济状况的复杂多变性。他们之所以赞成渐进的转轨模式,是因为制度、机构以及行为和思想的改变是不可能在瞬间完成的,新的市场规则的建立与发展需要经历一个无法回避的漫长的过程,而且各经济主体对于转轨进程的反应也只能是缓慢的,需要一定的时间来调整自己的行为。

采取渐进性的转轨方式需要设计一个具体的转轨过程,并且在转轨过程中,需要为各项改革方案设定正确的顺序,“成功的经济方案需要注意改革的顺序和速度”①,使得改革方案在执行时,能够保证不同的转轨政策之间的相互关系,

① Stiglitz, J. (2002), *Globalisation and its Discontents*, Camberwell: Penguin Books Australia, P. 18.

尽量减少或避免在错误的时间或孤立地推出个别政策所可能产生的负面影响。这与“休克疗法”截然不同,在“休克疗法”的转轨方案中,忽略了体制结构,所有的改革都是同时引入的,政策措施都是全面、整体、并行推进的。后凯恩斯学派根据意识形态、政治体系及转轨目标的差异,按照一定的先后顺序为转轨国家设计了不同的转轨方案,强调为协调与增进转轨过程的有序化所必需的法律、社会、政治以及经济制度安排的综合配套推进建设。其中,最具有代表性的是后凯恩斯经济学家约翰·马兰戈斯对转轨国家体制改革先后启动的顺序及其内在的相互配合所进行的研究。① 他在借鉴费希尔(Fischer S.)和盖尔布(Gelb A.)、费希尔和萨海(Sahay R.)所采用的时间框架的基础上,②③对转轨过程进行了清晰的描述,假定 10 年为完成转轨的总的时间,在第 10 年年末实现后凯恩斯主义者所构想的文明开化的市场资本主义社会的目标,在这 10 年中分阶段地、渐进地展开各项改革。具体如表 7-2 所示。

首先通过改革制度体系来启动改革进程,制度体系的内容包括正式制度、对金融体系的规制及对中央银行和税收体系的监管等,所有这些需要两年的时间(第 0—1 年)。此外,在转轨过程初期(第 0—1 年),将逐步实现中小企业的价格自由化和新的中小企业的自由进入。正式的制度结构建立起来之后,经济个体(包括企业、家庭、居民等)将发展出一定的、适当的非正式制度,这将一直持续到改革的全程,即在第 10 年完成(第 2—10 年)。同样也是在正式的制度结

① Marangos, J. (2004), *Alternative Economic Models of Transition*, Burlington: Ashgate, P. 166.

② Fischer, S. and Gelb, A. (1991), “Issues in Socialist Economy Reform”, *Journal of Economic Perspectives*, Fall, PP. 91-105.

③ Fischer, S. and Sahay, R. (2000), “Taking Stock”, *Finance and Development*, September, PP. 2-6.

表7–2　后凯恩斯学派的转轨过程

		时间表(10年的周期)									
价格自由化	放松大企业的价格规制							√	√	√	√
	放松中小企业的价格规制	√	√								
	市场规划 产业收入政策	√	√	√	√	√	√	√	√	√	√
私有化	大型国有企业重组			√	√	√	√				
	中小企业的自由进入	√	√								
	中小型国有企业的私有化			√							
制度安排	正式制度	√	√								
	非正式制度			√	√	√	√	√	√	√	√
货币金融体系	金融规制	√	√								
	相机抉择的货币政策	√	√	√	√	√	√	√	√	√	√
财政政策	相机抉择的财政政策	√	√	√	√	√	√	√	√	√	√
	税收结构	√	√								
国际贸易和外国援助	清算联盟	√	√	√	√	√	√	√	√	√	√
	关税	√	√	√	√	√	√	√	√	√	√
	有条件的外国援助	√	√	√	√	√	√	√	√	√	√
社会政策	最低收入	√	√	√	√	√	√	√	√	√	√
	工作的权利	√	√	√	√	√	√	√	√	√	√

来源:Marangos, J.(2004), *Alternative Economic Models of Transition.* Burlington: Ashgate, P.166。

构发展之后,应该进行国有企业的重组和中小企业的私有化,中小企业的私有化将历时一年的时间(第2—3年),国有企业的重组改造将持续四年(第2—6年)。作为转轨经济整体规划的一部分,相机抉择的货币、财政政策与产业政策以及关税政策,也应该贯穿于整个改革进程,以协助企业重组并实现充分就业。而为了帮助居民个人解决在转轨中可能出现的收入减少、失去工作机会等问题,最低收入保障、工作权利保障和其他保障计划(比如再培训),应该在改革初期就开始实施,并随着转轨的发展进行逐步调整(第0—10年)。这样,国有企业的重组改造就可以顺利进行,不会因工人抵抗、工人下岗或其他相关的转轨问题而受到持续困扰。此外,价格自由化即对大型企业产品价格的规制只能逐步放开,需要在企业实施重组后进行(第6年)。此外,包括国际贸易与货币关系方面调整在内的外部条件改革,也应该在转轨过程开始时就进行,并持续整个转轨过程。

7.3.3 充分发挥政府规制政策的作用

维萨姆(Wissam A.)和里克(Rick M.)等人建议将规制理论引入私有化进程,让政府的监管机构对私有化进程进行积极的干预。① 对于国有企业原有普通员工面临的可能被裁员、工作条件恶化或员工福利水平降低等问题,政府可以通过直接或间接两种方法进行保障,直接的方法是由监管机构制定一套规则,责成新私有化的企业要在一段时间内保持一定的员工比例,终止员工工作要提供合理的理由,通知员工被解雇后要给员工充足的时间,要给予员工适当的遣散赔偿等;间接的方法是,将私有化收入转移到教育部门,为公众提供他们能够负担得起的教育机会。这两种方法最终都能增强员工与私有企业新雇主之间进行谈判的能力。而为了解决私有化可能导致的价格上涨的问题,监管机构应与私有化企业紧密合作,制定出对投资者和消费者都有利的价格,鼓励企业降低成本、提高效率,给消费者带来降价的好处。如果企业仍然在市场上保持垄断地位,监管机构可引入新的企业进入市场,从而实现有效竞争。此外,监管机构还需要制

① Wissam, A. and Rick, M. (2009), "A post-Keynesian regulatory model of privatization", *The Journal of Socio-Economics*, Vol. (38), PP. 391-398.

定一些透明度原则并加以执行,要求企业对消费者进行信息披露,这在与健康有关的行业(如水、食品行业)尤为重要,从而可以降低市场中的信息不对称,提高了产品质量。

在竞争性的市场中引入必要的规制措施,需要在合适的时机建立适当的监管机构,为了避免在私有化之前或之后成立监管机构可能会导致的潜在投资者的退出或投资者的抵制,政府需要在私有化进程的同时建立有效的监管机构,从而有效防止潜在的投资者获得谈判能力并避免监管风险。而这些监管机构最好能具有丰富的经验,这样就能够帮助企业获取新技术、提高效率、降低成本,并保证提高企业的财务绩效。在正式实施监管时,监管机构一方面应努力缩短决策周期,在不损害企业的财务绩效的原则上,尽快地让广大公众从中受益;另一方面,监管机构应该采取灵活的规制策略,在清晰的标准的基础上,尽可能保证产生良好的社会和经济效果。

7.3.4 加强政府的宏观调控职能

(1)货币政策与金融规制

关于金融体系,正统转轨模型认为应该实行硬预算约束。然而,转轨经济国家的经验表明,实际上在这里难以真正建立起相应的硬预算约束。“这在货币主义范式下是绝对不可想象的,但在经济分析的其他框架下却很自然”。① 因为在后凯恩斯学派看来,企业的信贷需求是内生决定的,虽然对于微观层面的个别企业,在没有借贷的情况下,储蓄水平决定投资水平,而对于宏观层面的整体经

① Yavlinsky, G. and Braguinsky, S. (1994), “The Inefficiency of Laissez-Fair in Russia: Hysteresis Effects and the Need for Policy-Led Transformation”, *Journal of Comparative Economics*, Vol. (8), PP. 88-116.

济而言,是投资决定储蓄。一旦企业形成了贷款需求,无论企业是在市场中运作还是在中央管制的体系中运作,企业都能够获得信贷,所以,企业实际上总是具有某种程度的软预算约束的。如果改革者忽略了这一点,那么向市场经济的任何转变注定会失败。"短缺问题不可能如科尔奈建议的那样因经济中计划和国家控制作用的降低而得到解决"。① 具有软预算约束的企业需要在资本市场中获得合适的信贷,这就要求转轨国家建立起能够运作良好的资本市场。但是由于信息不完备,转轨经济国家的资本市场不能实现帕累托效率,因此,后凯恩斯主义者认为金融市场需要政府干预,建立起一个能够促进结构调整的既包括国有银行又包括私有银行的健康的金融体系。政府应对金融市场进行审慎的监管,并为金融体系的健康发展提供相应的激励和规制,保证银行能够愿意贷款,增加人们对金融体系的信心。

后凯恩斯学派认为中央银行不应该是独立的。阿雷斯蒂斯和贝恩(Bain K.)指出,"独立央行是对凯恩斯精神的背叛"。② 在正统模型中,中央银行脱离政府管理,具有独立性,设定单一的稳定物价的目标,放弃诸如就业、经济增长、低利率与消除政府赤字等其他目标。因此,央行的主要任务是保证消除通货膨胀,使货币供应的增长率应与实际产出的增加率保持一致。后凯恩斯学派不同意这种观点,他们认为控制通货膨胀不能主宰其他宏观经济政策目标,央行独立性与价格稳定性之间的联系需要具备非常严格的假设前提。在转轨时期,独立的中央银行不允许政府使用货币供应量来为预算赤字提供资金,导致的结果是

① Szego, A. (1991), "The Logic of a Shortage Economy: A Critique Of Kornai From A Kaleckian Macroeconomic Perspective", *JPKE*, Vol. 13, No. 3, PP. 328-336.

② Arestis P. and Bain, K. (1995), "The Independence of Central Banks: A Nonconventional Perspective", *Journal of Economic Issues*, Vol. 29, No. 1, PP. 161-174.

转轨国家只能选择在一个转轨成本较高的环境下降低政府支出,减少预算赤字。因此,在转轨经济国家,独立的中央银行是不合适的,①中央银行应该与政府密切合作,实施积极的货币政策,为那些非营利但具有政治重要性的企业提供信贷补贴,使其能够得以生存。

此外,后凯恩斯主义者坚持认为货币是非中性的。不应该将经济简单地划分为实际部门和货币部门,货币的作用使他们的相互关系异常地复杂。因此,货币政策是非常重要的,货币政策和对金融机构的监管是促进金融发展的最重要的因素,由国有的中央银行发起的相机抉择的货币政策将一直贯穿于整个转轨过程,而金融监管体制则在转轨初期就应该得以建立。

(2)财政政策

后凯恩斯主义者认为,对于存在严重社会问题和经济增长缓慢(甚至经济增长率为负)的转轨经济国家来说,坚持财政紧缩(即使预算平衡)是不合适的。发展中国家不应过多地限制财政,而且也没有理由将预算平衡作为主要的政策目标,反周期的财政政策是实现成功转轨的必要因素。这里仅指出其两个主要之点:第一,允许预算赤字。这与基于主流派思想的"华盛顿共识"以及 IMF 对许多转轨国家的政策要求是截然不同的。因为后凯恩斯学派认为,在市场经济中,总需求影响着经济活动和经济表现,总需求不足应该总是宏观政策要解决的首要问题。在转轨情况下,政府有责任刺激总需求,以实现充分就业。②③④ 转

① Begg, D., Halpen, L., and Wyploz, C. (1999), *Monetary and Exchange Rate Policies, EMU and Central and Eastern Europe*, London: Centre of Economic Policy Research, P.95.

② Arestis, P., Dunn, S., and Sawyer, M. (1999), "Post Keynesian Economics and its Critics", *JPKE*, Vol. 21, No. 4, PP.527-549.

③ Davidson, P. (1992), "Would Keynes Be A New Keynesian?", *Eastern Economic Journal*, Vol. 18, No. 4, PP.449-463.

④ Davidson, P. (1994), *Post Keynesian Macroeconomic Theory*, Hants: Edward Elgar, P.82.

轨经济国家，应同处于经济衰退时期的国家一样，实施预算赤字，刺激经济增长，保持充分就业。这些预算赤字应该主要投资于公有或私有基础设施的建设，投资直接影响总需求、而消费间接影响总需求，因而加大投资力度比增加消费更有效。而政府投资的目的就是刺激就业，并因此促进文明开化的社会的建设。跨国家的、历史的经验表明，战略性的、精心设计的、管理良好的公共支出方案对促进经济增长、投资以及缓和重要的社会问题是至关重要的。伊斯特利（W. Easterly）和雷贝格（S. Rebelo）在实证研究中发现，经济增长与交通和通讯方面的公共投资密切相关，对医疗卫生和初级教育的支出可以在促进增长同时，减少贫困。① 许多工业化国家特别是东亚的新兴工业化国家的经验，都突出了政府支出对工业、农业、基础设施及社会和教育项目的重要性。

第二，采取相机抉择的税收制度。转型经济国家已经经历了长期持续的财政问题。私营企业善于避税，特别是在目前体制结构不足的时候。经济衰退伴随着私有化，抑制了税收的增加。因此，后凯恩斯学派认为，要实现成功转型，经济转轨国家在考虑私有化和外贸等政策领域时也必须考虑税收因素。建立税收制度应该不仅仅考虑收入，而且还应考虑社会和文化背景。在税收遵从和公民价值观之间存在着明确的关系。在后凯恩斯主义者所设想的文明开化的社会里，建立了与公民价值观相符的鼓励纳税的规范，在这里社会成员自觉缴税，每个人都将缴税作为道德责任的一部分，不存在不遵守税收制度的情况。"在一个文明开化的社会，公民的价值观和自我利益蓬勃发展，公民不仅愿意为他们的国家死，也愿意为他们的国家付出。"

促进经济增长的公共投资和改良社会开支的计划，必将会产生更多的税收。

① W. Easterly, and S. Rebelo, (1993), "Fiscal Policy and Economic Growth: An Empirical Investigation", *Journal of Monetary Economics*, Vol. 32, No. 3, PP. 417-458.

为增加税收,政策制定者可以考虑以下几种途径。增加税收的第一个途径是仔细审查贸易和金融自由化等经济政策变化所带来的对税收的影响。例如,应对给予跨国公司(特别是在出口加工区中的跨国公司)的免税期,根据其成本及税基进行认真研究。最近的研究表明,公司应该在有经济增长前景、人力资源基础和其他有利条件的地方投资,而不是在低税率的地方投资。第二个途径,通过减少富裕产业资本外逃、国内外企业通过"转移定价"或其他做法,减少逃税的机会。外国银行和多边机构支持的资本管制,可以减少资本外逃,从而降低其对税基的影响。增加税收的第三个途径在于重新设计增值税(VAT),使所得税由累进制增值税取代,免除采购基本需求和工资商品的税收,对购买的奢侈品征收沉重的赋税。[①] 经验证据表明,增值税制度比收入为基础的税收制度能够创造更多的收入,因为他们更难以逃避。增加税收的第四个途径,是将投机活动纳入征税的范围,包括短期货币和股票买卖以及短期国际私人资本流动。国家税务机关可以对股票交易和短期国际资本流动征税,不过,应该指出的是,这些税只有在中等收入发展中国家才能实施,因为这些国家的股市足够深,国际私人资本流动数量大。国际机构如联合国,可对货币投机征税,并将所得重新分配给发展中国家(或用来资助重要的全球性发展项目)。

(3)汇率政策

主流经济学家和国际金融机构如IMF,通常认为对于转轨国家比较理想的汇率制度应该是一个基本上不受管制的资本市场,资本流动完全不受限制,实行完全浮动的汇率制度。后凯恩斯学派则认为浮动汇率制度和资本流动可能会使转轨国家陷入汇率危机,导致金融脆弱性及对外国资本的依赖。因此,转轨国家

① Toye, J. (2000), "Fiscal Crisis and Fiscal Reform in Latin America", *Cambridge Journal of Economics*, Vol. (24), PP. 21-44.

应采用有管理的浮动汇率制度，实行资本管制，实现经济的稳定和可持续发展。

首先，相对于正统学派金融全球化的主张，后凯恩斯学派认为市场自由化以及新的金融工具（如衍生产品）的产生，增加了全球金融市场中的投机性操作，从而增加了资本的流动性。哈维指出，转轨经济国家金融市场发展落后，资本流动是外汇市场的主要力量，是汇率波动的唯一决定因素。[①] 所以，在资本流动的条件下，转轨国家的金融市场异常不稳定，最重要、最直接的表现就是出现了汇率和利率的大幅波动，妨碍了转轨经济国家制定实现国内目标的政策。比如，限制了政府实施积极的财政政策，无法产生财政盈余，因而就不能弥补紧缩的货币政策所带来的公共债务。在这种情况下，额外的不确定性抑制了私人投资，提高了个人持有现金和流动资产的欲望，最终使有效需求不足，影响了诸如产出、就业等实际变量。因此，全球化的金融市场存在的主要问题是过多的短期资本流动削弱了政府追求产出、就业及通货膨胀目标的自主权。后凯恩斯经济学家提出的建议是，进行资本管制，控制资本流动。如格雷贝尔（Grabel I.）认为“转轨国家预防危机，必须要执行一套政策（包括资本管制）”。[②] 资本管制可以看做是确保国家当局能执行旨在实现并维持充分就业的扩张性政策的手段，消除对资本外逃的恐惧。帕里指出应采取一些资本管制的措施限制资本流动，如对资本流入征税或对持续的资本流动设置最低限制（智利式的资本管制），从而使转轨国家能够执行更加自主的经济政策，保持稳定的汇率水平。[③]

---

① Harvey, J. (2003), “Exchange rates.” In J. E. King (ed.), *The Elgar Companion to Post Keynesian Economics*, UK: Edward Elgar, PP. 131-135.

② Grabel, I. (2003), “Averting Crisis? Assessing Measures to Manage Financial Integration in Emerging Economies”, *Cambridge Journal of Economics*, Vol. 27, No. 3, PP. 317-336.

③ Fernando F. and Fernando D. P. (2009), “Exchange rate regime proposal for emerging countries: a Keynesian perspective”, *JPKE*, Vol. 31, No. 2, P. 238.

在20世纪70年代初布雷敦森林体系崩溃后，金融全球化及日益增加的国际资本流动使转轨国家出现了严重的汇率问题。转轨经济国家随即对“什么样的汇率制度更适合转轨经济国家”展开了讨论。一种观点是建议采取包括在浮动制度和固定汇率制度之间的所有汇率制度，但这种制度不适合大量参与国际资本市场的经济体，容易使各国遭受到投机性攻击①；另一种观点，即所谓的“浮动恐惧论”观点，认为已采取浮动汇率制度的转轨国家，应采取措施限制汇率波动，原因在于这些国家政策和体制的可靠性比较低，汇率的过度波动（主要是货币贬值）将会影响银行外币债务及未对外币债务进行套期保值的公司部门，此外，汇率波动还可能产生阻碍贸易的不确定因素。例如，大量资本流入带来的长期的本币升值可对出口竞争力及对外部门的投资产生不利影响。然而实际上，由于转轨经济国家没有市场决定汇率的历史经验，几乎没有投机者在外汇市场进行交易，而且存在着大量不稳定的资本流动，所以汇率波动导致的问题更加严重。如霍（Ho C.）和麦考利（McCauley R.）的结论显示，尽管从20世纪90年代以来，转轨国家的外汇交易活动快速增长，但大多数国家的外汇市场的规模仍然比工业化国家小，而且流动性更低。这说明，这些国家的外汇市场更不稳定，发展较落后，易受不确定性和信息不对称性的影响。② 与此同时，也不能否定浮动汇率制度的优势，浮动汇率制度有助于吸收资本流入、缓冲外部冲击，也可以时刻提醒波动汇率超过外币借款的利率优势，抑制短期资本流动。因此，如果中央银行的目标是降低汇率波动的幅度，保护国际贸易，那么有管理的浮动汇率制度

① Fischer, S. (2001), “Exchange rate regimes: Is the Bipolar View Correct?” *Journal of Economic Perspectives*, Vol. 15, No. 2, PP. 3-24.

② Ho, C. and McCauley, R. (2003), “Living with Flexible Exchange rates: Issues and recent Experience in Inflation Targeting Emerging Market Economies”, Working Paper 130, *Bank for International Settlements*, Basel, P. 34.

就是有益的，通过中央银行干预外汇市场，可以实现控制通货膨胀、保持外部竞争力、维持金融稳定等宏观经济目标。

转轨国家管理汇率有两种途径。一种是政府直接干预外汇市场，通过影响本币及外币资产的相对供应量，对名义汇率产生影响。各国可运用外汇储备进行干预，应对未来汇率风险及对本国货币的投机，也可采用冲销干预，来避免本币升值。有些人对长期使用外汇干预来抵制货币升值表示担忧，如数量巨大的货币资产的投资组合在货币升值时可能使中央银行遭受潜在的估值损失，外汇储备有较高的持有成本，长期的外汇储备积累可能在某种程度上影响中央银行对货币增长的控制等等。但是，关于转轨国家外汇储备的最新经验研究显示，这些国家迄今为止在外汇储备的经营管理方面取得了一定的成功。①② 一方面，许多国家（包括中国、印度和韩国）外汇储备的持有成本一直很低，甚至为负；另一方面，许多中央银行已经能够使用外汇储备来扩大货币基础，在低通胀、产能过剩的环境中放松货币政策，由于官方外汇干预有效且通货膨胀率低，许多拥有长期庞大的经常账户盈余的国家的实际汇率并没有显著提高（甚至已经下降）。

转轨国家管理汇率制度的另一种途径是使用“资本管理手段”，包括“资本管制”和“审慎的国内金融规则”。“资本管制”指设定标准管理国际私人资本流动的数量、构成或分配；“审慎的国内金融规则”指一些资本充足标准、报告制度等政策。资本管制可以降低金融危机对一国的攻击，包括货币危机中的资本外逃；也可以对在岸和离岸利率实施套期保值，从而至少在短期内保证了货币当局

① Mohanty, M. and Scatigna, M. (2004), “Has Globalization reduced Monetary Policy Independence?” *Bank for International Settlements* (*BIS*) *Papers* 23, Basel.

② Mohanty, M., and Turner, P. (2006), “Foreign Exchange Reserves in Emerging Countries.” *BIS Quarterly Review*, Vol. 24, No. 9, PP. 39-42.

的政策自主权；保持名义汇率的短期稳定，减少过度资本流入对汇率产生的压力。为此，资本管制可以用来改变资本流的构成和期限结构，并加强货币当局在外汇市场采取行动的能力。虽然关于资本管制的有效性存在争议，但是，最近的一些经验研究发现，资本管理技术的宏观经济效益超过了其微观经济成本。马盖德（Magud N.）和莱因哈特（Reinhart C.）回顾了对全世界资本流入或流出进行资本管制的30多篇论文（不包括进行全面资本管制的国家，如中国和印度），通过计算资本管制效率指数，得出结论“对资本流入的资本管制似乎可以使货币政策更加独立，改变了资本流的构成，减轻了实际汇率的压力（虽然证据较具争议性）”，而且，“在限制私人外部借款中发挥了审慎的监管作用”。① 在同一方面，霍和麦考利两人得出的结论是：“资本管制，如果得到合适的设计和应用，可以有助于抵御资本流动为经济带来的不稳定性，支持其他政策的执行，甚至解决某些类型的政策困境。”②

总之，在金融全球化的环境中（即较高的经济相互依存度和较密集的国家间的资本流动），必须创造条件，使国家的经济政策能够自主实施。因此，有管理的浮动汇率制度和不完全的资本流动性更适合转轨经济国家，有管理的浮动汇率制度确保实现国内货币政策目标，资本管制可以保持经济尤其是货币政策的独立性，从而实现宏观经济稳定。可以说，有管理的汇率制度和资本管制本身并不是目的，真正的目的是实现经济繁荣、充分就业及公平的收入分配。

---

① Magud, N., and Reinhart, C., (2006), “Capital Controls: an Evaluation”, *National Bureau of Economic research*, Working Paper, No. 11973.

② Ho, C. and McCauley, R. (2003), “Living with Flexible Exchange rates: Issues and recent Experience in Inflation Targeting Emerging Market Economies”, Working Paper 130, Bank for International Settlements, Basel. P. 34.

7.4 后凯恩斯学派转轨理论的启示与借鉴意义

7.4.1 理论启示意义

后凯恩斯学派作为当代西方一个重要的非主流经济学派,近年来在转轨理论与政策的研究方面别出一格,基于其反边际、反均衡、反极端自由主义的一贯学术立场,在对主流派的理论批判中深入阐述了有关经济体制转轨的许多重要问题,提出了具有后凯恩斯经济学特色的转轨经济理论与政策主张。这种新的理论更加强调经济体制转轨的过程性与动态性、市场机制调节的局限性、政府宏观管理的必要性、转轨过程矛盾冲突的必然性以及保持利益平衡特别是关注国民普遍利益改善的政策的迫切重要性,强调健全的法律体系的重要性以及历史、文化环境对于体制转轨的不可忽略的影响,等等。尽管这一转轨理论还不够成熟,但是由于它寻求方法论上的创新,超越了主流派的转轨理论研究框架,开拓了转轨经济理论研究的新思路,丰富了转轨经济理论的内容体系,对于我们研究转轨理论、深化关于制度变迁问题的认识、发展中国转轨经济学具有较深刻的理论启示意义。

第一,后凯恩斯学派的不确定性与非遍历观超越了新古典传统的均衡观,反映了对于人类社会经济过程的一种更深层次的认识。从非遍历的基本原则出发,他们认为既然社会经济运行本身就充满了不确定性,毫无均衡可言,那么在体制转轨的过程中由于社会惯例、制度环境等等的改变将使人们的预期变得更加不确定,从而就必然使整个社会的制度变迁过程包含着极大的不确定性。基于其对于转轨过程内在的各种不确定性的深刻分析,他们将社会经济体制的变迁问题放在了一种更为现实的动态分析框架下,引入了更为复杂的影响因素,研究了可能存在的多重均衡与非均衡的结果，并在非均衡、动态的理论基础上，构造出新的转轨理论框架与政策体系。这对于分析复杂的中国转轨过程，提供了更贴近实际的分析视角。

第二，后凯恩斯学派强调政治体制改革与经济体制改革相配合的重要性。在传统的计划经济体制中缺乏市场交易的制度基础，市场不完全，信息不完备，市场发育迟滞。缺乏适当管制的“无形之手”的自由市场机制在转轨经济国家并非总是有效，反而会常常伴以各种弊端，如有效需求不足与失业、收入分配不均、通货膨胀、金融危机等。因此，在经济体制改革的过程中，不能忽视政治体制改革，更不能忽视政府在经济体制变迁中的重要作用。后凯恩斯学派转轨理论关于“有形之手”即政府在矫正市场机制缺陷、实现社会经济稳定发展中的重要作用的论述，特别是强调政府掌控改革进程的相机管理职能和调节政策措施的协调配套对于转轨的成功是至关重要的。后凯恩斯学派在有关体制转轨的实质、市场的调节力度、政府的管理职能、政策措施的协调性与持续性等一系列重要问题上提出了与主流派不同的理论观点与政策主张，进一步批判了新古典主流派过于简单化的、近乎幻想式的“休克疗法”。这对于我们更理性地思考中国政府在经济转轨中的职能问题，从而更有效地发挥政府在促进经济稳步转轨与快速健康发展中的作用，具有不可或缺的参考借鉴价值。

第三，后凯恩斯学派强调健全的法律体系的重要性，认为制度体系的建设有利于转轨实践的顺利开展。在后凯恩斯学派转轨理论中，市场被视为一套社会制度，在改革之初需要建设正式的法律体系，而在整个改革过程中都应建立健全其他非正式的制度，从而为解决市场失灵提供方法，为转轨国家市场体系的构建和市场化进程的开展提供前提和基础。这些法律制度为充满不确定性的转轨国家提供了稳定性，为经济增长、充分就业、物价稳定等目标的实现创造了条件。

这些思想显然值得重视。

第四,后凯恩斯学派强调不同的初始条件对转轨过程的影响。转轨国家在从计划经济体制向市场经济体制过渡时,在经济发展水平、通货膨胀程度、外债水平、对外开放程度等方面都是不同的,这些不同的社会条件、经济环境必然会影响转轨进程。此外,转轨国家的制度变迁还建立在不同的风俗、传统和习惯的基础上,而这些风俗、传统和习惯是根深蒂固的,只能慢慢舍弃或取代,因此转轨过程必然是一个路径依赖的过程。后凯恩斯学派坚持市场体系的创建与发展依赖于转轨发起时的经济、政治、文化、制度、历史等条件,批判了对转轨国家的相关经济环境一无所知的所谓"专家"设计出的转轨方案,丰富了转轨理论研究的视野。

7.4.2 实际借鉴意义

如何实现从计划经济向市场经济的平稳过渡,保证经济改革和经济发展的统一,是各转轨国家最关注的问题。自党的十一届三中全会做出改革开放的伟大决策以来,中国的经济转轨在理论和实践上均取得了重大进展。一方面,在经济转轨实践不断深化的过程中,中国经济的表现令世人瞩目,经济改革促进了经济增长,社会主义市场经济体制初步形成,显示了蓬勃的生机;但另一方面,正如斯蒂格利茨所言"社会主义经济在决定选择哪种形式的转轨过程中仍面临着一系列困难",①中国的经济转轨呈现出一定的复杂性和艰难性,各种矛盾和冲突在转轨的过程中不断凸现。例如:产权变革过程中的规范缺失导致原公有资产的流失,在缺乏"游戏规则"约束下的市场运行导致社会多方面的无序与紊乱,

---

① 约瑟夫·斯蒂格利茨,《社会主义向何处去》,吉林人民出版社,2011 年中译本,第 3 页。

法制与监督的不完备导致政府“不作为”与“权力滥用”畸形并存,等等。这一切都导致了社会经济资源的分配出现了新的严重的不公平,如果不加以有效解决,它将会很快地侵蚀改革以来所激发起来的我国社会经济的效率基础。

产生上述矛盾和问题的原因,从根本上说是体制转轨过程中的“制度空缺”造成的,一方面原有的计划调节机制和约束放开了,另一方面完善的替代性调节和约束机制却没有真正建立起来,从而社会经济资源的配置实际上在很大程度上受到传统计划体制残余因素与无规则的盲目市场调节因素的共同左右。而之所以出现这种“制度空缺”,显然与我们关于体制变革的理论认识不够深入以及政策设计不够科学有关。这就时刻提醒我们,应该基于广阔的理论视角,积极吸收各个理论学派的成果,从多方面为中国的转轨提供理论指导和现实借鉴,为中国的转轨提供系统性的、综合配套的改革政策。

后凯恩斯学派对于转轨国家的政府如何科学地制定和实施有关体制转轨的各项政策,以便有效地掌控和推进体制变革的进程,最大限度地减低转轨过程的不确定性,以尽可能低的改革成本实现改革的目标,提出了许多富有启发和建设性意义的观点。深入研究他们的政策主张,进而科学地吸收和借鉴这些政策来调整和完善中国今后的转轨政策措施,将会丰富我们关于中国转轨实践中各种复杂问题的分析与应对思路,对于我们的转轨实践具有重要的实际借鉴意义。

第一,为了解决目前中国经济转轨中存在的经济无序发展及改革措施配套不完善等问题,需要谨慎制定并切实执行系统的、整体的、综合的改革战略与规划。经济转轨不是简单地以市场替代政府,而是以一种更为完善的综合制度体系替代先前较差的制度体系。在以往产权与市场受到压抑的国家,改革的大趋势显然是私有产权、市场调节因素的增强,但是这个过程不是直线型的,历史、文化因素的调整与政治法律环境的配套转轨也是题中应有之义。因此,根据后凯恩斯学派为转轨国家设计的转轨方案，中国也需要审慎地考虑如何为市场体系的建立和发展提供政治、经济、法律和文化制度等方面的协调配套改革。科学而合理地安排转轨各项政策措施的先后顺序，从而最终促进经济改革的推进、政治体制改革的启动和经济社会的稳定发展的共同实现。

第二，为了解决中国产权关系不清晰、产权变革过程中的规范缺失所导致的原公有资产的流失、腐败滋生等问题，需要加强对私有化的规制与监管。我们的私有化改革导致了一系列的经济和社会问题，如国有资产流失、普通职工没有改革参与的权力、贫富分化越来越严重等等。为解决这些问题，首先，应该放慢私有化的脚步，建立健全私有化的配套制度，建设完善竞争、激励、规制等体制框架，同时，对渐进私有化进程中已经出现的问题和将要出现的问题，及时地制定应对策略和应急预案加以解决；其次，强化私有化进程中的规制体制。基于规制理论，经历变革的经济体需要完善体制来规范这一进程，保护公众利益。实现对私有化的有效监督和制约，完善公平合理的规章制度和规则，提高私有化过程的透明度。由政府制定法律法规，为企业确定产品和服务质量标准，然后由规制机构负责严格执行、合理监督，确保企业遵守；再次，政府应积极干预私有化进程，要降低国有企业职工在国有企业私有化过程中受到的损害，警惕国有资本外流，减少对我国经济安全、产业安全的影响。

第三，为了解决中国法治环境匮乏、法制与监督不完备所导致的政府“不作为”与“权力滥用”并存等问题，需要建立完善的制度框架和体系，实现政府职能转变，全面建设服务型政府。进一步完善中国目前的法律、制度框架，实现有法可依，为转轨顺利进行创造良好的法治环境。在此基础上，必须确立法制在规范和引导社会经济活动中的绝对权威性，坚持运用制度框架来指导或解决经济、政治、文化、社会等领域出现的问题，依法办事，守法遵规，使法律、制度治理成为规范经济社会秩序的第一方式，杜绝出现政府“不作为”或领导个人大于政策、“权力滥用”等不合理现象。同时，必须科学处理好政府与市场的关系，实现政府职能转变，充分发挥有效的服务型政府与市场机制的协调与配合，努力构建责任政府、效能政府、法治政府、阳光政府、电子政府，努力把政府工作重心转移到加强市场调节、社会监管、依法行政、公共服务等职能上来，推动社会和谐发展。

第四，将促进收入分配均等化作为政府政策的重要目标之一，有效地推进包括财政手段调节、微观企业规制、社会保障、社会救济、医疗保障等在内的一系列再分配调节措施。强调收入分配的均等，乃是贯穿后凯恩斯主义经济学的核心思想之一，在后凯恩斯学派看来它对于经济运行的许多方面都有极其重要的意义。就经济转轨而言，它则既是保障转轨过程稳步推进的重要条件，同时也是经济体制转轨本身应该努力实现的目标。如果要问我们从后凯恩斯学派的转轨理论与政策主张，包括其整个思想体系中得到什么政策教益的话，那么最重要的一条也许就是政府应该始终把有效地增进社会收入均等化放在各项社会经济政策的首要地位。中国经过几十年改革与发展已经积累起较雄厚的国民经济实力和政府财力，在今后的进一步改革与发展过程中，我们不仅应该而且也完全有能力来促进和实现全体国民共同富裕的目标。

参 考 文 献

中文文献：

1. 保罗·戴维森,《约翰·梅纳德·凯恩斯》,华夏出版社,2009 年中译本。
2. 保罗·克鲁格曼、茅瑞斯·奥伯斯法尔德主编,《国际经济学:理论与政策》,中国人民大学出版社,1998 年中译本。
3. 丹尼尔·贝尔,欧文·克里斯托尔主编,《经济理论的危机》,上海译文出版社,1985 年中译本。
4. 樊苗江,柳欣,《货币理论的发展与重建》,人民出版社,2006 年。
5. 杰弗里·哈考特、普里·科尔,《琼·罗宾逊》,华夏出版社,2011 年中译本。
6. 罗伊·哈罗德,《动态经济学》,商务印书馆,1981 年中译本。
7. 李平,《后凯恩斯经济学:短期分析与长期分析的比较》,辽宁大学出版社,1994 年。
8. 马国旺,贾根良,《后凯恩斯经济学 70 年——批判、重建与综合》,《国外社会科学》,2005 年第 2 期。
9. 琼·罗宾逊,"凯恩斯革命的后果怎样?"载于《现代国外经济学论文选》(第一辑),商务印书馆,1979 年中译本。
10. 琼·罗宾逊、约翰·伊特韦尔,《现代经济学导论》,商务印书馆,1982 年中译本。
11. 宋则行,《马克思经济理论再认识》,经济科学出版社,1997 年。
12. 宋则行,《转轨中的经济运行问题研究》,辽宁大学出版社,1997 年。
13. 斯坦利·杰文斯,《政治经济学理论》,商务印书馆,1997 年中译本。
14. 托尼·劳森,"一个经济学的实在主义者理论",载于马克·布劳格等编,《经济学方法论的新趋势》,经济科学出版社,2000 年中译本。
15. 小罗伯特·埃克伦德、罗伯特·赫伯特,《经济理论和方法史》,中国人民大学出版社,2001 年中译本。
16. 约翰·梅纳德·凯恩斯,《就业、利息和货币通论》,商务印书馆,1977 年中译本。
17. 约翰·伊特韦尔、默里·米尔盖特、彼得·纽曼主编,《新帕尔格雷夫经济学大辞典》,第 3 卷,经济科学出版社,1996 年中译本。

18. 约翰·伊特韦尔、默里·米尔盖特、彼得·纽曼主编,《新帕尔格雷夫经济学大辞典》,第4卷,经济科学出版社,1996年中译本。
19. 约瑟夫·斯蒂格利茨,《社会主义向何处去》,吉林人民出版社,2011年中译本。
20. 张凤林,《西方资本理论研究》,辽宁大学出版社,1995年。

英文文献:

Aghion, P., Blanchard, O. J. and Carlin W. (1994), "The Economics of Enterprise Restructuring in Central and Eastern Europe," *Center for Economic Policy Research*, No. 1058.

Ahamd, S. (1986), "A Pasinetti Theory of Relative Profit Share for the Anti-Pasinetti Case", *Journal of Post Keynesian Economics*, Vol. 9, No. 1.

Akerlof, G. A. (2002), "Behavioral Macroeconomics and Macroeconomic Behavior", *American Economic Review*, June, 92 (3).

Akerman, F. (1997), "Consumed in Theory: Alternative Perspective on the Economics of Consumption", *Journal of Economic Issues*, 31(3).

Alves, A. J. Jr., Ferrari, F. Jr. and De Paula, L-F. R. (2000), "The Post Keynesian Critique of Conventional Currency Crisis Models and Davidson's Proposal to Reform of International Monetary System", *Journal of Post Keynesian Economics*, Vol. 22, No. 2.

Anderson, J. H., Lee Y. and Murrell, P. (2000), "Competition and privatization amidst weak institutions: evidence from Mongolia", *Economic Inquiry*, Vol. 38, No. 4.

Arestis, P. and Skouras, T. (1985), *Post-Keynesian Economic Theory*, M. E. Sharpe Inc.

Arestis, P. and Eichner, A. (1988), "The Post-Keynesian and Institutionalist Theory of Money and Credit", *Journal of Economic Issues*, December, 22(4).

Arestis, P. and Driver, C. (1988), "The Endogeneity of UK Money Supply: a Political Economy Perspective", *Economies et Societes. Monnaie et Production*, No. 9.

Arestis, P. and Howells, P. G. A. (1996), "Theoretical Reflection on Endogenous Money: the Problem with Convenience Lending", *Cambridge Journal of Economics*, Vol. 20.

Arestis, P. (1997), "PKE Theoretical Aspects of Money and Finance", in P. Arestis (ed.) *Money, Pricing, Distribution and Economic Integration*, London, Macmillan.

Arestis, P. and Howells, P. (1999), "The Supply of Credit Money and the Demand for Deposits: a Reply", *Cambridge Journal of Economics*, Vol. 23.

Arestis, P., Dunn, S. P. and Sawyer, M. (1999), "On the Coherence of Post Keynesian Economics: a Comment on Walters and Young", *Scottish Journal of Political Economy*, Vol. 46, No. 3.

Arestis, P., Dunn, S. P., and Sawyer, M. (1999), "Post Keynesian Economics and its Critics", *Journal of Post Keynesian Economics*, Vol. 21, No. 4.

Arestis, P. (2004), "Washington consensus and financial liberalization", *Journal of Post Keynesi-*

an Economics, Vol. 27, No. 2.

Arests, P., Baus, S. and Mallick, S. (2005), "Financial Globalization: the Need for a Single Current and a Global Central Bank", *Journal of Post Keynesian Economics*, Vol. 27, No. 3.

Atesoglu, S. and Smithin, J. (2006), "Inflation Targeting in a Simple Macroeconomic Model", *Journal of Post Keynesian Economics*, Vol. 28, No. 4.

Atkinson, A. (1975), *The Economics of Inequality*, Oxford University Press.

Baragar, F. (2003), "Joan Robinson on Marx", *Review of Political Economy*, Vol. 15.

Baranzini, M. (1982), "Can the Life-Cycle Help in Explaining Income Distribution and Capital Accumulation?", in M. Baranzini (ed.), *Advances in Economic Theory*, Oxford: Blackwell.

Begg, D., Halpen, L., and Wyploz, C. (1999), *Monetary and Exchange Rate Policies, EMU and Central and Eastern Europe*, London: Centre of Economic Policy Research.

Bhaskar, R. and Callinicos, A. (2003), "Marxism and Critical Realism: A Debate", *Journal of Critical Realism*, Vol. 1, No. 2.

Bigler, R. M. (1996), "Back in Europe and adjusting to the new realities of the 1990's in Hungary", *East European Quarterly*, Vol. 30.

Bliss, G. C. (1975), *Capital Theory and the Distribution of Income*, North-Holland.

Braguinsky, S. (1998), "Democracy and Economic Reform: Theory and some Evidence from the Russian Case", *Contemporary Economic Policy*, Vol. 16, No. 2.

Brown, A., Salter, G., Spencer, D. A. (2002), "Driven to Distraction? Critical Realism and the Search for the Inner Connection of Social Phenomena", *Cambridge Journal of Economics*, Vol. 26.

Bucknall, K. B. (1997), "Why China has done better than Russia since 1989", *Griffith University*. Working Papers in Economics, Vol. 14.

Câmara, A. F. N. and Vernengo, M. (2004), "Fiscal policy and the Washington consensus: a Post Keynesian perspective", *Journal of Post Keynesian Economics*, Vol. 27, No. 2.

Campos, N. and Coricelli, F. (2002), "Growth in Transition: What We Know, What We Don't, and What We Should", *Journal of Economic Literature*, September.

Caporaso, A. and Levine, D. P. (1992), *Theories of Political Economy*, Cambridge: Cambridge University Press.

Chang, H. J. and Grabel, I. (2004), "Reclaiming development from the Washington consensus", *Journal of Post Keynesian Economics*, Vol. 27, No. 2.

Chiarella, C., Flaschel, P., and Semmler, W. (2001), "The Macrodynamics of Debt Deflation", in R. Bellofiore and P. Ferri (eds.), *The Economic Legacy of Hyman Minsky, Vol.* 2, UK: Edward Elgar.

Chick, V. (1977), *The Theory of Monetary Policy*, Oxford, Blackwell.

Chick, V. (1983), *Macroeconomics After Keynes: a Reconsideration of the General Theory*, Oxford,

Philip Allan.

Chick, V. (1995), "Is There a Case for Post Keynesian Economics?", *Scottish Journal of Political Economy*, Vol. 42.

Chick, V. and Caserta, M. (1997), "Provisional Equilibrium and Macroeconomic Theory", in P. Arestis, G Palma and M Sawyer(eds.), *Markets, Unemployment and Economic Policy: Essays in Honour of Geoff Harcourt, Vol. Two*, Routledge.

Commendatore, P. (2002), "Inside Debt, Aggregate Demand, and the Cambridge Theory of Distribution: a Note", *Cambridge Journal of Economics*, Vol. 26.

Commendatore, P. (2006), "Are Kaleckian Model Relevant for the Long Run?", in Neri Salvadori and Carlo Panico (eds.), *Classical, Neoclassical and Keynesian Views on Growth and Distribution*, Edward Elgar.

Dalziel, A. (1991), "Generalization and Simplification of the Cambridge Theorem with Budget Deficits", *Cambridge Journal of Economics*, Vol. 15.

Dany, L and Setterfield, M. (2006), "History versus Equilibrium? On the Possibility and Realist Basis of a General Critique of Traditional Equilibrium Analysis", *Journal of Post Keynesian Economics*, Vol. 29, No.2.

Davidson, P. (1972), *Money and the Real World*, London, Macmillan.

Davidson, P. (1980) "The dual-Faceted Nature of the Keynesian Revolution: Money and Money Wages in Unemployment and Production Flow Prices", *Journal of Post Keynesian Economic*, Vol. 2, No.3.

Davidson, P. (1982), "Rational Expectations, a Fallacious Foundation for Studying Crucial Decision Making Processes", *Journal of Post Keynesian Economics*, Vol. 5, No.2.

Davidson, P. (1988), "Endogenous Money, the Production Process, and Inflation Analysis", *Economie Appliquee*, 41(1).

Davidson, P. (1989), "On the Endogeneity of Money Once More", *Journal of Post Keynesian Economics*, Vol. 11, No.3.

Davidson, P. (1990 [1977]), "Money and General Equilibrium", in L. Davidson (eds.) *The Collected Writings of Paul Davidson, Vol. I.*, Macmillan.

Davidson, P. (1991), "Money: Cause or Effect? Exogenous or Endogenous?", in E. Nell & W. Semmler (eds.) *Nicholas Kaldor and Mainstream Economics*, Macmillan.

Davidson, P. (1992), "Would Keynes Be A New Keynesian?", *Eastern Economic Journal*, Vol. 18, No. 4.

Davidson, P. (1994), *Post Keynesian Macroeconomic Theory*, Hants: Edward Elgar.

Davidson, P. (1995 [1988]), " Endogenous Money, the Production Process, and Inflation Analysis", in M. Musella & C. Panico (eds.), *The Money Supply in the Economic Process: a Post Keynesian Perspective*, Edward Elgar.

Davidson, P. (1996), "Reality and Economic Theory", *Journal of Post Keynesian Economics*, Vol. 18, No.4.

Davidson, G. and Davidson, P. (1996). *Economics for a Civilized Society*, Macmillan.

Davidson, P. (2002), *A Post Keynesian Perspective on 21st Century Economic Problems*, Edward Elgar.

Davidson, P. (2004), "The Future of the International Financial System", *Journal of Post Keynesian Economics*, Vol. 26, No.4.

Davidson, P. (2004), "A Post Keynesian view of the Washington consensus and how to improve it", *Journal of Post Keynesian Economics*, Vol. 27, NO.2.

Davidson, P. (2005), "Responses to Lavoie, King, and Dow on What Post Keynesianism is and Who is a Post Keynesian", *Journal of Post Keynesian Economics*, Vol. 27, No.3.

Davidson, P. (2006), "Can, or Should, a Central Bank Inflation Target?", *Journal of Post Keynesian Economics*, Vol. 28, No. 4.

Davidson, P. (2011), *Post Keynesian Macroeconomic Theory: A Foundation for Successful Economic Polices for the Twenty-First Century*, Edward Elgar.

Davidson, P. and Kregel, J. (ed.) (1999), *Full Employment and Price Stability in a Global Economy*, Edward Elgar.

Delli Gatti, D., and Gallegati, M. (1990), "Financial Instability, Income Distribution, and the Stock Market", *Journal of Post Keynesian Economics*, Vol. 12, No. 3.

Delli Gatti, D., and Gallegati, M. (2001) "Financial Instability Revisited: Aggregate Fluctuations Due to Changing Financial Conditions of Heterogeneous Firms", in R. Bellofiore and P. Ferri (eds.), *The Economic Legacy of Hyman Minsky, Vol. II*. Edward Elgar.

Deprez, J. and Harvey, J. (ed.) (1999), *Foundations of International Economics: Post Keynesian perspectives*, Routledge.

Dow, S. C. (1985), *Macroeconomic Thought. A Methodological Approach*, Basil Blackwell.

Dow, S. C. (1986), "Post Keynesian Monetary Theory for an Open Economy", *Journal of Post Keynesian Economics*, Vol. 19, No.2.

Dow, A. C. and Dow, S. C. (1995 [1989]), "Endogenous Money Creation and Idle Balances", in M. Musella & C. Panico (eds.), *The Money Supply in the Economic Process: a Post Keynesian Perspective*, Edward Elgar.

Dow, S. C. (1996), "Horizontalism: a Critique", *Cambridge Journal of Economics*, Vol. 20.

Dow, S. C. (1997), "Endogenous money", in G. C. Harcourt & P. A. Riach (eds.) *A "Second Edition" of The General Theory*, London, Routledge.

Dow, S. C. (1999), "Post Keynesianism and Critical Realism: What is the Connection?", *Journal of Post Keynesian Economics*, Vol. 22, No. 1.

Dow, S. C. (2002), "Historical reference: Hume and Critical Realism", *Cambridge Journal of Economics, Vol. 26.

Dow S. C. and Hillard, J. (ed.), (2002a), *Post Keynesian Econometrics, Microeconomics and the Theory of Firm*, Edward Elgar.

Dow S. C. and Hillard, J. (ed.), (2002b), *Keynes, Uncertainty and the Global Economy*, Edward Elgar.

Dow,S. C. (2003), "Understanding the Relationship between Mathematics and Economics", *Journal of Post Keynesian Economics*, Vol. 25, No.4.

Dow, S. C. (2005), "Axioms and Babylonian Thought: a Reply", *Journal of Post Keynesian Economics*, Vol. 27, No.3.

Downward, P. and Mearman, A. (2002), "Critical Realism and Econometrics: a Constructive Dialogue with Post Keynesian Economics", *Metroeconomica*, 53, (4).

Drakopoulos, S. A. (1992), "Psychological Threshold, Demand and Price Rigidity", *The Manchester School*, Vol. LX, No.2.

Drakopoulos, S. A. and Karayiannis, A. D. (2004), "The History of Development of Hierarchical Behavior in Economic Thought", *Journal of the History of Economic Thought*, Vol. 26, No.3.

Duménil and Lévy (1999), "Being Keynesian in the Short Term and Classical in the Long Term: the Traverse to Classical Long-Term Equilibrium", *The Manchester School*, 67(6).

Dunn, S. P. and Pressman, S. (2005), "The Economic Contribution of John Kenneth Galbraith", *Review of Political Economy*, Vol. 17, No.2.

Dutt,A. K. (1984), "Stagnation, Income Distribution and Monopoly Power", *Cambridge Journal of Economics*,Vol. 8.

Dutt, A. K. (1990), *Growth, Distribution and Uneven Development*, Cambridge: Cambridge University Press.

Dutt, A. K. (1994), "On the Long-Run Stability of Capitalist Economies: Implications of a Model of Growth and Distribution", in A. K. Dutt (ed.), *New Directions in Analytical Political Economy*, Edward Elgar.

Dyck, I. J. A. (1997), "Privatization in Eastern Germany: Management Selection and Economic Transition," *American Economic Review*, Sep.

Dymski, G. (1996), "Basic Choices in Keynesian Models of Credit", in E. Nell and G. Deleplace (eds.), *Money in Motion*, London: Macmilan.

Dymski, G. and Mohanty, L. (1999), "Credit and Banking Structure: Asian and African-American Experience in Los Angeles", *American Economic Review*, 89.

Easterly, W. and Rebelo, S. (1993), "Fiscal Policy and Economic Growth: An Empirical Investigation", *Journal of Monetary Economics*, Vol. 32, No. 3.

Ehrbar, H. G. (1998), "Marxism and Critical Realism", Presentation for the Heterodox Economics Students Association, Friday, September.

Eichner, A. (ed.)(1978), *Guide to Post-Keynesian Economics*, M. E. Sharpe.

Eichner, A. (1985), *Toward a New Economics*, M. E. Sharpe.

Eichner, A. (1987), *The Macrodynamics of Advanced Market Economies*, M. E. Sharpe.

Fazzari, S. and Minsky, H. (1984), "Domestic Monetary Policy: If Not Monetarism, What?", *Journal of Economic Issues*, 28(1).

Fazzari, S. M., Ferrl, P. and Greenberg, E. (1998), "Aggregate Demand Firm Behavior: a New Perspective on Keynesian Microfoundations", *Journal of Post Keynesian Economics*, Vol. 20, No. 4.

Finch, J. H. and McMaster, R. (2002), "On Categorical Variables and Non-Parametric Statistical Inference in the Pursuit of Causal Explanations", *Cambridge Journal of Economics*, Vol. 26.

Fischer, S. and Gelb, A. (1991), "Issues in Socialist Economy Reform", *Journal of Economic Perspectives*, Fall.

Fischer, S. and Sahay, R. (2000), "Taking Stock", *Finance and Development*, September.

Fischer, S. (2001), "Exchange rate regimes: Is the Bipolar View Correct?" *Journal of Economic Perspectives*, Spring.

Fleck, F. H. and Domengihno, C.-M. (1990), "Government Activity Does Invalidate the 'Cambridge Theorem of the Rate of Profit'", *Journal of Post Keynesian Economics*, Vol. 12, No. 3.

Foley, D. (1987), "Liquidity-Profit Rate Cycles in a Capitalist Economy", *Journal of Economic Behavior and Organization*, (3).

Foley, D. (2003), "Financial Fragility in Developing Economies", in A. K. Dutt and J. Ros (eds.), *Development Economics and Structuralist Macroeconomics*, Edward Elgar.

Fontana, G. (2000), "Post Keynesians and Circuitists on Money and Uncertainty: an Attempt at Generality", *Journal of Post Keynesian Economics*, Vol. 23, No. 1.

Fontana, G. (2003), "Post Keynesian Approach to Endogenous Money: a Time Framework Explanation", *Review of Political Economy*, Vol. 15, No. 3.

Fontana, G. and Palacio-Vera, A. (2006), "Is There an Active Role for Monetary Policy in the Endogenous Money Approach?" In C. Gnos and L.-P. Rochon (eds.), *Post-Keynesian Principles of Economic Policy*, Edward Elgar.

Forman, L., Groves, M. and Eichner, A. (1985), "The Demand Curve for Money Further Reconsidered", in M. Jarsulic (ed.), *Money and the Macro Policy*, Kluwer Nijkoff.

Foster, J. (1989), "The Macroeconomics of Keynes: an Evolutionary Perspective", in J. Pheby (ed.), *New Directions in Post-Keynesian Economics*, Edward Elgar.

Frydman, R., Rapaczynski, A. and Turkewitz, J. (1997), "Transition to a private property regime in the Czech Republic and Hungary", in *Economies in Transition: Comparing Asia and Europe*, MIT Press.

Fuller, C. G. (1996), "Elements of a Post Keynesian Alternative to 'Household Production'",

Journal of Post Keynesian Economics, Vol. 18, No. 4.

Geld, A. and Gray, C. (1991), "The Transformation of Economies in Central and Eastern Europe", *Progress and Prospects*, The World Bank.

Georgescu-Roegen, N. (1954), "Choice, Expectations and Measurability", *Quarterly Journal of Economics*, Vol. 64.

Gibson, B. (ed.)(2005), *Joan Robinson's Economics—A Centennial Celebration*, Edward Elgar.

Gnos, C. and Rochon, L-P. (2004), "Reforming the International Financial and Monetary System: from Keynesian to Davidson and Stiglitz", *Journal of Post Keynesian Economics*, Vol. 26, No. 4.

Goodhart, C. A. E. (1993), "Bank Insolvency and Deposit Insurance: a Proposal", in P. Arestis (ed.), *Money and Banking: Issues for the Twenty-First Century*, London: Macmillan.

Goodwin, R. M. (1967), "A Growth Cycle", in C. H. Feinstein (ed.), *Socialism, Capitalism and Economic Growth*, Cambridge University Press.

Goodwin, R. M. (1982), *Essays in Economic Dynamics*, Macmillan.

Gowdy, J. M. andMayumi, K. (2001), "Reformulating the Foundations of Consumer Choice Theory and Environmental Valuation", *Ecological Economics*, Vol. 39.

Grabel, I. (2003), "Averting Crisis? Assessing Measures to Manage Financial Integration in Emerging Economies", *Cambridge Journal of Economics*, Vol. 27, No. 3.

Greenwald, D. (1982), *Encyclopedia of Economics*, McGraw-Hill Book Company.

Groenewegen, P. (2003), "On Re-reading Joan Robinson's 'On Re-reading on Marx'", *Review of Political Economy*, Vol. 15.

Grossman, Z. (1997), "On the New Institutionalist Story about the Former Socialist Economies", *Journal of Economic Issues*, Vol. (3).

Gustafson, T. (1999), *Capitalism Russian-Style*, Cambridge: Cambridge University Press.

Hanmer, L. C. and Akram-Lodhi, A. H. (1998), "In 'the house of the spirits': toward to a Post Keynesian Theory of the Household?", *Journal of Post Keynesian Economics*, Vol. 20, No. 3.

Harcourt, G. C. (1972), *Some Controversies in Capital Theory*, Cambridge University Press.

Harcourt, G. C. and Laing, N. F. (1971), *Capital and Growth: Selected Readings*, Penguin Books.

Harcourt, G. C. (2006), *The Structure of Post-Keynesian Economics*, Cambridge University Press.

Harvey, J. (2003), "Exchange rates." in King, J. E. (ed.), *The Elgar Companion to Post Keynesian Economics*, UK: Edward Elgar.

Harvey, J. (2005), "Deviation from uncovered interest rate parity: a Post Keynesian explanation", *Journal of Post Keynesian Economics*, Vol. 27, No. 1.

Harvey, J. (2005-6), "Post Keynesian Versus Neoclassical Explanation of Exchange Rate Movements: A Short Look at the Long Run", *Journal of Post Keynesian Economics*, Vol. 28, No. 2.

Havrylyshyn, O. and McGettigan, D. (1999), "Privatization in Transition Countries-A Sampling of the Literature", *International Monetary Fund*, IMF Working Papers.

Hewitson, G. (1995), "Post-Keynesian Monetary Theory: Some Issues", *Journal of Economic Surveys*, 9(3).

Hicks, J. R. (1965), *Capital and Growth*, Oxford, Clarendon Press.

Hicks, J. R. (1982 [1956]), "Methods of Dynamic Analysis", in J. Hicks *Money, Interest and Wages: Collected Essays on Economic Theory, Vol. II*, Oxford, Clarendon Press.

Ho, C. and McCauley, R. (2003), "Living with Flexible Exchange Rates: Issues and recent Experience in Infation Targeting Emerging Market Economies", Working Paper 130, *Bank for International Settlements*, Basel.

Holt, R. P. F. and Pressman, S. (ed.) (2001), *A New Guide to Post Keynesian Economics*, Routledge.

Holt, R P. F. and Pressman, S. (ed.) (2007), *Empirical Post Keynesian Economics : Looking at the Real World*, Edward Elgar.

Howells, P. G. A. (1995), "Endogenous money", *International Papers in Political Economy*, Vol. 2, No. 2.

Ishiyama, S. and Ishiyama, J. (2000), "Judicious Choices: Designing Courts in Post-Communist Politics", *Communist and Post-Communist Studies*, Vol. 33, No. 2.

Jarsulic, M. (1990), "Debt and Macro Stability", *Eastern Economic Journal*, July-September, 15 (3).

Kaldor, N. (1960), *Essays on Value and Distribution*, London: Duckworth.

Kaldor, N. (1970), "The New Monetarism", *Lloyds Bank Review*, Vol. 97.

Kaldor, N. (1980), *Essays on Economic Stability and Growth*, London: Duckworth.

Kalecki, M. (1954), *The Theory of Economic Dynamics, A Essay on Cyclical and Long-Run Changes in Capitalism Economy*, New York: Rinehart & Co..

Kalecki, M. (1971), *Selected Essays on the Dynamics of the Capitalist Economy*, Cambridge University Press.

Kanth, R. K. (1997), *Against Economics: Rethinking Political Economy*, Avebury Publishers.

Katzner, D. W. (2003), "Why Mathematics in Economics?", *Journal of Post Keynesian Economics*, Vol. 25, No. 4.

Keen, S. (1995) "Finance and Economic Breakdown: Modeling Minsky's 'Financial Instability Hypothesis'", *Journal of Post Keynesian Economics*, Vol. 17, No. 4.

Knetsch, J. L. (1990), "Environment Policy Implications of Disparities between Willing to Pay and Compensation Demanded Measure of Values", *Journal of Environment Economics and Management*, Vol. 18.

Kerr, P. (2005), "A History of Post-Keynesian Economics", *Cambridge Journal of Economics*, Vol. 29.

Keynes, J. M. (1973 [1936]), *The General Theory of Employment, Interest and Money*, in: *J. M. Keynes The Collected Writings*, Vol. VII, Macmillan.

King, J. E. (ed.) (2003), *The Elgar Companion to Post Keynesian Economics*, Edward Elgar.

Kohn, M. (1986), "Monetary Analysis, the Equilibrium Method, and Keynes's General Theory", *Journal of Political Economy*, Vol. 91.

Kregel, J. A. (1971), *Rates of Profit, Distribution and Growth : Two Views*, Macmillan.

Kregel, J. A. (1973), *The Reconstruction of Political Economy : An Introduction to Post-Keynesian Economics*, Macmillan.

Kregel, J. A. (1979), "Income Distribution." in A. S. Eichner (ed.), *A Guide to Post-Keynesian Economics*. New York: Macmillan.

Lah, M. and Sušjan, A. (1999), "Rationality of Transitional Consumers: a Post Keynesian view", *Journal of Post Keynesian Economics*, Vol. 21, No. 4.

Lavigne, M. (1999), *The Economics of Transition : From Socialist Economy to Market Economy*, New York: St. Martin's Press.

Lavoie, M. (1987), "Systemic Financial Fragility: A Simplified View", *Journal of Post Keynesian Economics*, Vol. 9, No. 2.

Lavoie, M. (1992), *Foundations of Post-Keynesian Economic Analysis*, Edward Elgar.

Lavoie, M. (1994), "A Post Keynesian Approach to Consumer Choice", *Journal of Post Keynesian Economics*, Vol. 16, No. 4.

Lavoie, M. (1995), "The Kaleckian Model of Growth and Distribution and its Neo-Ricardian and Neo-Marxian Critiques", *Cambridge Journal of Economics*, Vol. 19.

Lavoie, M. (1996), "The Endogenous Supply of Credit-Money, Liquidity Preference and the Principle of Increasing Risk: Horizontalism versus the Loanable Funds Approach", *Scottish Journal of Political Economy*, Vol. 43, No. 3.

Lavoie, M., and Seccareccia, M. (1999), "Interest Rate: Fair", in P. O'Hara (ed.), *Encyclopedia of Political Economy*, *Vol.* 1, London: Routledge.

Lavoie, M. (2000), "A Post Keynesian view of interest parity theorems", *Journal of Post Keynesian Economics*, Vol. 23, Nol. 1.

Lavoie, M. (2006), "A Post-Keynesian Amendment to the New Consensus Model on Monetary Policy", *Metroeconomica*, May, 57 (2).

Lawson, T. (1994), "The Nature of Post Keynesianism and its Links to other Traditions: a Realist Perspective", *Journal of Post Keynesian Economics*, Vol. 16, No. 4.

Lawson, T. (1997), *Economics and Reality*, Routledge.

Lawson, T. (1999), "Connections and Distinctions: Post Keynesianism and Critical Realism",

Journal of Post Keynesian Economics, Vol. 22, No. 1.
Lawson, T. (2005), "The (Confused) State of Equilibrium Analysis in Modern Economics: a Explanation", *Journal of Post Keynesian Economics*, Vol. 27, No. 3.
Lee, F. S. (1998), *Post Keynesian Price Theory*, Cambridge University Press.
Lee, F. S. (2002), "Theory Creation and the Methodological Foundation of Post Keynesian Economics", *Cambridge Journal of Economics*, Vol. 26.
Leijonhufvud, A. (1968), *On Keynesian Economics and the Economics of Keynes*, Oxford University Press.
Lima, G. T. (2000), "Market Concentration and Technological Innovation in a Macrodynamics of Growth and Distribution", *Banca Nazionale del Lavoro Quarterly Review*, Vol. 53.
Lima, G. T. (2004), "Endogenous Technological Innovation, Capital Accumulation and Distributional Dynamics" *Metroeconomica*, November, 55 (4).
Lima, G. T. and Meirelles, A. J. (2003), "Endogenous Banking Markup, Distributional Conflict and Capacity Utilization", *Metroeconomica*, May-September, 54 (2-3).
Lima, G. T. and Meirelles, A. J. (2004), "A Macrodynamics of Debt Regimes, Financial Instability and Growth", Paper presented at the Eighth International Post Keynesian Workshop, Kansas City, MO, June 26-29.
Lima, G. T. and Meirelles, A. J. (2006), "Debt, Financial Fragility, and Economic Growth: a Post Keynesian Macromodel", *Journal of Post Keynesian Economics*, Vol. 29, No. 1.
Linnemann, L. and Schabert, A. (2003), "Fiscal Policy in the New Neoclassical Synthesis", *Journal of Money, Banking and Credit*, December, 35 (6).
Lizal, L. and Kocenda, E. (2001), "State of Corruption in Transition: Case of the Czech Republic", *Emerging Markets Review*, Vol. 2, No. 2.
Magud, N., andReinhart, C., (2006), "Capital Controls: an Evaluation", *National Bureau of Economic research*, Cambridge, Ma, Working Paper, No. 11973.
Marangos, J. (2000), "A Post Keynesian view of transition to market capitalism: developing a civilized society", *Journal of Post Keynesian Economics*, Vol. 23, No. 2.
Marangos, J. (2001), "A Post Keynesian Approach to Institutional Development in Transition Economies", *Journal of Economics and Social Policy*, Vol. 5, No. 2.
Marangos, J. (2002), "A Post Keynesian critique of privatization policies in transition economies", *Journal of International Development*, Vol. 14, No. 5.
Marangos, J. (2003), "A Political Economy Methodology in Modeling the Transition Process", *Global Business & Economics Review*, Vol. 5, No. 2.
Marangos, J. (2004), *Alternative Economic Models of Transition*, Burlington, Ashgate.
McCausland, W. D. and Theodossiou, L. (2004), "Training and Hysteresis Effects on the Wage Inflation-Unemployment Relationship", *Journal of Post Keynesian Economics*, Vol. 27, No. 1.

McKenna, E. J. and Zannoni, D. (1998), "Post Keynesian Economics and the Philosophy of Individualism", *Journal of Post Keynesian Economics*, Vol. 20, No. 2.

Minsky, H. P. (1975), *John Maynard Keynes*, London, Macmillan.

Minsky, H. P. (1982), *Can It' Happen Again? Essays on Instability and Finance*, M. E. Sharpe.

Minsky, H. P. (1986), *Stabilizing an Unstable Economy*, Yale University Press.

Minsky, H. P. (1996), "Uncertainty and the Institutional Structure of Capitalist Economies", *Journal of Economic Issues*, Vol. 30, No. 2.

Minsky, H. P. and Whalen, C. J. (1996), "Economic Insecurity and the Institutional Prerequisites for Successful Capitalism", *Journal of Post Keynesian Economics*, Vol. 19, No. 2.

Mohanty, M. and Scatigna, M. (2004), "Has Globalization reduced Monetary Policy Independence?" Bank for International Settlements (BIS) Papers 23, Basel.

Mohanty, M., and Turner, P. (2006), "Foreign Exchange reserves in Emerging Countries." *BIS Quarterly Review*, Vol. 24, No. 9.

Moore, B. (1988a), *Horizontalists and Verticalists: The Macroeconomics of Credit Money*, Cambridge University Press.

Moore, B. (1988b), "The Endogeneity of Money: A Comment", *Scottish Journal of Political Economy*, Vol. 35, No. 3.

Moore, B. (1989a), "On the Endogeneity of Money Once More", *Journal of Post Keynesian Economics*, Vol. 11, No. 3.

Moore, B. (1989b), "A Simple Model of Bank Intermediation", *Journal of Post Keynesian Economics*, Vol. 12, No. 1.

Moore, B. (1991a), "Money Supply Endogeneity: 'Reserve Price Setting' or 'Reserve Quantity Setting'?", *Journal of Post Keynesian Economics*, Vol. 13, No. 3.

Moore, B. (1991b), "Has the Demand of Money Been Mislaid? A Reply to 'Has Moore Become Too Horizontal?'" *Journal of Post Keynesian Economics*, Vol. 14, No. 1.

Moore, B. (1994), "The Demise of the Keynesian Multiplier: A Reply to Cottrell", *Journal of Post Keynesian Economics*, Vol. 17, No. 1.

Moseley, F. (2005) (ed.), *Marx's Theory of Money: Modern Appraisals*, London: Palgrave.

Mosler, W. and Forstater, M. (2004), "The Natural Rate of Interest Is Zero", Working Paper No. 37, University of Missouri, Kansas City.

Ocampo, J. A. (2004), "Beyond the Washington consensus: what do we mean?", *Journal of Post Keynesian Economics*, Vol. 27, No. 2.

O'connell, J. (1985), "Undistributed Profits and the Pasinetti and Dual Theorem", *Journal of Macroeconomics*, Vol. 7.

Ökten, N. Z, (2011), "Reforming International Financial System: Post Keynesian Perspective",

International Research Journal of Finance and Economics, Issue 65.

Palley, T. (1991), "The Endogenous Money Supply: Consensus and Disagreement", *Journal of Post Keynesian Economics*, Vol. 13, No. 3.

Palley, T. (1996a), *Post Keynesian Economics : Debt, Distribution and the Macro Economy*, Macmillan.

Palley, T. (1996b), "Inside debt, Aggregate Demand, and the Cambridge Theory of Distribution", *Cambridge Journal of Economics*, Vol. 20.

Palley, T. (1998), *Plenty of Nothing: The Downsizing of the American Dream and the Case for Structural Keynesianism*. Princeton: Princeton university Press.

Palley, T. (1998), "Macroeconomics with Conflict and Income Distribution", *Review of Political Economy*, Vol. 10, No. 3.

Palley, T. (2002), "Financial Institution and the Cambridge Theory of Distribution", *Cambridge Journal of Economics*, Vol. 26.

Pasinetti, L. L. (1974), *Growth and Income Distribution : Essays in Economic Theory*, Cambridge University Press.

Pasinetti, L. L. (1981), *Structural Change and Economic Growth*, Cambridge University Press.

Pasinetti, L. L. (1989a), "Ricardian Debt/Taxation Equivalence in the Kaldor Theory of Profits and Income Distribution", *Cambridge Journal of Economics*, Vol. 13.

Pasinetti, L. L. (1989b), "Government Deficit Expending is not Incompatible with the Cambridge Theorem of the Rate of Profit: Reply to Fleck and Domenghion", *Journal of Post Keynesian Economics*, Vol. 11, No. 4.

Pasinetti, L. L. (2005), "The Cambridge School of Keynesian Economics", *Cambridge Journal of Economics*, Vol. 29.

Pasinetti, L. L. (2007), *Keynes and the Cambridge Keynesians : A Revolution in Economics' to Be Accomplished*, Cambridge University Press.

Peterson, W. C. (1996), "Macroeconomics and the Theory of the Monetary Economy", in C. J. Whalen (ed.) *Political Economy for the 21st Century*, New York: M. E. Sharpe.

Petrenko, F. (1989), "Socialism and Pluralism", *Socialism: Theory and Practice*, Vol. 45, No. 11.

Pollin, R. (1991), "Two Theories of Money Supply Endogeneity: some Empirical Evidence", *Journal of Post Keynesian Economics*, Vol. 13, No. 3.

Popov, V. (2000), "Shock Therapy Versus Gradualism: The End of the Debate (Explaining the Magnitude of Transformational Recession)", *Comparative Economic Studies*, spring.

Pratten, S. (2005), "Economics as Progress: the LSE Approach to Econometric Modeling and Critical Realism as Programmes for Research", *Cambridge journal of Economics*, Vol. 29.

Rider, C. (1982), "Trade theory irrelevance", *Journal of Post Keynesian Economics*, Vol. 4,

No. 4.

Rider, C. (1994), "Privatisation in the transition economies: a critique", *Journal of Post Keynesian Economics*, Vol. 16, No. 4.

Pinto, B., Belka, M. and Krajewski, S. (1993), "Transforming state enterprises in Poland: evidence on adjustment by manufacturing firms", *Brookings Papers in Economic Activity*, Vol. 1.

Robinson, J. (1956), *The Accumulation of Capital*, London: Macmillan.

Robinson, J. (1960), *Collected Economic Papers, Vol. II*, Oxford: Basil Blackwell.

Robinson, J. (1962), *Collected Economic Papers, Vol. IV*, Oxford: Basil Blackwell.

Robinson, J. (1966), Comment on Samuelson and Modigliani, *Review of Economic Studies*, Vol. 33.

Robinson, J. (1979), *Collected Economic Papers, Vol. V*, Oxford: Basil Blackwell.

Robinson, J. (1981), *Essays in the Theory of Economic Growth*, London: Macmillan.

Rochon, L.-P. (1999), *Credit, Money and Production: An Alternative Post-Keynesian Approach*, Edward Elgar.

Rochon, L.-P. (2000), "1939–1958: Was Kaldor an Endogenist?", *Metroeconomica*, Vol. 51.

Rochon, L-P and Settterfield, M. (2007), "Interest Rates, Income Distribution, and Monetary Policy Dominance: Post Keynesians and the "Fair Rate" of Interest", *Journal of Post Keynesian Economics*, Vol. 30, No. 1.

Rogers, C. (1989), *Money, Interest and Capital: a Study in the Foundations of Monetary Theory*, Cambridge University Press.

Rogers, C. (1995), *Monetary Theory and the Principle of Effective Demand*, Unpublished.

Rousseas, S. (1986), *Post Keynesian Monetary Economics*, M. E. Sharpe.

Sacco, P. L. and C. Scarpa, (2000), "Critical Mass Effect and Restructuring in the Transition toward a Market Economy", *European Economic Review*, Vol. (44).

Salvadori, N. and Panico, C. (ed.) (2006), *Classical, Neoclassical and Keynesian View on Growth and Distribution*, Edward Elgar.

Samuels, W. J., Biddle, J. E. and Davis, J. B. A. (eds.) (2003), *Companion to the History of Economic Thought*, Oxford: Blackwell.

Samuelson, P. (1966), *Collected Scientific Paper of P. A. Samuelson, Vol. II*, MIT Press.

Samuelson, P. (1972), *The Collected Scientific Papers of Paul A Samuelson, Vol. III*, MIT Press.

Sawyer, M. C. (1985), *The Economics of Michal Kalecki*, London: Macmillan.

Sawyer, M. C. (1996), "Money, Finance and Interest Rates", in: P. Arestis (ed.) *Keynes, Money and the Open Economy: Essays in Honour of Paul Davidson*, Edward Elgar.

Schlack, R. F. (1996), "Economics of transition: hypotheses toward a reasonable economics", *Journal of Economic Issues*, Vol. 30, No. 2.

Setterfield, M. (2004a), "Financial Fragility, Effective Demand and the Business Cycle", *Review of Political Economy*, April, 16 (2).

Setterfield, M. (2004b), "Central Banking, Stability and Macroeconomic Outcomes", in M. Lavoie and M. Seccareccia (eds.), *Central Banking in the Modern World: Alternative Perspectives*, Edward Elgar.

Shackle, G. L. S. (1983), "Level of Simplicity in Keynes's Theory of Money and Employment", *South African Journal of Economics*, 51(3).

Shapiro, N. (1977), "The Revolutionary Character of Post-Keynesian Economics", *Journal of Economic Issue*, 11(3).

Shapiro, N. and Sawyer, M. (2003), "Post Keynesian Price Theory", *Journal of Post Keynesian Economics*, Vol. 25, No. 3.

Skott, P. (1995), "Financial Innovation, Deregulation, and Minsky Cycles", In G. Epstein and H. Gintis (eds.), *Macroeconomic Policy After the Conservative Era*, Cambridge University Press.

Smithin, J. (1994), *Controversies in Monetary Economics : Ideas, Issues and Policy*, Edward Elgar.

Smithin, J. (2004), "Interest Parity, Purchasing Power Parity, 'Risk Premia,' and Post Keynesian Economic Analysis", *Journal of Post Keynesian Economics*, Vol. 25, No. 2.

Smyth, R. (1998), "New Institutional Economics in the Post-Socialist Transformation Debate", *Journal of Economic Surveys*, Vol. 12, No. 4.

Snowdon, A and Vane, H. R. (ed.) (1997), *A Macroeconomics Reader*, Routledge.

Solow, R. M. (1970), *Growth Theory: An Exposition*, Oxford: Clarendon.

Sraffa, P. (1960), *Production of Commodities by Means of Commodities*, Cambridge University Press.

Steedman, (1972), "The State and the Outcome of the Pasinetti Process", *Economic Journal*, Vol. 82.

Stiglitz, J. (2002), *Globalisation and its Discontents*, Camberwell: Penguin Books Australia.

Stohs, M. (1983), "Uncertainty in Keynes' General Theory: a rejoinder", *History of Political Economy*, 15(1).

Szego, A. (1991), "The Logic of a Shortage Economy: A Critique of Kornai From A Kaleckian Macroeconomic Perspective", *Journal of Post Keynesian Economics*, Vol. 13, No. 3.

Taylor, L. (2004), *Reconstructing Macroeconomics : Structuralist Proposals and Critiques of the Mainstream*, Harvard University Press.

Taylor, L. and O'Connell, S. (1985), "A Minsky Crisis", *Quarterly Journal of Economics*, Vol. 100 (Supplement).

Toye, J. (2000), "Fiscal Crisis and Fiscal Reform in Latin America", *Cambridge Journal of Economics*, Vol. (24).

Verny, A. (2000), "Private Ordering in the Czech Transformation Process", *Journal of Institutional and Theoretical Economics*, Vol. 156, No. 1.

Vickers, J. and Yarrow, G. (1991), "Economic perspectives of privatization", *Journal of Economic Perspectives*, Spring.

Viskovatoff, A. (2002), "Critical Realism and Kantian Transcendental Arguments", *Cambridge Journal of Economics*, Vol. 26.

Walter, A and Young, D. (1997), "On the Coherence of Post-Keynesian Economics", *Scottish Journal of Political Economy*, Vol. 44.

Walter, A and Young, D. (1999), "Is Critical Realism the Appropriate Basis for Post Keynesian?", *Journal of Post Keynesian Economics*, Vol. 22, No. 1.

Weintraub, S. (1958), *Approach to the Theory of Income Distribution*, Philadelphia: Chilton.

Weintraub, S. (1959), *A General Theory of the Price Level*, Philadelphia: Chilton.

Weintraub, S. (1961), "Classical 45° Keynesianism: A Plea for Its Abandonment" in *Classical Keynesianism, Monetary Theory, and the Price Level*, Philadelphia: Chilton.

Weintraub, S. (ed.) (1977), *Modern Economic Thought*, University of Pennsylvania Press.

Weintraub, S. (1978), *Keynes, Keynesians, and Monetarists*, Philadelphia, University of Pennsylvania Press.

Whalen, C. (2008), "Understanding the Credit Crunch as a Minsky Moment", *Challenge*, Vol. 51, No. 1.

Wolfson, M. H. (1996), "A Post Keynesian Theory of Credit Rationing", *Journal of Post Keynesian Economics*, Vol. 18, No. 3.

Wells, P. (ed.) (1995), *Post Keynesian Economic Theory*, Kluwer Academic Publishers.

Wissam, A. and Rick, M. (2009), "A post-Keynesian regulatory model of privatization", *The Journal of Socio-Economics*, Vol. 38.

Wray, R. (1989a), "Horizontalists and Verticalists: The Macroeconomics of Credit Money: A Review", *Journal of Economic Issues*, December, 23(4).

Wray, R. (1989b), "A Keynesian Theory of Banking: A Comment on Dymski", *Journal of Post Keynesian Economics*, Vol. 12, No. 1.

Wray, R. (1990), *Money and Credit in Capitalist Economies: The Endogenous Money Approach*, Edward Elgar.

Wray, R. (1995), "Keynesian Monetary Theory: Liquidity Preference or Black Box Horizontalism", *Journal of Economic Issues*, March, 29(1).

Wray, R. (1996), "Monetary Theory and Policy for the Twenty-First Century", in C. J. Whalen (ed.) *Political Economy for the 21st Century*. New York: M. E. Sharpe.

Wray, R. (2007), "A Post Keynesian View of Central Bank Independence, Policy Targets, and the Rules versus Discretion Debate", *Journal of Post Keynesian Economics*, Vol. 30, No. 1.

Wray, R. and Forstater, M. (ed.) (2004), *Contemporary Post Keynesian Analysis*, Edward Elgar.

You Jong-Il and Amitava Krishna Dutt. (1996), "Government Debt, Income Distribution and Growth", *Cambridge Journal of Economics*, Vol. 20.

后 记

本书是我主持的2007年度国家社会科学基金项目“后凯恩斯经济学最新进展追踪评析”的研究成果，同时也属于2012年度教育部人文社会科学研究项目“后凯恩斯经济学转轨理论与政策研究”（项目批准号:12YJA790186）的阶段性成果之一（集中体现在本书第7章）。本项目的研究工作主要由我来承担，同时也吸收了我的两位博士研究生陈亮和范晓男参与了部分工作:陈亮结合其博士论文关于后凯恩斯学派货币理论的研究工作写出本书第5章的初稿，范晓男结合其博士论文关于后凯恩斯学派转轨理论的研究工作写出本书第7章的初稿。我对这两章的初稿从形式到内容进行了仔细的审校和修改，并完成全书的写作与定稿工作。

本书作者在此谨对研究项目的基金资助单位表示诚挚谢意。同时，也对资助本书出版的“大连市政府学术著作资评委”表示衷心感谢，特别是资评委评审部姜英敏老师在具体操作中的认真负责精神和严谨求实态度难能可贵。最后，对于商务印书馆金晔编辑热心承揽、并高效率地完成本书的编辑工作也谨表谢意。

张凤林

2012年3月